"终身教育与学习型社会研究"丛书

丛书主编：侯怀银

服务全民终身学习

终身教育在中国的探索

侯怀银　王晓丹◎著

科学出版社

北　京

内 容 简 介

在当前快速变化的环境下，全民终身学习与终身教育对促进个人能力的不断升级、确保社会的持续进步与繁荣以及加速构建适应未来挑战的学习型社会，具有前所未有的重要性和紧迫性。本书详述终身教育理念与实践，解析其概念、本质与边界，奠定理论基础；概述国外终身教育理论演进，揭示国际发展趋势，并探讨国际实践与动向；聚焦中国，介绍终身教育引进历程、本土化进程及学者探索，解读政策体系；总结中国实践经验，构建终身教育体系框架，展望未来发展，以期为未来的实践提供科学的指导和依据。

本书对教育工作者、政策制定者及学习者推动终身教育体系建设具有重要指导意义。

图书在版编目（CIP）数据

服务全民终身学习：终身教育在中国的探索 / 侯怀银，王晓丹著. -- 北京：科学出版社, 2024. 11. --（"终身教育与学习型社会研究"丛书/侯怀银主编）. -- ISBN 978-7-03-080286-6

Ⅰ. G729.2

中国国家版本馆 CIP 数据核字第 20246MC946 号

责任编辑：崔文燕 / 责任校对：王晓茜
责任印制：徐晓晨 /封面设计：润一文化

科 学 出 版 社 出版
北京东黄城根北街 16 号
邮政编码：100717
http://www.sciencep.com
北京建宏印刷有限公司印刷
科学出版社发行　各地新华书店经销
*
2024 年 11 月第 一 版　开本：720 × 1000　1/16
2024 年 11 月第一次印刷　印张：24 1/2
字数：458 000
定价：139.00 元
（如有印装质量问题，我社负责调换）

丛书编委会

主编 侯怀银

编委 桑宁霞　丁红玲　贾　旻

　　　　张雪莲　吕　慧

丛 书 序

2019 年 2 月，《中国教育现代化 2035》中提出"构建服务全民的终身学习体系"的教育战略任务。同年 11 月，党的十九届四中全会提出"构建服务全民终身学习的教育体系"的战略规划。构建服务全民终身学习的教育体系是推动中国教育现代化进程的关键一环，关乎未来中国教育的改革、创新和发展。改革开放以来，教育学研究者在终身教育领域开展了广泛研究，在理论引进、传播和本土实践研究中均取得了一定的进展[①]，有关构建服务全民终身学习教育体系的深入研究则有待进一步加强。有鉴于此，本丛书围绕终身教育和学习型社会进行了系统研究。

一、终身教育和学习型社会的研究价值

满足人民群众对美好教育的需求是我国教育事业的重要使命。构建服务全民终身学习教育体系有助于教育改革成果进一步惠及全体人民，充分发挥学校教育和家庭教育、社会教育的合力，推动中国教育现代化目标的实现。构建服务全民终身学习的教育体系需要完备的理论体系做支撑，发挥理论之于实践的指导作用。因此，开展终身教育和学习型社会的研究具有重要的学术价值和应用价值，主要体现在以下几个方面。

（一）独特的学术价值

第一，有助于丰富终身学习理论体系。开展终身教育和学习型社会的研究将

---

① 侯怀银，王晓丹. 终身教育理论在中国的引进及其影响. 教育科学，2021，37（5）：2-11.

有助于进一步丰富终身学习的理论，进而解决理论研究与实践发展之间的隔阂问题，在终身学习的实践中发挥更大的指导作用。

第二，有助于拓展教育研究新领域。构建服务全民终身学习的教育体系是涵盖全民终身学习的大教育问题，这不仅需要基于宏观、整体视野统筹学校教育、家庭教育和社会教育，融通正规教育和非正规教育，而且需要搭建终身教育的"立交桥"，实现各类教育的横向衔接和纵向沟通。研究者要运用哲学、教育学、社会学、历史学、文化学等多学科思维方法和范式来研究相关问题，进一步推进教育研究领域的拓展。

第三，有助于把握终身教育和学习型社会研究领域的未来指向。构建服务全民终身学习教育体系是终身学习研究领域的前沿问题，对这一问题开展研究有助于进一步明确终身教育和学习型社会的研究方向，研判终身教育和学习型社会建设的未来走向。

（二）突出的应用价值

第一，有助于推进各级各类教育的纵向衔接与横向沟通。构建服务全民终身学习的教育体系，需充分重视并发掘各级各类教育之间的合力，打通各级各类教育之间的联系，就教育体系在全人类面向、全需求导向、全领域指向等方面的重要作用及相互关系展开研究，助力学习型社会建设。

第二，有助于增强教育领域与其他领域的沟通协调。构建服务全民终身学习的教育体系涉及多个领域，有赖于社会各方的共同合作与全力实施。开展终身教育和学习型社会的研究需要关注并形成合力，从而推动高质量教育体系的构建。

第三，有助于推进服务全民终身学习教育体系的保障机制建设。开展终身教育和学习型社会的研究须在对我国现实基础予以理论考量的基础上，找出亟须解决和后续实践可能面临的问题，并最终落脚于保障机制建设，如法律政策保障、社会文化保障、治理体系保障、资源保障、学习制度保障等。

二、已有研究进展

在新时代以教育治理现代化推动人类社会实践背景下，终身教育和学习型社会的研究是一项整体性研究。基于这两个关键词，终身教育和学习型社会的研究已取得以下四个方面的研究进展。

（一）终身学习的研究进展

20 世纪 90 年代，"终身学习"在国际上获得广泛认可。国际终身教育的话语体系中出现了"终身学习"的概念。我国研究者对终身学习展开了系统研究，可以分为对终身学习基本问题的研究和对终身学习促进策略的研究。

第一，终身学习基本问题研究。其一，研究者对终身学习的概念及其与终身教育、学习型社会等相关概念的关系进行了研究。其二，研究者对终身学习思想、终身学习理念和终身学习内涵的历史演变进行了梳理。其三，研究者对终身学习的价值和意义进行了研究，包括对"全民终身学习社会"的价值内涵的探讨[1]。

第二，终身学习促进策略研究。研究者对终身学习促进策略的研究主要从个体条件和社会保障两方面展开，尤以社会保障为重。就前者而言，研究者主要对个体学习能力进行了研究。就后者而言，研究者对终身学习体系、教育系统改革、终身学习服务主体、终身学习立法、终身学习制度等方面展开了研究，并介绍了不同国家和地区的相关实践情况。[2]在教育系统改革方面，研究者对开放大学、高校继续教育、社区教育、在线教育等进行了深入细致的研究，探讨了不同类型教育服务全面终身学习的路径。在终身学习制度方面，研究者主要对国家资历框架和学分银行制度进行了研究。

（二）学习型社会的研究进展

自美国赫钦斯（R. M. Hutchins）所著《学习型社会》（*The Learning Society*）于 1968 年出版以来，作为全球新世纪教育改革的发展趋势，学习型社会逐步实现了从理念、理论的研究层面向社会实践层面迈进的转变。已有研究就学习型社会的概念、学习型社会的建设、学习型社会与相关教育活动的关系等方面展开探讨。

第一，学习型社会的概念。有研究者认为国内学界主要从社会发展机制、社会构成、系统论、与其他社会形态的关系四个视角展开界定[3]；研究者还从社会、个体、个体与社会相结合三个角度[4]展开研究。国内学界还关注了学习型社会是

---

[1] 杨小微. 中国社会发展之教育基础的价值尺度：全民终身学习的视角. 教育发展研究, 2013, 33（11）：1-5.
[2] 张梅琳, 唐雪梅. 我国终身学习研究的发展历程与动向分析. 成人教育, 2021, 41（12）：8-14.
[3] 杨晨, 李娟, 顾凤佳. 我国"学习社会"研究述评（2008—2011 年）. 教育发展研究, 2011, 31（23）：35-41.
[4] 朱孔来, 李俊杰. 国内外对学习型社会研究现状评述及未来展望. 湖南师范大学社会科学学报, 2011, 40（6）：93-97.

现实还是理想，是新个体学习形式还是新社会形式，是注重个体自我完善还是人力资源开发，是依靠学校教育改造还是社区教育强化等问题。[①]

第二，学习型社会的建设。有研究者指出，当前面临的最大挑战之一是推进学习型社会建设的方法较少。归纳研究者提出的推进学习型社会建设的途径，大体包括立法先行，建设完备的法律体系；组织奠基，推进学习型组织的建设；价值引领，重建具有普适意义的教育价值观；平台创新，实现学习型社会运行智能化等。[②]

第三，学习型社会与相关教育活动的关系。这方面的研究主要包括三个方面：其一，学习型社会与终身教育的关系。当前我国不同教育形态的繁荣促进了终身教育体系的建设，但在学习型社会视角下，发展终身教育仍面临着人口基数大、人口素质较低、区域教育差异等问题。因此，体系构建应明确教育主体、建立教育责任机制、注重资源整合以及树立创新观念。[③]其二，学习型社会与社区教育的关系。学习型社区作为重要平台和实践依据，对学习型社会建设至关重要。学习型社会的建设应理顺管理体制，形成多方参与的局面；整合教育资源，丰富社区教育内容和教学形式；依托社区学院，发挥社区学院的龙头作用；利用现代信息技术，搭建社区公共数字化平台，推促社区可持续发展。[④]其三，学习型社会与老年教育的关系。老年教育要在办学理念、规模、体制、经费等教育管理方面，教学内容、手段、方法等教育教学要素上，适应学习型社会建设的现实需求，全面深化改革，充分发挥积极作用。[⑤]老年教育在社区场域内存在重要性认识不足、立法保障机制不完备、内容和形式单一、组织管理和资源分布不平衡等问题，应从促进终身教育理念融入、推动终身教育立法保障、丰富教育内容和形式、规范教育管理和整合教育资源等方面推进社区老年教育的发展。[⑥]

---

① 曾文婕，漆晴，宁欢. 我国"基本形成学习型社会"还有多远——基于我国学习型社会研究（1998—2018 年）回顾. 现代远程教育研究，2019, 31（3）：57-69.

② 夏海鹰. 学习型社会建设动力机制探究. 教育研究，2014, 35（6）：48-52.

③ 孙怀林. 论学习型社会下终身教育体系的构建. 继续教育研究，2017（8）：4-6.

④ 马定计，黄复生. 学习型社会背景下上海社区教育发展的若干思考. 开放教育研究，2008（1）：38-41.

⑤ 郭世松. 学习型社会与老年教育改革——以广西钦州市为例. 继续教育研究，2015（3）：13-15.

⑥ 刘明永. 学习型社会背景下社区老年教育探索. 中国成人教育，2013（9）：6-9.

（三）终身教育的研究进展

整体来看，基于终身教育这一主题，研究者聚焦历史研究、比较研究、理论研究、实践研究、体系的元研究等方面展开了研究。

第一，终身教育的历史研究。一方面，研究世界终身教育发展的历史，主要聚焦于终身教育思想的发展历史和终身教育实践的历史梳理与未来展望。有研究者指出，当代终身教育经历"观念—术语—概念"的变化，在今天呈现体系化发展状态[①]；另一方面，立足重大、关键时间节点，对中国终身教育发展的历史进行研究。如有研究者从政策、理论与实践三个层面对我国改革开放 40 年来终身教育的发展历程进行了回顾。[②]

第二，终身教育的比较研究。比较研究重在探讨不同国家终身教育体系建设的共性、特点和规律，为我国终身教育的发展提供借鉴。已有研究一方面介绍国外终身教育发展情况，另一方面对中外终身教育进行比较。有研究者对美、日、法、韩等国的终身教育进行了推介，并提出了相关建议与参考。[③]有研究者对美、英、法三国终身教育体系进行比较分析，探讨了法律、组织、认证和财政支持系统在终身教育体系构建中的重要作用[④]，阐述了美、英、法、日等发达国家在观念、理论、制度与实践等方面的经验。[⑤]有研究者通过对教师终身教育体系与日本教师研修制度之间的比较，主张构建中国教师终身教育体系，健全教师继续教育法规，发展教育科学理论，促进教师继续教育事业的发展。[⑥]也有研究者聚焦某一国家的终身教育体系建设进行深入分析，如对日本"地方推动"的介绍[⑦]，对韩国终身教育体系建设的梳理等。[⑧]还有研究者对朗格朗（P. Lengrand）、伊里奇（I. Illich）、捷尔比（E. Gelpi）、耶克斯利（B. Yexley）、林德曼（E. Lindeman）等代表人物的终身教育思想进行了比较研究。

第三，终身教育的理论研究。其一，研究者对终身教育思想进行了引进介绍、

① 何思颖，何光全. 终身教育百年：从终身教育到终身学习. 现代远程教育研究，2019（1）：66-77+86.
② 吴遵民. 改革开放 40 年中国终身教育的历史回顾与展望. 复旦教育论坛，2018，16（6）：12-19.
③ 李之文，李秀珍，孙钰. 韩国高校终身教育及其对中国的启示. 教育学术月刊，2014（12）：32-37.
④ 徐又红. 我国终身教育体系的构建：美、英、法终身教育比较的启示. 学术论坛，2008（3）：202-205.
⑤ 周西安，杨丽丽. 发达国家终身教育体系的构建及启示. 安徽教育学院学报，2005（4）：99-102.
⑥ 杨民，苏丽萍. 日本小学家校合作的研究及启示. 教育科学，2013，29（6）：89-93.
⑦ 杨秋芬. 浅析日本地方终身教育体系. 河北大学成人教育学院学报，2007（3）：8-9.
⑧ 杨芳. 韩国终身教育体系研究. 继续教育，2011，25（11）：61-64.

历史梳理和理论评述，对古今中外的终身教育思想给予全面关注。其二，研究者围绕终身教育与成人教育、终身学习、继续教育等相关概念进行了比较分析。其三，研究者对终身教育理论发展过程中出现的新热点进行研究，如终身学习、学习型社会、终身教育体系等[1]，其中对终身教育体系的关注尤为突出。其四，研究者对终身教育的价值以及终身教育理念下各级各类教育的价值问题进行了研究。

第四，终身教育的实践研究。这方面研究主要关注终身教育立法和体系构建。其中，立法研究主要包括终身教育立法呼吁与基本构想、国际比较与借鉴、地方立法研究、法律与政策研究、对我国传统政治法律文化语境的分析等。体系构建研究主要集中于我国终身教育体系构建策略研究方面。一是依现状问题提出体系构建策略。比较有代表性的观点有"渐进性策略"[2] "终身教育体系构建多主体"[3]等。二是围绕区域终身教育体系的构建展开个案研究，国内以区域为单元在构建终身教育体系方面积累了一些经验。三是终身教育体系构建评价研究。有研究者从过程评价角度开展研究[4]；也有研究者探讨了量化评价指标体系[5]。

第五，终身教育体系的元研究。这方面研究主要包括终身教育体系概念、要素、功能、特征等方面的研究和对体系构建的综合反思性研究。一是终身教育体系概念研究。完备的终身教育体系应广涉家庭组织、教育系统和社会机构等多元主体的多方资源整合，进而为所有社会成员提供全人生的教育制度安排[6]。在终身教育的思想和原则框架下，完备的终身教育体系应是为社会教育的发展而服务的，面向全民、全人生、全过程的社会化教育体系[7]。二是终身教育体系要素研究。研究者从终身教育的形式、方式、内容三个方面[8]，纵向和横向两个维度[9]，以及目标系统、保障系统、领导系统、运作系统四大系统对终身教育体系的构成要素进行分析[10]。三是终身教育体系功能研究。终身教育体系具有教育功能、经

---

① 吴遵民. 改革开放 40 年中国终身教育的历史回顾与展望. 复旦教育论坛, 2018, 16 (6): 12-19.

② 刘汉辉. 论终身教育体系：构架、实现方式及功能. 广东社会科学, 2007 (4): 178-183.

③ 李新民. 论构建中国模式的终身教育体系. 南京理工大学学报（社会科学版）, 2010, 23 (6): 98-101+120.

④ 郭玉锋. 终身教育理念与过程性评价的实施. 中国成人教育, 2005 (6): 28-29.

⑤ 吴国. 终身教育体系构建探析——以福建省为例. 福建医科大学学报（社会科学版）, 2013, 14 (2): 35-40+65.

⑥ 刘晖, 汤晓蒙. 试论各级各类教育融入终身教育体系的时序. 教育研究, 2013, 34 (9): 89-94+127.

⑦ 陈乃林. 建设区域性学习型社会的实证研究报告——以江苏为个案. 北京：高等教育出版社, 2010: 29.

⑧ 庾荣. 论终身教育体系的构建. 西南交通大学学报（社会科学版）, 2003, (4): 95-98.

⑨ 刘汉辉. 论终身教育体系：构架、实现方式及功能. 广东社会科学, 2007 (4): 178-183.

⑩ 周西安. 我国终身教育体系的内容结构与建构原则. 职业技术教育, 2011, 32 (22): 36-39.

济功能、人口功能、社会功能等。此外，也有研究者对终身教育体系在政治、文化、科技、生态等方面的功能进行了研究①。四是终身教育体系特征研究。终身教育体系具有统合性、开放性、非功利性特征②。也有研究者认为终身教育体系具有多样性、整合性、开放性、个体性等特征③。五是终身教育体系构建的综合反思性研究。有研究者从动因、内容、问题与展望三个方面对终身教育体系研究进行了综述，指出这方面的研究呈现出由单一走向多元、由理论走向实践、由宏观转向微观的趋势，在内容上呈现出关注具象化的实践研究、终身教育法律制度研究、开放大学在终身教育体系构建中的作用研究等趋势④。有研究者通过书评的形式对终身教育体系相关研究进行了介绍，如对《中国终身教育体系构建改革试点研究（2010—2015）》⑤这部著作的评论。也有研究者以具体的时间段为周期，对终身教育体系构建研究进行梳理，如分析 2007—2012 年构建终身教育体系的相关研究成果，探讨我国终身教育体系构建过程中的成功经验及存在问题，并展望了我国终身教育体系的研究方向。

（四）服务全民终身学习教育体系的研究进展

2019 年至今，围绕构建服务全民终身学习教育体系的研究成果日益增多，研究者主要从内涵、构建价值、构建逻辑、路径选择与体制机制等方面进行研究。

第一，关于体系的内涵研究。有研究者从资源、机会与供给导向，能力、素养与自主学习导向，意愿、收益与人力资源导向以及价值、发展与生活方式导向出发对"服务全民终身学习的教育体系"的内涵做了分层分级阐释。⑥

第二，关于体系的构建价值研究。构建服务全民终身学习的教育体系是实现教育强国战略的大势之需、实现教育终极使命的治理之要、融通中央长治与个人久安的信念之实。⑦

第三，关于体系的构建逻辑研究。有研究者分析了构建服务全民终身学习的

① 刘汉辉. 论终身教育体系：构架、实现方式及功能. 广东社会科学，2007（4）：178-183.
② 吴遵民，黄欣，刘雪莲. 建立和完善终身教育体系的法律制度研究. 继续教育研究，2006（6）：19-23.
③ 朱猷武. 论终身教育体系的特点. 中国成人教育，2006（8）：18-19.
④ 于蕾. 我国终身教育体系构建研究述评与展望. 继续教育研究，2016（5）：4-10.
⑤ 徐莉. 中国终身教育体系构建改革试点研究（2010—2015）. 福州：福建教育出版社，2019.
⑥ 陈廷柱，庞颖. 分层分级构建服务全民终身学习的教育体系. 终身教育研究，2021，32（6）：3-9.
⑦ 史秋衡，谢玲. 构建服务全民终身学习的教育体系的价值解读. 北京大学教育评论，2021，19（3）：178-187.

教育体系的政策逻辑①和实践逻辑。②还有研究者分析了构建服务全民终身学习教育体系的基本线索，即"自我导向学习"③。

第四，关于体系的路径选择与体制机制研究。有研究者基于分层分级理念探讨服务全民终身学习教育体系的建设，指出应基于政府责任与立法设计的角度，从中央到地方分级设计管理结构。④也有研究者从"后学校化"视角探讨构建服务全民终身学习的教育体系的路径与机制。⑤此外，有的研究者十分注重各级各类教育，尤其是高等教育在体系构建中发挥的作用。⑥⑦还有研究者认为，基于构建服务全民终身学习的教育体系视角，家庭教育的内涵需要重新审视与重构，体现了"构建服务全民终身学习的教育体系"的要求。⑧

三、终身教育和学习型社会研究的突破空间

通过梳理终身教育和学习型社会的研究进展，我们发现研究者已从不同角度进行了大量研究，按主题可细致划分为终身学习、学习型社会、终身教育、教育体系等研究，每个主题又都延伸出许多领域，而这些领域在这几个主题之间又相互交叉，相互重叠。但是从整体上对终身教育和学习型社会进行系统研究的成果还较少。基于此，我们认为该领域还有以下五个方面有待突破。

（一）历史研究需要进一步重视

在现有研究成果中，尽管有些研究者对终身教育、终身学习等思想的来源进行了追溯，但围绕终身教育和学习型社会的历史研究稍显不足，尤其并未对民国

---

① 陈伟，郑文，吴世勇．"构建服务全民终身学习的教育体系"的三重逻辑．华南师范大学学报（社会科学版），2022（1）：61-71+206.

② 闫志利，韩佩冉．构建服务全民终身学习的教育体系：价值取向与实践逻辑．职业技术教育，2020，41（13）：68-73.

③ 路宝利，张之晔，吴遵民．构建服务全民终身学习教育体系的本质思考——基于"自我导向学习"的视角．中国远程教育，2021（8）：1-11+39+76.

④ 兰岚．构建服务全民终身学习的现代教育体系——政府责任与立法设计．教育学术月刊，2021（9）：3-11.

⑤ 路宝利，吴遵民．构建服务全民终身学习的教育体系：路径与机制——基于"后学校化"理念的思考．开放教育研究，2020，26（4）：67-76+101.

⑥ 谢倩芸．助推构建服务全民终身学习的教育体系．中国高等教育，2021（2）：57-59.

⑦ 贾小鹏．高校在构建服务全民终身学习的教育体系中的定位与功能．中国高等教育，2020（18）：52-53.

⑧ 程豪，吕珂漪，李家成，等．我国家庭教育的内涵反思与时代重构——基于"构建服务全民终身学习的教育体系"的视域．现代远距离教育，2021（6）：3-12.

时期的历史经验进行充分挖掘。有鉴于此，我们认为应该在整理史料基础上，充分重视民国时期的历史经验，梳理终身教育和学习型社会在历史长河中的发展与变迁过程，对其进行回顾和反思，并对其未来发展趋势进行预测研究。

（二）比较研究需要进一步拓展

综观已有研究，比较研究多就终身教育、终身学习等领域展开，侧重于对国际经验的介绍，而以"构建服务全民终身学习的教育体系"为主题的比较研究稍显不足。现代终身学习理念源于西方，相关研究成果也较为丰富。因此，在研究构建服务全民终身学习的教育体系过程中，我们须有选择地借鉴西方的经验。比较研究不能只限于介绍和引进，更重要的是批判地继承，反思国际经验之于我国的适用价值。有鉴于此，我们认为应当加强对国际"构建服务全民终身学习的教育体系"的比较和借鉴，以进一步推动我国构建服务全民终身学习的教育体系。

（三）理论研究需要进一步深入

"构建服务全民终身学习的教育体系研究"目前散见于终身学习、学习型社会、终身教育、教育体系等领域中，这反映了当前我国终身教育和学习型社会研究的成熟度还有待提高。一方面，我们需要加大基本理论的研究力度，开展基本概念澄清、历史演变梳理、体系应然架构设计等工作，以科学合理的基本理论体系指导实践，同时基于实践发现理论研究的不足，通过良性互动促进服务全民终身学习教育体系在理论与实践两方面的构建；另一方面，由于该研究主题的特殊性，即该体系的构建涉及社会多方面的主体和资源等，故该问题在理论层面的解决也需要我们拓展研究视角，充分运用历史学、社会学、经济学等相关学科的理论资源，寻找服务全民终身学习教育体系构建的策略。

（四）实践研究需要进一步深化

目前我国已有相关研究成果大多为思辨型理论探索，少数实践研究也是对区域实践和部分要素实践的经验总结，缺乏对当下实践问题的有针对性的研究，这类研究是实践亟须的。构建服务全民终身学习的教育体系和学习型社会在现实中究竟达到什么程度？取得了哪些成就？存在哪些问题？还需要提供什么样的保障和解决措施？这些都是需要引起研究者重视的关键问题。我们亟待密切关注实践需要，发现并解决服务全民终身学习教育体系构建中的重点、难点问题，开展实践性、应用性、具体性研究。这是构建服务全民终身学习教育体系研究领域急需加强和深入的方向。

（五）研究方法需要进一步优化

目前，终身教育和学习型社会的研究在一定程度上还滞后于实践发展，且针对具体实践问题的关注不够。已有研究成果大多运用思辨方法研究概念、性质等基本理论问题，研究方法较为单一，量化研究方法和混合研究方法的运用较少。一方面，鉴于该领域对实践研究的丰富和深化的要求，运用多样的研究方法尤其是量化研究方法是必要的；另一方面，鉴于不同研究方法之间的优势互补，运用多样的研究方法也是增强研究成果科学性和可靠性的必然要求。我们应该注意运用多样化方法开展服务全民终身学习教育体系构建的全方位研究。

四、终身教育和学习型社会研究的路径展望

基于终身教育和学习型社会研究需要有进一步突破的空间，我们应着眼于学术研究本身，将构建服务全民终身学习教育体系的研究作为一项系统工程去综合推进。我们应把构建服务全民终身学习教育体系作为终身教育和学习型社会研究的总体目标，并在此基础上规划研究思路，从已有研究不足入手，厘清研究内容，并把握其中的关键性问题、重点问题和难点问题，在研究过程中以"多学科、宽领域、广视角"为引领，突出研究创新，以高质量原创性研究成果推动中国教育改革与发展。

（一）明确目标，规划研究思路

1. 明确研究的整体目标

第一，明确理论创新方面的预期目标。首先，从实践逻辑出发，基于时空维度对历史经验问题和国际比较问题进行系统梳理，探究体系构建的内部规律。其次，剖析构建服务全民终身学习教育体系"是什么体系""如何构建""怎样落实"等问题，为构建服务全民终身学习教育体系提供理论参考和依据。最后，以理论作为风向标和着力点，审视实践并进行保障机制研究。

第二，明确实践应用方面的预期目标。研究者应遵循国家教育发展战略和教育发展规律，依据需求逻辑和实践逻辑，形成构建服务全民终身学习教育体系的可行性方案及立体化推进路径，为实践发展提供可供参考的理论指南。

第三，明确服务决策方面的预期目标。构建服务全民终身学习教育体系研究的最终落脚点在保障机制研究，研究者应基于国家、社会、地方"三位一体"的角度进行宏观思考，以破解制度性困境，确保构建服务全民终身学习教育体系的有效落实。

2. 规划研究的总体思路

构建服务全民终身学习的教育体系研究思路具有深厚的学理依据与科学性，一方面，我们应坚持以马克思主义哲学为学理依据，坚持联系、整体和发展的观点，遵循逻辑与历史相统一、时间与空间相融合、部分与整体相维系、联系与发展相交互、理论与实践相呼应的原则，立足基本国情进行构建。另一方面，我们应以"基于实践—构建理论—回归实践"为总体思路，以"构建服务全民终身学习的教育体系"为研究对象，基于"是什么体系—如何构建—怎样落实"的逻辑，对构建服务全民终身学习的教育体系进行研究。

（二）厘清内容，把握核心问题

1. 厘清研究的基本内容

以"构建服务全民终身学习的教育体系"为总体研究内容，应致力于解决以往研究尚待加强的方面，围绕历史经验、国际比较、具体构建、现实基础和保障机制五个方面的内容进行系统研究。

第一，中国现代教育体系构建的历史经验研究。从时间角度入手，对中国现代教育体系构建的历史演进、中国现代教育体系的构建及其对全民素质提升的意义、中国现代教育体系构建的启示等方面进行研究。

第二，服务全民终身学习教育体系构建的国际比较研究。从国际比较角度入手，对美国、英国、法国、日本、德国等发达国家以及印度等发展中国家服务全民终身学习教育体系的构建特征、成功经验进行研究，特别是对学分银行、国家资历框架建设等方面给予必要关注。

第三，服务全民终身学习教育体系的具体构建研究。从理论角度入手，对全民终身学习进行深入的学理分析；探索服务全民终身学习教育体系构建的原则、路径、策略；对各级各类教育在服务全民终身学习教育体系构建中的作用进行分析；围绕全民终身学习的需求，探索如何将各级各类教育融合成一个相互联动、相互协调、相互促进的教育体系。

第四，服务全民终身学习教育体系构建的现实基础研究。从实践角度入手，对我国服务全民终身学习教育体系构建的现实背景、典型案例、成功经验、存在的问题等内容进行研究。

第五，服务全民终身学习教育体系构建的保障机制研究。从保障角度入手，着眼于终身教育的立法保障、资源整合以及数字化学习网络等的建设，对其现状、发展规律、存在的问题等内容进行研究。

2. 把握研究需解决的核心问题

第一，把握关键问题，即把握构建服务全民终身学习的教育体系"是什么体系"的问题。从系统把握其核心内涵入手，厘清我们在推进终身学习、建设学习型社会中应当努力的方向，明确如何统筹社会力量，构建一个什么样的教育体系，才能助力于学习型社会的形成。

第二，把握重点问题。围绕服务全民终身学习的教育体系"如何构建"的问题，历史经验有哪些，所处的国际环境如何，基本理论问题有哪些，其现实状况如何，保障机制是什么，这些都是构建服务全民终身学习教育体系亟待解决的重点问题。

第三，把握难点问题，即体系构建"怎样落实"的问题。体系的构建需要国家层面，尤其是在政策层面的有力推动。因此，除了在理论研究方面增强科学性与规范性外，还需要通过实证研究实现"点"与"面"的结合。

（三）拓宽视角，实现研究创新

1. 拓宽研究视角

第一，全民终身学习的视角。我国服务全民终身学习教育体系的构建经历了从"终身教育"向"终身学习"话语体系的转变，具有一定的历史演进背景："终身教育体系"的提出，终身学习理念的孕育；社区教育实验的推展，"终身学习与学习型社会"目标愿景的建立；教育现代化进程的进一步加快，服务全民终身学习教育体系的系统化、制度化建设。

第二，"大教育观"的视角。应围绕"大教育观"视角，以教育学、历史学、哲学、社会学、政治学等多学科视域为依托，兼容多学科理念，整合多学科方法进行研究，使研究成果能够为构建服务全民终身学习的教育体系提供有力支撑。

第三，社会治理创新的视角。构建服务全民终身学习的教育体系研究应基于社会治理的视角，以问题意识和现实意识为指导，坚持逻辑与历史相统一、时间与空间相融合、部分与整体相维系、联系与发展相交互、理论与实践相呼应的原则，立足基本国情，基于教育现代化目标，研究大教育规律，促进终身学习服务主体的多元化和相互合作，助力社会治理。

2. 实现研究的突破创新

第一，力求在研究方法上进行突破创新。构建服务全民终身学习的教育体系研究应突破单一研究方法的局限，综合利用历史法、文献法、比较法、调查法、个案研究法等多种方法的优势，由抽象到具体、由简单到复杂，实现定性研究与定量研究的有机结合。

第二，力求在分析工具上进行突破创新。构建服务全民终身学习的教育体系研究应突破以往研究局限，以教育学、历史学、哲学、社会学、政治学、文化学等多学科的研究范式与基础理论为支撑，进行研究范式的借鉴与创新，从而突破本领域已有研究框架，开展跨学科研究。

第三，力求在文献资料上进行突破创新。注重搜集相关历史史料，尤其是民国时期的史料，进行历史经验的总结，注重搜集国内的典型案例，补充构建服务全民终身学习教育体系的相关口述史料等。同时，要重视国外成功案例的搜集整理，开展比较研究，编制研究索引，形成文献综述，系统梳理研究现状，查缺补漏，进行创新研究，以历史眼光和国际视野，围绕理论与实践的创新开展思辨研究和实证研究，进一步丰富、充实相关文献资料。

第四，力求在话语体系方面进行突破创新。我国服务全民终身学习教育体系的构建经历了从"终身教育"向"终身学习"话语体系的转变。从已有相关成果来看，资料搜集整理较多、深刻的思辨性成果较少，平面描述较多、零散且缺乏系统，未能形成稳定、成熟的话语体系。我们应从当前中国教育发展最迫切需要厘清的重大理论问题切入，尝试建立大教育学的研究范式与话语体系，推进中国特色、中国风格、中国气派教育学的建设，助力中国特色社会主义教育事业的发展。

五、本丛书的出版价值、意义以及研究宗旨

"终身教育与学习型社会研究"丛书具有重要的学术价值和现实意义。

丛书的学术价值体现在：第一，丛书是关于终身教育、终身学习和学习型社会的理论与实践的系列丛书。第二，丛书系统、全面、科学地介绍国内外关于终身教育、终身学习和学习型社会的理论与实践，澄清问题、丰富成果，完善理论体系、总结实践经验。第三，丛书期望为引领终身教育、终身学习和学习型社会研究的新趋向，扩展终身教育、终身学习和学习型社会研究的新视域，重构终身教育、终身学习和学习型社会研究的新体系做出贡献。第四，丛书将为丰富、完善现代教育学体系提供新的理论成果。第五，丛书将为现有的终身教育、终身学习和学习型社会实践提供新的理论支撑和价值引领。

丛书的现实意义体现在：第一，丛书有助于完善终身教育、终身学习与学习型社会理论体系。第二，丛书有助于建立终身教育学等新型学科。第三，丛书有助于整体提高教育学在哲学社会科学中的地位。第四，丛书有助于促进学习型社会的建设，推动服务全民终身学习教育体系的构建和教育现代化的实现，以期为国家治理和社会治理提供教育学的智慧和力量。

本丛书的撰写面向国家重大需求，立足于国家终身教育发展和学习型社会建设的重大战略，旨在完善和丰富我国终身教育和学习型社会的理论成果。在此基础上，丛书系统梳理国内外关于"终身教育与学习型社会"的已有理论研究、实践进展、法律政策，全面分析"终身教育与学习型社会"的新时代背景特征，反思"终身教育与学习型社会"研究的新趋向，力图扩展新视域，重构新体系。

因丛书的 5 本分卷各有侧重，各领域的发展现状及已有研究基础不同，因而，承担分卷写作任务的作者可以根据实际情况采取相应的撰写方式。

无论采取何种书写形式，作者在撰写时应有如下明确的意识：各分卷研究如果是前人没有或少有涉及的，就要有明确的标杆意识，作者的成果应该体现当代中国学者的最高水平；如果学术界已有先期成果，就要有明确的超越意识，建立新的高度；如果作者曾有过相应成果，就要有明确的创新意识、突破意识，寻找

新的角度，进行新的思考，突破自己，切忌重复、克隆自己。

"终身教育与学习型社会研究"丛书由 5 本著作组成，各著作名称及负责人如下。侯怀银、宋美霞：《终身教育学新论》；侯怀银、王晓丹：《服务全民终身学习：终身教育在中国的探索》；贾旻等：《人类命运共同体背景下国际终身教育的理念与体系》；桑宁霞：《终身学习论》；丁红玲：《小康社会背景下学习型社会的中国图景》。

本丛书得以出版，要感谢每本书的作者，感谢科学出版社教育与心理分社付艳分社长的支持和辛勤工作。由于水平有限，本丛书难免有疏漏，恳请专家和读者批评指正。

侯怀银

2022 年 9 月 6 日

前　言

　　党的十九大、党的十九届四中全会以及党的二十大相继作出"加快建设学习型社会""构建服务全民终身学习的教育体系""建设全民终身学习的学习型社会、学习型大国"等重要指示。这对中国终身教育提出了新的要求。新时代背景下，我们亟须以历史视野、国际格局、整体思维对中国终身教育的理论与实践予以系统、全面而细致的研究。《服务全民终身学习：终身教育在中国的探索》是"终身教育与学习型社会研究"丛书中的一部。

　　本书聚焦"终身教育在中国的探索"问题，力求系统梳理中国终身教育的引进问题、理论探索问题、政策推进问题、实践创新问题。这既有助于丰富教育学知识体系，推进中国教育学学科建设，又有助于丰富终身教育理论体系，完善教育基本理论框架，同时也有助于拓展教育研究领域，促进"大教育"研究的进一步深化，形成中国教育研究的终身教育视野。本书从终身教育基本理论问题出发，最终落脚在中国终身教育实践，以"引进"为主线，将终身教育基本理论问题、政策问题、实践问题结合起来。这既有助于深化中国终身教育政策进展，推进中国教育改革的深入，又有助于进一步推进教育治理，促进教育治理与社会治理的双向融合，同时还有助于总结国际以及国内部分地区的优秀终身教育实践经验及规律，促进我国服务全民终身学习教育体系的构建。

　　本书旨在围绕"服务全民终身学习"这一关键术语，对终身教育在中国的探索进行研究，共七章。

　　第一章新时代，我们应如何理解终身教育。本章基于新时代背景，主要从解析终身教育的概念、认识终身教育的本质、把握终身教育的边界逻辑、做好终身教育研究等方面展开，旨在对新时代背景下的终身教育有个全面、系统、深入的理解，为本书研究奠定基本原理层面的基础。

第二章终身教育理论在国外的形成和发展。本章主要从终身教育理论在国外的形成和发展历程、国外主要的终身教育理论、国际终身教育理论演进的趋势三方面展开，旨在追溯终身教育理论的历史渊源，探究国外主要的终身教育理论，并在此基础上，进一步揭示国际终身教育理论的演进趋势。

第三章终身教育理论在国际范围内的实践和趋势。本章主要从联合国教科文组织对终身教育的推进、世界主要发达国家终身教育的实施、国际范围内终身教育发展的趋势三方面展开，旨在将研究视野放至国际实践层面，对联合国教科文组织对终身教育的推进、世界主要发达国家终身教育的实施以及国际终身教育发展趋势予以梳理与分析，把握终身教育理论在国际范围内的实践进展。

第四章终身教育在中国的引进。本章主要从终身教育理论在中国的引进、《学会生存》在中国的引进、终身教育经验在中国的引进三个方面展开，旨在研究终身教育理论与经验在中国引进的历程、进展和启示。

第五章中国的终身教育理论。本章主要从终身教育理论在中国的形成和发展、中国学者对终身教育理论的探索、中国终身教育理论的未来发展趋势三方面展开，旨在研究中国终身教育理论的形成和发展，梳理主要的终身教育理论，并对中国终身教育理论的未来发展趋势予以展望。

第六章中国的终身教育政策。本章主要从中国终身教育政策的演变历程、中国终身教育政策的主要内容、中国终身教育政策的具体实施、中国终身教育政策的未来走向四方面展开，系统梳理中国的终身教育政策问题。

第七章中国的终身教育实践。本章主要从中国终身教育的实践历程、中国终身教育体系的构建、中国的终身教育实践经验、中国终身教育实践的未来发展四方面展开，系统梳理中国的终身教育实践发展问题。

本书具有以下四方面特点：

第一，研究对象的新颖性。以往研究多是进行"终身教育在中国"研究，较少从"中国终身教育"层面设定研究对象，由此导致国际终身教育与中国终身教育的衔接性、终身教育理论与实践融合研究研究以及终身教育历史问题梳理稍显不足。本书旨在通过系统研究，厘清终身教育的历史、国际、理论、实践问题，更好地服务中国学习型社会的建设与全民终身学习教育体系的构建。

第二，研究视角的多维性。以往研究较多为单维视角，以系统整合的多维视角进行研究的较少。本书以"终身教育在中国的引进"为主线，将国际终身教育与中国终身教育两大线索密切联系起来。同时，本书以研究国际终身教育理论与实践为前提，从终身教育基本概念问题到理论产生，再到政策制定与具体实践，遵循终身教育理论与实践的发展逻辑，研究终身教育在中国的理论与实践发展。

第三，研究范式的多元性。以往关于终身教育研究的文献资料研究范式较为单一，难以突破传统教育学框架，具体研究方法不够多元。本书试图突破以往研究局限，突破已有的教育学研究框架，致力于综合历史法、文献法、比较法、个案研究法、访谈法等多种研究方法的优势，实现多种研究方法的结合，在跨学科研究基础上，进行范式借鉴与思辨创新。

第四，研究结论的系统性。以往研究对终身教育的系统性把握还不够。本书旨在通过系统研究，从终身教育概念及其在国际上的形成与发展、终身教育在中国的引进、中国终身教育发展三大方面进行成果论证，最终系统梳理中国终身教育的引进问题、理论探索问题、政策推进问题、实践创新问题，形成对中国终身教育全面、系统的认识，为中国终身教育的进一步发展奠定理论、政策和实践基础。

本书契合当前国家终身教育发展战略及建设学习型社会的实践需求，具有较强的理论与实践价值，既突破教育学研究框架，推进教育理论研究的深化，为教育学学科建设作出重要贡献，又立足中国新时代背景，对标中国终身教育实践发展亟待解决的问题，满足国家战略发展需要。本书既可以作为相关学术研究领域的参考资料和工具书，又可以作为终身教育实践领域的指导性资料，还可以为相关政策的制定提供相应参考。

本书参考了相关研究成果和文献资料，在此一并表示感谢！感谢科学出版社的支持，感谢责任编辑的辛勤工作。由于水平有限，本书难免存在疏漏，恳请专家和读者批评指正。

目　录

缩 略 语 表

APCEIU	Asia-Pacific Centre of Education for International Understanding	亚太地区促进国际了解教育中心
AQF	Australian Qualifications Framework	澳大利亚资格框架
ASFEC	Arab States Fundamental Education Centre	阿拉伯地区基础教育中心
ASPnet	Associated Schools Proiects Network	联系学校网络
AU/CIEFFA	The African Union-International Centre for the Education of Girls and Women in Africa	非洲女童和妇女教育国际中心
BEC	Business Education Council	商业教育协会
CE	Council of Europe	欧洲委员会
ECTS	European Credit Transfer System	欧洲学分转换系统
GNLC	Global Network of Learning Cities	全球学习型城市网络
GNVQ	General National Vocational Qualification	国家通用职业资历证书
GRALE 5	5th Global Report on Adult Learning and Education	《成人学习与教育全球报告（五）》
IBE	International Bureau of Education	国际教育局
ICHEI	International Centre for Higher Education Innovation	国际高等教育创新中心
ICUA	International Center for UNESCO ASPnet	联合国教科文组织联系学校网络国际中心
IEPA	Institute for Educational Planning and Administration	教育规划与管理研究所
IESALC	International Institute for Higher Education in Latin America and the Caribbean	拉丁美洲和加勒比地区国际高等教育研究所
IICBA	International Institute for Capacity Building in Africa	非洲国际能力培养研究所
IIEP	International Institute for Educational Planning	国际教育规划研究所
IITE	Institute for Information Technologies in Education	教育信息技术研究所

ILL	Institute for Lifelong Learning	终身学习研究所
IMLI	International Mother Language Institute	国际母语研究所
INRULED	International Research and Training Centre for Rural Education	国际农村教育研究和培训中心
MGIEP	Mahatma Gandhi Institute of Education for Peace and Sustainable Development	圣雄甘地和平与可持续发展教育研究所
NCSALL	National Center for the Study of Adult Learning and Literacy	国家成人学习与识字研究中心
NPO	Non-Profit Organization	非营利组织
NQF	National Qualifications Framework	国家资历框架
NVQ	National Vocational Qualification	国家职业资历证书
OCE	The Office for Climate Education	气候教育所
OECD	Organization for Economic Co-operation and Development	经济合作与发展组织（简称经合组织）
PIAAC	Programme for the International Assessment of Adult Competencies	国际成人基本能力水平项目
PISA	Programme for International Student Assessment	国际学生学业水平项目
RCECCE	Regional Centre for Early Childhood Care and Education in the Arab States	阿拉伯国家幼儿保育和教育地区中心
RCEP	The Regional Comprehensive Economic Partnership	区域全面经济伙伴关系协定
RCQE	The Regional Center of Quality and Excellence in Education	优质教育地区中心
SACTD	South Asian Centre for Teacher Development	南亚教师发展中心
SDG4	Sustainable Development Goal 4	可持续发展目标4
TVET	Technical and Vocational Education and Training	职业技术与培训
U3A	University of Third Age	第三年龄大学
UIS	UNESCO Institute for Statistics	联合国教科文组织统计研究所
UNESCO	United Nations Educational, Scientific and Cultural Organization	联合国教科文组织
UNESCO-UNEVOC	UNESCO-International Centre for Technical and Vocational Education and Training	联合国教科文组织国际技术和职业教育与培训中心

绪　论

　　党的十八大以来，党中央高度重视教育工作，教育被摆在更加突出的优先发展地位，加快推进教育现代化、建设教育强国、办好人民满意的教育以及构建服务全民终身学习的教育体系的新征程就此开启。当前，中国正经历着一场历史上最广泛、最深刻的社会变革，面对百年未有之大变局，作为"国之大计、党之大计"的教育应当占有新时代工作的一席之地。在新时代背景下，建设中国特色社会主义新时代教育对终身教育提出了新的诉求，因此，对于终身教育在中国的探索，我们应当进行系统、全面、深入的梳理、总结和反思。

一、终身教育研究的必要性

　　终身教育自古有之，但其作为一个正式概念是在 20 世纪 60 年代出现的。现今，终身教育的内涵不断丰富，其外延不断扩大，这引导着教育走向新的变革。这一变革不仅发生在我国，而且发生在国际范围内。立足新时代背景，对终身教育在中国的探索展开系统、全面、深入的研究有其必要性。

（一）坚持中国特色社会主义教育发展道路的必然要求

　　坚持中国特色社会主义教育发展道路，就是坚持以马克思主义为理论指导，以"培养什么人、怎样培养人、为谁培养人"为根本问题、原点问题，总结中国教育理论与实践发展的成就和经验，并结合新时代背景，反思关涉中国特色社会主义教育发展的重要理论与实践问题。终身教育作为中国特色社会主义教育事业的重要组成部分，直接关系到中国人民的基本权利、生活质量和精神文明建设水平，在中国特色社会主义教育发展道路中占有举足轻重的地位。

从古至今，终身教育在我国经历了漫长的探索历程。在新时代背景下，深入研究终身教育在中国的探索实践显得尤为重要，并需要我们重点把握以下三方面的逻辑。

一是理论逻辑。马克思十分重视理论反映现实世界的力度，认为只有透过表象揭露事物本质的理论，才具有价值。"理论只要彻底，就能说服人。所谓彻底，就是抓住事物的根本。"[1]理论具有现实关怀和抽象超越的特点，才能有价值，才能真正助益社会和人的发展。研究终身教育在中国的探索，应当把握理论逻辑，找到终身教育在中国探索的理论进展及其未来发展趋势。

二是实践逻辑。实践是理论的起源，也是展开终身教育研究的雄厚基础。终身教育在中国的探索离不开实践，实践赋予终身教育在中国探索的时代烙印以及验证终身教育理论的重要标准。终身教育除了是一种理论，还表现为一种实践。在坚持中国特色社会主义教育发展道路基础上，要对终身教育在中国的探索展开实践逻辑的探寻，明晰终身教育在中国探索的实践进展及其未来发展趋势。

三是历史逻辑。终身教育在中国的探索具有一定的历史性，它经历了不同的历史阶段，并在不同历史阶段表现出不同的特点。基于历史逻辑对终身教育在中国的探索展开追溯，既是围绕中国终身教育进行总结经验、把握规律、发扬传统的基本要求，也是关于中国终身教育展开与时俱进、把握当下、展望未来的时代呼唤。

（二）实现中国教育现代化的必然要求

当今，中国特色社会主义进入新时代，迈向了教育现代化建设的新征程。教育是人类各项事业发展的重要基础，在新时代背景下，"泛智教育"逐渐被"泛在学习"取代。终身教育在我国的探索也经历了时代变革，富有时代烙印。如今，终身教育在我国面临着"服务全民终身学习"的现代化变革之势，传统的学校教育已受到具有"大教育"概念的终身教育挑战。

从终身教育的演进来看，不论哪个历史阶段，终身教育都包含"成人"和"成事"[2]两大基本目标。在全面贯彻落实《中国教育现代化 2035》的过程中，实现中国教育现代化需要我们围绕"成人"和"成事"两大目标，对终身教育在

---

① 马克思，恩格斯. 马克思恩格斯选集（第 1 卷）. 2 版. 中共中央马克思恩格斯列宁斯大林著作编译局，编译. 北京：人民出版社，1995：9.

② 叶澜. "新基础教育"内生力的深度解读. 新课程教学（电子版），2017（11）：1.

中国的探索展开系统研究。

　　一方面，围绕"成人"，研究终身教育在中国的探索。马克思主义是关于人的解放的学说，马克思主义关于人的全面发展的学说是我国教育目的的理论基石。终身教育在中国的探索离不开"成人"这一基本目的，我们对此展开研究，就是要系统把握终身教育在中国何以"成人"、"成人"目标的历史特色、"成人"目标的不同实现、"成人"的进展及经验，以为未来终身教育在中国更好地实现"成人"目标提供基础。

　　另一方面，围绕"成事"，研究终身教育在中国的探索。实现中国教育现代化，属于"成事"的追求，但如果只关注教育现代化，不思考在教育现代化过程中如何促进"成人"，那么"事无法成""人无法成"，最终也不能更好地实现中国教育现代化。围绕"成事"，研究终身教育在中国的探索，就是要在"成人""成事"联结起来的思维中把握终身教育在中国"成人成事"的过程，即把握终身教育在中国不同历史阶段如何"成事"、"成事"目标的历史特色、"成事"目标的不同实现、"成事"的进展及经验，从而为终身教育在中国更好地实现"成事"目标提供基础。

（三）促进中国终身教育理论与实践发展的必然要求

　　"终身教育"在我国并非一个本土词语，它从西方引进而来。1965 年，在巴黎召开的成人教育促进国际会议上，联合国教科文组织成人教育计划处处长朗格朗（P. Lengrand）提交了"关于终身教育"的提案，正式提出"终身教育"一词。自此，经过联合国教科文组织（UNESCO）、经济合作与发展组织（OECD）等国际性组织及机构的大力提倡与推广，终身教育在世界范围内广泛传播，并得到世界的广泛认同，成为全球教育现代化发展的必然趋势，同时也成为影响最大、传播最广的全球性教育思潮之一，对世界各国的教育发展产生重要影响。

　　终身教育的产生有一定的社会历史背景渊源。"在人类的历史上，至少是在世界某些地方的历史上，确曾有过安定和平的时期，但对我们西方世界来说，这样的太平盛世还不曾是我们的福分。"[①]在 20 世纪 50 年代之前的大工业生产阶段，现代人面临着社会变化加快、人口增长、科学知识和技术的进步、政治变革、信息多元化、解决闲暇问题、生活模式和相互关系的处理、身体与精神的平

---

① 朗格朗. 终身教育引论. 周南照，陈树清，译. 北京：中国对外翻译出版公司，1985：3.

衡、思想意识形态危机等各种各样的挑战。在飞速发展的社会及其存在的各种挑战之下，终身教育作为一个理念应运而生，它既是对资本主义社会危机所进行的教育反思，又是通过教育解决人类发展过程中的种种问题的美好向往，还是对传统僵化的学校教育进行颠覆式变革的设想。伴随终身教育的传播和发展，终身教育的内涵不断丰富，其外延不断扩大，已从理念转向理论，并发展成实践，指导各国教育走向新的变革。在终身教育在世界传播和发展的同时，由于不同国家国情的复杂性，终身教育在不同国家面临着理论和实践发展方面的问题，这些问题既有相通之处，又有其个性所在。

我国于 1977 年开始引进终身教育理论。[①]自此，终身教育在我国经历了理论与实践方面的本土化探索之路。为适应国际终身教育发展趋势，我国既引进了国外的终身教育理论和经验，又在终身教育理论、政策和实践等方面进行了探索、创新和推进。但纵观中国的终身教育发展，我们在理论上，对终身教育的重视和关心还不够，认识还比较模糊，理论的系统思考还有待进一步深入，"尤其是要对现代西方终身教育理论进行适应中国现实的本土化改造"[②]，并进行具有中国特色的终身教育理论的探索；在实践上，终身教育在我国的实践与理论发展相对脱节。

基于以上中国终身教育理论与实践发展面临的突出问题，我们需要对终身教育在中国的探索展开系统研究。这要求我们把握终身教育在中国已取得的探索的进展，分析终身教育在中国进一步探索的努力方向，以促进中国终身教育理论和实践发展为内动力，构建具有中国特色的中国终身教育理论，并发展能够解决中国重大教育问题的终身教育实践，使中国终身教育理论与实践能够跻身于国际终身教育舞台之上，为人类发展和世界和平贡献中国力量。

（四）构建服务全民终身学习的教育体系的必然要求

2019 年，党的十九届四中全会提出"构建服务全民终身学习的教育体系"[③]的重要指示，对新时代终身教育在中国的探索提出了新要求、明确了新方向，使我国终身教育工作重心从"构建终身教育体系"转向"构建服务全民终身学习的教育体系"。在新时代背景下，构建服务全民终身学习的教育体系，就是要聚焦

---

① 侯怀银，王晓丹. 终身教育理论在中国的引进及其影响. 教育科学，2021，37（5）：2-11.
② 潘懋元，李国强. 现代终身教育理论与中国教育发展. 北京：高等教育出版社，2017：序.
③ 中国共产党第十九届中央委员会第四次全体会议公报.（2019-10-31）[2022-10-14]. http://www.xinhuanet.com/politics/2019-10/31/c_1125178024.htm.

“服务全民终身学习需求这一目标，并以此为基础构建融合终身教育理念的现代化教育体系”①。这一体系的完善，需要终身教育理论与实践的支持和推动。自我国引进终身教育起，终身教育在我国经历了一定的探索历程，取得了一定的进展，积累了一些经验，同时在新时代背景下又面临着亟待突破的新问题。在新时代背景下服务全民终身学习的教育体系的建设，迫切需要我们研究好终身教育在中国的探索问题。

有鉴于此，研究终身教育在中国的探索问题，需要我们围绕“构建服务全民终身学习的教育体系”的基本要求展开，并把握好以下四个方面。

一是把握好服务性。终身教育在培养人的基础上，进一步扩大了培养人这一活动的本质属性，成为“教育权的终生保障（制度），是专业和教养的统一（内容），是不再产生未来文盲的途径（方法）”②，其目的是“缩小不平等，广开大门，拓宽通向文化的大道”③，体现了终身教育的服务性。从外向内看，终身教育就是建立一个体系，保障人人、时时、处处、事事接受终身教育；从内向外看，终身教育就是确立一种平等，借由终身教育实现人文化提高的平等，从而使人的生活更加具有尊严，生命更加充满活力，生存更加体现意义。这与构建服务全民终身学习的教育体系的基本要求相联系，在研究终身教育在中国的探索问题过程中，我们应当对服务性展开研究，代表集体的声音，研究集体普遍关注的问题，将“小我”融入“大我”，始终坚持国家至上、民族至上、人民至上，与党和人民的发展同向而行，将研究贯穿在为时代书写、为人民做学问的过程中。

二是把握好整体性。构建服务全民终身学习的教育体系体现了整体性的基本要求，即这一教育体系的构建在对象上具有全民属性，在时间上具有终身属性，在活动上具有学习属性，在布局上具有系统属性。这与终身教育的基本内涵相一致，终身教育强调整体的知识体系、整体的教育和学习方法以及迈向开放、灵活的终身学习的体系。研究终身教育在中国的探索，应当对构建服务全民终身学习的教育体系的整体性要求有理论与实践方面的回应。

三是把握好能动性。人具有能动性，能够主动地认识世界和改造世界。构建服务全民终身学习的教育体系就是遵循人的能动性这一基本属性，并致力于使人

① 吴遵民. 服务全民终身学习教育体系构建的若干思考：基于服务与融合的视角. 中国远程教育，2020，41（7）：16-22+68.

② 持田荣一，森隆夫，诸冈和房. 终身教育大全. 龚同，林瀛，邢齐一，等，译. 北京：中国妇女出版社，1987：11.

③ 朗格朗. 终身教育引论. 周南照，陈树清，译. 北京：中国对外翻译出版公司，1985：9.

能够充分发挥这种能动性，自觉主动地将学习贯彻终身。终身教育在中国的探索聚焦于通过人的能动性实现教育旨归的理论与实践努力。在新时代背景下，我国现阶段将构建服务全民终身学习的教育体系作为终身教育的具体任务。这要求我们在深刻理解并衔接好对人的能动性实现的基本观照基础上，进一步深入研究终身教育的本土化实践与创新策略，以促进我国终身教育事业的持续健康发展。

四是把握好发展性。教育的两大基本问题即人的发展和社会发展。根据从普遍到特殊再到个别的逻辑顺序，我们可以把发展大体上分为三个层次：反映整个世界发展规律，反映整个世界自然、社会、认识（或思维）发展规律，反映三大领域中各个部门发展规律。①《反思教育：向"全球共同利益"的理念转变？》一书指出："对于可持续发展的向往，迫使我们解决一些共同问题，消除普遍存在的矛盾，同时拓宽视野。"②终身教育从其产生就被赋予解决人的发展和社会发展诸多问题的期望。现如今，我国提出构建服务全民终身学习的教育体系，这一举措旨在促进人和社会更好地发展，体现了我国教育发展的基本方向和原则。这一发展性要求我们在研究终身教育在中国的探索过程中，应当紧密围绕人的发展和社会发展的两大基本问题，做好历史与当代的传承与创新联结。

综上所述，新时代赋予终身教育在中国探索的新目标、新航标、新指标。在新时代背景下，坚持中国特色社会主义教育发展道路、实现中国教育现代化、促进中国终身教育理论与实践发展、构建服务全民终身学习的教育体系，不可能在原有轨道上惯性推进自动获得，而要在历史总结中进行反思，在现实观照中另辟蹊径，在传承与创新并行中实现终身教育在中国的更好探索。有鉴于此，我们有必要在新时代背景下重新理解终身教育，确立终身教育视野，在全面系统地对国外终身教育的理论和实践进行研究的基础上，对终身教育在中国的引进以及中国已形成的终身教育理论、政策和实践进行系统地研究与反思，并展望中国终身教育的发展趋势，推进中国终身教育的全方位实施。

二、终身教育研究在中国的进展

综观终身教育在中国的研究，主要取得了以下九方面进展。

---

① 覃遵君. 如何把握和运用哲学的发展观. 思想政治课教学，2010（4）：31-34.
② 联合国教科文组织. 反思教育：向"全球共同利益"的理念转变？. 联合国教科文组织中文科，译. 北京；教育科学出版社，2017：1.

（一）终身教育概念研究

1965 年，朗格朗就终身教育概念发表了看法，从此，终身教育概念正式形成，受到了国内外研究者的广泛关注。

我国终身教育概念的产生及形成开始于 20 世纪七八十年代，不同研究者基于不同的角度对终身教育概念形成了不同的认识。有的研究者从性质角度将终身教育界定为一种理念、原则、活动、教育哲学、组织方针和程序指南、方法、生存、原理以及综合等。有的研究者基于个体培养与社会意义角度，将终身教育界定为"培养的总和""连续性教育""公民权利与社会手段""学习"等。还有的研究者基于时空角度，将终身教育界定为"系统""训练统合""生活基础"等。除对前人的终身教育观点进行归纳分析外，也有不少研究者在不同的理论基础上理解终身教育（如帕森斯结构功能分析理论等）。另有一些研究者在定义终身教育概念时，采用不同的研究方法（整体性研究方法等）。也有研究者从不同学科视角来分析，如从生态学、传播学等视角对终身教育进行解读。

（二）终身教育思想研究

对终身教育思想的研究也受到了研究者的重视，他们将视野扩展至古今中外，较为全面地梳理了广大教育家的终身教育思想。

一是基于本土文化的终身教育思想研究。研究主要涉及孔子、颜之推、朱熹、陶行知、涂又光等的终身教育思想以及中国古代终身教育思想的渊源。其中，对孔子、陶行知研究居多。除此之外，研究者还进行了比较研究，如现代终身教育思想与孔子教育思想的比较。

二是基于国际视野的终身教育思想研究。其主要研究了孔多塞、杜威、朗格朗、夸美纽斯、伊里奇、捷尔比、池田大作、柏拉图、林德曼等教育家的终身教育思想，其中以对朗格朗的研究居多。也有一些比较研究，如朗格朗与杜威、捷尔比思想的比较。

三是基于终身教育中国化的中国学者的终身教育思想研究。李家成著的《天地人事：叶澜终身教育思想研究》基于当前学习型社会建设背景，面向服务全民终身学习教育体系的建构与实践，聚焦终身教育研究领域的基本问题、核心问题，阐发了叶澜终身教育思想的深厚意蕴，并对其研究方法论进行了探讨。该书主要阐述了叶澜研究成果具有终身教育成果特质的原因、叶澜对终身教育内涵的合理认识、叶澜有关人的发展的终身性和内动力的思想、叶澜有关终身教育之

"事事"维度的探讨、叶澜有关教育与社会、教育与自然两大维度的思想等。[①]

（三）终身教育与各类教育的关系研究

研究者在对终身教育本身进行研究的同时，还注意区分其与各类教育的区别和联系。这些关系研究主要涉及终身教育与成人教育、继续教育、中等教育、高等教育、职业教育、人生教育、体育教育、函授教育、全民教育、全纳教育、价值教育、社区教育、终身学习、学习型社会、学习型组织等教育的区别和联系。其中，对终身教育、继续教育、成人教育三者关系的探讨最多，且在不同阶段体现了不同特点。

第一，在研究的初始阶段，研究者对终身教育、继续教育、成人教育的讨论在同一时期常常混杂在一起，没有明确的区分。伴随着实践取向的转变，研究开始聚焦于成人教育、继续教育的实践发展，在以往重视学历教育、正规教育的社会背景下，侧重于探讨终身教育与两者之间的关系以及终身教育对两者的意义与影响，通过探讨发展成人教育、继续教育的办学模式推动终身教育的实践。

第二，在理论与实践取向结合阶段，研究重在探讨成人教育、继续教育如何为构建终身教育体系和学习化社会奠定基础。这一阶段开始侧重于将成人教育、继续教育放置于终身教育体系的框架内进行重新定位和思考，充分发挥两者在构建终身教育体系中的作用。

第三，在历史与反思取向阶段，成人教育、继续教育的转型发展受到重视。这里的转型发展涉及各类教育。在研究如何转型的过程中除了在理论上探讨制度体系问题，开始聚焦于研究各类教育在实现"纵向衔接、横向沟通"终身教育体系建设中的作用，以及如何借助远程教育等现代化技术等内容推进这一过程。

（四）终身教育立法研究

随着终身教育的实践发展，终身教育立法也受到研究者的重视，并进行了相关研究，体现在如下方面。

第一，终身教育立法现状。我国终身教育立法自 2001 年提出起草任务直至现在仍处于"启动研究"阶段。有研究者认为，这与我国终身教育立法存在的众多困境相关，如理论研究层面的分歧、终身教育体系构建的诸多困难、我国法律

---

① 李家成. 天地人事：叶澜终身教育思想研究. 北京：人民教育出版社，2022.

体系的固有问题等。①有研究者对福建省、上海市、太原市、河北省、宁波市等地区的终身教育立法文本进行了比较分析，并就地方终身教育立法提出建议。②

第二，终身教育立法的国际视野。研究者对国际终身教育立法状况展开研究，以期为我国终身教育立法提供启示。有研究者通过对美国、日本、韩国的终身教育立法分析和解读福建省《终身教育促进条例》，对上海市终身教育立法提出了一些建议。③

第三，终身教育立法建议。有研究者呼吁终身教育立法的必要性。④研究者从立法背景出发，指出我国已经具备进行终身教育立法的基础，并从立法先行、组织保障和典型示范等三个方面提出了建议。⑤也有研究者就终身教育立法基本框架进行了探讨，包括总则、基本制度、公民参与、管理体制、经费和其他保障、教育组织和活动、法律责任、附则。⑥

（五）终身教育政策研究

研究者在注重立法研究的同时开始关注终身教育政策，具体包括如下方面。

第一，对中国终身教育政策演化历史进行梳理。研究者主要对终身教育被引入我国后国内颁布的相关政策文件予以梳理，包括《中国教育改革和发展纲要》《面向 21 世纪教育振兴行动计划》《2002—2005 年全国人才队伍建设规划纲要》《中共中央关于完善社会主义市场经济体制若干问题的决定》《中共中央国务院关于进一步加强人才工作的决定》《中共中央关于构建社会主义和谐社会若干重大问题的决定》《国家中长期教育改革和发展规划纲要（2010—2020年）》《国家教育事业发展"十三五"规划》《中国教育现代化 2035》《中共中央关于坚持和完善中国特色社会主义制度、推进国家治理体系和治理能力现代化若干重大问题的决定》《中华人民共和国国民经济和社会发展第十四个五年规划和 2035 年远景目标纲要》，以及党的十六大至党的十九大报告中关于终身教育的内容、2000—2022 年教育部年度工作要点中终身教育的相关内容等。以政策文本分析为主，有研究者以价值构成为基础，从概念界定、目标、对象、原则

---

① 兰岚. 我国终身教育立法困境探析. 现代远距离教育, 2015（6）：16-23.
② 刘奉越. 我国地方终身教育立法比较研究. 现代远距离教育, 2017（2）：10-16.
③ 黄欣. 终身教育立法：国际视野与本土行动. 教育发展研究, 2010, 30（5）：30-34.
④ 杨克瑞. 终身教育立法势在必行. 中国成人教育, 2001（11）：31-32.
⑤ 陈宜安, 裴晓敏, 杨孔炽. 21 世纪人类发展的可能之路：关于立法促进终身教育和学习型社会建设的建议. 成人教育, 2009, 29（3）：4-7.
⑥ 叶忠海. 加快终身教育法规的制定（下）. 上海科技报, 2007-05-30（A03）.

等方面对终身教育价值构成背后的逻辑基础予以变迁研究。①有研究者从空间角度出发，对我国终身教育政策物理空间和体验空间规划进行了质性研究。②也有研究者从社会背景、文本内容、价值取向对我国终身教育政策的演化历史进行了详细的研究。③

第二，对国际终身教育政策予以介绍。研究者主要对日本、韩国、法国、澳大利亚、英国等国家的终身教育政策进行了研究，前期以研究日本的居多，后期开始逐渐关注法国、韩国、澳大利亚等国家。有研究者对国际终身教育政策发展历史进行了研究，较为详细地梳理了国际组织、主要发达国家的相关终身教育政策举措，并分析了对我国的启示。④其中，聚焦联合国教科文组织发布的相关文件展开研究居多，包括《学会生存：教育世界的今天和明天》（Learning to Be：the World of Education Today and Tomorrow，1972，简称《学会生存》）、《教育：财富蕴藏其中》（Learning：The Treasure Within，1996）、《达喀尔行动纲领》（The Dakar Framework for Action，2000）、《迈向知识社会》（Towards Knowledge Societies，2005）、《教育 2030 行动框架》（Education 2030 Framework for Action，2015）、《仁川宣言》（Incheon Declaration，2015）、《反思教育：向"全球共同利益"的理念转变？》（Rethinking Education：Towards a Global Common Good?，2016）、《人工智能伦理全球协议》（Global Agreement on the Ethics of Artificial Intelligence，2020）、《教育的未来：学会成长》（Futures of Education：Learning to Become，2020）、《学会与世界同在：指向未来生存的教育》（Learning to Become with the World：Education for Future Survival，2020）、《拥抱终身学习文化：对未来教育倡议的贡献》（Embracing a Culture of Lifelong Learning：Contribution to the Futures of Education Initiative，2020）、《一起重新构想我们的未来：为教育打造新的社会契约》（Reimagining Our Futures Together：A New Social Contract for Education，2021）等，以及联合国教科文组织成立的终身学习研究所（ILL）、国际成人教育会议（1949 年、1960 年、1972 年、1985 年、1997 年、2003 年、2009 年、

① 王海平，郑霁鹏，马明. 中国终身教育政策的价值构成：基于 Nvivo 的文本分析. 成人教育，2019，39（9）：1-6.

② 王海平，郑霁鹏，马明. 中国终身教育政策变迁的空间分析：基于文本的质性研究. 职教论坛，2019（5）：115-121.

③ 孙立新，李硕. 我国终身教育政策演变：社会背景、文本内容及价值取向. 河北师范大学学报（教育科学版），2018，20（5）：54-61.

④ 国卉男. 当代国际终身教育政策的回顾与展望. 外国中小学教育，2013（1）：17-23.

2022 年）、全球学习型城市网络（GNLC）等发布的文件。

第三，对中国终身教育政策建设予以分析。在进行国内政策回顾与国际政策引介的同时，研究者开始对我国终身教育政策建设进行思考。有研究者认为我国终身教育政策应当健全保障机制。[①]也有研究者从责任主体、改革主体、服务体系、学习机制等方面思考我国终身教育政策的基本框架。[②]

（六）终身教育体系研究

新时代，我国诸多政策文件相继提出，"完善终身教育体系""构建灵活开放的终身教育体系""建立灵活开放的终身教育体系"等。党的十九届四中全会提出"构建服务全民终身学习的教育体系"。在国家政策的推动下，这一部分内容亦受到研究者的重视。

第一，终身教育体系的概念与构成。国内对于"终身教育体系"概念尚未得出一致的结论。综合已有研究，研究者大体认为终身教育体系属于制度系统或是实体系统。[③]除对终身教育体系的概念进行研究之外，研究者还对相关概念（如国民教育体系、学习型社会等）进行了概念辨析，认为终身教育体系是基于国民教育体系基础上提出的概念，前者是对后者的优化；终身教育体系和学习型社会之间具有相互促进的相关联动性。至于终身教育体系的构成，有研究者认为终身教育体系应包含纵向维度（学前教育、学校教育、成人教育、老年教育等）与横向维度（学校教育、企业教育、社区教育、家庭教育等）。[④]

第二，终身教育体系的国际比较。在进行国内研究的同时，也有研究者基于国际视野，对中外终身教育体系进行比较研究（如美国、日本、韩国、澳大利亚、英国、加拿大、法国、新加坡、俄罗斯等国家），主要包括以某个国家为主所进行的比较研究、以多个国家为范例所进行的比较研究、以国际终身教育的发展趋势为主所进行的比较研究。在介绍国外经验的同时，研究者还进行了中外比较，从而获取我国终身教育体系构建可资借鉴的经验。

第三，终身教育体系的构建。研究者大致从制度体系、保障体系、组织体系等方面进行研究，提出"渐进性策略""国家资历框架""学分银行""搭建立交桥"等观点。除此之外，研究者认为，构建终身教育体系应当注重发挥各类教

---

① 国卉男. 我国终身教育政策保障机制的建设与探索. 职教论坛，2014（21）：33-39.

② 桑宁霞. 中国终身教育政策基本框架考略. 中国成人教育，2013（1）：18-21.

③ 于蕾. 我国终身教育体系构建研究述评与展望. 继续教育研究，2016（5）：4-10.

④ 刘汉辉. 论终身教育体系：构架、实现方式及功能. 广东社会科学，2007（4）：178-183.

育作用。也有研究者针对终身教育体系的构建展开个案研究，如对上海、北京、江苏、云南、沈阳、河北、天津、内蒙古等地区进行个案考察，总结区域经验，分析其中的问题，并提出解决策略。2019 年"构建服务全民终身学习的教育体系"提出以来，关于这一方面的研究开始成为研究热点，主要包括内涵、本质、理论、价值、功能、意义、逻辑、困境、路径、策略、任务、规模、特点、体制、战略保障以及继续教育、"共同利益"理念、基础教育、高等教育、职业教育、远程教育及特殊教育等各级各类教育在构建服务全民终身学习教育体系中的启示等内容。

（七）终身教育发展历史研究

终身教育发展历史的研究具体包括如下方面。

第一，立足我国关键性时间周期，对我国终身教育发展历史进行研究。有研究者将改革开放以来我国终身教育的发展历程划分为酝酿期、初创期、摸索期、深化期四个阶段，对阶段特征进行了梳理，并从政府作为、民主响应、时代发展、学术研究四方面总结了我国终身教育发展的历史经验。[①]有研究者从历程、影响、启示三个方面对终身教育理论在中国的引进展开系统研究。[②]有研究者从规范社会化的角度对"终身教育"理念在中国的内化展开系统研究，具体包括"终身教育"理念的兴起与普及、"终身教育"理念在中国的内化、教授与学习：联合国教科文组织的作用、"终身教育"理念在中国的内化机制等内容。[③]同类研究还有著作《中国教育改革开放 40 年：终身教育卷》、硕士学位论文《改革开放以来终身教育中国本土化研究》等。

第二，立足世界终身教育发展周期，对世界终身教育发展历史进行研究。有研究者聚焦终身教育发展的百年历史，对终身教育到终身学习的变迁历史予以详细分析，认为终身学习在未来社会将成为越来越重要的前行"护照"。[④]也有研究者从教育变革、公民能力、经济与社会发展、终身学习、跨部门合作、决策改进、国际交流合作等方面对国际终身教育的未来趋势进行研究。[⑤]

第三，立足我国终身教育某一领域发展历史进行研究，如我国终身教育学分

① 吴遵民. 改革开放 40 年中国终身教育的历史回顾与展望. 复旦教育论坛, 2018, 16（6）：12-19.

② 侯怀银, 王晓丹. 终身教育理论在中国的引进及其影响. 教育科学, 2021, 37（5）：2-11.

③ 刘萍. "终身教育"理念在中国的内化. 外交学院硕士学位论文, 2013.

④ 何思颖, 何光全. 终身教育百年：从终身教育到终身学习. 现代远程教育研究, 2019（1）：66-77+86.

⑤ 黄健. 国际终身教育发展的七大趋势. 上海教育科研, 2014（4）：14-17+22.

银行建设历史、我国终身教育政策法规发展历史、我国终身教育价值取向变迁历史等。

（八）终身教育学科建设研究

新时代对教育学学科体系的发展和完善提出了新的要求，终身教育作为新时代的教育主题，应当从"学"的层面对教育学学科体系的完善作出呼应。终身教育学学科建设的发展能够为教育学学科体系注入新的活力，提升教育学学科体系的成熟度。我国在 20 世纪 70 年代末开始引进终身教育理论，研究者最初以翻译和介绍国外终身教育理论的方式来进行终身教育研究，直至 21 世纪初，有研究者开始尝试进行终身教育学的学科探索。从总体上看，中国研究者对终身教育的研究缺乏学科层面的探讨，对终身教育学研究相对较少，终身教育学学科意识和学科建设需要进一步加强。终身教育被引入我国以来，便作为一个研究领域在教育学学科中有所发展，如今终身教育研究应迈向新的阶段，即将其上升至"学"的层面，突出终身教育学在教育学学科体系中的重要地位。

（九）终身教育研究的梳理

随着终身教育研究的逐渐繁荣，一些研究者开始对已有研究展开研究，重视对研究的反思与梳理。这些梳理基本上以一定的时间范围为研究起止点，注重使用一些量化研究方法，对已有研究文献进行分析。主要包括如下方面。

一方面，对我国终身教育研究的梳理。这一类研究占多数，例如《1994—1999 年国内终身教育研究综述》一文采用文献研究法，对 1994—1999 年的国内终身教育研究进行了研究，并对这一阶段终身教育研究的数量、质量、内容、特征进行了分析[1]，对我们了解这一时期的终身教育研究状况具有很高的借鉴价值。《近 40 年来终身教育研究的回顾与展望：基于中国知网的分析》一文基于中国知网中的已有相关文献，认为研究经历了起步、发展、多样化和理论深入四个阶段，对研究内容和出现的问题进行了分析，并对未来研究进行了展望。[2]同类研究还有《我国终身教育研究中的主要理论问题》《我国终身教育研究现状与趋势分析》等。也有研究者具体到终身教育某一领域的研究，并对这些研究进行

---

[1] 徐莉，李静静. 1994—1999 年国内终身教育研究综述. 高等继续教育学报，2015，28（5）：71-75.

[2] 田印红，王中华. 近 40 年来终身教育研究的回顾与展望：基于中国知网的分析. 成人教育，2016，36（3）：12-15.

梳理，如终身教育立法研究、终身教育体系研究、终身教育政策研究等。

另一方面，对国际终身教育研究的梳理。有研究者从教育权利、终身教育部分领域、学校机能扩展、基础教育改革、民间团体、国家权力等方面对国际终身教育理论研究共识予以分析。[①]也有研究者聚焦韩国高校终身教育研究，并进行研究梳理。[②]

三、本书研究方法

本书将采用以下研究方法对终身教育在中国的探索展开具体研究。

（一）历史法

历史法是研究终身教育在中国探索的核心方法。本书对历史法的运用体现为：在运用历史资料的基础上，依照历史发展的脉络对终身教育进行考论、研究，对新时代关于终身教育的理解、国际终身教育理论与实践历史、终身教育在中国的引进历史、中国终身教育理论、政策、实践历史等方面予以历史回顾与系统梳理，为本书成果的开展和立论寻求历史的借鉴与智慧的启迪。

（二）文献法

文献法是研究终身教育在中国探索的基础方法。本书对文献法的运用体现为：一是梳理终身教育在中国探索的相关文献，并对已有文献展开述评，从而为本书具体章节的设计提供启发；二是围绕本书内容，对相关文献展开整理、分析，以提供理论基础；三是对终身教育相关领域文献的查阅和借鉴，终身教育是一个"大教育"概念，研究终身教育在中国的探索，应当形成以教育学学科研究范式为主并综合哲学、文化学、人类学、社会学、政治学等多学科范式的跨学科研究视野。

（三）比较法

比较法是研究终身教育在中国探索的关键方法。本书对比较法的运用体现为：一方面，基于终身教育的中外比较。其主要基于国际视野，通过对中外终身教育理论与实践的全面比较，找出相同与不同之处，归纳经验与规律，得出中国

---

① 吴遵民. 当代终身教育理论的研究现状和课题. 杭州师范学院学报（社会科学版），2007（6）：107-112.

② 李贤淑. 韩国高校终身教育研究及启示. 延边大学硕士学位论文，2010.

终身教育理论与实践发展问题的全面系统认识。另一方面，基于中国终身教育发展的不同历史阶段的比较。终身教育在中国的探索不是一蹴而就的，是一个具有变化性的演进过程，通过对终身教育在中国探索的不同历史阶段的比较，找出其中的历史规律，从而为终身教育在中国更好地发展奠定坚实的基础。

第一章　新时代，我们应如何理解终身教育

随着经济社会的发展，我国社会主义事业进入新时代，终身教育在我国的探索在历史进程中取得了一定的进展。终身教育在我国的探索既是发掘中国优秀传统教育思想的光芒的过程，我国的"有教无类""学不可以已"等具有终身教育意蕴的思想对教育的对象、时间、空间的广泛性进行了界定，这些思想光辉需要我们结合新时代背景予以挖掘和继承；终身教育在我国的探索也是接轨国际终身教育的过程，自朗格朗于 20 世纪 60 年代首次确定终身教育概念起，终身教育在国际范围内得到了较大程度的发展，已从理念转变为理论、法律、政策、体系、实践，引起当代教育的巨大变革，我国在探索终身教育的过程中应当及时"对外开放"，构建终身教育的国内国际双循环发展格局；终身教育在我国的探索还是回应人与社会发展需求的过程，人与社会发展的问题是中国式教育现代化新道路关注的两大基本问题，终身教育在我国的探索离不开人与社会的发展问题在不同历史阶段的不同表达，在中国式教育现代化新道路的新发展阶段，尤其需要贯彻新发展理念，使终身教育能够切实回应人与社会的发展问题，为人类社会的可持续发展作出教育贡献。

在全面贯彻习近平新时代中国特色社会主义思想基础上，新时代呼唤我们对终身教育予以新的理解。如何在新时代背景下，进一步理解终身教育，成为新时代坚持和发展中国特色社会主义教育、实现社会主义教育现代化与教育强国奋斗目标的新时代课题。因此，我们需要立足新时代背景，对终身教育的概念、本质、边界逻辑、研究等内容展开新时代解读。

第一节　解析终身教育的概念

准确解析终身教育的概念，是我们立足新时代背景理解终身教育的逻辑起点。"终身教育"经历了从古老观念的复兴到现代概念的厘定再到思想和理论体系化的过程。[①]已有研究在终身教育的历史发展、终身教育体系、终身教育政策、终身学习与学习型社会等理论问题与实践问题上均取得了重要进展，但对"终身教育"一词尚缺乏比较一致的认识。除此之外，"终身教育"并非一成不变的概念[②]，伴随时代变迁，其内涵和外延亦不断变化。目前，我国已步入中国特色社会主义新时代这一崭新的历史方位。新时代愈加呼唤我们把握好理解终身教育的逻辑起点问题，有鉴于此，我们有必要对"终身教育"这一概念进行新时代背景下的解析。

一、"终身教育"概念的产生及其形成

"终身教育"一词最早来源于英国。西方学者多认为，先提出终身教育概念的是英国成人教育委员会主席史密斯（A. L. Smith）的《1919 报告书》（The 1919 Report），并评价《1919 报告书》是终身教育概念发展和兴起的一个转折点。[③]《教育大辞典》也指出，"终身教育一词始见于 1919 年英国"[④]。英国成人教育事业的奠基者耶克斯利（B. A. Yeaxlee）是终身教育概念的早期使用者和提倡者，在其 1929 年出版的《终身教育》（Lifelong Education）一书中使用了"终身教育"这一概念。但由于他是出于宗教的目的，这一概念在当时并没有引起太大反响。1955 年，有论者认为，"没有哪个阶级的人需要更经常地想起柏拉图的一句睿智的话：教育是一项终生的事业"[⑤]。虽然与这一概念有关的表述多了起来，但这一概念始终未得到明确。

直到 20 世纪 60 年代，朗格朗才明确"终身教育"这一概念，并推进了这一概念在世界范围内的传播影响。他向联合国提交相关提案时指出，通常人们在一

---

① 何思颖，何光全. 终身教育百年：从终身教育到终身学习. 现代远程教育研究，2019（1）：66-77+86.

② 陈桂生. "终身教育"辨析. 江苏教育研究，2008（1）：3-6.

③ 厉以贤. 终身教育的理念及在我国实施的政策措施. 北京大学教育评论，2004，2（2）：58-62.

④ 顾明远. 教育大辞典：增订合编本. 上海：上海教育出版社，1998：4994.

⑤ Vollan D D. The physician as a lifelong student. Journal of the American Medical Association, 1955, 157(11): 912-920.

生中先后分阶段地接受教育和工作，这种做法已不能满足当下人们对教育的需求，今后的教育应转变为个人一生连续不断的学习过程。联合国教科文组织对此深表赞同。随后，他在《终身教育引论》中明确提出，"终身教育是一系列很具体的思想、实验和成就，换言之，是完全意义上的教育，它包括了教育的所有各个方面，各项内容，从一个人出生的那一刻起一直到生命终结时为止的不间断的发展，包括了教育各发展阶段各个关头之间的有机联系"①。《终身教育引论》的出版，标志着"终身教育"这一概念的明确提出与正式形成。

从国际教育舆论的焦点到国际教育组织的建议，再到终身教育立法②，"终身教育"这一概念获得了广泛关注。随着 1966 年联合国教科文组织的《教育：财富蕴藏其中》面世，在 1970 年召开的"国际教育年"活动中，有 15 项终身教育报告被起草，"终身教育"一词成为当时国际教育的主题词。1972 年，联合国教科文组织国际教育发展委员会发表了《学会生存》，促使"终身教育"概念进一步发展并越来越受到重视和推广。同年，联合国教科文组织汉堡教育研究所也开始致力于终身教育的推广，所长戴夫（R. H. Dave）提出的 20 条终身教育原则风靡全球，加上该所刊物《国际教育评论》（International Review of Education）的参与推广，"终身教育"概念在世界范围内广泛流行。1973 年，经合组织发表了《回归教育：为终身教育的战略》（Recurrent Education：A Strategy for Lifelong Learning），主张将教育分散在个人的一生之中，并利用教育和劳动的交互进行来实现教育的回归。1975 年的终身教育专题会议讨论了终身教育下的教育内容和教师以外人员对教育活动的贡献。1977 年的终身教育专题会议讨论认为，终身教育应成为大学正规活动的一部分。1996 年，面向国际 21 世纪教育委员会向联合国教科文组织提交的《教育：财富蕴藏其中》报告指出，终身教育是进入 21 世纪的一把钥匙，须把终身教育放在社会的中心位置。2015 年，《反思教育：向"全球共同利益"的理念转变？》报告指出，教育要采取全方位的终身学习方式。随着各国在实践与理论上的重视，目前，"终身教育"概念已成为各国教育领域的热点词之一。

我国终身教育概念的产生及形成开始于 20 世纪七八十年代。主要表现为以下三种途径。

一是学界以论文的形式形成了对这一概念的认识。据笔者目力所及，1977

---

① 朗格朗. 终身教育引论. 周南照，陈树清，译. 北京：中国对外翻译出版公司，1985：15-16.
② 陈桂生. "终身教育"辨析. 江苏教育研究，2008（1）：3-6.

年，上海师范大学外国教育研究室主办的内部刊物《外国教育资料》第 3 期曾开设专栏介绍终身教育，这是终身教育概念在我国引进之开端。张人杰的《终身教育：一个值得关注的国际教育思潮》一文是国内最早介绍终身教育的论文。[①]此后，学界对这一概念开展了持续深入的认识和研究。

二是学界以著作的形式译介、传播与讨论了这一概念。1979 年，《业余教育的制定和措施》一书收录了张人杰的《终身教育：一个值得关注的国际教育思潮》一文。1979 年，《学会生存》在我国翻译出版，终身教育概念首次出现在专门著作中。随后这一概念陆续见诸《今日的教育为了明日的世界》（中国对外翻译出版公司 1983 年版）、《终身教育引论》（中国对外翻译出版公司 1985 年版）等著作。进入 21 世纪，"终身教育"概念不断出现在相关著作中。

三是国家以政策、法律文件的形式间接讨论了"终身教育"这一概念。我国于 1993 年颁布的《中国教育改革和发展纲要》中，首次正式使用了"终身教育"这一概念。[②]随后，1995 年的《中华人民共和国教育法》（简称《教育法》）、1998 年的《面向 21 世纪教育振兴行动计划》都出现了这一概念。进入 21 世纪，这一概念在相关文件中时有使用。[③]

二、终身教育的概念界定

伴随"终身教育"一词的产生和形成，研究者对终身教育的概念进行了界定，终身教育的概念越发成熟和完善，其内涵和外延也不断变化。

（一）终身教育的不同界定

随着终身教育被重视，尤其是世界范围内终身学习的发展，"终身教育"概念逐渐为人们所熟知。但是，学理上关于什么是终身教育，研究者基于不同角度提出了不同的看法。

1. 从性质角度进行界定

从终身教育性质的角度，对终身教育的界定形成了以下几种观点。

第一，"理念说"。理念说认为终身教育是个体或各集团包含一生的人性

---

① 吴遵民，国卉男，赵华. 我国终身教育政策的回顾与分析. 教育发展研究，2012，32（17）：54.

② 吴遵民. 终身教育发展的中国经验：改革开放 40 年终身教育的历史回顾与展望. 上海：上海人民出版社，2018：74.

③ 侯怀银，时益之. "终身教育"解析. 现代教育论丛，2019（5）：17-24.

的、社会的和职业的过程，其目的是对个体和诸集团的有所启发并力图向上，包括正规的、非正规的各种学习形式，是一种综合和统一的理念。[①]

第二，"原则说"。原则说认为终身教育包含广泛，包括教育的一切方面，即认为世界上没有一个不是终身的且又被分割的、永恒的教育部分，整体大于各个部分的总和。终身教育不是一种体系，而应当是贯穿于这个体系的各个发展部分中进行组织时所依据的原则。[②]

第三，"教育哲学说"。该学说认为终身教育是重新审视教育理念和重新清理教育理想的结果，当属一种全新的教育哲学。[③]

第四，"组织方针和程序指南说"。该学说认为终身教育是一套旨在创设有关终身学习的条件、面向教育实践的组织方针和程序指南。[④]

第五，"方法说"。方法说认为终身教育是解决问题的方式，是为了解决当代社会的（即从数代人的相互关系中产生的）重要问题的一种合理方法。

第六，"生存说"。生存说认为终身教育是教育本质认识上的回归状态，终身教育就是生存。[⑤]

第七，"原理说"。原理说认为终身教育不是一种教育制度，而是作为构成教育制度的组织全体的基础原理。[⑥]

第八，"综合说"。综合说认为终身教育是一系列很具体的思想、实验和成就。换言之，它是完全意义上的教育，包括教育的各个方面和各项内容，即从一个人出生的那一刻一直到生命终结为止的发展，包括教育各发展阶段各个关头之间的有机联系。[⑦]

"原则说""方法说""原理说""组织方针和程序指南说"反映了终身教育概念在政策组织、制定方面的属性；"理念说"与"教育哲学说"着重强调终身教育在思想层面的重要意义；"生存说"则突出了终身教育对于生存问题的基本意义和基础作用；"综合说"则体现了对终身教育理论与实

---

① 吴遵民. 现代国际终身教育论. 上海：上海教育出版社，1999：13.

② 联合国教科文组织. 学会生存：教育世界的今天和明天. 华东师范大学比较教育研究所，译. 北京：教育科学出版社，1996：200-201.

③ 陈乃林，经贵宝. 终身教育略论. 教育研究，1997（1）：11-15.

④ 杨晓. 复杂哲学视野中的终身教育. 东北师范大学学报（哲学社会科学版），2007（1）：131-136.

⑤ 李旭初. 终身教育：21世纪的生存概念. 华中师范大学学报（人文社会科学版），1998（6）：56-61.

⑥ 吴遵民. 关于现代国际终身教育理论发展现状的研究. 华东师范大学学报（教育科学版），2002（3）：38-44+61.

⑦ 朗格朗. 终身教育引论. 周南照，陈树清，译. 北京：中国对外翻译出版公司，1985：15-16.

践，时空与方式等的阐释。

2. 从个体培养和社会意义角度进行界定

从终身教育对个体培养及其具有的社会意义的角度，对终身教育的界定形成了如下观点。

第一，"培养总和说"。该学说认为终身教育是一个人在一生中所受到的各种培养的总和①，它包括一切教育活动、一切教育机会和教育的一切方面②。

第二，"连续性教育说"。该学说认为终身教育是与生命有共同外延并已扩展到社会各个方面的连续性教育。③

第三，"公民权利与社会手段说"。该学说认为终身教育既是作为"公民权利"的终身教育，又是作为"资源整合"的终身教育，同时发挥着创建学习型社会的基础性作用。公民权利、资源整合和学习型社会基础的含义不仅应作为终身教育概念的基本要素，而且应成为终身教育立法方面的内容与原则。④

第四，"学习说"。学习说认为终身教育可分别从个人和社会的角度来理解。前者要求个体能主动、自觉、持续、自由和愉快地学习；后者要求政府和各种非正式组织通过提供教育机会和建立教育激励机制，使其成员可以享受到多样化、便利、相互联系沟通的学习组织形式，使人人都能享受到丰富的学习资源，建立一种激励人人学习、分享学习过程与成果的制度。⑤

综上所述，"培养总和说"和"连续性教育说"分别强调了终身教育对个体培养方式的多样性和时空的连续性；"公民权利与社会手段说"从公民角度、社会角度来强调终身教育的意义和价值；"学习说"则从主体角度出发，强调了终身教育中主体学习的重要性。

3. 从时空角度进行界定

从时空角度对终身教育的界定，形成了以下认识。

---

① 顾明远. 教育大辞典：增订合编本. 上海：上海教育出版社，1998：4994.

② 何齐宗. 全球视野的终身教育理念：联合国教科文组织教育文献研究之一. 江西师范大学学报（哲学社会科学版），2008，41（1）：124-131.

③ 国际 21 世纪教育委员会. 教育：财富蕴藏其中. 联合国教科文组织总部中文科，译. 北京：教育科学出版社，1996：10.

④ 黄欣，吴遵民，池晨颖. 终身教育立法的制定与完善：关于《上海市终身教育促进条例》的思考. 教育发展研究，2011（7）：18-22.

⑤ 田汉族，贺宏志. 终身教育：概念分析与本质探寻. 河北师范大学学报（教育科学版），2004，6（3）：16-23.

第一，"系统说"。系统说认为终身教育在于使每个人一生中，不论年龄为何，都能容易地取得教育训练的机会，一个开放的终身教育系统必须将家庭、学校及工作场所与整个学习网络进行串联。[①]

第二，"训练统合说"。曾任联合国教科文组织终身教育部部长的捷尔比认为，终身教育是后学校教育阶段接受到的训练的统合，包括正规教育、不正规教育之间关系的体现与联合，其目的是让包括儿童、青年和成人在内的所有个人通过社区生活来接受文化和教育，是以教育政策为中心的构成要素。终身教育既是为了个体发展自己和实现自我，又是为了个体适应在社会遇到的种种课题，所以将来的教育不是仅仅局限于学校这一阶段，而应扩展到个体一生的过程中。[②]

第三，"生活基础说"。生活基础说认为终身教育既是个体终其一生的教育，又是人类生活世界的基础。现实生活的丰富多彩和连续不断的特征是终身教育发展的旨归及依据。生活就是教育，教育也就是生活，促使教育社会化和社会教育化是终身教育的理念与现实。[③]

上述观点从时空角度来关注终身教育的"终身"内涵，既强调了终身教育在空间上的"全面"，又强调了终身教育的基础性价值。[④]

（二）终身教育的内涵和外延

概念是人为的结果。基于不同的实践要求，人类从不同方面来认识事物，就对同一事物形成了不同的概念。而这些从不同方面形成的概念均是同一类事物不同方面特有属性的表现。[⑤]随着学术讨论的进行以及政策文件中的使用，抑或实践的影响，"终身教育"概念自产生起，就逐渐丰富和发展。

我们认为，终身教育是指个体终其一生的教育，是个体以终身学习为主旨，一生所受到的各种教育性影响的总和。

1. 终身教育的内涵

（1）终身教育强调终身学习主旨

从构词形式来看，"终身教育"是一个偏正短语，是"终身"与"教育"两

---

① 奇永花. 韩国终身教育的发展与实务运作. 成人教育，2009，29（3）：10-16.

② 转引自高志敏. 关于终身教育、终身学习与学习化社会理念的思考. 教育研究，2003（1）：79-85.

③ 陈乃林. 关于终身教育与学习型社会的多维解读. 成人教育，2008，28（1）：13-17.

④ 侯怀银，时益之. "终身教育"解析. 现代教育论丛，2019（5）：17-24.

⑤ 金岳霖. 形式逻辑. 2版. 北京：人民出版社，2006：23.

个词的结合，落脚点是"教育"，而"终身"起限定作用。我们认为终身教育概念应凸显终身学习的主旨，强调人们持续一生学习的全过程。终身教育要求激发学生的求知欲望，并提高他们的学习能力，使他们"学会学习"，教会他们接受有限的正规学校教育正是不断为生活做准备。[①]个体以终身学习为主旨，通过关注学习主体、拓展学习时空、丰富学习场域和明确学习对象，致力于实现人人学习、时时学习、处处学习和事事学习的理想状态。

（2）终身教育强调各种教育性影响的集合

从纵向来看，终身教育包括个体从婴儿到老年各个人生阶段；从横向而言，终身教育包括学校、家庭、社会各个领域，既有正规教育，又有非正规教育和不正式教育，目的在于提高个体生命质量。正如叶澜教授所言，终身教育视界的深刻意蕴在于全时空性的全人发展[②]。所谓教育性影响，是指对个体身心发展有善意的、积极的影响。终身教育强调个体对所接受的各种教育性影响的吸收与转化，既凸显向上的生命观照力量，又强调终身教育的实效性。

2. 终身教育的外延

社会发展进程中产生了很多观念、理念，凡对个体持续一生学习和发展具有教育性影响的理念都属于终身教育范畴。事物都处于变化之中，终身教育也不例外，从最初产生的终身教育思想，到世界范围的终身教育思潮，再到建立相关法规而出现的原则或体系等，在一定程度上反映了终身教育的拓展与变化。随着学习型社会、公民学习权、学分银行等实践的尝试，终身教育理念将不断融合新的实际情况，变得更加丰富与完善。我们只有不断在更高认识层次上把握终身教育理念，才能使其外延始终反映其内涵。[③]

第二节 认识终身教育的本质

从解析终身教育的概念可知，终身教育没有一个确定的概念，基于不同的角度和时代背景，终身教育可以有多种解读。因此，要把握终身教育的根本，我们需要从本质上对终身教育有基本认识。所谓本质，是指事物的根本属性及其同其

---

① 陈桂生. "终身教育"辨析. 江苏教育研究，2008（1）：3-6.

② 叶澜. 终身教育视界：当代中国社会教育力的聚通与提升. 中国教育科学（中英文），2016（3）：41-67+40+199.

③ 侯怀银，时益之. "终身教育"解析. 现代教育论丛，2019（5）：17-24.

他事物之间的内部联系。

一、关于终身教育本质的已有认识

关于终身教育本质的认识，已有研究者展开了系统梳理。[①]在此基础上，我们将这些认识基于新的角度加以重新归纳整合，主要包括以下几个方面。

（一）基于发展角度的认识

第一，"个人发展说"。有研究者认为，终身教育的本质是"促进全体公民全面发展的有效形式"[②]。也有研究者从人本层面对终身教育的本质进行了解读，并从终身教育的根本目的、根本价值取向、人本性的具体表现、人本性的必然要求等方面展开了具体阐述。[③]还有研究者认为，终身教育和成人教育的本质都是以促进人的发展为目的的教育。[④]

第二，"社会发展说"。社会发展说基于社会学意义层面来探讨终身教育的本质，认为终身教育的本质要求与学习化社会相关，终身教育的过程就是促进教育社会化和学习社会化发展的过程。[⑤]持有同等观点的学者认为，终身教育在本质要求上是"学习社会化"[⑥]或"学习化"[⑦]。

第三，"教育自身发展说"。有研究者基于教育自身发展规律角度，认为终身教育在本质上属于对现有教育的整合和超越，它突破了旧教育以学校教育为主的旧体系，将各种教育纳入其中，提升了现代教育的品质。[⑧]

（二）基于内容角度的认识

有的研究者从内容角度对终身教育的本质加以认识，主要包括两个方面：一是"成人教育说"。有研究者认为，"成人教育"是一个不断发展的概念，终身教育是成人教育的"另一种说法而已"，因此，终身教育与成人教育具有一致

---

① 李媛媛. 我国终身教育研究中的主要理论问题. 开放学习研究，2016，21（6）：8-13.
② 张新华. 基于教育本质反思的终身教育及终身学习再认识. 陕西广播电视大学学报，2018，20（2）：5-9.
③ 陈乃林. 终身教育的人本解读. 继续教育，2008（5）：3-5.
④ 季森岭. 终身教育概论. 北京：中国社会科学出版社，2002：102.
⑤ 季森岭. 终身教育概论. 北京：中国社会科学出版社，2002：17.
⑥ 张健华. 学习型城市的理论与实践. 天津：天津人民出版社，2007：16.
⑦ 王宇. 现代远程继续教育概论. 长沙：湖南大学出版社，2011：18.
⑧ 田汉族，贺宏志. 终身教育：概念分析与本质探寻. 河北师范大学学报（教育科学版），2004，6（3）：16-23.

性，终身教育的本质与核心内容在成人教育。①二是"终身说"。有研究者认为，终身教育并非一切教育意义的总和，因此，终身教育的本质不在"教育"，而在"终身"。②也有研究者认为，终身教育的本质在于它是对阶段性学习的否定，以宣扬人的终身学习、终身发展的状态。③

（三）基于关系角度的认识

有的研究者基于人与世界关系，以及教育、社会发展与人的发展之间的关系，对终身教育的本质进行探讨：一是"人与世界关系说"。基于人与世界的关系从融合到分离再到高层次融合的演进历程，有研究者认为，生态正义将影响人与世界关系的重新融合，终身教育的本质是"基于生态正义的新型教育"，并从哲学、科学和实践三个层面对终身教育的本质展开具体探讨，认为终身教育具有使人重新融入世界、具有整体性思维特征、是具身认知的终身学习活动等本质。④二是"教育、社会发展与人的发展关系说"。有研究者认为，终身教育是教育、社会发展与人的发展高度统一的教育体系，是人的持续协调发展的重要条件。⑤

（四）基于比较角度的认识

有研究者从比较的角度，通过对终身教育与其他教育的区别加以分析来认识终身教育的本质。研究者认为，终身教育作为一种全新的教育理念和教育实践，与其他教育同属教育，具有教育的共性；但也有显著区别，终身教育涵盖了其他教育形式，通过认识终身教育与其他教育的区别，可以把握终身教育的本质。⑥持有同类观点的研究者，将终身教育与继续教育、成人教育、社会教育、社区教育、终身学习、非正规教育、职业教育、现代远程教育、老年教育等相关教育展开细致的比较，以探析终身教育的本质。

---

① 戴宏才. 从实然到应然：中国成人教育制度论. 重庆：重庆大学出版社，2012：221.

② 杨晨. 终身教育的本质属性在"终身". 成才与就业，2014（23）：27.

③ 余文森，王晞. 教育学. 北京：北京大学出版社，2009：12.

④ 徐莉，姬冰澌. 人与世界关系重构视域下终身教育本质内涵再思考. 中国远程教育，2023，43（3）：21-28+45.

⑤ 田汉族，贺宏志. 终身教育：概念分析与本质探寻. 河北师范大学学报（教育科学版），2004，6（3）：16-23.

⑥ 田汉族，贺宏志. 终身教育：概念分析与本质探寻. 河北师范大学学报（教育科学版），2004，6（3）：16-23.

二、认识终身教育本质的方法论

基于已有关于终身教育本质的认识，我们可以从终身教育的自身发展规律、内部关系及其在教育发展、社会发展、人的发展中的实践机理等角度来把握认识终身教育本质的逻辑。

（一）生成逻辑

生成逻辑是基于系统论和自组织理论的思维方式，通过分析系统内部的规则、结构和关系，以及与外界的相互作用，理解系统的生成和发展过程。生成逻辑主张从整体的角度去看待问题，不是把系统看作一个集合，而是把它看作一个整体，通过研究其内部元素之间的关系和相互作用来理解系统的生成与发展。同时，生成逻辑也强调系统的自组织能力，即系统内部元素之间的相互作用可以产生自组织现象，从而产生系统新的行为和结构。因此，从生成逻辑角度认识终身教育的本质，就是将终身教育看作一个整体的系统，以系统论和自组织理论的思维方式分析终身教育内部的规则、结构、关系以及与外界的相互作用，来理解终身教育的生成和发展过程，进而认识终身教育的本质。

1. 终身教育过程的统一性和整体性

终身教育过程的统一性和整体性主要体现在教育内容、教育机构、教育政策、技术和创新等方面。一是教育内容的统一性和整体性。终身教育在各个阶段注重培养个体的基础素养、创新能力和实际应用能力。这需要建立一个有机的、渐进的知识结构，以确保教育内容在各阶段之间紧密地衔接和延伸。教育内容的统一性还包括对社会主义核心价值观和社会责任感的培养，以塑造全面发展的公民。二是教育机构的统一性和整体性。不同教育阶段的机构需要密切协作，确保学生在转换学段时无缝衔接。例如，学前教育、基础教育、高等教育以及职业培训机构之间应有合理的衔接机制，为学生提供平滑的发展路径。同时，终身教育强调跨学科和跨领域的教育合作，促使终身学习者更全面地理解和应对复杂的现实问题。三是教育政策的统一性和整体性。制定终身教育政策时，需要考虑不同阶段的教育政策之间的一致性，以及如何保持政策的灵活性，以适应社会变迁。政策应该为个体提供多样化的学习机会，同时鼓励跨领域学习和职业发展。此外，促进各级政府、教育机构和企业的合作，形成一个终身学习的生态系统，使其共同承担培训和教育的责任。四是技术和创新的整合。整合新技术和创新手段，以提供更灵活的个性化学习体验。在线学习、虚拟现实技术等应该被整合到终身教育的框架中，使学习变得更加方便和可持续。终身教育还利用大数据和人工智能技术来个性化地评估和辅导学习者，以满足不同学习者的需求。

2. 终身教育体系的系统性

终身教育体系的系统性体现在其组成部分之间紧密相连、相互支持，以及能够提供全面学习机会的特点。一是学科体系的整合。终身教育体系以建立跨学科的学科体系为基础，使学习者能够综合不同领域的知识。二是学段衔接机制的系统性。终身教育体系中不同学段之间具有良好的衔接机制，确保学习者在阶段转换时顺利过渡。三是技术支持和在线学习平台的系统性支撑。终身教育体系引入了先进的技术和在线学习平台，为学习者提供灵活的学习机会。系统组织的技术支持能够使学习者在不同地点和不同时间获得学习资源，促使终身学习成为一种更为便捷和可实现的选择。四是个性化学习路径的选择。终身教育体系允许学习者根据自身兴趣、能力和职业目标制定个性化的学习路径。这种个性化学习路径的设计涉及教育机构提供多样性的课程和培训项目，以满足不同学习者的需求。五是跨机构协作的系统性。终身教育体系要求不同教育机构之间建立紧密的协作关系，形成一个包括学校、企业、政府、社会组织等在内的终身学习生态系统。

3. 终身教育理念的变迁

终身教育理念的变迁也遵循终身教育的生成逻辑，这主要表现在以下方面：一是社会经济背景的变迁引发终身教育理念的变迁。随着社会经济结构的变迁，终身教育理念也相应地发生了变化。工业化时代更注重基础教育和职业培训，而随着信息时代的来临，终身教育的重要性逐渐凸显，强调持续学习和不断适应新知识的能力。二是技术进步推动终身教育理念的发展。科技的不断发展为终身教育提供了更多的可能性。数字化技术、在线学习平台和人工智能等的引入，使学习者可以更加方便地获取知识，从而推动了终身教育理念的进一步普及和发展。三是个体需求的演变促进终身教育理念的发展。随着职业市场的不断变化，终身教育理念逐渐强调培养学习者的可塑性和适应性。个体需要不断更新技能，以适应新兴行业和职业，终身教育成为保持竞争力的必备条件。此外，全球化和跨文化交流、个体化学习路径、社会责任和公民素养等都对终身教育理念的发展产生影响。总体而言，终身教育理念的发展性体现在其对社会、技术、个体、全球化等多方面变革的不断回应和调整。这种灵活性和适应性使终身教育能够不断满足社会及个体的需求，成为促进社会可持续发展和个体全面发展的重要工具。

（二）关系逻辑

关系逻辑是关注事物之间的相互关系、连接和互动的一种思维方式，它强调事物之间的相互影响和依存关系，而不仅仅关注它们各自的独立性。依靠关系逻辑，我们可以更全面、更综合地理解终身教育的本质。

1. 把握学科之间的关系

关系逻辑强调不同学科之间的互动和相互关联。不论是理论构建还是实践发展，终身教育都对学科之间的关系逻辑提出了要求。在《终身教育引论》中，朗格朗谈到了终身教育视野下学科间的联系问题："从方法论的角度来看，还应考虑在各不相同的学科之间建立更密切的联系，以综合利用科学的和文学的方法。"[1]在谈到"关于终身教育战略的建议"部分，朗格朗提到了研究的重要性："如果训练要建立在坚实的基础之上，满足社会和个人的需要，那么，十分重要的一点是，它必须不断地吸取人类科学的成果。在这方面，国家所处的地位比私人团体更有利，它可以通过自己的研究机构和大学来增进知识并推动心理学、社会学、经济学、统计学等在全民族继续获得教育这一巨大事业中的应用，这些学科在促进成人教育的发展过程中起着积极的作用。"[2]朗格朗在这里提到了成人教育，并认为"成人教育在整个终身教育体制中是'火车头'"[3]。《终身教育大全》一书前言中也提到："教育学是一门综合性科学，终身教育论才是教育学的典型。教育学的研究，必须是跨学科综合研究，终身教育是要以集教育学之大成为目标的。"[4]这里就强调了终身教育在教育学中的地位，以及跨学科研究对于终身教育的重要性。

我们应当具备大教育、多学科、跨学科、学科互动的视野，在全方位的学科视角和相互联系的学科关系梳理中去认识终身教育的本质。

2. 把握教育阶段之间的关系

终身教育不是线性的，而是一个连续的过程。因此，从关系逻辑角度把握终身教育的本质，应当关注不同教育阶段之间的关系，把握不同教育阶段学习者学

---

① 朗格朗. 终身教育引论. 周南照，陈树清，译. 北京：中国对外翻译出版公司，1985：72.

② 朗格朗. 终身教育引论. 周南照，陈树清，译. 北京：中国对外翻译出版公司，1985：70.

③ 朗格朗. 终身教育引论. 周南照，陈树清，译. 北京：中国对外翻译出版公司，1985：140.

④ 持田荣一，森隆夫，诸冈和房. 终身教育大全. 龚同，林瀛，邢齐一，等，译. 北京：中国妇女出版社，1987：i.

习经验的积累和相互联系。例如，初级教育阶段的基础知识可能为高等教育和职业培训提供坚实的基础。朗格朗将终身教育看作一个"圆周式"的过程，强调各个教育阶段及其相互衔接在终身教育中的重要作用。

3. 把握个体与社会的关系

终身教育不仅关乎个体的发展，还关系到社会整体的进步。关系逻辑使我们能够更好地理解个体学习与社会发展之间的相互关系。通过终身教育，促进终身学习，个体能够更好地适应社会变革，同时对社会的发展也起到促进作用。终身教育中的个体是"具体的人"。作为接受终身教育的具体的人，一方面是独立的个体，另一方面又处于和其他人、社会的相互关系网中。在终身教育中，个体是具体的人，个体接受终身教育不仅对自身发展有益，还对社会发展产生积极影响；社会是有利于具体的人全面发展的社会，终身教育的良好实施有赖于全社会的支持；终身教育又直接促进个体和社会的发展。

（三）发展逻辑

发展逻辑指的是一个系统性的、有条理的思维方式，用于解释和理解某个事物或现象的发展过程，帮助人们理清事件的发展轨迹和内在的逻辑关联。在发展逻辑视角下，终身教育的本质与教育发展、社会发展、人的发展高度统一。

1. 终身教育与教育发展

1977 年，瑞士教科文组织全国委员会秘书长、瑞士常驻联合国教科文组织的代表、第三十五届国际教育会议总报告员查尔斯·赫梅尔（Charles Hummel）受联合国教科文组织总干事委托，写了份关于教育问题的长篇研究报告——《今日的教育为了明日的世界：为国际教育局写的研究报告》。在该报告中，赫梅尔提出，"自从地球上出现了人类，终身教育就存在了"，"虽然它在实践上一直存在，但只是在最近，它才得以概念化"。[①]据赫梅尔所言，终身教育伴随教育始终，只不过是后期才被概念化，而后被人们认识。因此，终身教育与教育发展密切相关，终身教育是教育发展到一定阶段而被认知的产物，是教育发展的重要组成部分，也是当今教育发展的重要理念与目标。

---

① 赫梅尔. 今日的教育为了明日的世界：为国际教育局写的研究报告. 王静，赵穗生，译. 北京：中国对外翻译出版公司，1983：22.

2. 终身教育与社会发展

终身教育与社会发展息息相关。"教育本身就是一个世界，同时也是整个世界的反映。"[①] "教育处于社会的核心位置。"[②]关于教育与社会的关系，教育社会化与社会教育化是其重要趋向。目前，研究者倡导教育与社会双向结合，举全社会之力发展教育。有研究者在终身教育视界中研究教育与社会的关系，认为"当代中国发展需要用'终身教育'的价值、原则和路径等尺度来衡量和推进社会与教育变革，重构教育与社会关系的理论与实践"，聚通与提升"社会教育力"。[③]朗格朗提出终身教育概念时，就从社会的变化、人口、科技、政治、信息、生活、意识形态等方面阐述了终身教育的必要性。终身教育是社会发展的产物，同时也蕴含影响社会发展的因素。当代，终身教育与社会发展的联系更为紧密，我们倡导通过终身教育，建设一个由社会整体发挥教育力量的学习型社会。因此，认识终身教育的本质时，社会发展是不可回避的重要一环。

3. 终身教育与人的发展

"有限世界的时代，只能是一个属于全体人的时代，即人人在内的全人类的时代。"[④]终身教育与人的发展关系密切。一是体现在终身教育是人的发展的条件。人的发展具有阶段性，不同阶段的发展离不开教育的重要影响。二是体现在终身教育的"恢复人的本质"[⑤]功能。社会发展带来了人的异化问题，研究者发现，社会生产过程中所发生的劳动者的自我变革、人的本质的恢复，才是克服现代异化的最现实的途径。终身教育的提出与实施将对恢复人的本质方面作出巨大贡献。马克思主义以实现全人类的解放为旨归，终身教育就是解放人的有效手段。

三、终身教育的本质特征

为了更明确地认识终身教育的本质，我们需要进一步揭示终身教育本质所蕴

---

① 联合国教科文组织国际教育发展委员会. 学会生存：教育世界的今天和明天. 华东师范大学比较教育研究所，译. 北京：教育科学出版社，1996：83.

② 联合国教科文组织. 教育：财富蕴藏其中. 2版. 联合国教科文组织总部中文科，译. 北京：教育科学出版社，2014：67.

③ 叶澜. 终身教育视界：当代中国社会教育力的聚通与提升. 中国教育科学，2016，（3）：41-67+40+199.

④ 联合国教科文组织国际教育发展委员会. 学会生存：教育世界的今天和明天. 华东师范大学比较教育研究所，译. 北京：教育科学出版社，1996：22.

⑤ 持田荣一，森隆夫，诸冈和房. 终身教育大全. 龚同，林瀛，邢齐一，等，译. 北京：中国妇女出版社，1987：162-166.

含的特征。

（一）指导性

终身教育是人们对未来社会教育发展的预测与判断，是后学校教育时代指导个体继续学习与发展的指导性理念。目前，学校教育是最有影响力的教育形式，但其对受教育者的影响主要为在校阶段，既有阶段的局限性，又有一定的封闭性。终身教育关注在后学校教育阶段个体的持续成长与发展，逐渐打破了学校教育的封闭性，展现出它的开放性和普遍性优势。随着学习型社会、学分银行等的兴起，以及社会教育、社区教育的发展，终身教育理念特别强调个体可根据自己的需求随时随地选择自己的学习类别、方式、内容等。[1]

（二）终身性

终身教育理念已深入人心。终身教育突破了学校教育或者正规教育的局限，实现了个人自出生到生命之末的学习过程。终身性不仅是量的问题，也不单是时限的问题，还是质的问题。终身教育不是某些人的奢侈品，而是所有人终身的教育，用于满足每个人在每一阶段的学习与发展需求。当然，强调终身教育的终身性，并不否定现有教育形式的存在价值。如今，终身教育越来越受到各国政府的重视，很多国家陆续出台相关政策和法律，以保障公民享受终身教育的机会与权利。[2]

（三）多样性

终身教育与人们的生活紧密结合，旨在推动每个人的全面发展。终身教育下的学习者群体较为广泛，既有为了提高自身职业技能的充电者，也有为了充分利用空闲时间的闲暇者，又有为了拓宽交往的交际者，还有参与社会活动的学生等。终身教育多样性的优势使其可以面对个性差异、需求不同的各类学习者。终身教育既重视全体学习者的共性，又重视个体间的差异性；既借助实体学校，又有各种网络化终身教育资源来丰富终身学习的体系；既采用学校教育等正规教育形式，又使用各种非正规的社会教育形式。[3]

---

[1] 侯怀银，时益之. "终身教育"解析. 现代教育论丛，2019（5）：17-24.
[2] 侯怀银，时益之. "终身教育"解析. 现代教育论丛，2019（5）：17-24.
[3] 侯怀银，时益之. "终身教育"解析. 现代教育论丛，2019（5）：17-24.

（四）补偿性

现代人的成长已不再单纯由学校教育决定，仅仅通过学校教育而获得的知识和能力已不太适应日益更新的现实生活世界。面对有提高职业技能要求、充实闲暇时间或其他教育需求的群体时，学校教育显得力不从心，此刻，终身教育的补偿性价值凸显，终身教育补偿的是学校教育在时限性上的不足。但方式的补偿性仅意味着终身教育对学校教育的某种补偿作用，并不意味着地位的补偿，这种补偿性是一个相关概念，只是表明终身教育在塑造完满个体过程中对已有学校教育作用不足的弥补。[①]

（五）发展性

终身教育旨在发现、揭示与实现人的价值。终身教育关注每个人在禀赋、社会背景、情绪情感等方面的独特优势与差异性，目的是培养学习者的主动性、创造性。终身教育理念对个体发展的影响是教育性的，个体可以在有限的自然生命中习得精神生命的原则、手段、方式等，以实现作为社会人的真正价值。终身教育是个体不断从"实然"走向"应然"的桥梁，非但不以现实的规定性去约束个体，反而使个人不断地寻找促使自身发展的可能性，并将这些可能性演化为生命的现实性。[②]

（六）整合性

朗格朗强调终身教育的整合性，提出"终身教育被看成是一体性和连续性的一条原则"[③]。有研究者认为，终身教育的整合性即终身教育是教育在时间、空间、多元立体的整合。[④]终身教育的整合性还体现在个体和社会两个层面：在个体层面，终身教育的整合性是指在个体整个生命周期内提供连续、有序、贯穿的学习机会和资源，以适应不断变化的社会和职业需求。这一理念旨在打破传统学习的时间和空间限制，使学习成为一个贯穿整个生命的过程，以保持个体的竞争力和适应力。在社会层面，终身教育能够促进全面的人才发展，推动社会的进步和可持续发展。这需要政府、教育机构、企业和社会各界的共同努力，形成一个

---

① 侯怀银，时益之. "终身教育"解析. 现代教育论丛，2019（5）：17-24.
② 侯怀银，时益之. "终身教育"解析. 现代教育论丛，2019（5）：17-24.
③ 朗格朗. 终身教育引论. 周南照，陈树清，译. 北京：中国对外翻译出版公司，1985：43.
④ 季森岭. 终身教育概论. 北京：中国社会科学出版社，2002：4-6.

有机的、支持学习的社会体系。

第三节　把握终身教育的边界逻辑

在发生学视域看来，终身教育从其产生就与"边界"有关。依据阿伯特的观点，处于某社会空间的邻近区域存在两个及以上的差异，就会产生边界[①]。边界即限度，事物因边界而具有区别于其他事物的本质属性。认识边界，对把握事物的质的规定性至关重要。如图 1-1 所示，从理念与现实层面梳理终身教育的边界逻辑，理清终身教育从"无边界"到"无中之有"的"有边界"逻辑实现，最终基于实现逻辑找出"有中之大"的终身教育边界"最大值"，这既是终身教育理论深入发展的必然要求，也是终身教育实践进一步推进的时代呼唤。

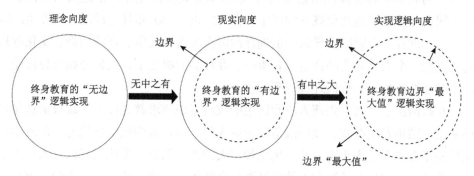

图 1-1　终身教育的边界逻辑演进图

一、终身教育的"无边界"逻辑实现

终身教育的"无边界"逻辑实现是纾解终身教育边界逻辑的起点。终身教育最初被视为一种理念，处于概念阶段[②]，并表达出"具体的人"[③]、"教育过程的统一性和连贯性"[④]、"占据人类活动的全部"[⑤]、"与身体上各种形式的无能作斗争"[⑥]等诉求，视教育为"持续不断的过程"[⑦]。从理念向度来分析，处

[①] Abbott A. Time Matters: On Theory and Method. Chicago: University of Chicago Press, 2001:265.

[②] 朗格朗. 终身教育引论. 周南照, 陈树清, 译. 北京: 中国对外翻译出版公司, 1985: 82.

[③] 朗格朗. 终身教育引论. 周南照, 陈树清, 译. 北京: 中国对外翻译出版公司, 1985: 42.

[④] 朗格朗. 终身教育引论. 周南照, 陈树清, 译. 北京: 中国对外翻译出版公司, 1985: 50.

[⑤] 朗格朗. 终身教育引论. 周南照, 陈树清, 译. 北京: 中国对外翻译出版公司, 1985: 55.

[⑥] 朗格朗. 终身教育引论. 周南照, 陈树清, 译. 北京: 中国对外翻译出版公司, 1985: 61.

[⑦] 朗格朗. 终身教育引论. 周南照, 陈树清, 译. 北京: 中国对外翻译出版公司, 1985: 138.

于概念阶段的终身教育体现出"人人、时时、处处"的"无边界"逻辑特点。不穷始末，不足以视全貌。分析终身教育的边界逻辑，应当从终身教育肇始的理念向度开始。

（一）"无边界"之历史必然

依循社会历史背景而生的终身教育，必然附带着历史的基因，"无边界"逻辑的产生是遵循历史发展规律的必然结果。

1. 理性的祛魅：从工具理性到价值理性

在马克斯·韦伯看来，现代性的基本特征是理性化，工具理性以期待作为条件或手段，强调行为的目的，价值理性强调对行为的无条件信仰[1]。因此，前者体现出功利性，后者体现出超越性[2]。事物本身无所谓理性，正是人们对待事物的不同态度导致了理性化概念的产生。在 20 世纪 50 年代之前的大工业生产阶段，工具理性的急剧膨胀导致价值理性的渐次旁落，战争、环境污染、文化危机隐患频发，个人和社会的命运危若累卵。在社会危机之下，人们开始反思极端崇尚工具理性的弊端，价值理性受到关注。

在政治民主方面，强调人权和民主的政治意识要求教育民主。政权更迭使政治基础、结构发生改变，经历战争痛苦的人们，迫切希望政治的稳定，而政治稳定依赖于有能力的人承担责任，也依赖于人们改变思想、道德风尚以及人与人之间的关系。人的生存状况和人性的发展息息相关，人的"体力"对人的"道德"和"智力"影响深远[3]。这些政治诉求对教育提出了新的要求：扩大教育的受众边界，对国家的每个公民进行良好的教育，提升其消费和享受文化成果的机会。

2. 价值的倾斜：从社会价值到个体价值

价值是体现在主客体之间需要与满足的关系[4]。从历史角度看，人类社会的教育价值取向经历了社会本位论与个人本位论、科学主义与人文主义的争论[5]。20 世纪五六十年代之际，教育价值从社会价值到个体价值的倾斜，催生了人们对教育时间的"无边界"需求。首先，科技的更新加速了社会发展的步伐，旧有

---

① 马克斯·韦伯，约翰内斯·温克尔曼. 经济与社会（上卷）. 林荣远，译. 北京：商务印书馆，1997：56.

② 吴亚林. 价值与教育. 北京：北京师范大学出版社，2009：29.

③ 朗格朗. 终身教育引论. 周南照，陈树清，译. 北京：中国对外翻译出版公司，1985：53.

④ 王坤庆. 现代教育价值论探寻. 长沙：湖南教育出版社，1990：7.

⑤ 张建锋，沈亚芳. 从教育价值观的历史变迁看现代教育价值的取向. 学术交流，2003(2)：149-152.

的理论、认识不能适应变化加快的世界；其次，传统文化出现危机，并向同喻文化、后喻文化过渡；再次，个体面临众多信息的选择、接收、理解及实践，单一模式信念崩塌，思想意识形态的危机迫切要求教育对人的智力、情感和想象等方面进行引导；最后，身体与精神的脱轨，致使人的发展出现扭曲。与此同时，如何利用闲暇时间将对人的发展有重要影响，这就要求教育为人们提供积极引导，教人们如何合理利用闲暇，从而实现生产劳动与闲暇的交替进行。总而言之，在"流动的社会"之下，人唯有学会学习，延长接受教育的时间边界，不断更新自己的知识和技能，才能适应飞速发展的社会，才能填补生命的空白，从而实现更好的发展。

3. 场域的裂变：从封闭场域到开放场域

"场域"（field）即各种位置间客观关系的网络或构型[①]。在布迪厄看来，场域是一个相对独立的社会空间，社会是由无数个"小场域"组成的"大场域"。场域是关系的系统，场域与场域之间存在空间的"博弈"，使得场域之间的关系形成力量的构型。依据布迪厄的观点，教育场域是社会场域的一部分，二者处在一定的关系系统中。在终身教育产生的 20 世纪 60 年代，教育场域、社会场域正经历从封闭到开放的关系转变，为终身教育"无边界"逻辑的出现奠定了场域基础。

在教育场域内部，学校教育因循守旧，使教育发展受到梗阻。第二次世界大战后，学校数量"爆炸式"增长，但却与质量和现实严重脱节[②]。传统的学校教育已不再适应教育自身的发展规律，被"不上任何学校"等"非学校化"论质疑，从而为扩大教育场域边界提供了孕育的土壤。

在教育场域外部，人口增长扩大了教育需求，维持人与自然的平衡需要扩大化的教育场域来发挥作用。面对激增的教育需求，继续扩张学校教育无疑是虚妄，"教育=学校""受教育=入学"的传统观念遭到颠覆式的检视与重构，教育"发生在传统教育机构之外"[③]初显端倪。

发生在教育场域内外的关系裂变，使得教育场域发生无限扩张趋势，"从自

---

① 皮埃尔·布迪厄，华康德. 实践与反思：反思社会学导引. 李猛，李康，译. 北京：中央编译出版社，1998：133-134.

② 朗格朗. 终身教育引论. 周南照，陈树清，译. 北京：中国对外翻译出版公司，1985：34.

③ Bjarnason S, Davies J, Farrington, et al. The business of borderless education. Department of Education Training & Youth Affairs, 2000, 16(1): 34-41.

我封闭的社会走向必然向世界开放的社会"①。

（二）"无边界"之图景显现

以人为主体，以时间、空间、教育力为坐标，以发展力为效果因素，我们可以构建出终身教育的"无边界"逻辑辐射图（图1-2）。

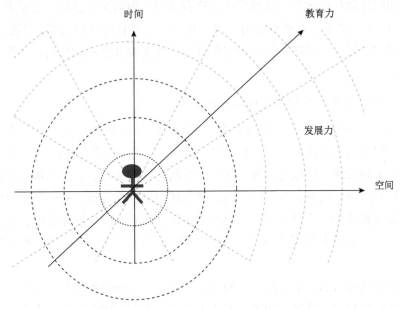

图1-2　终身教育"无边界"逻辑的辐射图

主体——人：终身教育的对象和主体是人，是处在一定时空镜像中的人，处于终身教育网络中的圆心位置。在"无边界"逻辑架构里，终身教育的主体是无边界的，人人皆可接受终身教育。

时空情境——时间、空间：时间是终身教育的历史情境，空间是终身教育的场域情境，时间和空间共同构成终身教育"无边界"逻辑的基本分析框架——时空情境。在"无边界"逻辑架构里，终身教育的时空情境具有"时时""处处"接受终身教育的意蕴。

主导力量——教育力：教育力是终身教育活动对主体人所产生的各种作用力和影响力②。在"无边界"逻辑架构里，终身教育的主导力量即一切教育力，依

---

① 朗格朗. 终身教育引论. 周南照，陈树清，译. 北京：中国对外翻译出版公司，1985：74.
② 叶澜. 社会教育力：概念、现状与未来指向. 课程·教材·教法，2016，36（10）：3-10+57.

据教育形态可划分为学校教育力、社会教育力、家庭教育力。

效果——发展力：发展力是人在不同时空受到不同教育力所产生的发展效果，在终身教育的"无边界"逻辑里属于效果因素。因为时间、空间、教育力等因素的"无边界"，人的发展力也是"无边界"的。

终身教育以人为主体，以时间、空间为时空情境，以教育力为主导力量，以发展力为效果，构成终身教育网络，这个网络以辐射状的图景显现，体现出终身教育的"无边界"逻辑特征。每一个以人为圆心的圆，都是基于一定时空情境的教育力之于人的效果，不同的圆代表了人不同时空的教育"在场"，不同的圆层层叠加，"无边界"具象化为"圆周式"。正如朗格朗所言，"终身教育的概念是圆周式的"，"只有任何已知阶段 A 的教育，在其后续阶段 B 时仍继续进行，阶段 A 的各种教育改革实际上才有可能实现，甚至也才能有设想的可能"。[①]因此，如图 1-3 所示，如果将一个人的终身教育比作一个圆，假设其接受的阶段教育分别为 A、B、C、D，由于历史的不可逆性，只有阶段 A 的教育顺利进行，才能进行后续的阶段 B，而只有阶段 B 的教育顺利进行，才能有阶段 C，依据顺时针的行进路线，每个阶段的教育相辅相成、层层递进。

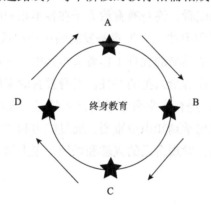

图 1-3　终身教育"圆周式"图解

（三）"无边界"之逻辑演绎

从本质属性来看，终身教育的"无边界"逻辑演绎出以下三方面特点。

第一，从本体论角度看，终身教育不是从外部强加的一种生活的附加物，它不体现为"占有"，而体现为"存在"。终身教育是"人的新生活方

---

① 朗格朗. 终身教育引论. 周南照，陈树清，译. 北京：中国对外翻译出版公司，1985：16.

式的原理"①，寓于生活之中。它摒弃了教育与生活之间的割裂，突破了学校教育的框架，与人类活动的全部相联系，与工作、娱乐、体育、余暇、民主生活相关联。在终身教育"无边界"逻辑演绎中，教育在纵向上强调各阶段教育之间的系统性，强调对人的连续"开化"，增强人的"可教育性"②是其目的；教育在横向上强调向社会开放，终身教育既发生在个人生活中，又发生在集体生活中，并向二者兼而有之的、具有集体性质的教育社会迈进。

第二，从价值论角度看，终身教育的价值体现为功能的泛化、无边界。在人的个性发展方面，终身教育的意义与"个人发展""自我实现"紧密相连③；人不断自我实现需要终身教育提供一个连续性的经验建设过程，这些经验总和形成了人属于自己的特有文化；人在每个年龄阶段都能通过终身教育来充分实现特定阶段应有的意义，从而完成年龄过渡，顺利过好人生的每个阶段，"与身体上各种形式的无能作斗争"④，从束缚中实现解放。在教育机会方面，终身教育是水平次方与垂直次方的统一综合⑤。在教育内容方面，人的自我实现需要终身教育提供广阔、深刻、复杂的系列内容。在时间方面，终身教育视时间为一种建设性因素，通过时间，终身教育助人接受变革、实现变革。

第三，从方法论角度看，终身教育致力于在各不相同的学科之间建立更密切的联系，以综合利用各种方法。"教育是发展的一个组成部分"⑥，终身教育是个集体的事业，需要各个领域的教育工作者参与其中，通过集体的努力，共同研究与共同决策，帮助人理解全人类的共性。终身教育的实施是要让人"置身于广泛的学习领域之中"⑦，进行多学科领域的深入学习。在终身教育的"无边界"逻辑演绎中，使用知识比学到知识更重要，通过能力和方法的培养，使人能够学会选择，学会共同生活，发现自己的兴趣和领域，走上创造性的自我实现之路。

---

① 持田荣一，森隆夫，诸冈和房. 终身教育大全. 龚同，林瀛，邢齐一，等，译. 北京：中国妇女出版社，1987：6.

② 赫梅尔. 今日的教育为了明日的世界：为国际教育局写的研究报告. 王静，赵穗生，译. 北京：中国对外翻译出版公司，1983：40.

③ 朗格朗. 终身教育引论. 周南照，陈树清，译. 北京：中国对外翻译出版公司，1985：44.

④ 朗格朗. 终身教育引论. 周南照，陈树清，译. 北京：中国对外翻译出版公司，1985：61.

⑤ 朗格朗. 终身教育引论. 周南照，陈树清，译. 北京：中国对外翻译出版公司，1985：30.

⑥ 赫梅尔. 今日的教育为了明日的世界：为国际教育局写的研究报告. 王静，赵穗生，译. 北京：中国对外翻译出版公司，1983：154.

⑦ 赫梅尔. 今日的教育为了明日的世界：为国际教育局写的研究报告. 王静，赵穗生，译. 北京：中国对外翻译出版公司，1983：40.

二、终身教育的"有边界"逻辑实现

终身教育的"无边界"逻辑实现并非处于混乱、无序的状态，而是寓于"有边界"的逻辑实现之中。终身教育的"无边界"逻辑图景是基于理念向度而产生的理念图景，依托现实向度的终身教育，实则是一种"有边界"的现实选择，体现为"有边界"的图景聚合，并演绎出"有边界"的逻辑特征。

（一）"有边界"之现实选择

如果说终身教育的"无边界"逻辑是理念向度的终身教育发展的历史必然，那么"无边界"逻辑则是历史必然在现实向度的具体选择。

1. 从价值虚无主义的悖谬到价值教育

在尼采看来，虚无主义是最高价值的没落和自行贬黜，它既无目的，也无真理[①]。价值虚无主义的悖谬即道德与生命的对立。依照海德格尔的观点，虚无主义兼有形而上学和道德的意义，指的是无物持存，是根本误解和遗忘存在的最终结果[②]。在当代社会日益标准化的进程中，人们偶尔会体验到一种无力感，或是感到自己在某些方面与周围环境的步调不完全一致。这种情境下，精神状态可能经历一些起伏，比如偶尔的疲惫与不振。同时，道德观念在多元化社会中展现出了更丰富的面貌，其复杂性可能让人感觉难以捉摸，这是社会进步中不同价值观碰撞与融合的结果。

在"变化的教育语境"下，教育领域中的认知与人文价值有所调整，目的导向逐渐显著。同时，教育的侧重点可能在某种程度上偏向了物化逻辑和规训功能。在教育价值的多元化趋势中，功利与世俗考量有所增加，但这不代表生命价值的完全缺失。面对个体社会化进程中的某些偏向，教育领域确实需要反思与调整，避免过度商业化或行政化倾向，以维护教育的独立性和尊严。价值教育的倡导，正是对当前教育现状的一种积极回应，它旨在平衡不同价值体系，促进教育价值的全面构建，而非简单地消除价值虚无主义，而是在尊重多元价值的基础上，构建合理且富有意义的教育体系。

---

① Nietzsche F W, Kaufmann W, Hollingdale R J. The Will to Power. New York: Random House, 1967: 9.

② 列奥·施特劳斯，约瑟夫·克罗波西. 政治哲学史. 李天然，等，译. 石家庄：河北人民出版社，1993：1049-1051.

2. 从人的异化到人性化教育

在社会快速发展的背景下，个体的价值追求与人性发展之间的平衡成为了一个值得深思的话题。随着信息技术的飞速进步、娱乐方式的多样化以及物质生活的极大丰富，人们的生活方式发生了深刻变化。然而，这些变化也伴随着挑战，如信息过载、物质欲望的膨胀等，它们有时可能让人忽视了内在的精神追求与人性本真而发生"异化"。

在这样的背景下，人性化教育显得尤为重要。它不仅仅关注知识的传授，更强调对人的全面培养，帮助个体在复杂多变的社会环境中保持清醒与自省，不被外在的物质世界完全主导。正如康德所言，"人是唯一必须受教育的被造物"，"人只有通过教育才能成为人"。[①]教育是人类成长的必经之路，它引导我们探索人性的深度与广度，促使我们成为更加完整、有责任感的人。

终身人性化教育的理念，正是对这一需求的积极响应。它倡导人们在学习与生活中不断反思、成长，学会在物质与精神之间找到平衡，让教育成为伴随一生的伙伴。通过这样的教育，人们能够更加坚定地追求人性的光辉，抵御外界的诱惑与干扰，实现自我价值的同时，也为社会的进步贡献自己的力量。

3. 从"霸权话语"的扩张到批判教育学

场域的开放伴随 20 世纪 60 年代发生的巨变而生，它虽打破了之前的封闭式场域，但也伴随着生活方式与世界观的某种冲突性转变，以及"主流"与"边缘"间界限的模糊，往往伴随着个体憧憬的褪色与疲惫感。这一时期，社会上涌现出一种以"他者"视角构建的"霸权话语"，这一话语既缺少补偿性的社区传统，也缺少选择性的声音或者历史的砝码，从而形成"能指"与"所指"之间的极大反差。

批判教育学的出现及其对教育"霸权话语"的反省即是终身教育的有边界现实选择。吉鲁（H. A. Giroux）寻找社会的公平和变化，强调审视边缘话语和政治差异，以及边缘与核心之间的联系。在《跨越边界》（*Border Crossings*）一书中，吉鲁提出课程必须成为"文化政治学"和"一种社会记忆的形式"的观点。知识不应是整体化的，而应具有一种扩大化的理解，要从中心向边缘过渡[②]。批判教育学倡导教育中"赋权的语言"，反对"霸权话语"下的"主流叙事"，

---

① 伊曼努尔·康德. 论教育学. 赵鹏，何兆武，译. 上海：上海人民出版社，2005：3-5.

② 转引自奥兹门，克莱威尔. 教育的哲学基础. 7 版. 石中英，邓敏娜，等，译. 北京：中国轻工业出版社，2006：341-346.

强调"边缘话语"下的"边缘叙事"；强调开放通向"边缘场域"，而非是"主流场域"内部的开放。

（二）"有边界"之图景聚合

"有边界"是一种现实选择，终身教育的逻辑图景受人的有限性、时空复杂性以及教育内在发展规律等诸多因素的影响而走向聚合。

1. 人的有限性引发的边界

从古至今，人类从未停止对人的追问，认识自我是哲学探究的最高目标[①]。人的有限性是人存在的本质属性，具体表现在以下三个方面：

（1）人的未完成性

人的未完成性即人基本生存本能的缺乏，人的生理器官具有"非专门化"等特点，人不如动物一样具有自然生存的天赋，人既没有天然的毛皮御寒，也没有锋利的牙齿觅食，更没有发达的肌肉去奔跑，因而在自然生存面前人不如动物"天赋异禀"[②]。由于人的这种"有缺陷的存在"，人的认识和实践活动也相应受限，人作为认识主体是有限的，人的认识能力和认识领域也是有限的；人通过实践活动得以生存，人的实践活动也是有限的，随着人的劳动分工越来越精细，每个人只能是极其局部性判断的存在。

（2）存在的有限

"人存在是因为他们存在于情景之中"[③]，人依靠时空而存在。按照康德的说法，时间和空间分别是人的"内经验"和"外经验"形式。在时间存在层面，人的生命长度是有限的，时间不可逆，死亡是人必须面对的自然规律，正是时间限制了人与现实世界的联系，从而使有限的生命存在显得弥足珍贵。在空间存在层面，人的生命跨度是有限的，因历史阶段、能力等因素的影响，人不能涉足空间的方方面面，人存在的空间是与特定历史阶段紧密相连的。

（3）精神的有限

在人的发展的精神层面，人也是有限的。人的精神不可能一直"稳如泰山"，人在面对人生际遇时所表现的惶恐、不安、焦虑、痛苦等消极反应，就是

---

① 恩斯特·卡西尔. 人论. 甘阳，译. 上海：上海译文出版社，2004.3-33.

② 刘放桐，等. 新编现代西方哲学. 北京：人民出版社，2000：393.

③ 保罗·弗莱雷. 被压迫者教育学. 2 版. 顾建新，赵友华，何曙荣，译. 上海：华东师范大学出版社，2014：75.

人精神的不稳定性，也即人精神的有限性。在哲学家蒂利希看来，焦虑即有限性，即人对自身有限性的经验①。

2. 时空复杂性引发的边界

时间和空间是一切事物存在的构架，我们只有在时空构架下才能设想真实的事物。时空即尺度和限制②，二者分别指向事物存在的持续性与广延性。

在真实生活中，时间和空间是同时存在的，且与具体情境有关。终身教育在生活之中，属于生活的一个人性化领域，有其自然与非自然的特性，因而时空问题体现在终身教育中就显得相当复杂。一切存在的基本形式是时间和空间③。任何存在在时空问题上都具有有限性，终身教育也概莫能外。"没有人生活在'一个无限连续的整体'中，而是处于一组断断续续的经验里"④，因而我们生活在空间的持续和广延之中，而非在空间的点中。终身教育立足于具体的人和现实的时空之中，因时空复杂性而产生一定的边界，具体体现在以下两个方面。

一方面，在现实生活中，不存在无限的终身教育时空。19 世纪的经典科学提出世界"简单性"问题，后被普里戈金的耗散结构理论推翻，其范式强调现实世界的无序、不稳定、非线性关系等⑤。世界不是简单、完美、稳定的系统，而是处于"时间之矢"的新旧系统无限变换之中。生命有限，世界也是如此⑥。可以说，不存在唯一、稳定、无限的系统。在自然科学中，时空被认为是可以无限细分的单元，并可以一直延续下去。在现实世界中，时空无限只能是一种可能的状态，并不真实存在⑦。终身教育存在于具体现实生活中，其存在形式——时空本就是有限的，无限的终身教育时空也是不存在的。

另一方面，时空相对性限定了终身教育的时空边界。终身教育面对的是具体的人，而具体的人处于特定历史发展阶段和地域背景之中，具有历史和地域的相对性。人"时时""处处"接受终身教育，也是限定在具体的人、特定的历史发

---

① 保罗·蒂利希. 存在的勇气. 钱雪松，译. 北京：中国轻工业出版社，2018：37.
② 恩斯特·卡西尔. 人论. 甘阳，译. 上海：上海译文出版社，2004：58.
③ [德]马克思，恩格斯. 马克思恩格斯选集（第 3 卷）. 2 版. 中共中央马克思恩格斯列宁斯大林著作编译局，编译. 北京：人民出版社，1995：91.
④ A. N. 怀特海. 教育与科学 理性的功能. 黄铭，译. 郑州：大象出版社，2010：119.
⑤ 伊·普里戈金，伊·斯唐热. 从混沌到有序：人与自然的新对话. 曾庆宏，沈小峰，译. 上海：上海译文出版社，2005：前言.
⑥ 方向红. 时间与存在：胡塞尔与海德格尔现象学的基本问题. 北京：商务印书馆，2014：195.
⑦ 杉原丈夫. 时间逻辑. 瞿麦生，译. 石家庄：河北人民出版社，1986：26.

展阶段、现实的地域背景中进行的。因此，"时时""处处"接受终身教育可以理解为，具体的人在特定社会历史发展现实中，基于特定地域背景"时时""处处"接受终身教育。正是因为时空相对性所产生的边界，使得终身教育具备发展性。不同时空背景下的终身教育具有不同的特性，因此不能一概而论。

3. 教育内在发展规律遵循的边界

终身教育是教育发展的深化，伴随人类社会发展进程，并孕育于成人教育。因此，终身教育的发展必然遵循教育的内在发展规律，与不同时代的教育存在演化及依存的关系，具有延续性。正是这种历史的基因，使得终身教育不是凭空独立出现的事态。未来寓于过去之中，终身教育既有对旧教育的承袭性，又有突破旧教育的创新性。

从终身教育的自身存在来看，其边界是客观存在的。边界的存在使终身教育区别于传统教育乃至其他事物。如果终身教育没有边界或边界模糊，终身教育将缺失特定属性，既不能推进终身教育实践的发展，也不会在理论方面有所建树。

从终身教育与外界因素的关系来看，终身教育"主动地受限"于外界因素的影响而产生边界。终身教育存在于社会大系统之中，与社会系统中的政治、经济、文化、人口、民族、宗教等其他因素具有较大关联，终身教育从其产生到发展一直受这些因素的制约。正是由于这些制约，终身教育才能正常地产生和发展下去。这些源自外界因素的影响而产生的边界对于终身教育而言，既具有基于发生学而言的动力性，也具有基于系统学而言的普遍联系性。

人是终身教育的出发点。在终身教育"无边界"逻辑图景里，受人的有限性、时空复杂性以及教育内在发展规律等诸多因素的影响，其边界表现如图 1-4 所示。在终身教育的"有边界"逻辑实现中，我们以"实心人"表示具体的人。由于具体的人的有限性，人不能拥有人的寿命之外的时间、所处历史和能力之外的空间及教育力。在人的有限性之内，人能够享有的时间、空间和教育力是实线，这些实线共同组合，形成了终身教育之于人的作用范围，即由阴影面积代表的发展力。在人的有限性之外，时间、空间、教育力都是虚线，弧线就是人的有限性、时空复杂性以及教育内在发展规律等诸多因素所构成的边界，这一弧线将终身教育的"无边界"与"有边界"进行区隔。

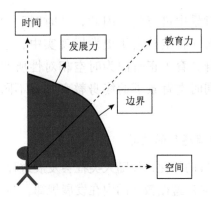

图1-4　人的有限性引起的边界图解

（三）"有边界"之逻辑演绎

由于人的有限性、时空复杂性以及教育内在发展规律等诸多因素，终身教育的时间、空间、教育力、发展力都有了限定和边界，并演绎出如下逻辑特征。

一方面，不同人的终身教育边界表现各异。因人是具体的人，人从出生之日起就确定了终身教育"有边界"，这个边界从时间上表现为人从出生到死亡的"起点-终点"式时间边界，从空间上表现为人所能达到的由"有限场域"构成的空间边界，从教育力上表现为由人所能获得的有限教育力构成的教育力边界，从发展力上表现为人所能达到的有限的效果边界。而在不同的具体的人一生，其终身教育的边界表现又有所不同。

另一方面，终身教育具有责任的边界。理念向度的终身教育从产生之初就被赋予了人类诸多的期盼，人们希望终身教育能够解决社会、文明、人口、政治、经济、文化、教育、人类存在等诸多层面存在的危机。诚然，终身教育确实能够通过教育性影响培养人，进而对社会其他系统产生影响，但这种影响是间接的，且效果是有限的。在终身教育的对象方面，人是发展变化中的人，不同的人具有不同的发展特征，因而终身教育对人的影响也是有限的，遑论由受到有限影响的人对社会产生的间接有限性影响了；在终身教育的实施方面，单凭终身教育的"有限责任"来解决整个社会问题是不大可能的，它需要教育与社会产生合力，共同承担[1]。

---

① 王鹏. 论教育的有限性. 现代教育管理，2010（3）：1-3.

三、终身教育边界"最大值"逻辑实现

如果说无限只有通过有限而存在，那么有限只有通过无限才能得以解决[①]。终身教育的价值正在于此，它鼓励我们在"无边界"与"有边界"的逻辑循环中，依托"有边界"的现实限制，寻找边界"最大值"，向着"无边界"的逻辑图景迈进，如图1-5所示。

具体的人不仅只接受一种类型的教育，也不仅只获得一种发展力，而是随着接受终身教育的进程，针对个人的优势和特点，有针对性地接受具有个性的终身教育。在终身教育边界"最大值"实现的逻辑图景里，人的发展力（A）、人的发展力（B）等多种发展力将实现各自突破以及交互影响，共同促进具体的人的自我实现。

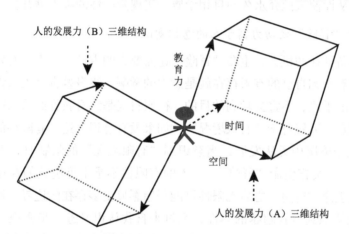

图1-5 终身教育边界"最大值"的逻辑实现图景

（一）于有限之中趋向无限助力生命"冒险"

人是发展的第一主角和目标[②]。正是人的有限性，使终身教育的"无边界"逻辑实现只存在于理念向度，而使"有边界"逻辑实现成为现实。在"有边界"与"无边界"的逻辑转换中，终身教育边界的存在意义就是找出基于人的有限性的趋向无限的边界"最大值"，并"以有限的生命向无限的教育进行挑战"[③]。

① 鲍桑葵. 个体的价值与命运：1912年在爱丁堡大学所做的吉福德讲座. 李超杰，朱锐，译. 北京：商务印书馆，2012：25.

② 联合国教科文组织. 教育：财富蕴藏其中. 2版. 联合国教科文组织总部中文科，译. 北京：教育科学出版社，2014：45.

③ 持田荣一，森隆夫，诸冈和房. 终身教育大全. 龚同，林瀛，邢齐一，等，译. 北京：中国妇女出版社，1987：9.

1. 生命"冒险"之机会寓于"教育权的终身保障"

教育权是人的基本权利，人通过教育可以改善生命存在，实现更好的生命发展。终身教育即"教育权的终生保障"[①]，它从源头上为人的生命"冒险"打开"大门"，为人的生命"冒险"提供保障。人是有限与无限相结合的统一体。有限与无限在系统之内的存在并不全然和谐，而是时常处于对立、矛盾、斗争的状态[②]。和谐与斗争不是二元对立的存在，二者之间是可以相互转化的；转化寓意着生命"冒险"地行进。当斗争转化为和谐，和谐就是"冒险"的结果以及新的斗争的开始；当和谐转化为斗争，斗争是"冒险"的导火线以及和谐发展的新阶段。终身教育的精髓即在于，为人生命存在的有限与无限提供"和谐-斗争"转化的机会，从而使人抛弃永久的自相矛盾，实现阶段性的步步攀升。

2. 生命"冒险"之动力寓于人的意识觉醒

除了具备外在的机会，生命"冒险"还需要人的内动力。人是有限的意识的存在，人能意识到自己的有限存在就是意识的觉醒。终身教育助人认识自己，它不提供功利的手段，不宣扬功利的目的，征服自我是终身教育的目的所在。正如弗莱雷的观点，人置身于"有限境况"，如果没有意识到这一有限性的障碍，人就拘泥于这个境况中无法发展；当意识到"有限境况"的限制时，人就会采取"有限行动"，实施生命"冒险"[③]。人的有限性不是不可逾越的存在与虚无的边界，而是生命"冒险"之后无限性可能开始彰显更多存在的边界。通过生命冒险，人更能认识到自我超越的本性，反过来自我认识又进一步实现。生命"冒险"的动力就在于人的意识觉醒，人既能认识到有限自我，又能看到有限自我内含的无限可能，还能遵循自我的逻辑，成就自我趋向无限的努力，并以某种形式为自恰和生命"冒险"而奋斗[④]。

3. 生命"冒险"之行动寓于人的自我建构

行动是动力的实践表达，自我建构是意识觉醒的进一步发展。人的有限性植

---

① 持田荣一，森隆夫，诸冈和房. 终身教育大全. 龚同，林瀛，邢齐一，等，译. 北京：中国妇女出版社，1987：9. （注：文献为"终身"，但目前一般用"终生"，未作强行统一）

② 鲍桑葵. 个体的价值与命运：1912 年在爱丁堡大学所做的吉福德讲座. 李超杰，朱锐，译. 北京：商务印书馆，2012：28.

③ 保罗·弗莱雷. 被压迫者教育学. 2 版. 顾建新，赵友华，何曙荣，译. 上海：华东师范大学出版社，2014：65-66.

④ 鲍桑葵. 个体的价值与命运：1912 年在爱丁堡大学所做的吉福德讲座. 李超杰，朱锐，译. 北京：商务印书馆，2012：20-21.

根于有限的双重本性，并在自我建构和自我维持中表现出来。由于人的有限性的双重本性，人总在自我建构和自我维持中陷入矛盾。自我建构是生命"冒险"的动态表现，人通过自我建构进行生命"冒险"行动；自我维持是生命"冒险"的静态表现，人通过自我维持达到生命"冒险"行动的阶段状态。人的生命"冒险"过程是人通过自我建构形成自我维持，在具体化存在的不完美状态中，找出向无限"冒险"的可能，迎接每一个生命的挑战。从性质到目的，从实施到影响，终身教育从未发生在人的自我建构之外。终身教育是人自我建构的实践行动，这一行动不仅承认人的有限性，还推动人发起有限性向无限性的生命挑战。

4. 生命"冒险"之突破寓于人的自我实现

突破是行动的质变，自我实现是自我建构的结果，也是生命"冒险"的最终目的。富有生命力的教育才能助人生活[①]。终身教育的最终目的在于促进人的自我实现。这与社会本位论教育不同的是，终身教育立足于人的真实形象，而不是宽泛的人；立足于具体的人、完整的人，而不是以社会为中心的工具式存在的人。终身教育的发展致力于使社会结构向利于人个性发展的方向转变[②]。在一个充满变化的时代，既包含各种不确定性，又包含发展的机会。在社会飞速发展变化的当代，终身教育的使命就是：创造性地提出可供个人和社会采纳的新的可能的方向，将"形形色色的元素协调成相继的周期……将各种模式形成的和谐植入学生的心灵"[③]。

（二）超脱时空限制建构"共在"系统

时空是终身教育存在的构架，因而限定了终身教育的时空边界。终身教育边界"最大值"的逻辑实现，就是超脱时空复杂性的限制，建构"共在"系统。

在哲学层面，存在主义和现象学对"共在"进行了深入研究。克尔凯郭尔（S. A. Kierkegaard）并不关心普遍的"存在"，而是关注作为个体的人的存在。布贝尔（M. Buber）在代表作《我和你》中表达出人与人之间关系的观点，认为人与人之间的关系构成连续统一体。海德格尔思想的出发点是"在世之在"，个体的存在是"此在"，"此在"包括环境体验、他人体验和自我世界三个方面；并在"此在"基础上提出了"共同此在"观点。萨特（J. P. Sartre）提出了意识

---

① 朗格朗. 终身教育引论. 周南照，陈树清，译. 北京：中国对外翻译出版公司，1985：54.

② 朗格朗. 终身教育引论. 周南照，陈树清，译. 北京：中国对外翻译出版公司，1985：81.

③ Whitehead A N. The Aims of Education and Other Essays. New York: Free Press, 1967: 21.

的自为存在和意识对象的自在存在观点，认为"共在"应有实存意义。梅隆-庞蒂（M. Merleau-Ponty）认为知觉是首要的，"共在"以此为前提[①]。哲学家关于人的存在以及人与人之外存在的观点为我们思考终身教育时空边界"最大值"的逻辑实现提供了框架，即"共在"的联系性特点。

终身教育面对的主体人不单是个体的存在，而是处在一定时空背景中的存在；终身教育作为一个系统，也是具有特定时空背景的。以终身教育系统为分析单元，从向内和向外两个逻辑出发，可以分化出以下两个建构"共在"系统的路径。

向内的逻辑——建构终身教育时空"共在"的系统。这一逻辑强调在终身教育系统内部，建构各级各类教育形态相互联系的时空"共在"系统。伯恩斯坦（B. Bernstein）的"教育边界理论"认为，内容之间的分界取决于分类（classify）和架构（framing），"强分类"导致内容间位置和范畴的"强隔离"，产生"聚集型符码"；"弱分类"导致内容间位置和范畴的"弱隔离"，产生"统整型符码"。时空的界限也取决于"符码"的分类和架构，"聚集型符码"的教育时空边界分明，"统整型符码"的教育时空边界模糊[②]。建构终身教育系统内部的时空"共在"系统，就要弱化各级各类教育形态的"强分类"和"强隔离"，模糊其间的边界。在此，模糊边界并非要弱化各教育形态的独立性和特殊性，而是强调在终身教育系统内，对各教育形态予以"共在"时空背景下的结合，既要强调终身教育宏观层面的理念，又要突出终身教育中观层面的体系，还要注重终身教育微观层面的实践。在终身教育时空"共在"系统内，学校教育力、社会教育力、家庭教育力将时空"共在"，在合力中助力人的自我实现。

向外的逻辑——建构终身教育与其外"共在"的系统。这一逻辑强调建构终身教育系统与其外部系统相互联系的时空"共在"系统。一方面，人存在于社会系统之中，属于"既相互联系又彼此分开"[③]的关系性存在。终身教育不能只关注单个人的培养，还应该关注人的关系性存在物。另一方面，人本身是发展的人，人的关系性存在物也是处于发展之中的，他们共处于"持续的事件之流"[④]中。人不定位于一个单一的瞬间，人的现在包含过去，也充满了未来。终身教育

---

① 转引自奥兹门，克莱威尔. 教育的哲学基础. 7 版. 石中英，邓敏娜，译. 北京：中国轻工业出版社，2006：232-243.

② 徐扬. 芬兰基础教育阶段科学课程改革中的"边界消弭"：伯恩斯坦视角下的芬兰科学课程与教育形态. 全球教育展望，2019，48（3）：28-38.

③ 汉娜·阿伦特. 人的境况. 2 版. 王寅丽，译. 上海：上海人民出版社，2017：34.

④ 恩斯特·卡西尔. 人论. 甘阳，译. 上海：上海译文出版社，2004：68.

在培养人的同时，应当把整个时空考虑进去，并助人"学会共同生活"，为人提供"世界的地图"和"航行的指南针"①，发起与外部系统联合的邀请，走出教育的框架，拓宽终身教育的视野，建构充满生气的联盟。

（三）以价值赋能终身教育的无限可能性

终身教育的发展遵循并应当遵循教育的内在发展规律，终身教育既"主动地受限"于外在因素，又具有责任的边界。终身教育从一产生就与价值有着不能割舍的联系。在教育内在发展规律这一客观必然性与内在规约性的制约下，终身教育边界"最大值"的逻辑实现应当依靠价值赋能，找寻其发展的无限可能。毕竟，"可能性高于现实性"，可能的选择范围将更加宽广。

1. 立于规律之上寻求价值支点，呈现不可呈现之序

终身教育是作为系统和在系统之中的存在，它由诸要素以一定的结构形成和组织，体现出系统的质的规定性。系统具有永恒的运动性，能够在远离平衡状态时从无序变为有序，这种转变具有普遍性和确定性②。终身教育的存在以确定性为依据③，这种确定性就是终身教育的内在发展规律。终身教育的"无边界"与"有边界"正像确定性与不确定性的存在一样，终身教育规律既为终身教育的"无边界"存在提供了逻辑的必然，同样也为"有边界"存在提供了真实的现实。同确定性与不确定性之间的转换一样，终身教育的"无边界"与"有边界"亦是处于动态转化之中。在时代变迁的背景之下，以价值赋能终身教育的无限可能性，就是要在不确定与"有边界"的逻辑必然与现实选择中，把握终身教育的确定与"无边界"逻辑。我们要以终身教育规律为依据，寻求终身教育在确定与不确定之间的价值支点，这一支点既是我们遵循终身教育规律的尺度，也是我们通向终身教育"无边界"的高度。

2. 立于事实之上进行价值定向，表达不能表达之意

终身教育处在多元文化价值背景之下，面临着价值选择的问题。教育事实是对教育现象本体意义的抽象表达④。不同价值观下的终身教育事实影响会有所不

---

① 联合国教科文组织. 教育：财富蕴藏其中. 2版. 联合国教科文组织总部中文科，译. 北京：教育科学出版社，2014：49.

② 乔瑞金. 现代整体论. 北京：中国经济出版社，1996：18-19.

③ 姚晓春. 浅论教育的确定性和不确定性. 教育理论与实践，1999（5）：3-9+54.

④ 尹伟，谢武纪. 教育事实的认识悖论及其消解. 全球教育展望，2010，39（3）：46-49.

同。面对多元文化价值选择，终身教育应当以事实为选择框架。一是终身教育内部事实，即终身教育本身的事实，具象化为终身教育实践活动。二是终身教育外部事实，即终身教育所处的社会历史背景所发生的事实。"任何一个新的价值目标的实现，重要的不在于达到目标的一瞬间，而在于作为主体的价值意识和作为客体的价值追求活动统一在人的能动选择过程之中，这种统一便蕴含着价值关系中人的能动性本质。"①我们进行价值定向，就是选择新的价值目标的过程。倘不进行价值定向，终身教育就会在多元主义价值中迷失方向；倘不立足终身教育内外部事实，终身教育的价值定向则失去现实根基，不能发挥价值之于实践的指导意义。我们进行价值定向，就是在合理的价值目标选择中实现价值的提升，以寻找终身教育的无限可能，表达不能表达之意。

3. 立于发展之上创造价值超越，超越还未超越之趋

发展就是新旧之间的转化，是终身教育活动的中心，"只要新的代表那种旧的本身所限定了的可能性的完成，那么新的便是旧的之真"②。终身教育需要立足于发展之上创造价值超越。一是因为终身教育源于发展，应当超越发展。如前所述，终身教育"有边界"性受各种因素的影响，终身教育具有非线性复杂活动的特征。正是这种复杂性，使得终身教育的发展既应以现实发展水平为依据，还应在现实发展水平之上找到终身教育发展的新水平。二是因为终身教育属于人文活动。终身教育以人为主体，人是发展的人，不同的发展的人具有不同的特点，终身教育应当走在人和社会的前面，不仅应当寻求价值支点，进行价值定向，还应当创造价值超越，以前瞻性的价值引领人和社会的更高水平提升。综上所述，终身教育的价值超越就是立足于发展之上的终身教育的自我创造，是对各种有限因素做出挑战的积极回应，是有限通向无限可能的必经之路。

终身教育的边界逻辑，是在"无边界"中发现"有边界"，在"有边界"中找出"最大值"的实现过程。这一过程确证了终身教育的有限实在和无限可能的逻辑共存关系，而边界"最大值"的实现逻辑就是印证这种有限与无限的同时存在，在无限中发现有限，在有限中趋向无限，从而在有限与无限转化中突破，"在其有序的无序或其无序的有序中行进"③，最终达成终

---

① 王坤庆. 现代教育哲学. 武汉：华中师范大学出版社，1996：132.

② 王治河. 后现代哲学思潮研究 增补本. 北京：北京大学出版社，2006：201.

③ 伊曼纽尔·沃勒斯坦. 所知世界的终结：二十一世纪的社会科学. 2 版. 冯炳昆，译. 北京：社会科学文献出版社，2003：233.

身教育边界"最大值"的实现。

第四节　做好终身教育研究

终身教育理念引入我国以来，终身教育研究逐步受到重视并取得一定进展。做好终身教育研究有助于我们从理论层面把握终身教育，从而促进终身教育理论与实践的发展。

一、中国教育研究体系的发展与终身教育研究领域的形成

依据中国教育研究体系的内在发展逻辑，我们将中国教育研究体系的发展历程划分为初步形成、改造探索、曲折发展、迅速发展和丰富完善五个阶段。其中，终身教育研究领域也作为其中重要组成部分逐步形成和发展。

（一）中国教育研究体系的初步形成（1901—1948 年）

20 世纪上半叶，我国教育研究体系基本是模仿国外的教育研究体系。1915年以前的十余年间，虽然国人对新学校学制、职业教育实施和中小学各科教授法等问题进行了讨论，但最终几乎均以抄袭日本教育为解决办法，真正的教育研究并不多见。直到五四运动前后，教育研究才真正受到国人重视。[1]1915 年后的十余年间，主张运用实验、测量、调查等研究方法的教育测量运动在全国范围内开展，教育研究以中小学教学方法为研究主题，尤以简单搬运和验证的方式介绍美国教育思想和方法为特征。[2]

1927 年后，随着平民教育、乡村教育、乡村改造等教育实验运动的逐步开展，我国也开始引进心理学实验、测量统计等研究方法，开展针对中小学教学的学科改革实验。教育研究者开始借鉴西方的研究模式探索中国的教育实践，逐步从搬运和验证转向反思与创新，教育研究突破了以学校教育为唯一中心的领域围墙，教育学术团体也相继成立并日趋学科化和专业化。1948 年，作为当时全国规模最大的综合性教育社团——中国教育学会，其研究已涉及教育政策、制度和经费，囊括从幼稚教育到大学教育的不同阶段，包含社会教育、乡村教育、国际教育在内的不同领域，生产教育、卫生教育、体育教育、艺术教育在内的不同类

① 侯怀银. 20 世纪上半叶中国教育学发展问题的反思. 华东师范大学博士学位论文，2000.

② 罗廷光. 教育科学研究大纲. 上海：中华书局，1932：高（君珊）序.

型，教育哲学、教育史学、教育心理等不同学科，课程教材、校舍建筑与设备等不同教育资源，几乎涵盖教育研究的全部内容。[①]

总体而言，新中国成立之前的中国教育研究很不成熟，表现为对包括教育研究的价值取向、研究方式、研究内容在内的对西方教育研究体系的模仿。但这一阶段教育研究在中国的出现、起步以及教育实验研究的开展，为中国教育研究体系的初步形成奠定了基础。

（二）中国教育研究体系的改造探索（1949—1956 年）

新中国成立初期，我国教育研究主要从以下两方面开展：一是总结和发展自己的教育实践经验，特别是老解放区的教育实践经验；二是翻译和出版苏联的教育研究成果，借鉴苏联的教育研究经验。[②]这一阶段，教育研究体系随着对教育学学科体系的改造而变化。

1949—1951 年，随着新中国教育性质的变化，为解决旧中国教育学抄袭和贩卖美国教育学、超脱政治、脱离实际、课程繁多且内容重复等问题，我国对大学教育系课程进行了改革，开始清除西方教育学科对中国的影响。这次改革主要是对学科门类的变革，还未深入到学科内容层面。1952—1956 年，我国开始通过学习、移植苏联教育学对旧中国教育学进行全面改造，构建了几乎与苏联一致的教育学学科体系，且每门学科的建设也参照苏联模式进行了改造。经过两次改造，中国教育学学科体系主要包括教育学、教育史、教育心理学、各科教学法等学科。

经过对教育系课程和教育学学科体系的改造和探索，中国教育研究体系形成了包括教育学（包括教学法）、心理学、教育史三部分的内容。[③]这时中国教育学和教育研究又出现了照搬苏联、与中国实际结合不够的问题。教育学中国化成为了下个阶段要面临的重要问题。[④]

（三）中国教育研究体系的曲折发展（1957—1976 年）

在社会主义改造基本完成的背景下，随着中苏关系的微妙变化，我国教育研

---

① 李华兴. 民国教育史. 上海：上海教育出版社，1997：588.
② 侯怀银. 新中国成立以来教育学的发展历程及启示. 中国教育科学（中英文），2020（2）：50-62.
③ 曹孚著，瞿葆奎，等选编. 曹孚教育论稿. 上海：华东师范大学出版社，1989：689.
④ 侯怀银. 建国后十七年中国教育学科体系建设和发展的基本历程初探. 山西大学学报（哲学社会科学版），1998（3）：78-82.

究者开始反思前一阶段全面学习和移植苏联教育研究成果的经验教训。1957年，有研究者明确提出教育学中国化问题。20世纪50年代后期，我国开始建立教育研究机构并进行教育研究规划工作。1958—1960年，在反右斗争扩大化的背景下，教育研究在"教育大革命"中出现了"左"倾，批判心理学、凯洛夫主编《教育学》和资产阶级学术思想，压制学术上的不同观点，打击了教育研究者的积极性。教育学教材成了"教育政策汇编"，教育研究的科学性和学术性遭到破坏。这时的教育学中国化走向极端，实际上形成了对教育学这门学科的否定。

1961—1966年，我国教育研究经历了调整、总结和继续改革。这一阶段，贯彻和调整教育方针、恢复正常的教学秩序成为教育工作的主要任务。教育方针的调整使教育研究者的思想得到一定程度的解放，对教育研究工作的开展有一定的激励作用。教学秩序的恢复为教育研究工作的开展奠定了基础。1960年10月，中央教育科学研究所正式成立。1962年后，我国的教学改革工作进一步加强，教育研究也得到进一步重视。1963年，教育部党组发布《关于中央教育科学研究所的基本情况和今后方针任务的请示报告》。[①]在该报告的指导下，我国教育研究工作进入了一个初步繁荣和发展期，研究者对教育学中国化进行了进一步探索，集中体现在教育学、教育史、教育心理学、各科教学法等学科领域的教材建设和教学参考资料的翻译、编写和出版方面。

1966—1976年，教育研究遭到破坏[②]，新中国成立后17年的教育研究和教育学建设的成果全部被否定。这一阶段教育学领域的工作主要有两方面：一是大批判，主要表现在对凯洛夫主编的《教育学》和孔子教育思想的批判与全盘否定；二是"语录化"，即教育学教材的编写成为对马克思主义经典作家有关教育的语录、教育方针政策和教育经验的汇编与注解。教育研究实际上被毛泽东思想的学习代替。[③]正常的教育研究工作被整整中断了10年。

总体而言，这一阶段，我国教育研究既经历了短暂的初步繁荣和发展，也在不同的具体时期受到了不同程度的局限。其局限性主要表现在三个方面：一是局限在为中小学培养师资的师范教育领域及普通中小学教育研究领域，对其他各级各类教育关注不够；二是局限在教育学、教育史、教学法和心理学等学科领域；三是其科学性和学术性受到了局限，教育研究受到政治的影响，失去了其作为研

---

① 中央教育科学研究所. 中华人民共和国教育大事记（1949—1982）. 北京：教育科学出版社，1984：347.

② 侯怀银. 新中国成立以来教育学学科体系建设的回顾与展望. 西北师大学报（社会科学版），2022，59（4）：30-38.

③ 侯怀银. 论"文革"对中国教育学科体系的破坏及其教训. 高等师范教育研究，1998（2）：62-69.

究的基本特性，完全偏离了研究对象。

（四）中国教育研究体系的迅速发展（1977—2000 年）

1976 年，"文化大革命"结束。经历"两年徘徊"时期，以 1978 年 12 月党的十一届三中全会为标志，中国进入改革开放时期。这一阶段，我国教育学学科体系从一片废墟中重生，经历短暂而重要的恢复重建和初步探索，进入迅速发展阶段。教育研究体系也随教育学学科体系的建设而发展。

1978 年 12 月到 1981 年，教育研究体系得到较全面的恢复和重建，这体现在两个方面：一是在"活跃学术思想，繁荣教育科学"的发展主题下，教育研究者的思想得到解放，教育研究得到恢复，一些重大的教育理论问题被重新认识和广泛讨论。例如：开展了对教育本质的大讨论，重新认识教育的社会功能、社会主义教育与资本主义教育之间的关系等问题；进行了对教育科学与其他科学的关系问题的讨论，普遍认识到教育学是一门多科性的边缘科学，是一门综合科学；展开了对教育科学体系建设问题的讨论，具体提出教育科学要建立一个门类齐全、布局合理的科学研究体系，而且要有相当的规模。[1]二是恢复和重建了"文化大革命"前已有的教育学、教育史、教育心理学、各科教学法等传统教育学学科。[2]

1982—1984 年，教育研究体系得到初步探索和建设。研究者对教育科学自身发展进行了反思，各教育学分支学科领域也开展了学科自身发展和建设的探讨。教育学学科建设者就如何构建具有中国特色的教育学学科体系进行了比较广泛的思考和探索。我国教育学研究者重视了教育学与其他学科的联系、交叉、渗透，新建了教育哲学、教育社会学、教育经济学、教育管理学、教育统计学等教育学交叉学科，改变了"文化大革命"前我国教育学建设囿于普通中小学教育研究领域的状况。

1985—2000 年，教育研究体系进入迅速发展阶段。在这一阶段，我国教育研究发展形成了以下特点：由实践的探索走向理论的深入讨论；由开放引进走向综合创新；高度综合与分化趋势并存；向宏观和微观两方面发展；研究方法成为一些新学科建立的先导，教育研究方法已初步形成一门多支的体系；注重教育学的元科学研究，努力创建教育科学学。以二级学科衍生为主流的教育学学科体系

---

① 于光远. 重视培养人的研究. 学术研究，1978（3）：25-31.

② 侯怀银. 我国新时期教育学科体系建设和发展的基本历程初探. 教育理论与实践，1998（4）：35-39.

建设加快了步伐，大量二级学科出现，教育学学科体系基本形成，教育学学科体系的建设无论是在广度上还是在深度上，都取得了长足的进步。[①]

经过 20 余年的努力，我国初步形成了较完备的教育学学科体系，初步形成了教育学交叉学科、教育学专门学科与教育学元科学相结合，多种教育学分支学科相继独立的学科发展格局，形成了一个由近百门二级、三级分支学科构成的庞大学科群。较系统的教育研究体系也随之形成。

（五）中国教育研究体系的丰富完善（2001 年至今）

21 世纪以来，中国教育研究体系进一步丰富和完善。随着信息技术的发展变革、教育实践发展的要求以及分化和综合结合的学科发展趋势，教育研究体系不断扩充，新兴教育交叉学科不断生成，新兴教育研究领域不断出现，教育学元研究全面持续开展，中国教育学建设取得进展。在终身教育理念、大教育学观念等的影响下，教育研究体系开始以新的理念和新的逻辑重构。在中国特色哲学社会科学"三大体系"构建的重要任务和方向指引下，教育研究体系有了新的宏观发展方向和发展维度。当代中国教育研究体系在多重影响下动态发展和重构。

20 世纪 80 年代以来，我国终身教育研究不断发展，取得了不可忽视的研究进展。终身教育研究在我国经历了理论取向、实践取向、理论与实践结合取向以及历史与反思取向等阶段。[②]终身教育研究领域逐渐在中国形成。[③]

二、终身教育研究在中国的新时代回应

聚焦新时代背景，中国终身教育研究应立足已有基础和进展，从以下四个方面做出新时代回应。

（一）明晰研究起点，服务全民终身学习

终身教育理念自在我国引进以来，从理论到实践都取得了一定发展，终身教育研究亦随之渐趋繁荣，在研究内容、研究方法等方面都有较大进展。但尚存在看似庞大实则凌乱的弊端，易导致终身教育研究资源的浪费，从而影响终身教育研究的高质量进展。

---

① 侯怀银. 我国新时期教育学学科体系建设和发展的回顾与展望. 教育研究，1998（12）：14-20+46.
② 王晓丹，侯怀银. 终身教育研究在中国的回顾与展望. 成人教育，2020，40（10）：1-8.
③ 侯怀银. 终身教育研究应融入中国现行教育研究体系. 两岸终身教育，2023，26（1）：1-10.

第一，明晰研究的起点，就要把握终身教育产生的缘由。自 1965 年朗格朗提出终身教育概念起，终身教育理念逐渐发展。1985 年，第四次国际成人教育会议通过的《学习权利宣言》，将"学习权"视为人的一项基本权利①，终身教育被视为保障人基本学习权利的重要途径。因此，终身教育从产生就与人的学习权利息息相关，后续《世界全民教育宣言》《满足基本学习需要的行动纲领》等文件的颁布都体现了终身教育时代公民学习权利的重要性。在我国，从终身教育到终身学习，国家、政府层面亦做了相关部署，党的十九届四中全会指出，"构建服务全民终身学习的教育体系"，它指引着我国终身教育未来研究的新方向。党的二十大报告进一步提出，"推进教育数字化，建设全民终身学习的学习型社会、学习型大国"。

第二，终身教育研究起点应定位于公民学习权利的获得和保障，以服务全民终身学习为导向。在理念层面，学习权利的获得与保障是终身教育的出发点与落脚点；在实践层面，定位在我国，就是聚焦服务全民终身学习的实施；在研究层面，就是要确保研究与理念、实践紧密结合，研究以理念为基础，以服务、指引实践为导向。

第三，终身教育研究以服务全民终身学习为起点可以从三个层面理解。一是正确认识终身教育的服务性。"服务"即教育的非功利性与公益性。如果还将传统教育中的教育工具属性作为研究的基本起点，就会偏离终身教育的根本理念。二是正确认识终身教育的全民性。"全民"即强调教育对象的普惠性、教育机会的公平性。如果认为终身教育是某类教育的范畴，只研究某一类群体，就会缩小终身教育的受众范围。三是正确认识终身教育的主体性。"主体"与终身学习相连，其前提在于公民终身教育意识的觉醒与学习自主。如果研究还定位于传统学校教育，终身教育就无异于学校教育，发挥不了其应有的功能。

（二）回溯研究底蕴，挖掘中国传统文化

依据逻辑的基本推理方式，教育理论的生成具有演绎、归纳、类比三大方式。依据教育理论的认识路线、实践价值以及马克思主义认识论的佐证，教育理论的生成逻辑具有实践性。②终身教育研究在中国缺失应有的文化底蕴，其原因

---

① 兰岚. 论我国终身教育的立法核心：公民学习权保障. 华东师范大学学报（教育科学版），2019，37（1）：152-159，171.

② 金熳然. 论教育理论的生成逻辑. 东北师范大学硕士学位论文，2014.

在于演绎多于归纳，借鉴多于原创。

第一，回溯中国终身教育研究的底蕴，需要理清终身教育理论生成的逻辑。以国际视野来看终身教育理论的生成，1965 年，朗格朗首次提出"终身教育"概念，后于 1970 年出版著作《终身教育引论》，意在解决先进国家经济发展背后人的异化问题，实现人的尊严，重塑社会道德，解决社会危机。[1]朗格朗之后，捷尔比对其思想进行了具体化发展，他基于第三世界人的异化问题，将终身教育视为人的解放途径，强调终身教育不分国籍与地位、不分贫富贵贱的人权。[2]从对终身教育理论生成具有重大影响力的两位学者分析中，发现他们进行终身教育研究都有必要的实践背景支撑，即理论的实践性。理论生成于实践且经受了实践的检验时，才能有其现实生命力。[3]

第二，要解决中国终身教育研究根基不稳的问题，就需要深入挖掘中国终身教育传统文化。回溯我国历史，我们拥有丰富深厚的终身教育文化根基。从已有研究进展来看，我国研究者对孔子、颜之推、朱熹、陶行知、刘少奇、邓小平、涂又光等关于终身教育的论述进行了系列研究，也有研究者追溯了中国古代终身教育的思想渊源，这些为我国终身教育研究增添了历史文化的底蕴。未来，我国终身教育研究仍须进一步积淀研究的文化根基。

第三，中国终身教育研究应重视终身教育理论生成的实践性。未来研究应在传统文化、终身教育理论、现实背景三者之间做好衔接，使终身教育研究前承中国传统文化，后续中国现实背景需求，从而构建具有生命活力的中国特色终身教育理论。

（三）突破研究领域，实现跨域联合

新时代，社会与人的发展要求赋予终身教育新的内涵，即突破学校教育单一的知识生产与分配方式，实现知识生产、分配方式多样化，构建服务全民终身学习的教育体系，形成学习型社会。

第一，中国终身教育研究应突破终身教育仅仅是成人教育领域的研究局面。终身教育孕育于成人教育领域，又对其进行了发展，目前已然不再局限于成人教育范畴，而成为"大教育"范畴。我国正处于构建服务全民终身学习教育体系的

---

① 李国强. 保罗·朗格朗与终身教育理论：兼论西方终身教育理论对我国教育现代化的启示. 教育研究，2017，38（6）：146-150，158.

② 翁朱华. 终身教育体系的整体再建构：中日学者三人谈. 开放教育研究，2010，16（5）：4-15.

③ 曾茂林，柳海民. 富有生命力的教育理论及其生成理路. 教育研究，2014，35（11）：8-15.

关键时期，这就对终身教育研究提出了更高要求，即以"大教育"观审视终身教育理论与实践问题。

第二，中国终身教育研究应突破终身教育囿于传统学校教育影响的研究局面。终身教育理论产生的初衷就是摆脱学校教育的固有弊端，寻找教育的另一种可能，探索教育、学习的多元化途径，以实现人终身可持续接受教育的目标。因此，未来终身教育研究应当摒弃传统学校教育的束缚，超越其固有的思维模式，转而采用多元化的视角和方法进行深入探索。

第三，中国终身教育研究应突破终身教育仅仅是教育领域的研究局面。构建服务全民终身学习的现代教育体系的需求，已将终身教育的范畴从教育领域扩展到社会治理、民生建设、政府决策、文化改革等多个层面。这一趋势要求我们在进行终身教育研究时，不仅要立足于教育领域去进行理论与实践探索，还要从更广泛的社会视角出发，审视和解决相关问题。

（四）拓宽研究视野，融合多学科范式

综观既有研究，我们发现其研究视野相对狭窄，主要局限于教育学范畴之内。然而，正如前文所述，终身教育已远远超出了单一教育领域的边界，成为一个涉及社会治理、民生建设等多个层面的"大教育"概念。

第一，终身教育研究应以教育学研究范式为基础。拓宽终身教育研究视野，并非要摆脱其母体研究范式而一分为二地追求他学科范式。终身教育研究从属于教育研究领域，具有研究主体的特殊性、教育研究中主体与对象关系的特殊性以及研究的逻辑性等特征。[1]这就决定了终身教育研究教育学研究范式的基础性。

第二，终身教育研究应充分借鉴其他哲学社会科学研究范式。终身教育研究范围较广，仅仅依靠教育学研究范式远远不够，仍需借鉴其他哲学社会科学研究范式的优势。例如，在探讨终身教育基本理论问题时，可以运用哲学的研究范式进行深入的理论思辨；在回顾终身教育的发展历程时，则需借鉴历史学的研究范式来进行系统的历史分析；对于终身教育主体学习权利的研究，人类学的研究范式能为我们提供独特的思考角度；在探讨终身教育立法问题时，法学的研究范式则是不可或缺的；至于终身教育与学习型社会的建设，则应当从社会学的研究范式中汲取经验和智慧；等等。

第三，终身教育研究应适当运用相关自然科学研究范式。在回顾既有研究

---

① 叶澜. 教育研究方法论初探. 上海：上海教育出版社，2014：259-272.

时，我们注意到已有一些研究尝试运用量化研究方法进行数据分析，但这些研究更多聚焦于对终身教育研究成果的综述与数据处理，而较少将量化研究方法直接运用于终身教育的实践领域。因此，未来终身教育研究在继续借鉴相关自然科学研究范式的同时，应更加注重将量化研究应用于终身教育的具体实践领域，以促进理论与实践的深度融合。

第二章　终身教育理论在国外的形成和发展

终身教育在中国的探索，除早已有之的朴素的终身教育实践与理论之外，大规模的展开是从对国际终身教育理论的引进开始的。终身教育理论在国外有其形成和发展的背景和历程，产生了一些具有代表性的终身教育理论，并体现出一定的理论演进的趋势。

第一节　终身教育理论在国外的形成和发展历程

终身教育思想、观点、实践虽然古已有之，但是作为一种相对明确的概念以及一种被广泛认知的理论，它真正兴起于 20 世纪 60 年代。终身教育理论在国外有其形成和发展的背景、原因及历程，值得我们深入梳理与探讨。

一、终身教育理论在国外的形成

"世界正处在不断的变动之中。"[1]伴随社会经济的发展，自然与社会环境的变化对教育发起了挑战，终身教育概念得以被提出来。正如朗格朗所言，人类目前所处的物质世界、精神世界和道德世界已发生了深刻的变化，导致原有的理论已无法满足现今的需求[2]。朗格朗从世界变化的加快、人口急剧增长、科学知识的快速增长和技术的进步、政治面临新的挑战、生活模式和相互关系的危机、身体与精神的脱轨、信息的迅速发展、闲暇时间的增多、思想意识形态的危机等

---

① 朗格朗. 终身教育引论. 周南照，陈树清，译. 北京：中国对外翻译出版公司，1985：21.
② 朗格朗. 终身教育引论. 周南照，陈树清，译. 北京：中国对外翻译出版公司，1985：22.

方面阐述了人类所面临的各种挑战①，这些都对教育提出了更高的要求。

除此之外，在终身教育被人们认知以前，传统教育的弊端也愈来愈显现出来。可以说，终身教育理论是建立在人们应对传统教育危机的反思中得以产生的。传统教育以学校教育为中心，学校教育被认为是唯一正规的教育。传统学校教育的制度化使教育越来越走上功利化的轨道。《学会生存》一书中提到，"对教育动机的研究是制定所有现代教育政策的关键"，在"谋求职业"和"渴望学习"的教育动机中，前者重于后者，"渴望学习"的重要性"往往被人视为是微不足道的"。②该书认为，"目前的教育结构是比较千篇一律的"，教育的历史为未来教育赋予了双重使命：教育在恢复传统的同时，还需进行创新变革。教育被认为具有"教育先行""教育预见"的功能，然而"社会拒绝使用学校的毕业生"，"这在历史上也还是第一次"。面对社会需求的激增，原有的教育体系显然不再适用，鉴于知识总量正以空前速度不断扩增，此类教育体系势必迅速趋于过时。③有研究者认为，传统教育存在"仅限于学校教育阶段""保守性""不能满足人的多方面的需求""脱离了社会需要"的弊端。④

在这种现象下，关于传统教育的反思助长了人们关于非正规教育的思考。联合国教科文组织国际教育规划研究所第一任所长菲利普·H. 库姆斯（Philip H. Coombs）最早倡导非正规教育，主张部分正规学校教育的短板可以通过推动非正规教育的蓬勃发展来弥补。⑤传统学校教育的制度化是导致种种问题的主要原因，而非正规教育以非制度化为主要特点。由此，非正规教育作为一种拯救传统教育的方法，其重要性被人们所认识。

非正规教育区别于传统学校教育，强调学校后教育，成人教育作为非正规教育的一种教育形式被提出来。在《终身教育引论》中，朗格朗认为，"成人教育至今还处于初级阶段"⑥。在朗格朗看来，成人教育不等同于终身教育，并具有显著意义和重要地位。他认为，如果个体在学校教育后不再接受成人教育，那么

① 朗格朗. 终身教育引论. 周南照，陈树清，译. 北京：中国对外翻译出版公司，1985：21-32.

② 联合国教科文组织. 学会生存：教育世界的今天和明天. 华东师范大学比较教育研究所，译. 北京：教育科学出版社，1996：10.

③ 联合国教科文组织. 学会生存：教育世界的今天和明天. 华东师范大学比较教育研究所，译. 北京：教育科学出版社，1996：34-37.

④ 何齐宗. 终身教育的理论与实践. 北京：科学出版社，2020：26-28.

⑤ 拉德克利夫，科利塔. 非正规教育// 瞿葆奎. 教育学文集·教育制度. 北京：人民教育出版社，1990：481.

⑥ 朗格朗. 终身教育引论. 周南照，陈树清，译. 北京：中国对外翻译出版公司，1985：12.

他就"难以摆脱追求百科式知识的思想的影响"，他就必须追求现成知识的答案，他在学校教育阶段所接受的所有知识都将无法适应新社会的变化，从而使得学校教育也无法保障。朗格朗坚信，成人教育对教育体系的贡献至关重要，成人教育作为学校教育以外的有力补充，其理论与实践的深化之中就蕴含着终身教育的理念，进而为终身教育理念的提出和实践发展奠定了坚实基础。①可以说，成人教育的理论与实践发展之中孕育了终身教育的理论与实践。成人教育发生了"真正的教育革新"，这促使人们对终身教育展开深入探讨。终身教育"正在作为一种自觉的愿望而明显地出现了"。②"教育必须培养人类去适应变化"，"教育必须为变化作好准备"，"通过终身教育减轻人们的不安全感和增加职业的流动性"。③终身教育作为一种新兴的教育理念，已然成为时代变革对教育提出的重要需求，只有通过贯彻终身教育的理念，方可将教育转变为高效、公平、富有人文关怀的事业。"终身教育就变成了由一切形式、一切表达方式和一切阶段的教学行动构成一个循环往复的关系时所使用的工具和表现方法。"④

终身教育理论发端于成人教育理论与实践，但前者又超越了后者，在包容后者的基础上，强调教育过程的统一性和系统性，丰富了传统教育的内涵并扩大了其外延，打通了各教育系统之间的壁垒，将教育的视域扩展至水平次方和垂直次方的综合，即贯穿一个人一生的教育和个人以及社会整个教育的和谐统一⑤。

二、终身教育理论在国外的发展原因

终身教育理论在国外的形成是从生成论角度探讨终身教育"如何形成"的问题，终身教育理论在国外的发展原因则是从因果关系角度探讨终身教育"为什么发展"的问题。终身教育从观点、思想发展至影响全球的教育思潮与理论，既是社会发展的客观要求，也是教育自身发展规律趋向的必然结果，还是国际组织与研究者的集体智慧。

---

① 朗格朗. 终身教育引论. 周南照，陈树清，译. 北京：中国对外翻译出版公司，1985：16.

② 联合国教科文组织. 学会生存：教育世界的今天和明天. 华东师范大学比较教育研究所，译. 北京：教育科学出版社，1996：74.

③ 联合国教科文组织. 学会生存：教育世界的今天和明天. 华东师范大学比较教育研究所，译. 北京：教育科学出版社，1996：137-138.

④ 联合国教科文组织. 学会生存：教育世界的今天和明天. 华东师范大学比较教育研究所，译. 北京：教育科学出版社，1996：179-180.

⑤ 持田荣一，森隆夫，诸冈和房. 终身教育大全. 龚同，林瀛，邢齐一，等，译. 北京：中国妇女出版社，1987：5-6.

（一）社会发展的客观要求

社会发展是终身教育发展的客观原因。社会的政治、经济、科技、人口、生活、意识形态等方面的变化与急剧发展为终身教育的发展提供了客观动力基础。

1. 政治挑战

"终身教育首先是作为适应急剧变化的社会的政策而登场的。"[①]朗格朗将"政治挑战"视为终身教育理论发展的主宰性的因素。在《终身教育引论》一书中，朗格朗认为，"终身教育的引进，从本质上说来是个政治性的企图，它的实现将会把国家整个结构卷进去的大问题"[②]。政权更迭导致政治基础、政治结构发生质的改变，而新的政权结构又需要培养、训练有能力的人承担政治责任，以巩固新的政权。新政权的长治久安又有赖于人们思想的改变，以形成新的道德风尚。由此，社会政治的发展对教育提出了更高的要求。"对教育来说，至关紧要的政治选择只是间接起作用的事情。""必须把主要的力量用于改变人们的思想、道德风尚和人与人之间的关系。"[③]在这种情况下，终身教育被政治力量所推动，被视为"现代国家中教育政策的基本理论"。"一定的教育理论，是超越国家的历史、文化传统、民族性或政治、经济、社会体制的差异，作为教育政策理论而被广泛地采纳，在这一点上有着现代的特征。"鉴于国家对终身教育的关注，源于其认识到教育，尤其是具有显著社会职能的教育，不仅在传统学校教育体制中，而且在社会生活的各领域中，其重要性日益凸显。与此同时，教育作为国家政治统治的重要对象，其地位得到进一步巩固。[④]

近代，许多国家以"民主主义"作为自己的政治理念，并由此延伸至教育领域，倡导民主主义教育。卢梭、孔多塞、杜威等教育家都倡导通过教育建立民主社会，强调"以教育改革社会"。"以民主主义的理念为媒介，教育与政治，在进一步实现价值的活动中，建立了相互补充的关系。"[⑤]终身教育理论的提出，

---

① 持田荣一，森隆夫，诸冈和房. 终身教育大全. 龚同，林瀛，邢齐一，等，译. 北京：中国妇女出版社，1987：91.

② 转引自持田荣一，森隆夫，诸冈和房. 终身教育大全. 龚同，林瀛，邢齐一，等，译. 北京：中国妇女出版社，1987：126.

③ 朗格朗. 终身教育引论. 周南照，陈树清，译. 北京：中国对外翻译出版公司，1985：25-26.

④ 持田荣一，森隆夫，诸冈和房. 终身教育大全. 龚同，林瀛，邢齐一，等，译. 北京：中国妇女出版社，1987：118.

⑤ 持田荣一，森隆夫，诸冈和房. 终身教育大全. 龚同，林瀛，邢齐一，等，译. 北京：中国妇女出版社，1987：124.

使得教育的社会性职能不再局限于学校教育，引导了教育与政治关系的改变，终身教育理论被当作实现民主政治的手段，引领教育制度、教育政策的变革。一系列教育制度、教育政策的变革又促进了终身教育理论的发展。

2. 经济破绽

经济的发展既需要更多的技术人才，又需要增加新的职业，因此需要对相关技术人才进行训练与再训练。由此，青年群体与成年人群，尤其是那些长期遭受排斥、处于有序教育边缘化的人，对教育资源的需求愈发迫切。[1]《学会生存》从经济和就业视角，提炼出五类人群给教育带来严峻挑战：一是未曾踏足校园且不具备基本就业能力的青少年；二是过早脱离学校教育、职场竞争力较弱的人群；三是在较高教育阶段获得正规教育成功但所学技能不符合经济需求的青年；四是从事与其过往培训领域不符的职业的人；五是专业培训已无法满足当前技术发展需求的专业人员。[2]尽管教育经费支出不断增加，但事实上却在培育着与经济发展不适应的人。这就是《终身教育大全》一书中提到的"教育爆炸和经济破绽"的问题。

20 世纪 60 年代中期开始，经济的高度增长和社会的急剧变化导致教育的高度发展及教育经费支出的急剧膨胀，以学校教育为主轴的教育方式，在质和量两个方面都未能满足不断增长的民众的教育需求。"以过去的学校教育为中心的方式，向民主社会的一切人无偿地推行平等的教育这样一个政策原理，教育支出的急剧膨胀是不可避免的。它已经表现出各国决策人不可收拾的状态。其结果是，不得不寻求代替无限扩大的，由教师上课的形式，而要求创造出代替性的教育，这当然有待于未来的努力。"终身教育在教育爆炸与经济破绽的背景下应运而生，"学习社会的实现和终身教育政策的展开，在教育的效率化和节减经费的双重意义上，都是医治教育经济破绽的有效处方"。[3]

3. 科技进步

科学技术的进步引导知识的更新加快，人只有学会学习，终身接受教育，才

---

① 联合国教科文组织. 学会生存：教育世界的今天和明天. 华东师范大学比较教育研究所，译. 北京：教育科学出版社，1996：53.

② 联合国教科文组织. 学会生存：教育世界的今天和明天. 华东师范大学比较教育研究所，译. 北京：教育科学出版社，1996：54.

③ 持田荣一，森隆夫，诸冈和房. 终身教育大全. 龚同，林瀛，邢齐一，等，译. 北京：中国妇女出版社，1987：113.

能使自己跟上科技和知识更新的脚步，从而适应社会的发展。如果一个人未能致力于不断更新自己的知识和技能，那么他将注定要落后于时代。这一点不仅适用于学者和高级技术人员，同样也适用于各个行业和生产层次。在工业和农业的各个领域，持续的理论观念和技术更新是必不可少的，以应对不断变化的需求和挑战。[1]在科学知识和技术的进步背景下，不论是个人还是企业、国家，都对传统教育进行了反思，迫切需要消除传统教育的弊端，以终身教育的形式来适应科技进步的需要。"科学技术的发展将使一些业务条件日益迅速变为过时。一生中多次改变职业将是正常的事情。由于适应变化的能力将比拥有某种专门知识或技能更为重要，因而普通教育和职业教育之间的区别将逐渐消失。"[2]科学技术的时代象征着知识正处于持续的变革之中，创新成果不断涌现。教育之目标并非仅限于传授与储备知识，然而我们应谨记，此观点切勿过分强调。事实上，教育更应致力于探索获取知识之途径，即培养学习方法与技巧。[3]

4. 人口增长

20 世纪以来，世界人口结构发生了许多变化，人口数量剧增，人均寿命不断延长，这些变化都对教育结构的调整和变化提出了新的要求。[4]在量的方面，教育需求的增加引发了学校教育的扩张，而单纯的扩张并没有带来教育的民主化，也并没有很好地解决人口增长带来的社会问题。在对学校教育的批判性反思中，人们意识到，单纯在量的方面改变教育是不可能的，而应在质的方面有所突破，应提高急剧增长人口的质量，提高人口的素质，促进人的全面发展。不论哪个年龄阶段的群体，在面临社会发展挑战时，都须通过接受教育适应并应对各种变化和需求。教育的首要职能之一是赋予人自主发展的能力，旨在尽早地赋予个体 "生活许可证"。[5]在人口结构发生急剧变化的背景下，发展终身教育、接受终身教育无疑成为国家和个体的普遍需求。

---

① 朗格朗. 终身教育引论. 周南照，陈树清，译. 北京：中国对外翻译出版公司，1985：24.
② 赫梅尔. 今日的教育为了明日的世界：为国际教育局写的研究报告. 王静，赵穗生，译. 北京：中国对外翻译出版公司，1983：172.
③ 联合国教科文组织. 学会生存：教育世界的今天和明天. 华东师范大学比较教育研究所，译. 北京：教育科学出版社，1996：12.
④ 何齐宗. 终身教育的理论与实践. 北京：科学出版社，2020：19.
⑤ 联合国教科文组织. 教育：财富蕴藏其中. 2 版. 联合国教科文组织总部中文科，译. 北京：教育科学出版社，2014：43.

5. 生活模式改变

在《终身教育引论》中，朗格朗提出，"没有哪个成百年来经过缓慢的进化过程逐渐形成的传统类型的人能再适应个人和社会的新情况"。人们生活模式的改变，需要教育教学内容的改变，教育要"教人处理各种关系，情感方面的问题，传宗接代，教友好相处，教当父母——这些新内容都应有各自的地位"。①

社会发展引发人们生活模式的改变，这主要体现在：一是闲暇时间增多。社会经济的发展使人们的劳动时间缩短、自由时间增加，如何恰当地利用闲暇时间成为时代发展的教育提出的新要求。人"只有在首先考虑人作为个体和社会成员的基本需要以后才能着手进行某项建设事业"②。二是大众传媒的改变。大众传媒的发展使人们获取信息愈加便捷，与此同时带来的问题是，人们如何在众多信息中去选择、接收、理解、阐释、吸收、利用、实践有效信息，如何提升人们的判断力、选择力，这就需要通过教育提高人们的信息处理能力。三是人的异化。资本主义的发展使一些人过分重视物质生活的享受，经济发展带来丰富生命、填补空白、增加生活经验以及表现和交流的机会，但同时也可能使人无法充分利用这些丰富的内容，精神与灵魂的发展受到忽视，从而产生物质生活富足、精神生活贫瘠的问题。教育的主要任务就是教人吸取有益的东西，平衡物质与精神生活。"如何对待只是巨大组织中的一个齿轮的空虚感，生活于大城市的群众之中却与人无联系的孤独感，令人眼花缭乱的、不断变化的流行性和洪水般袭来的宣传信息，使人丧失判断的自主性，以至连自己也不复存在了似的感到不安，激烈动荡的社会形势以及在复杂化的价值观当中丧失人生的信条等等，如何应对这样一些现象，将是今后教育的一个大课题。"③

6. 意识形态危机

社会发展引发人们思想层面的危机，即意识形态多元化，导致单一信念模式的崩塌。人每天都在面临着抉择，都在处理着新的主张带来的新的矛盾。《今日的教育为了明日的世界：为国际教育局写的研究报告》一书中引用了弗莱雷在《扫盲与不能实现的梦》里的观点，"有一种多少有点普遍和天真的信念，相信制度化的教育在改造现实方面的能力……设法塑造社会的并不是系统教育，相反，

① 朗格朗. 终身教育引论. 周南照，陈树清，译. 北京：中国对外翻译出版公司，1985：29.
② 朗格朗. 终身教育引论. 周南照，陈树清，译. 北京：中国对外翻译出版公司，1985：28.
③ 持田荣一，森隆夫，诸冈和房. 终身教育大全. 龚同，林瀛，邢齐一，等，译. 北京：中国妇女出版社，1987：102.

倒是社会根据它的特定结构，按照这个社会掌权的人的需要和利益来确定教育的形式"①。"终身教育是一项真正的教育计划。像任何同类计划一样，它面向的是未来：它设想培养一种新型的人；它是一种价值体系的传播者；它涉及一个社会的计划。它形成一种新的教育哲学。这一计划也包含政治选择。它是一种意识形态。他是一个乌托邦。"②如何拯救人的意识形态危机，这个问题对教育提出了新的要求，通过持续不断的教育，人从智力、情感等方面调动生命的各种能力和手段。

（二）教育自身发展规律趋向的必然结果

教育自身发展规律是终身教育理论发展的主观原因。

1. 教育矛盾的出现

如前所述，伴随社会的发展，教育自身也出现了各种各样的矛盾，传统教育隐患不断显现。"20 世纪初造成的教育危机如今达到了顶峰。讽刺在于，我们长期盼望的教育大众化的目标能否实现的时候，对近代教育的理论和实践从根本上受到怀疑。历史上最大的教育制度所依据的原理和假说动摇了，在今日之时代，甚至被认为已经无效。"③倘若过分执着于传统模式，它可能成为终身教育的阻碍，但绝对无法成为推动教育发展的助力。④

这些矛盾主要体现在以下方面：

第一，教育需求与供给上的矛盾。随着社会的发展，人们的思想观念、生活条件等都发生了变化，人们对教育的需求也发生了根本性的变化。一方面，人们迫切需要通过接受教育来适应瞬息万变的社会。为此，国家层面普遍采取的供给措施是普及学校教育，立法保障教育的普及，同时延长学校教育，扩充教育内容。另一方面，随着社会的发展，人们的需求也远不止于此，人们对教育质量、教育形式、教育公平等都提出了更高的需求，这迫使教育制度要进行深层次的改革。而这种迫切的需求如果未得到根本制度上的回应，不仅会让民众对教育失去

---

① 赫梅尔. 今日的教育为了明日的世界：为国际教育局写的研究报告. 王静，赵穗生，译. 北京：中国对外翻译出版公司，1983：120.

② 赫梅尔. 今日的教育为了明日的世界：为国际教育局写的研究报告. 王静，赵穗生，译. 北京：中国对外翻译出版公司，1983：27.

③ 持田荣一，森隆夫，诸冈和房. 终身教育大全. 龚同，林瀛，邢齐一，等，译. 北京：中国妇女出版社，1987：113.

④ 持田荣一，森隆夫，诸冈和房. 终身教育大全. 龚同，林瀛，邢齐一，等，译. 北京：中国妇女出版社，1987：15.

信任，还可能给政府管理带来困扰。面对民众对教育制度改革的深切呼唤，研究者开始为教育找寻学校之余的有力补充，"非学校化教育"等论断争相出现。国家也开始重视校外的潜力，通过教育制度与政策的改革，推动了传统教育的变革，促进了终身教育理论的发展。

第二，教育民主上的矛盾。社会的发展促进了教育的发展，但这一发展可能更多地体现在数量上。虽然教育规模不断扩大，教育机会不断增加，但教育民主问题仍然是影响教育发展、社会稳定的重要因素。传统学校教育看似在形式上是民主的，但它是以统一标准的模式实施的，学习与行为相区分，理论与实践相脱节，这种教育制度导致人定型化、统一化，难以实现人的个性的发展，从而导致教育的不民主。关于教育与民主的关系，朗格朗认为，知识的发展有助于实现民主；而民主的前提是，国家有愈来愈多训练有素的公民。①这正是终身教育所培养出的个体特征。若一个人自幼即接受恰当的培训，那么，他将持之以恒地投身于学习、研究及自我教育的过程。在此过程中，他不会认为自己已抵达知识的顶峰或达到了完美的境地，而是始终不懈地通过实证和不断变化的环境来检验自己的知识。同时，他将在构建更加和谐、公平且杜绝资源浪费的世界中，贡献自己的力量。②

第三，教育质量上的矛盾。第二次世界大战以后，发展问题成为国家之间竞争的主要问题。教育作为影响国际竞争的重要因素，成为各国发展的重头工作。然而，在急剧扩张学校教育数量之后仍然难以解决教育发展的矛盾背景下，教育质量问题成为教育矛盾的主要矛盾之一。传统教育以学校教育为核心，学校教育的发展并没有真正实现人类的自由与解放，反而使人定型化，人的创造性和自主性在一定程度上被遏制，人也可能异化。学校教育由此被批判为异化结构的基础，其教育质量被怀疑和批判。在此背景下，提升教育质量、使教育发挥其解放人类的使命，成为研究者深思的问题。他们开始重视终身教育的价值，以期解决学校教育质量下滑所带来的矛盾和不足。

2. 成人教育理论与实践的发展

国际成人教育会议体现出成人教育理论与实践的发展历程，如图 2-1 所示。1949 年，第一届国际成人教育会议讨论成人学习与教育，强调发展成人教育的紧迫性。1960 年，第二届国际成人教育会议的主题为"变化世界中的成人教育"，强调将成人教育纳入正规教育体系的重要性，体现出终身教育理念。代表

---

① 朗格朗. 终身教育引论. 周南照，陈树清，译. 北京：中国对外翻译出版公司，1985：62-63.

② 朗格朗. 终身教育引论. 周南照，陈树清，译. 北京：中国对外翻译出版公司，1985：28.

们呼吁各国政府及社会各界加大对成人教育的支持力度，将其纳入国家教育发展规划，确保终身教育理念在各国教育体系中得到全面贯彻落实。通过这次会议，各国代表达成共识，为全球成人教育的发展贡献经验与思考，推动了国际成人教育经验的交流与分享。1972 年，第三届国际成人教育会议的主题为"终身教育大环境下的成人教育"，在此背景下，终身教育原则已在成人教育领域得以确立，并以此为引领，促使成人教育得以蓬勃发展。终身教育与成人教育的关系得到了新的厘清与梳理。1976 年，内罗毕会议审议并通过《关于发展成人教育的建议书》，明确了成人教育作为终身教育组成部分的定位，强调教育领域不仅局限于学校教育阶段，而是涵盖整个人生历程，从而将终身教育理念具体化。这一建议书为全球成人教育的发展指明了方向，推动了各国成人教育事业的蓬勃发展。1985 年，第四届国际成人教育会议重申，发展成人教育不仅是实现终身教育这一目标的必要因素，同时也在推动教育民主化进程中起着不可或缺的作用。会上同时提出，成人教育在将终身教育从理想变为现实的过程中发挥了显著的推动作用。自此，成人教育在全球范围内得到了广泛关注和快速发展。成人教育的发展不仅有助于实现终身教育，还推动了教育民主化的进程。1997 年，第五届国际成人教育会议是 20 世纪末的最后一次国际成人教育大会，此次会议对成人教育所取得的显著成果进行了全面梳理，一致认为成人教育在迈向 21 世纪的过程中具有举足轻重的地位。成人教育是现代世界教育未来进程中的必由之路。2009 年，第六届国际成人教育会议是 21 世纪的首届国际成人教育大会，此次会议以"走向美好未来的生活与学习——成人学习的力量"为主题，会议一致认为终身学习不仅是个人提升自身素质、实现自我价值的有效途径，更是国家和地区实现可持续发展的重要手段。会议着重强调了终身学习在解决全球问题、应对全球挑战过程中所具备的关键性作用，并积极推动可持续发展目标的实现。会议期间，正式发布了《贝伦行动框架》，决定定期编制"全球成人学习和教育问题报告"。2022 年，第七届国际成人教育会议采取"线上+线下"相结合的方式举行，会议以"成人学习与教育可持续发展——变革性议程"为主题，回应了2015 年联合国大会通过的《改变我们的世界：2030 年可持续发展议程》。[①]由此可见，成人教育理论与实践的发展过程和终身教育理论的发展有着紧密的联系，前者在一定程度上对后者的丰富和完善起到了巨大作用。

---

① 国卉男，秦一鸣，张硕，等. 从"协作共建"到"包容、可持续"的国际成人教育（1949—2022）：七届国际成人教育大会的发展轨迹. 职教论坛，2023，38（8）：81-90.

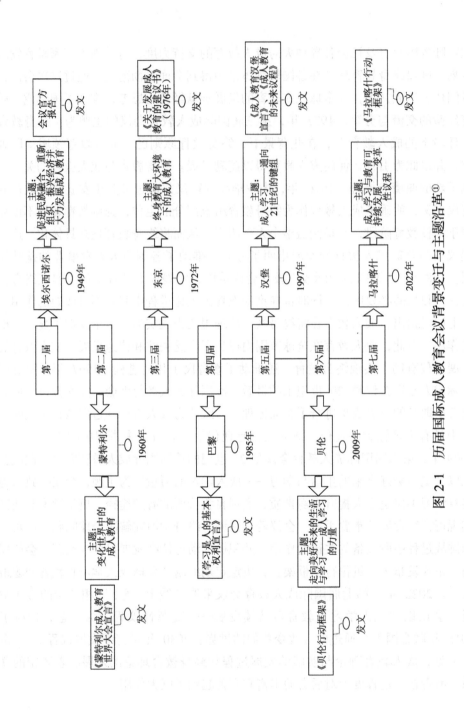

图 2-1 历届国际成人教育会议背景变迁与主题沿革①

---

① 国卉男，秦一鸣，张硕等. 从"协作共建"到"包容、可持续"的国际成人教育（1949—2022）：七届国际成人教育大会的发展轨迹. 职教论坛，2023，38（8）：81-90.

从理论缘起而言，成人教育理论与实践是终身教育理论的"火车头"，前者是后者趋于成熟的决定性因素。在这里，我们不得不再次提出朗格朗关于二者关系的阐述，他认为成人教育在整个的教育体系中占据举足轻重的地位，其独特价值无可替代。教育在未来的全面发展和持续更新，将主要依赖成人教育的发展进程。[①]在全面终身教育体系中，成人教育发挥着至关重要的"火车头式"的引领作用。[②]

（三）国际组织与研究者的集体智慧

国际组织与研究者通力合作，对终身教育理论的发展起到了重要的推动作用。

1. 联合国教科文组织等国际组织的贡献

如上所述，历届由联合国教科文组织主办的国际成人教育会议，其主题均聚焦终身教育观念的推广与实践，对终身教育理论的发展作出了重要贡献。联合国教科文组织发布的诸多报告都与终身教育有关。比如，1970 年（被联合国定名为"国际教育年"），联合国教科文组织授权成立国际教育发展委员会，该委员会于 1972 年提交有关世界教育形势和改革的报告《学会生存》；1996 年，国际21 世纪教育委员会向联合国教科文组织提交报告《教育：财富蕴藏其中》；2001 年，联合国教科文组织发布《世界教育报告 2000：教育的权利：走向全民终身教育》；2016 年，联合国教科文组织发布《反思教育：向"全球共同利益"的理念转变？》；2021 年，联合国教科文组织发布《共同重新构想我们的未来：一种新的教育社会契约》。这些都是推动终身教育理论发展的具有里程碑意义的文献。《国际组织与终身学习：从全球议程到政策传播》（2009）一书对如何从国际组织层面践行终身学习理念展开了系统研究[③]，对我们系统了解国际组织对终身教育理论发展的贡献具有重要的参考价值。

2. 终身教育理论研究者的贡献

国外一些重要的终身教育理论研究者对终身教育理论的发展也作出了重要贡献。一些研究者（尤其是成人教育领域的研究者）对成人教育理论的推广，促进

---

① 朗格朗. 终身教育引论. 周南照，陈树清，译. 北京：中国对外翻译出版公司，1985：48.

② 朗格朗. 终身教育引论. 周南照，陈树清，译. 北京：中国对外翻译出版公司，1985：140.

③ 何光全，何思颖. 全球视域下的终身教育发展脉络. 终身教育研究，2019，30（1）：19-26，54.

了终身教育理论的发展与传播，他们或在联合国教科文组织工作，或创建了全球终身教育组织，比如朗格朗创立了"终身学习联盟"，后由吉尔皮接任。①

终身教育理论研究者根据不同的地域、理念，形成了不同风格的终身教育理论派别。北美终身学习范式、欧洲成人教育学以及拉丁美洲批判教育学是当前主流的三种教育范式。此外，一些终身教育研究者通过创办具有终身教育理念的民间学校，发动具有终身教育理念的教育运动，组织讨论终身教育的研讨会，为终身教育理论发展提供了平台。②

三、终身教育理论在国外的发展历程

终身教育理论在国外的发展主要经历了以下四个阶段。

（一）孕育阶段（20 世纪 60 年代以前）

终身教育理论孕育于终身教育思想与实践。20 世纪初，美国教育家杜威等强调了生活经验的教育价值，并提倡终身学习作为个体和社会发展的关键因素。1919 年，英国教育部进行了成人教育委员会的重建工作，并在其《最终报告书》中明确指出成人教育的重要性。③该报告书提出对中等教育进行改革，主张中等教育的大众化、民主化，对义务教育和终身教育的关系提出了新的构想，主张延长义务教育年限，借此实现成人教育机会的扩充。该报告书还强调对教育体制的改革，体现了教育是终身的历程的理念。④该报告书虽未正式提出"终身教育"这一概念，但终身教育理念已经渗透其中，成为终身教育理论正式形成的基石。1929 年，英国成人教育学者耶克斯利（B. Yeaxlee）出版了《终身教育》（*Lifelong Education*）一书，成为最早提出"终身教育"名词的学者，该书被认为是"世界上第一部专述终身教育的著作"⑤。

第二次世界大战以后，终身教育开始与社会变革和经济发展联系在一起。经济大萧条和两次世界大战之后，人们开始认识到，为了适应不断变化的社会和经济环境，个体需要不断学习和发展。国际成人教育会议对终身教育理论的孕育起到了推动作用。1949 年，第一届国际成人教育会议以"促进民族融合、重新组

---

① 何光全，何思颖. 全球视域下的终身教育发展脉络. 终身教育研究，2019，30（1）：19-26，54.

② 何光全，何思颖. 全球视域下的终身教育发展脉络. 终身教育研究，2019，30（1）：19-26，54.

③ Jarvis P. Adult and Continual Education: Theory and Practice. London: Routledge, 1995: 23-24.

④ 吴遵民. 现代国际终身教育论. 修订版. 上海：上海教育出版社，2021：5.

⑤ 何齐宗. 终身教育的理论与实践. 北京：科学出版社，2020：9.

织、振兴经济并大力发展成人教育"为主题，强调发展成人教育的紧迫性。1960年，第二届国际成人教育会议的主题为"变化世界中的成人教育"，强调将成人教育与整个教育体系结合起来，实现教育的一体化，体现了终身教育的目标。① 出于种种原因，终身教育思想开始受到广泛的关注和探索。不论是国家相关教育政策的颁布、国际会议的推动，还是教育家对终身教育思想的倡导，都对终身教育理论的孕育和发展起到了关键作用。

孕育阶段的终身教育理论具有如下特点：

一方面，终身教育理论停留在思想、观念层面。此阶段终身教育理论还没有成型，主要体现在一些终身教育思想与观念之中。多数教育家虽然没有明确提出"终身教育"，但其教育思想蕴含着终身教育的观念。比如，杜威的"生长论"含有终身教育的思想。20世纪80年代以来，不少学者开始研究杜威的终身教育思想，弗鲁德（R. Flude）与佩罗特（A. Parrott）的著作《教育与变化的挑战》（1979）以及韦恩（K. Wain）的著作《终身教育哲学》（1987）中都体现出他们对杜威终身教育思想的研究。②

另一方面，终身教育理论孕育于成人教育理论与实践之中。这一阶段，诸多成人教育国际会议和组织提出的关于成人教育的主张体现了终身教育观念。从1949年开始的国际成人教育会议，其关于成人教育的探讨已凸显终身教育的理念。

（二）初创阶段（20世纪60年代至70年代初期）

1965年，朗格朗提出了具有划时代意义的理念——"终身教育"，并对这一构想进行了详细阐述，旨在为广大民众提供更加全面、系统的教育体系。他对终身教育（lifelong education）给出了明确定义，对其概念和原理都进行了系统性解释，并强调了成人教育在终身教育体系中的重要价值。朗格朗提出，数百年来我们一直践行着一种毫无根据的阶段划分，即社会把人的一生固定式地分为学习期和工作期。在生命的早期阶段，我们专注于积累知识，为未来的发展奠定坚实基础。随着年龄的增长，我们利用这些知识，享受一劳永逸的成果。③朗格朗的这一思想获得了国际认同，终身教育思想成为席卷全球的国际教育思潮。朗格

---

① 国卉男，秦一鸣，张硕，等. 从"协作共建"到"包容、可持续"的国际成人教育（1949—2022）——七届国际成人教育大会的发展轨迹. 职教论坛，2023，38（8）：81-90.

② 巨瑛梅. 终身教育的理论与实践：渊源、演变及现状. 北京师范大学博士学位论文，1999.

③ 张维. 世界成人教育概论. 北京：北京出版社，1990：94.

朗在第三届国际成人教育会议上关于"终身教育"的提案，标志着终身教育理论的初步形成。

1965年，由联合国教科文组织和欧洲委员会联合创立的文化合作委员会下属的委员会就终身教育展开了讨论。1967年，文化合作委员会考虑将终身教育作为其教育工作的指导路线。1968年，联合国教科文组织将终身教育作为国际教育年（1970年）的目标之一。1970年，联合国教科文组织出版了朗格朗具有里程碑意义的著作——《终身教育引论》。该书一经问世，便在全球范围内受到广泛关注并引起了热烈讨论。迄今为止，该书已被翻译成18种文字，成为许多国家制定和实施终身教育政策的重要参考文献。书中的观点成为许多国家阐述和实施终身教育的主要依据，许多国家纷纷将朗格朗的观点纳入国家教育政策，逐步建立起完善的终身教育体系。在该书中，朗格朗发展了他的终身教育理论。1971年，文化合作委员会指出，为终身教育确定概念的阶段已结束。[①]

初创阶段以朗格朗的终身教育理论为代表，朗格朗对终身教育理论的形成，理论体系的确立，调整教育过程方案的设想，以及在教育实践中积极实行和推广上，都作出了突出的贡献。初创阶段的终身教育理论体现出如下特点：

第一，终身教育理论处于概念阶段，原理性明显，具有抽象性。这一阶段的终身教育理论停留在理念构想阶段，具有理想主义色彩。[②]对此，朗格朗作出回应，终身教育仍然处于理论阶段。就像自由、争议和平等这些原则一样，它将会长期与具体实践保持一定距离，这是由概念的内在特性决定的。"我们并不否认，终身教育离完全达到其目标还相差甚远。但某些力量无疑是在起作用。人们并不等待理论家们表达他的观点或等待委员会提出建议，就着手讨论适合于事物和人变化过程的教育形式。在许多个人和集团日复一日、年复一年地应用于新情况的解决办法中出现了大量新的因素，而这些因素正在推动着新教育概念范畴的形成。"终身教育不仅为人们所向往，而且已成为可行之事，其主要原因在于新的途径已成功开辟。[③]

第二，终身教育理论主要产生于发达国家。这一阶段的终身教育理论立足于欧美等国的立场，是出于解决欧美发达国家的实际问题提出来的，并不

---

① 赫梅尔. 今日的教育为了明日的世界：为国际教育局写的研究报告. 王静，赵穗生，译. 北京：中国对外翻译出版公司，1983：24.

② 吴遵民. 现代中国终身教育论：中国终身教育思想及其政策的形成和展开. 上海：上海教育出版社，2003：23.

③ 朗格朗. 终身教育引论. 周南照，陈树清，译. 北京：中国对外翻译出版公司，1985：82.

能代表第三世界。[①]

第三，终身教育理论的发展主要由国际组织推动。朗格朗对于终身教育的提案是其时任联合国教科文组织成人教育计划处处长提出来的。自从"终身教育"概念确立，联合国教科文组织、欧洲委员会（CE）等国际组织进一步组织推动，各国教师、研究者和教育行政管理人员集体研究，关于终身教育的论文、出版物明显增多，推动了终身教育理论的发展。

（三）深化阶段（20 世纪 70 年代初期至 80 年代）

1972 年，《学会生存》报告提出了四个基本设想，其中第四个设想是，"唯有全面的终身教育才能够培养完善的人"，我们不能再致力于一次性地刻苦学习知识，而须秉持终身学习的态度，不断构建与完善一个持续演进的知识体系，以实现"学会生存"的目标。[②]该报告将终身教育作为指导国家制定教育政策的指导思想，"在国际上确立起终身教育的原则"[③]。自此，终身教育理论的发展转向新的阶段。这一阶段关于终身教育理论的研究层出不穷。

赫梅尔受联合国教科文组织总干事之托，于 1977 年写了份关于教育问题的长篇报告——《今日的教育为了明日的世界：为国际教育局写的研究报告》。该报告中提到："终身教育是正在使整个世界教育制度革命化的过程中的一种新概念。"[④]该报告专设一章详细阐述了终身教育的理论与实践。

捷尔比（E. Gelpi）被认为是"民主与实践终身教育理论的奠基人和推动者，反体制终身教育学派的代表"[⑤]。从 20 世纪 50 年代起，捷尔比就开始从事文化与社区发展活动。1972—1993 年，捷尔比继朗格朗后接管了联合国教科文组织终身教育部门。1983 年，捷尔比出版著作《终身教育：被压制和解放的辩证法》，标志着"反体制终身教育理论"的形成。[⑥]

弗莱雷作为"批判教育学的首席哲学家"，结合 20 世纪拉丁美洲的社会现

---

① 吴遵民. 新版现代国际终身教育论. 北京：中国人民大学出版社，2007：47-48.

② 联合国教科文组织. 学会生存：教育世界的今天和明天. 华东师范大学比较教育研究所，译. 北京：教育科学出版社，1996：12.

③ 赫梅尔. 今日的教育为了明日的世界：为国际教育局写的研究报告. 王静，赵穗生，译. 北京：中国对外翻译出版公司，1983：24.

④ 赫梅尔. 今日的教育为了明日的世界：为国际教育局写的研究报告. 王静，赵穗生，译. 北京：中国对外翻译出版公司，1983：22.

⑤ 吴遵民. 终身教育研究手册. 上海：上海教育出版社，2019：344.

⑥ 吴遵民. 终身教育研究手册. 上海：上海教育出版社，2019：345.

实及本人的实践经历，基于马克思主义、现象学、存在主义、后殖民主义、进步主义教育等理论，产生了对教育的本质、价值和实现的科学认识，形成了 1970 年出版的《被压迫者教育学》，这是弗莱雷最著名、影响最深远的代表著作。[①]

伊里奇（I. Illich）的主要教育著作和文章有《解除学校教育的社会》（1971）、《醒觉的庆典》（1970）、《解除学校教育之后是何面貌？》（1973）、《学校教育之外的出路》（1971）、《学校的破产：是问题还是病症？》（1971）、《禁锢于全球教室之中》（1976）、《方言的价值和教育》（1979）、《生态教育学与共有物》（1984）等。[②]他的"去学校化社会"理论对传统学校教育制度进行了深刻批判，在 20 世纪七八十年代的西方世界产生了重要影响。

霍拉（H. S. Bhola）被认为是"反体制终身教育学派流派代表"。1988 年，霍拉撰写了《国际成人教育论》一书，强调成人教育的意识形态性质，教育要为受压迫者提供支持。[③]

1979 年，持田荣一、森隆夫、诸冈和房编著的《终身教育大全》，比较全面、系统地阐述了终身教育的理论、原则，提出了"终身教育论"的建设，"教育学是一门综合性科学，终身教育论才是教育学的典型"[④]。

1985 年，瑞典教育家胡森（T. Husen）主编《国际成人终身教育手册》（又译《培格曼终身教育百科全书》），它"是全球首部终身教育大型专业教育理论工具书，也是首部把成人教育、再教育和终身教育与其他类型教育同样看待的百科全书"[⑤]。

1987 年，贾维斯（P. Jarvis）出版了《二十世纪的成人教育思想家》，该书"囊括了 20 世纪大部分著名成人教育思想家及其理论，并涉及了成人教育知识论和方法论问题"[⑥]。

这一阶段的终身教育理论研究还有很多，我们不一一赘述。综合以上具有代表性的理论，可以概括出深化阶段的终身教育理论具有以下特点：

第一，终身教育理论的视野转向第三世界。《学会生存》提出，终身教育应

---

① 王晓丹. 保罗·弗莱雷批判教育哲学思想研究. 山西大学博士学位论文，2022：8.

② 张人杰，王卫东. 20 世纪教育学名家名著. 广州：广东高等教育出版社，2002：553.

③ 吴遵民. 终身教育研究手册. 上海：上海教育出版社，2019：356-357.

④ 持田荣一，森隆夫，诸冈和房. 终身教育大全. 龚同，林瀛，邢齐一，等，译. 北京：中国妇女出版社，1987：1.

⑤ 何光全，何思颖. 全球视域下的终身教育发展脉络. 终身教育研究，2019，30（1）：19-26，54.

⑥ 何光全，何思颖. 全球视域下的终身教育发展脉络. 终身教育研究，2019，30（1）：19-26，54.

建立在对第三世界国家教育水平的考虑之上。捷尔比、弗莱雷、伊里奇、霍拉等的终身教育理论更是站在第三世界被压迫者的视角，倡导解放被压迫者的终身教育。

第二，终身教育理论与实践相结合。这一阶段的终身教育理论大多出自相应的终身教育实践，捷尔比、弗莱雷等都是终身教育领域的实践工作者，长期的工作实践使他们对教育现象、教育问题有切身的感受。理论从实践中来，又指导实践发展，他们还发起了相应的教育文化运动。

第三，开始从学科层面强调终身教育论的建设。《终身教育大全》强调教育学的跨学科综合研究。[1]该书专设"终身教育论的课题"部分，在学科层面探讨终身教育论的建设问题。

第四，出现关于终身教育的"百科全书"。《终身教育大全》《培格曼终身教育百科全书》《二十世纪的成人教育思想家》等著作，均是系统全面梳理终身教育的理论工具书。

（四）成熟阶段（20世纪90年代至今）

1996年，《教育：财富蕴藏其中》报告着眼于未来，从全球范围内透视教育问题，强调教育是应对未来挑战的基本办法。该报告提出终身教育在当今以及未来社会的重要价值与作用，把"终身教育"概念看作"进入21世纪的一把钥匙"，强调"把终身教育放在社会的中心位置上"。[2]该报告对终身教育给出了新的定义，终身教育是一种"民主要求"，是一种"多层面的教育"，"它把非正规学习与正规学习结合在一起，把发挥天资与掌握新技能结合在一起"。终身教育时代的到来，"社会在教育方面的责任也增大了"，"教育处于社会的核心位置"，教育"涉及全体公民"，"终身教育应利用社会提供的一切机会"[3]。以该报告为标志，终身教育理论进入新的发展阶段。

在这一阶段，联合国教科文组织发布的教育报告都对终身教育理论的发展起到了推动作用。比如，2001年的《世界教育报告2000：教育的权利：走向全民

① 持田荣一，森隆夫，诸冈和房. 终身教育大全. 龚同，林瀛，邢齐一，等，译. 北京：中国妇女出版社，1987：1.

② 联合国教科文组织. 教育：财富蕴藏其中. 2版. 联合国教科文组织总部中文科，译. 北京：教育科学出版社，2014：序言.

③ 联合国教科文组织. 教育：财富蕴藏其中. 2版. 联合国教科文组织总部中文科，译. 北京：教育科学出版社，2014：62-73.

终身教育》、2016 年的《反思教育：向"全球共同利益"的理念转变？》、2021 年的《共同重新构想我们的未来：一种新的教育社会契约》等。

除联合国教科文组织的教育报告之外，国际终身教育理论研究也更加多元。有研究者认为，这一阶段的终身教育理论在"终身教育与早期教育""终身教育与高等教育""学习社会""人类学习""终身学习""公民教育与价值观教育"等方面都有所发展。[①]

这一阶段的终身教育理论主要体现出以下特点：

第一，终身教育理论的国际化与多元化特色。这一阶段终身教育理论在全球范围内得以传播和发展，各个国家的研究者在引进终身教育理论的同时，能结合本国特色，发展出具有民族特色的终身教育理论。

第二，终身教育理论的实践转化明显。在终身教育理论研究者和实践工作者的推动下，终身教育理论逐渐转向实践，在政策、立法、体系构建等方面影响了各国教育系统，相关终身教育实践模式也相继实施并发展。

第三，终身教育理论与终身学习的关系紧密。在这一阶段，从终身教育理论中引申出来的终身学习概念逐渐被人们熟知，并被广泛使用。终身学习已逐渐成为全球广泛认同的教育政策目标，并在很大程度上塑造了世界各地教育政策制定的标准。[②]

第二节　国外主要的终身教育理论

伴随终身教育理论在国外的形成和发展，逐渐产生了一些对终身教育理论发展具有里程碑意义的有代表性的人物及作品，梳理这些代表性人物以及作品的终身教育理论，对于我们进一步理解国际终身教育理论的发展具有重要的价值。

一、耶克斯利的终身教育理论

耶克斯利（1883—1967 年），20 世纪英国教育家，堪称终身教育理论发展史上的一位里程碑式人物。他被誉为英国成人教育事业的重要推动者，同时也是全球首位系统性阐述终身教育理念的教育家。[③]

① 何光全，何思颖. 全球视域下的终身教育发展脉络. 终身教育研究，2019，30（1）：19-26，54.
② 何思颖，何光全. 终身教育百年：从终身教育到终身学习. 现代远程教育研究，2019，（1）：66-77，86.
③ 何光全. 巴西尔·耶克斯利的终身教育思想. 终身教育研究，2019，30（4）：19-27.

（一）理论背景

耶克斯利是英国著名的成人教育、宗教教育理论与实践工作者。他深入参与成人教育和宗教教育活动，主要担任的职位有：1915—1918 年，全国基督教青年协会理事会编辑秘书；1917—1919 年，发表《1919 年报告》的"重建部"成人教育委员会成员；1920—1928 年，"教育安置会"秘书；1930—1935 年，伯明翰西山训练学院（West Hill College）校长；1933—1957 年，《教育宗教》编辑；1935—1949 年，大学教育心理学读者，牛津大学教育部讲师和导师；1940—1948 年，英国军队成人教育中央咨询委员会秘书；1949—1951 年，英国教会理事会教育委员会秘书。[①]

自古以来，宗教领袖占据着成人教育领域的核心地位，他们致力于使社会各阶层都能领悟并阅读《圣经》。自 18 世纪起，从主日学校到机械学院、工人学院的崛起与壮大，凸显了英国基督社会主义者在意识形态层面为教育改革所付出的努力。

在第一次世界大战期间，英国基督教内部矛盾重重，这对英国教育改革产生了显著影响。各教派在其宗教改革过程中，均提出了各自的教育改革主张。在这样的环境中，耶克斯利深入研究并反思了基督教的生活方式，他认为，将基督教融入教育过程，将有助于给全体人民带来更加美好的生活。教育应该从童年开始，旨在发展完整的感觉和性格。教育应当为个人作准备，为个人提供终身持续的教育，让个人最大限度地发挥人的个性。[②]第一次世界大战后，英国出现了关于教育变革和社会重建的大讨论，其中不乏关于终身教育的主张。战后的英国政府成立了战后重建委员会。受战争迫害的困扰，人们在寻求社会和个人解放的过程中，逐渐出现了"以人为本"的思想，这变为一种新的中介（个人与上帝之间），取代了依靠宗教信仰来寻求上帝思想的旧形式。[③]20 世纪 20—30 年代，人们开始关注心灵的内在运作。正如弗洛伊德和荣格的观点，人们期望"从精神生活中得到他们没有从外部世界得到的东西"[④]。耶克斯利的终身教育理论正是

---

① Cross-Durrant A. Basil Yeaxlee and lifelong education: Caught in time. International Journal of Lifelong Education, 1984, 3(4): 279-291.

② Cross-Durrant A. Basil Yeaxlee and lifelong education: Caught in time. International Journal of Lifelong Education, 1984, 3(4): 279-291.

③ Cross-Durrant A. Basil Yeaxlee and lifelong education: Caught in time. International Journal of Lifelong Education, 1984, 3(4): 279-291.

④ 转引自 Cross-Durrant A. Basil Yeaxlee and lifelong education: Caught in time. International Journal of Lifelong Education, 1984, 3(4): 279-291.

在此背景下产生和发展的。

（二）理论构成

耶克斯利关于终身教育的代表作有《有教养的国家》（An Educated Nation，1920）、《走向完全成长的人》（Towards a Full Grown Man，1926）、《成人教育手册与指导》（Handbook and Directory of Adult Education，1928—1929）、《成人教育的精神价值：一个被忽视的研究领域》（Spiritual Values in Adult Education：A Study of a Neglected Aspect，1925）、《终身教育》（Lifelong Education，1929）等。1929 年，《终身教育》一书首次完整地阐述了终身教育，并且涉及对日常生活中以及非正规教育和学习的阐述，该书的出版确立了耶克斯利在终身教育领域的权威地位。

1. 终身教育本质观

耶克斯利认为，教育涉及知识、经验和友谊。因此，它永远不会完成，而且从童年和青年时期就开始了。学校教育仅仅是教育过程的开始，从这个意义上说，成年人的教育超出了补偿或职业权宜之计的活动。他希望统一教育的各个"领域"（小学、中学、"技术"、大学），以便形成贯穿始终和一生的联合教育事业。[①]他认为，终身教育在本质上是融合于人的生长、生活、生命的。

第一，终身教育与人的生长。耶克斯利认为，终身教育是人生长的一部分，人的生长离不开终身教育。终身教育的独特之处在于，它将知识、经验、智慧、和谐及服务融入自我奉献之中，这些特质皆源于普通男女在日常生活中的实际成长经历。终身教育为每个人在成长过程中赋予无尽的可能。"离开生长和发展个人个性的活动，其他活动于个体生长而言都是毫无意义和不可能的。除非这些活动涉及人格与人的生长整体——这一过程体现整个真理和整个生命的永久的生活关系，指向直接的现实和终极。"[②]与杜威的"教育即生长"观点相同，耶克斯利在建构其终身教育理论过程中一直在寻求发展人生长的内在力量，那就是终身教育。

第二，终身教育与人的生活。耶克斯利认为，终身教育是人生活的一部分，助人更好地生活。耶克斯利声称通过终身教育反射人类自己的本性，生活的目的

---

① Cross-Durrant A. Basil Yeaxlee and lifelong education: Caught in time. International Journal of Lifelong Education, 1984, 3(4): 279-291.

② Yeaxlee B A. Lifelong Education. London: Cassell, 1929: 165.

和自然的力量的本质是控制宇宙。① "不考虑他是什么，做了什么，也不考虑为什么他的生活有这种品质或这样的行为。关于他的最大问题不是他是否能达到某种性格或拥有什么关系、什么生活条件或哪些能力，而是如何帮助他达到这些条件。"② 人通过终身教育，将变得"成熟"，并发现他可以生活。"我们开始追求生活的质量——更丰富、更充实的生活。"③

第三，终身教育与人的生命。耶克斯利主张，教育无法回避对生命品质与意义的广泛、哲学层面的探讨。此类议题包括：何为人格？个体与他人及宇宙之间的关系如何？人类生活的内涵与目标何在？我们究竟能在何处寻求到一个终极且普遍的价值观标准？（他并未质疑是否存在如此普遍与终极的"尺度"）耶克斯利强调，教育无可避免地关注这些问题，并应含蓄且明确地对其进行深入探讨与反思④。他强调，终身教育有助于推动人类在价值观方面的发展，助力人们诠释和领会高尚的生命意义，并将个体、社会与国家置于一个广泛的环境之中，从而使人们认识到何种因素使生命充满价值。

2. 终身教育目的观

耶克斯利强调终身教育的目的在于使人全面发展。终身教育为每个人作准备，使人获得相应的知识，实现精神自由。他认为教育是让每个人都有必要的条件进入其所处环境的因果过程之中，并据此采取行动的手段。

他认为，教育要专注于个人的全面发展，同时要强调集体生活。终身教育的目的是一种哲学和生活方式，包含获得洞察力和快乐的目的，并要助人产生一些实现这些目的的力量。⑤他声称世界的问题在于失去了精神价值。他认为，没有找到把一切视为和谐整体的一部分，要利用教育帮助年轻人和成年人发展与社会和宇宙相关的个性。⑥终身教育旨在推动每个人实现自我潜能的最大化，不再局限于独立和冲突的存在，而是融入一个和谐的整体，成为持续发展整体中的部分。⑦

① Yeaxlee B A. Towards a Full Grown Man (The John Clifford Lecture). London: The Brotherhood Movement, 1926: 27.

② Yeaxlee B A. Spiritual Values in Adult Education (2 vols.). New York: Oxford University Press, 1925: 34.

③ Yeaxlee B A. Lifelong Education. London: Cassell, 1929: 23.

④ Yeaxlee B A. Spiritual Values in Adult Education (2 vols.). New York: Oxford University Press, 1925: 54.

⑤ Yeaxlee B A. Lifelong Education. London: Cassell, 1929: 165.

⑥ Cross-Durrant A. Basil Yeaxlee and lifelong education: Caught in time. International Journal of Lifelong Education, 1984, 3(4): 279-291.

⑦ Cross-Durrant A. Basil Yeaxlee and lifelong education: Caught in time. International Journal of Lifelong Education, 1984, 3(4): 279-291.

耶克斯利认为通过终身教育促进人的全面发展，其最终目的是形成统一的"完整"的人类和基督教信仰。他提出了"终极"和"整体"的观点，认为人是整体的一部分，强调利用教育改革引导人们回归上帝。

3. 成人教育观

耶克斯利强调成人教育的价值，认为成人教育是终身教育的重要组成部分。他期望通过成人教育来帮助一个国家生长，寻求自由和责任的双重理想。成人教育是实现和谐世界和更民主的生活方式的一种手段。耶克斯利强调，成人教育会让所有的成年人都意识到并对"工业纠纷和社会危机"做出回应，而不是接受"愚蠢的无知和狭隘的观点"。成人教育可视为一种精神历程，鉴于早期学校教育未能将广大人群从"当下之地"引离。成年人群具备重新审视生活的能力。"教育作为一种武器，或作为一种高级的娱乐形式，很容易吸引许多人，因为他们从来没有认为它是生活本身的一部分。"[①] "我们难道不能摆脱成人教育的需要吗——也许比我们预期的要早？我们不应该避免夸大它的重要性，并认识到它是一种短暂的社会现象，一种治疗我们正在迅速克服的社会弱点的药物，而不是人类本性日常食物的一部分？"[②]

耶克斯利认为，成人教育是生活不可分割的一部分。随着我们的发展，我们意识到成人教育的需要日益增长，而非降低。在青少年阶段提前做好充分准备之前，他们并未获得公平的发展机会。另外，构建一个完全健全且完善的中小学教育体系实则困难重重……成人教育犹如饮食和体育锻炼，同样是日常生活中不可或缺的要素。[③] "当我们从生活和人的角度来解释成人教育，而不仅仅是书籍和正式学习的主题，我们将看到新的机会和挑战。"[④]

4. 职业教育观

耶克斯利对职业教育与人文教育的关系展开了剖析。他认为二者同等重要，并试图弥补二者之间的鸿沟。显然，此问题并非涉及优越感或自卑感。这二者虽然截然不同，但彼此互补。唯有我们认同在各自领域中，支配冲动具有其价值和应然性，并在完整的人格中实现适当的社会功能，方可使动机与目的的考量具有

① Cross-Durrant A. Basil Yeaxlee and lifelong education: Caught in time. International Journal of Lifelong Education, 1984, 3(4): 279-291.
② Yeaxlee B A. Lifelong Education. London: Cassell, 1929: 26.
③ Yeaxlee B A. Lifelong Education. London: Cassell, 1929: 28.
④ Yeaxlee B A. Lifelong Education. London: Cassell, 1929: 36.

相关性和益处。①

他认为，解决职业教育与人文教育二元对立的方法在于，教育机构在功能分化过程中达成精神共识。他敦促社会铭记，在民主社区中，每位成员皆以独特方式为共同福祉与进步作出贡献；这种差异不应被视为自卑。②他认为，"人文研究"没有最终性。"如果我们问……他（一个人）的教育什么时候完成了？唯一真正的答案是'他永远活着'。在那里，终身教育的所有特色都被显现出来了……"③。

5. 宗教教育观

耶克斯利将终身教育作为一种宗教教育的手段。他认为，教育的最终目的是使人回归上帝，研究和反思基督教的生活方式是教育过程的一部分，将给所有人带来"更好"的生活。他同时强调，要将宗教作为终身教育的重要工具。

耶克斯利着重指出，教育与宗教之间的关联深厚且紧密。成人教育与宗教之间的联系不仅密切相关，而且富有生机。这种联系或是源自人格特质的本源，精神价值的内涵，以及教育过程中固有的本质，否则，它实则无足轻重。此外，无可置疑的是，对生命与宇宙的精神态度并不一定意味着个体有明确的宗教信仰。④他认为，基督教可被视为构建教育与宗教关系的手段。通过教育，人们塑造了对人生的理解，人的哲学应融入其宗教信仰。教育与宗教的关系得到了一种新的诠释。

耶克斯利认为宗教是终身教育的主要内容。他强调，应该从童年开始，教育旨在发展完整的感觉和感伤（真正的心理意义）或性格，在课程安排上最好通过包括基督教宗教在内的研究来为儿童提供最好的理解和行为。

（三）理论评价

耶克斯利一生致力于成人教育与宗教教育理论与实践，其终身教育理念对英国教育事业及全球终身教育理论的发展产生了深远影响。耶克斯利推动了英国的成人教育理论研究与实践进展。他提倡英国展开教育改革运动，强调人人接受中

---

① Yeaxlee B A. Lifelong Education. London: Cassell, 1929: 129.

② Cross-Durrant A. Basil Yeaxlee and lifelong education: Caught in time. International Journal of Lifelong Education, 1984, 3(4): 279-291.

③ Yeaxlee B A. Lifelong Education. London: Cassell, 1929: 164.

④ Yeaxlee B A. Spiritual Values in Adult Education (2 vols.). New York: Oxford University Press, 1925: 60-62.

等教育和全面建立成人教育。

有研究者认为，耶克斯利是"终身教育"概念的最早提出者和最早使用者。他对教育和可教育性的未来发展抱有积极信念，提倡教育改革，致力于构建终身学习的基础。学术教育与职业教育之间的分野由来已久，他致力于消除二者之间的非必要精英壁垒，这一理念比联合国教科文组织接纳终身教育运动早了半个世纪。[①]尽管如此，耶克斯利的终身教育理论刚开始并未被广泛接受。这一方面受制于他的终身教育理论的宗教色彩，另一方面和英国政府的不重视有关。因此，耶克斯利的终身教育理论并没有被及时纳入到思想学派之中。而对于他的理论的看法，批判大于接受，直到 20 年之后，这种情况才有所改变。耶克斯利的终身教育理论在世界范围内产生了影响。贾维斯、诺尔斯、戴维、克罗普利（A. J. Cropley）、珍妮（H. Jaime）、布什尔（R. Boshier）、富尔、朗格朗等受耶克斯利终身教育理论的影响，进一步深化了他的终身教育理论。

耶克斯利的终身教育理论带有浓厚的宗教色彩，他提倡通过终身教育，达到回归宗教的目的，宗教是终身教育的最终归宿。他单纯从宗教角度来阐述终身教育，忽略了历史学、社会学、人类学、哲学等其他学科视域，这使得他的终身教育理论禁锢于宗教范围，比较狭隘。

二、朗格朗的终身教育理论

法国教育家朗格朗在现代终身教育理论的发展过程中占有非常重要的地位，他被视为现代终身教育理论的积极倡导者、奠基者、"终身教育之父"。

（一）理论背景

朗格朗（1910—2003 年），法国当代著名的成人教育家，终身教育的理论家、实践家。他从巴黎大学毕业后，先后从事中小学、大学的教学工作以及成人教育工作。为了验证自己的社会理想和教育观念，他曾建立工人教育中心。1948年，他到联合国教科文组织的成人教育局工作，并于 1962 年成为该局负责人。朗格朗终身教育理论产生的标志事件是他在联合国教科文组织于 1965 年在巴黎召开的"第三届促进成人教育国际委员会"上提交了《论终身教育的报告》，首次提出了"终身教育"的概念，此报告一经发布，即刻引起了广泛关注和热烈反

---

① Cross-Durrant A. Basil Yeaxlee and lifelong education: Caught in time. International Journal of Lifelong Education, 1984, 3(4): 279-291.

响。后联合国教科文组织将"education permanente"改为英译"lifelong education"（终身教育）。①朗格朗的终身教育理论奠定了终身教育国际思潮的基础，并促进了终身教育理论在全球范围内的传播与推广。它不仅推动了国际教育的改革和发展，也为人们提供了一个全新的视角来看待教育问题。朗格朗终身教育理论的产生和发展具有一定的背景渊源。

朗格朗生活的时代正经历巨大的社会变革。历经两次世界大战的洗礼，法国既受到法西斯主义的影响，也面临着资本主义的危机，社会局势动荡不安，风起云涌的政治运动并没有使法国摆脱苦难，反而加剧了局势的严峻性。与此同时，世界局势也发生了翻天覆地的变化，第二次世界大战后许多国家百废待兴，尤其是刚成立的国家和第三世界国家，迫切需要快速发展，巩固政治，整顿国家。世界和平稳定、社会可持续发展、人类幸福成为时代主题。这些都对教育发起了挑战，教育被寄予厚望，然而，面对这些挑战，教育领域的改革成果却并不乐观，尤其是在针对儿童和青少年教学的关键部门，当时尚未出现广泛而深刻的变革来充分回应时代的呼唤。除却因政治变革导致教育变革的少数国家，其他国家的学校教育理念与终极目标至今仍未发生根本性改变。②传统教育的弊端显现，人们迫切需要一种新的教育理论来支撑并建构起新的教育体系，希望通过大规模的教育变革，引领社会发展，解决社会矛盾与危机。"我们的目标是要努力建设更美好的生活，而鉴于前述各种理由，我们寄希望于教育。我们把希望维系于教育上，但是，今日法国和我们作过研究或有确切了解的大部分国家的现状又如何呢？我们不得不承认，成人教育至今还处于初级阶段。"③在此背景下，朗格朗寄希望于成人教育，以此找到突破传统教育弊端的办法，找到解决社会问题的缺口。他为此进行了大量的成人教育实践工作。

在以上社会历史背景以及朗格朗个人理论与实践工作经历基础上，朗格朗逐渐形成了他的终身教育理论。

（二）理论构成

朗格朗关于终身教育的代表作有《关于终身教育》（On Lifelong Education, 1965）、《成人教育与终身教育》（Adult Education and Lifelong Education,

① 张斌贤，刘冬青. 历史上最具影响力的教育学名著19种. 西安：陕西人民出版社，2007：191.
② 朗格朗. 终身教育引论. 周南照，陈树清，译. 北京：中国对外翻译出版公司，1985：34.
③ 朗格朗. 终身教育引论. 周南照，陈树清，译. 北京：中国对外翻译出版公司，1985：12.

1969）、《终身教育引论》（An Introduction to Lifelong Education，1970）、《终身教育的前景》（Prospects of Lifelong Education，1979）、《以终身教育为基础的学习领域》（Areas of Learning Basic to Lifelong Education，1986）、《终身教育：概念的发展》（Lifelong Education: Growth of the Concept，1989）等。[①]其中，《终身教育引论》被视为朗格朗终身教育理论的代表作，该书一经出版就被广泛传播，对世界各国终身教育理论与实践的发展产生了重要影响。

1. 终身教育的内涵

朗格朗关于终身教育内涵的认识主要包括以下方面：

第一，终身教育体现为教育过程的连续性、统一性、整体性。朗格朗认为终身教育涵盖教育各个阶段，体现了各阶段教育之间的连续性、统一性、整体性。他认为，提及终身教育，我们始终强调教育过程的统一性与整体性。在过去的四分之一世纪里，全球范围内关于终身教育的基本理念与建议逐渐浮现，终身教育被视为体现一体化与连续性原则的重要理念。[②]除强调纵向上的连续性，朗格朗认为，终身教育在横向上同样具有广泛性，它涵盖了包括学校教育、闲暇教育、体育、公民教育、职业技术教育、成人教育等各种类型的教育。

第二，终身教育处于概念阶段，是思想、实验、成就的总和。就像自由、争议和平等这些基本原则一样，它与实际实现之间必然长期存在一定的差距，这是由概念的内在特性决定的。[③]终身教育，实质上是一种全面、深入的教育理念，涵盖了教育的各个方面和内容。它始于个体诞生之际，直至生命终结，体现了教育在人生历程中的连续性和有机联系。这一理念贯穿了人的一生，不断推动个体在各个教育阶段和环节中取得进步。[④]

第三，终身教育的概念是圆周式的。他认为，只有当个体在幼年阶段接受良好的教育，才能为后期教育奠定基础，因而终身教育不局限于成人教育阶段，而是涵盖人一生的各教育阶段之中。[⑤]

第四，终身教育涵盖的内容很广泛。"这种教育努力必须在专业技能、心理学和哲学的基础上进行；它包含着抉择、牺牲、决心，它们本身都需要一系列复

---

① 霍力岩，等. 影响新中国教育的外国教育家. 天津：天津教育出版社，2009：151.
② 朗格朗. 终身教育引论. 周南照，陈树清，译. 北京：中国对外翻译出版公司，1985：43.
③ 朗格朗. 终身教育引论. 周南照，陈树清，译. 北京：中国对外翻译出版公司，1985：82.
④ 朗格朗. 终身教育引论. 周南照，陈树清，译. 北京：中国对外翻译出版公司，1985：15-16.
⑤ 朗格朗. 终身教育引论. 周南照，陈树清，译. 北京：中国对外翻译出版公司，1985：16.

杂的训练、信息和练习，而这些又都构成了一个广阔而深刻的终身教育概念的部分内容。"①

第五，终身教育是一项集体的事业。"这是集体的事业，所涉及到的各界人士都必须不仅共同从事研究工作，而且要共同参加决策。"②朗格朗强调终身教育的政治性，应当调动所有国家力量来实施终身教育。

2. 终身教育的意义

朗格朗关于终身教育意义的认识主要体现在两个维度：

一是终身教育之于人的发展的意义。终身教育是使人应对社会各种挑战的重要途径，教育的意义不在于知识的获取，而在于自我发展与实现。在评估终身教育的实施前景及其必要性时，不应仅从他人或外部视角，以及特定量的知识来衡量，而应从关注个体个性发展的角度来考虑。在这个认识基础上，朗格朗进一步提出，教育应当有两方面责任：一方面，帮助个体保持终身学习；另一方面，帮助个体实现自我教育。③

二是终身教育之于社会发展的意义。朗格朗认为，终身教育是解决社会问题的方法。比如青年人与老年人之间的交往问题，由于缺乏对话，导致他们的关系失去了平衡，终身教育则为解决此问题提供了有效途径。终身教育应运而生，成为当代社会解决关键问题的一种合理方法，这一问题源于不同代际的矛盾。诸多证据表明，青年群体与老年群体之间的互动交流存在障碍，导致在很多情况下，父子之间、师生之间的沟通陷入僵局。交流与合作，无论对双方个体知识的增进与生活的丰富还是对社会平衡的维护，都具有极其宝贵的价值，是不可或缺的。除此之外，朗格朗认为，终身教育对国家建设、政治稳定、经济发展、社会平等与发展等方面都具有重要意义。如果将终身教育理解为对传统教育的简单扩充，那么这种理解就片面化和窄化了终身教育的内涵。终身教育涵盖了对每个人生活基本问题所采取的崭新态度、独到见解及创新方法，首要体现在对人类生存意义的深层次探讨。与传统教育相比，终身教育不再局限于学校的围墙之内。它超越了年龄、性别、职业、地位的限制，让每个人都有机会接受教育，实现自我提升。这种教育方式灵活多样，可以根据个人的需求和兴趣进行定制，使学习更加

---

① 朗格朗. 终身教育引论. 周南照，陈树清，译. 北京：中国对外翻译出版公司，1985：46.

② 朗格朗. 终身教育引论. 周南照，陈树清，译. 北京：中国对外翻译出版公司，1985：79.

③ 朗格朗. 终身教育引论. 周南照，陈树清，译. 北京：中国对外翻译出版公司，1985：44-45.

符合个人的发展需要。终身教育助力我们洞察各类基本情境，其中个体展现出全新内涵；它为某些关乎个人与社会命运的重大议题提供了创新解决方案。^①

3. 终身教育的目标

朗格朗认为，终身教育具有短期目标和长期目标。在短期目标上，终身教育要实现成人教育的发展，并且展开教师培训。他认为，成人教育是终身教育的"火车头"，它可以应对社会对教育发出的一系列挑战，能够以其特色对学校教育展开改革，是"独特的实验室"，对家长的影响很大。关于教师培训，朗格朗认为，教师作为"知识传递者"的身份要弱化，而其作为"教育者"的身份要凸显。在长期目标方面，终身教育致力于实现全面且深入的改革教育体制，其终极目标是建立一个更加尊重人性和人类期望，且具有更高效率和开放性的社会。^②

此外，朗格朗还具体阐述了"与终身教育相联系的各项目标"。其一，以认识"具体的人"为目的的教育。终身教育的对象是"具体的人"，是"全面的人"，是"处在各种环境中的人"，是"担负着各种责任的人"。传统教育目标将人视为抽象的存在，而终身教育亟须确立新的教育目标。这个新目标应关注个体作为物质、理智、情感、性别以及社会精神等多个层面和广泛范围的全面发展。人们应正视这些要素之间的关系，他们彼此相互依存，不可分割。^③终身教育要使人意识到，人既是个体的人，又是与他人、社会处于关系之中的人。人是特殊性与普遍性共存的人。

其二，"以积极接受变动为目的的教育"^④。终身教育要使人增加对变化的适应性，帮助人积极接受变动。教学要使用历史的观点，为变化作准备。

其三，"以愉快为目的的教育"。朗格朗认为，"教育的目的就是使人愉快"，终身教育要帮助人认识到，愉快是一种存在的方式，"愉快的追求与教育的目的是紧密相连的，教育过程的各种不同阶段，也就是通向愉快的途径"。"教育的目的就是要教会人们彻底地承认冒险、变化和不安全，善于利用作为一切事物消灭者的时间。"^⑤

其四，"以改善生活质量为目的的教育"^⑥。对于一些影响生活质量的因素

① 朗格朗. 终身教育引论. 周南照，陈树清，译. 北京：中国对外翻译出版公司，1985：48，53.
② 朗格朗. 终身教育引论. 周南照，陈树清，译. 北京：中国对外翻译出版公司，1985：74-75.
③ 朗格朗. 终身教育引论. 周南照，陈树清，译. 北京：中国对外翻译出版公司，1985：87-88.
④ 朗格朗. 终身教育引论. 周南照，陈树清，译. 北京：中国对外翻译出版公司，1985：91.
⑤ 朗格朗. 终身教育引论. 周南照，陈树清，译. 北京：中国对外翻译出版公司，1985：92-94.
⑥ 朗格朗. 终身教育引论. 周南照，陈树清，译. 北京：中国对外翻译出版公司，1985：95.

（比如环境、污染等问题），终身教育可产生重要影响，帮助人们提高生活质量。

其五，"以和平与国际谅解为目的的教育"。"使人们都成为热爱和平的人，这就是各种形式的教育的首要目的。"①朗格朗认为，终身教育要向人们传递和平精神，并将其贯彻到教育的各个阶段。

4. 终身教育的原则

朗格朗认为，各国终身教育发展模式因具体国情以及发展水平的不同不可一概而论，但都遵循一定的原则。一是教育连贯性原则。各教育阶段的连贯性和衔接性可以避免知识的断层，确保知识符合时代特点。二是社会性与创新性原则。终身教育的计划、方法要符合社会发展的需求，并且观照社会的创新目标。三是适应性原则。每一教育阶段都应以培养能适应变化的新人为目标。四是多渠道性原则。终身教育要超越传统教育的模式、组织形式、方式和方法，要充分利用各种有用的资源和渠道，扩大教育的实施范围和实施渠道。五是联系性原则。保持教育行动与教育目标之间的紧密联系，即教育行动要紧紧围绕教育目标展开，教育目标要根据教育行动情况适时调整，做好教育行动与教育目标之间的有机结合，双向互动。朗格朗强调，基于上述原则，可构建多种终身教育模式。无论终身教育侧重哪个原则，均须遵循根本原则——使教育成为生活之工具，成功履行生活职责之助力。②

朗格朗进一步阐述，终身教育作为一种创新教育理念，其核心要义在于首个原则，即重视教育的基础——无论是小组还是个人，年轻或不太年轻的学习者。在中小学或大学阶段，课程虽然重要，但并非绝对核心。事实上，除却课程学习，还有诸多知识需传授，诸多技能待掌握。他认为，终身教育要摆脱以往传统教育把校长、教师、导师放在第一位的做法，应当将"处于受教育过程中的个人"置于首位，因为通过独特且不可替代的过程，个人得以自我改造并发挥潜力。③

5. 终身教育的方法

在谈到内容与方法问题时，朗格朗提到，"内容与方法之间的关系是教育理论与实践的核心问题"，传统教育往往将内容置于方法之上，终身教育应逐渐转

---

① 朗格朗. 终身教育引论. 周南照，陈树清，译. 北京：中国对外翻译出版公司，1985：96-97.

② 朗格朗. 终身教育引论. 周南照，陈树清，译. 北京：中国对外翻译出版公司，1985：65.

③ 朗格朗. 终身教育引论. 周南照，陈树清，译. 北京：中国对外翻译出版公司，1985：102.

变这个顺序，重视方法。他认为，影响方法革新的因素很多：一是"教育界内部思想的进步"，二是"文明进步的作用"，三是校外教育实际经验的增长，四是各种反抗运动的推动。①

终身教育的到来寓意着教育内部发生了新的方法论变革。这主要体现在以下方面。

第一，"从课程到学习环境"中的方法变革。终身教育要培养人进行自我教育，帮助人追求自我进步。终身教育旨在通过协调和统一不同阶段的培训，避免个人成长的矛盾。它强调个性发展的统一性、全面性和连续性，从而提出的课程和教育方法能够在职业生涯、文化形态、一般发展以及个人为实现自身完善和追求的各类外部环境等方面的需求与学习内容之间，实现持续不断的互动与交流。②

第二，"动力和功能的性质"中的方法变革。在激发人的动力方面，朗格朗认为，传统教育的动力主要来自教师，这是一种"盲目的努力"。"教育如果不能深入到人的心灵，那么它就是表面的，其余的全都被冷漠和对抗（是积极的还是消极的，要根据受教育者的气质而定）混杂在一起的作用所抵消。这就是造成大量文盲的原因，主要表现在厌恶读书，即使书本摆在跟前，也不愿意去读它。"朗格朗提到了兴趣，教育要通过兴趣来激发受教育者的动力。他强调，"当实现教育过程的个人化时，决不能与集体目标发生矛盾"；"教育的功能为学习提供了最大的动力"。③

第三，"小组学习"。终身教育要改变传统教育以"竞争"为基础的模式，通过小组学习展开合作。在小组学习的使用领域，朗格朗认为，最有活力的是校外教育，特别是成人教育。

第四，"创造性和非指导性的方法"。朗格朗认为，传统教育倾向于选择安全，这是一种家长式的选择。他认为这种选择很危险，"任何安于某种类型安全的人，不管是由于金钱而得到安全还是由于地位而得到的安全，都处于潜在的危险之中和不断的威胁之下"。因此，朗格朗强调要把"创造性看成是教育过程的本质"，采用非指导性方法。④

---

① 朗格朗. 终身教育引论. 周南照，陈树清，译. 北京：中国对外翻译出版公司，1985：101.
② 朗格朗. 终身教育引论. 周南照，陈树清，译. 北京：中国对外翻译出版公司，1985：51.
③ 朗格朗. 终身教育引论. 周南照，陈树清，译. 北京：中国对外翻译出版公司，1985：103-104.
④ 朗格朗. 终身教育引论. 周南照，陈树清，译. 北京：中国对外翻译出版公司，1985：106.

（三）理论评价

终身教育理论的核心价值被广泛认可，其影响力堪称与哥白尼的日心说相媲美，被视为教育领域令人瞩目的事件。[①]

朗格朗的终身教育理论对当代教育理念产生了深远影响，堪称教育领域的重大变革。该理论广泛借鉴了现代生理学、人类学、心理学行为科学、语言学和社会学等多个学科的最新研究成果，以应对现代社会变革对人类生存带来的挑战为核心。在对传统教育理念及其实践中的弊端进行深入剖析和批判的基础上，朗格朗从全新的视角对教育概念进行了重新诠释，从而引领了教育理论的新风尚。

朗格朗的终身教育理论不仅突破了传统教育的桎梏，更为教育研究拓宽了视野。这一理论将教育视为一种贯穿人一生的过程，强调个体在不断发展和学习过程中，适应并引领社会变革。此举不仅为个体提供了应对现代社会挑战的有力武器，也为教育事业发展指明了更为远大的目标。在此基础上，教育领域得以迎来一场前所未有的革新，从而为人类社会的繁荣发展奠定坚实基础。传统教育偏重学校教育，认为教育只存在于学校，且仅仅是按计划传授知识的过程。这种片面的观念束缚了个人、社会和教育的发展，同时也制约了教育研究的高度。在瞬息万变的现代社会中，人们难以探寻到一个全面引领教育改革的根本理念，因而仅能实施零星的改革措施。然而，这些改革措施在面对人类发展面临的问题时，显得有些力有不逮。教育是人们持续自我完善的必要过程，它无时无刻无处不在。教育不应仅限于青少年阶段，而应贯穿人的整个生命周期；同时，教育不应仅限于学校环境，而应延伸至社会的各个层面和各个领域。朗格朗的终身教育理论超越了传统教育范畴，极大地丰富了教育的内涵并扩展了其外延。该观点拓宽了研究视野，使人们认识到当前教育改革是一项全球性、综合性工程，需要理论创新与实践创新的共同努力。在解决具体问题时，必须将其置于整个系统之中进行考虑，方能取得实际成效，进而满足社会发展的需求。

此外，朗格朗的终身教育理论还推动了国际教育改革的进程。在当今社会，多方面的挑战使得教育领域面临着前所未有的巨大挑战。朗格朗提出的终身教育理论为我们应对这些挑战提供了有力的时代之声，为教育未来的发展开辟了一条可能之路。终身教育理论主张教育不再局限于传统的学校教育，而是贯穿人的一生，包括各个年龄段、各种形式和教育内容。这一理念强调了学习的重要性，认

① 拉塞克，维迪努. 从现在到 2000 年教育内容发展的全球展望. 马胜利，高毅，丛莉，等，译. 北京：教育科学出版社，1996：142.

为学习是个人和社会发展的基石。朗格朗率先提出了终身教育理论，正是这一理论在国际社会引起了迅速的关注和广泛传播。毫不夸张地说，在终身教育理念的深远影响下，各国在 20 世纪 60—70 年代纷纷开启了教育改革的新纪元。这一理论涉猎广泛，对现代社会的发展（尤其是教育领域的改革与发展）具有重大的理论价值和实践意义，为教育的未来之路提出了应有之义。[①]

三、新堀通也的终身教育理论

新堀通也是日本教育社会学家，在对日本社会变革和教育需求展开调研的基础上，对教育社会学、教育病理学等方面展开了系统研究，由此发展了他的终身教育理论。

（一）理论背景

自 1945 年起，新堀通也先后执教于广岛大学与武库川女子大学，担任过广岛大学教育学部长、日本教育社会学会会长、武库川女子大学幼儿教育研究所所长等职务。新堀通也因对第二次世界大战后日本教育社会学发展有贡献，于 1987 年获日本政府颁发的紫绶奖。

20 世纪末，教育社会学的研究开始反思传统的功能主义观点。人们开始认识到学校教育不仅有正面功能，还存在负面和反面功能，而且这些功能有时并不显而易见，而是隐藏在背后。新堀通也的研究突破了传统功能主义的框架，提出了关于学校教育功能的新观点。他的研究具有批判性，直接揭示了现代学校教育的许多问题，认为学校教育有时会出现病理现象，其功能不仅是正向的，还可能是负向的和反向的。

新堀通也以其对教育病理学的研究而闻名，并为教育社会学的发展作出了杰出贡献。他的研究不仅深化了对教育问题的理解，也为教育实践的改进提供了重要参考。

（二）理论构成

新堀通也的代表作有《日本的大学教师市场》《涂尔干研究》《教育病理的分析与处方》《日本的教育地图》《教育社会学》等。

---

① 巨瑛梅. 终身教育的理论与实践：渊源、演变及现状. 北京师范大学博士学位论文，1999.

1. 终身教育理论的性质

新堀通也认为，关于终身教育理论，存在着高度赞扬和极端贬低两种对立的评价立场，他对不同研究者的不同观点展开了评析。他认为，终身教育理论过于抽象，缺乏具体性和系统化。他引用了批评者的观点，"终身教育可能一直停留在理念的阶段，无法实现制度化。虽然系统化学校教育和校外教育很容易说起来，但要将各种校外教育整合到高度制度化和形式化的学校教育中几乎是不可能的"。"整合""合作""系统化"等概念具有吸引力，并且有必要进行，但不能期望教育系统完全实现这些原则。终身教育只在极少数领域实现了制度化，如学校开放等方面。新堀通也认为，尽管终身教育作为一个总论是宏伟而出色的，但在各具体领域中依然存在各自为政的情况，仍然无法摆脱对传统教育的一些改良。因此，如果以终身教育的名义将所有教育制度化，将引发对整个教育的社会统制和管理。①

2. 终身教育的概念

新堀通也认为，终身教育的概念有些混乱。人们结合自己的理解来对终身教育进行随意阐释，使终身教育在概念上表现出多义性。"正如有时把教育看作是能够解救一切的划时代的万能药一样，有时，我们试图将所有教育都包含在终身教育这个词里。"新堀通也认为，"不能认为以在校青少年为对象的学校教育是终身教育。将学校作为终身教育机构，可以认为是将学校开放给普通成人，终身教育就是学校教育以后的教育。另外，即使是校外教育，也只涉及对成人的有意教育。这样一来，将学校教育和校外教育统一起来的终身教育的原理就会被狭隘化"。②

关于终身教育概念理解的差异，新堀通也认为，在很大程度上是由联合国教科文组织和经合组织的成员差异引起的。联合国教科文组织包含发达国家和发展中国家；而经合组织主要由欧美日等发达国家组成。作为教育组织，联合国教科文组织的异质性成员构成可能导致其主张具有一般性、观念性；而作为经济组织的经合组织，由于其成员构成的相对同质性，可能更容易提出具体的经济相关提案。③

---

① 新堀通也. 生涯教育理念の教育社会学的考察. 教育社会学研究第 35 集，1980.
② 新堀通也. 生涯教育理念の教育社会学的考察. 教育社会学研究第 35 集，1980.
③ 新堀通也. 生涯教育理念の教育社会学的考察. 教育社会学研究第 35 集，1980.

3. 终身教育的名称

关于终身教育与终身学习，新堀通也分析了社会上对这两个词的使用情况。他认为，相较于终身教育，终身学习更受欢迎。前者包含"教育"二字，很容易让人想到"自上而下""被动""强制""学校教育"等词语。后者能够消除以上误解，因其注重个人的自发性而受到人们的喜爱。

新堀通也认为，终身教育的终极目标是个人的自我实现，除了学校教育之外大部分终身教育不能强制个人参加和出席。在终身学习的背景下，尽管个人完成的学习目标往往具有强烈的个性化倾向，但这并不排除社会层面提出并发展终身教育理念的必要性。由于终身学习的概念根植于社会条件之中，它实际上也代表了社会对于个人持续学习的一种要求和期望。因此，社会有责任资助个人的终身学习，以支持这种符合社会需求的学习行为，而这种资助活动本质上属于教育领域的范畴。终身教育不再局限于私人的、个人的学习，而是一个以公共的、社会性的教育制度和教育政策为重点的概念。在此情况下，新堀通也认为，"终身教育"这个名称还是合适的。终身教育是作为教育行政、教育制度、教育政策的原理、指导理念而被主张的。

新堀通也进一步提出，与"终身学习"相比，"终身教育"这个名称更合适的另一个理由是，它强调了所有人不仅是终身学习的主体，更是终身教育的积极参与者和贡献者。在终身学习框架下，学习的喜悦往往显露出来，而教的喜悦通常具有隐蔽性。然而，人类不仅应追求自我提升的学习之旅，更应享受在传授知识、帮助他人成长中发现的深层喜悦。学习，在某种程度上，或许带有一定的自我中心色彩；而教育，则是以他人为中心，旨在促进共同成长的伟大事业。在终身教育中，每个人都有独特的经验与智慧，这些宝贵的资源通过分享与交流，不仅能够丰富他人的生活，更能对社会产生积极的贡献与影响。教学，作为一种特殊形式的学习，不仅深化了我们对知识的理解，更促进了人与人之间的相互理解和尊重，从而增强了每个人的社会归属感和价值感。因此，在"重视所有人一生中的教"这一点上，"终身教育"这个名称无疑更为合适。[①]

4. 终身教育的效率

与整齐划一的学校教育相比，终身教育强调人一生持续的教育。据此理念，终身教育的学习效果应该更好。但是，终身教育到底有没有那么高效率呢？新堀

---

① 新堀通也. 生涯教育理念の教育社会学的考察. 教育社会学研究第35集，1980.

通也认为，终身教育是一种理念，要把它变成现实，存在许多困难和挑战。

其一，在学习效果方面，某些领域（如科学）确实要求持续且长期地学习投入。此外，存在不集中学习效果就无法提高的领域，例如技能、艺术、体育等。而且，老年人的学习能力可能受到一定限制，且主动学习热情转化为实际行动的老年人并不广泛。如果完全依赖个人的自发意愿来推动学习，那么社会所期望的广泛而深入的学习状态恐难充分实现。其原因之一是，终身教育的理念有时被批评为建立在对人类学习潜力过于乐观的乌托邦式设想之上。

其二，在经济方面，终身教育绝非一项廉价的选择。在终身教育框架下，每个人都可以随时随地学习。然而，要支撑这一广泛而灵活的学习机会和设施，就需要庞大的经济投入。经费的显著增加，自然而然地加深了对社会资源的依赖，进而可能引发社会约束的增强，使个人或机构在某种程度上顺应社会的期望与规范。对于终身教育的实现来说，教育休假制度被视为关键一环，但现实是，普遍实现随需随取的教育休假并不切实际。若真如此，社会的经济运作恐将遭受严重冲击，甚至陷入停滞。再者，若允许个体仅凭个人兴趣选择学习内容，而将这些费用转嫁给社会或经营者承担，不仅在经济上显得不合理，也违背了公平原则。

其三，终身教育的核心理念在于推动教育体系的全面系统化。然而，若这一理念得以彻底实施，可能潜藏整个教育体系被社会或国家过度管理的风险。在成人教育的领域，诸如公开的修业证明、单位认定等制度化的趋势不断增强。这一现象导致入学条件日益严苛，教育机会受到一定程度的限制，因为公共控制的力度在逐渐加大。因此，反对"继续教育法治化"趋势的团体逐渐形成，它们对此表示担忧并寻求改变。

新堀通也指出，实现教育系统化几乎没有希望，因为教育责任的扩散可能加剧不负责任的危险。在终身教育背景下，责任的归属变得模糊不清。这最终往往依赖于个人的自我驱动力和意志。然而，这种依赖性可能导致教育机会的分配不均，进而加剧各类教育差距，从而使得终身教育原本所追求的教育民主化目标难以实现。[①]

5. 终身教育的模式

新堀通也对不同类型的终身教育模式进行了划分。

一是理想主义型与功利主义型。前者，终身教育是自我目的；后者，终身教

---

① 新堀通也. 生涯教育理念の教育社会学的考察. 教育社会学研究第35集，1980.

育被视为手段。

二是自由竞争型与计划型。前者，各种教育机构并存，通过接受成人多样化的学习要求，尽最大的努力使自身得以生存和发展。终身教育具有基于学习者自由学习意志的特性。但也可能出现系统化难以实现、教育平等理念越来越遥远的弊端。后者，强调机制的整体计划和政策，但容易出现政府主导型、官僚制、整齐性等缺点。

三是改良型与创设型。前者是指为了实行终身教育而利用现有机构的方式与此相对；后者不是创立现有机构，而是创设新机构，赋予其终身教育作用的方式。

四是高增长期型与低增长期型。终身教育模式根据各自的社会条件而有所不同，同一个国家也因时代条件不同而异。在经济的高增长期和低增长期，终身教育所期待的作用和终身教育形式也会不可避免地发生变化。例如，在低增长期，创立新的终身教育机构会变得困难。

五是心理学型与社会学型。前者侧重研究成长课题、发展课题等个人一生各时期的时间序列分析，成人的学习能力、教育方法等。后者则侧重研究适应时代和社会条件的终身教育课题、作用及制度。生命周期论是二者的交接点。[1]

6. 教育社会学

新堀通也是教育社会学领域的重要代表人物。他的教育社会学理论对教育与社会的关系展开了深入探讨，为其终身教育理论的形成奠定了基础。新堀通也认为，20 世纪 60 年代，教育社会学开始关注教育对社会的影响，并将教育的社会功能总结为以下三对相互对立但相辅相成的功能。

第一，整合与差异化。教育作为世代文化传承的桥梁，是适应社会规范的工具，老一代可以通过再教育适应新的文化。因此，教育使文化在世代之间得以连续和整合。与此同时，教育也促进了差异化，它发展个性，帮助个人根据自身特质选择不同的角色和地位，这有时会与社会规范产生冲突。此外，教育在年龄和层次上本就存在差异化，加之学科类型的多样化，如学术、职业、体育和道德教育等，进一步丰富了教育的差异化特征。

第二，保守与创新。一方面，由于教育是文化的守护者和传播者，其本质上具有保守性，特别在学校教育所体现的顺从性特点，使其无法适应快速的社会变

---

① 新堀通也. 生涯教育理念の教育社会学の考察. 教育社会学研究第 35 集，1980.

革；另一方面，教育既是社会创新的有效手段，也是文化变革的工具。发展中国家高度重视教育在促进社会和经济改革中的关键作用。即使是最保守的教育体系，只要基于科学或理性主义，并具有对传统和习俗的批判性态度，也能够培养出创新能力。对于个人而言，其对教育的期望往往基于教育将增强社会流动性的假设。

第三，消费与生产。教育在过去是上层阶级的休闲活动，被统治阶级垄断，发挥着精英身份象征的作用。随着新国家的诞生和工业化的出现，教育越来越成为国家层面关注的重要事务，而不再局限于个体家庭或阶级的私人领域。自 20世纪 50 年代中期起，人们越来越重视教育的生产性价值，将培养合格的劳动力视为促进经济福祉的重要投资。

新堀通也认为，这三对相互矛盾的教育功能解释了教育滞后和社会冲突，特别是在教育意识形态和政策领域，还存在一些功能失调，如教育浪费、人才流失、人才外流、学生不安等。随着教育成为一项巨大的国家事业，教师作为官僚制度中异质员工和自治专业人员之间的角色冲突表现出来；教育行政部门试图坚持分权和地方控制的原则与大学强调学院自治之间出现了社会困境。这些功能失调代表了教育社会学关注的重要领域。[①]

7. 教育病理

新堀通也以"教育病理学"为切入点展开开创性的研究。他认为，教育作为一种社会现象，同样存在着由教育结果引发的、与教育相关的两大类"病理"，前者被称为教育性病理，后者被称为病理性教育。[②]

新堀通也以功能和结构为分析角度，对社会系统进行了研究。在功能层面，社会系统涵盖目标实现职能与自我维持职能。教育系统同样如此，若无法履行此两种职能，或履职成效不佳，便会产生教育资源的浪费以及教育领域的冲突。从结构上看，社会系统与其外部系统以及内部子系统之间存在密切关联。当教育系统与外部系统之间缺乏协同与有机的联系时，矛盾就随之产生；而在教育系统内部，若角色结构及职能配置和身份结构失衡，差异现象便随之显现。基于

---

① Shimbori M. Educational sociology or sociology of education?. International Review of Education, 1972, 18, (1): 3-12.

② 新堀通也. 现代教育的病理教育病理学的结构//瞿葆奎. 教育学文集教育与社会发展. 北京：人民教育出版社，1989：555-556.

此，病理群就会产生。①

教育的病理特征是一个历史性和全球性的问题。从 20 世纪 70 年代中期开始，新堀通也等对日本教育中的偏移和失调状态进行了研究，为教育病理学的崛起奠定了理论基础。他强调教育病理与其他社会病理有所不同，其划分标准是与教育存在某种联系。

"教育病理"是一个相对性的概念，判断标准多元且主观。它关注教育中的病理现象以及与教育相关的外部条件。通过功能和结构的分析，可以理解教育系统中的教育浪费、教育冲突、教育滞后和教育差异等问题。这一领域的研究对于理解教育问题和改进教育实践具有重要意义。

（三）理论评价

新堀通也的终身教育理论为教育改革和实践提供了重要的理论基础。新堀通也在教育病理学领域作出了重要贡献，他以此为切入点，对教育中存在的问题进行了深入研究和探讨。通过分析教育的功能和结构，他提出了教育病理的分类和判断标准，为教育病理学的发展奠定了理论基础。除了教育病理学，新堀通也还涉及其他教育社会学的研究领域，包括教育社会学理论、学校文化、教育与社会发展等方面。他的研究成果被广泛发表于国内外学术期刊，并在学术界产生了重要影响。

新堀通也的终身教育理论对理解和改进教育实践具有重要意义，他的成果在教育领域产生了广泛影响。他的研究成果被广泛应用于教育政策制定、教育改革和教育评估等方面，为提高教育质量和促进教育公平作出了积极贡献。

四、《学会生存》中的终身教育理论

《学会生存》是由曾在联合国教科文组织任职的法国教育思想家埃德加·富尔领衔，汇聚各国知名教育专家之力，经过对 23 个国家进行深入考察与分析而完成的。它被视为终身教育理论的经典代表作，对终身教育理论的发展产生了重要影响。

（一）理论背景

20 世纪 70 年代初，全球科技革命和现代化生产极大地促进了社会发展，社会的急剧发展与变化对个体提出了新的挑战，要求每个个体"学会生存"。首

---

① 周润智. 教育病理学的视域及其理论架构. 沈阳师范学院学报（社会科学版），2001, 25（4）：57-63.

先，推进政治民主化是一个关键因素。第二次世界大战结束以来，全球政治格局经历了深刻变革，各国政治民主化进程呈现出显著加速的态势。各国民众对教育领域民主的呼声也愈发高涨，以期实现教育机会的民主与平等。传统教育选拔和筛选制度已不足以回应民众的需求，公众需要参与教育管理及监督的权利。这推动了教育观念、教育制度、教育方法等一系列的变革，教育必须以改革应对这些迫切需求。其次，科技知识与生产的飞速发展亦发挥了关键作用。生产力的发展带来了社会生活的巨变。20世纪60年代，随着先进工业化国家生产力的飞速发展，农业和制造业逐步实现自动化，产业结构不断地进行重大调整。快速发展也孕育着巨大的机遇，它给予人们更多的时间和机会去追求学习，使学习成为人们在谋求生存、谋求发展、完善自我过程中不可或缺的要素。最后，全球人口的急剧增长也给教育带来了巨大的压力。第二次世界大战结束后，全球人口几乎呈爆炸式增长。这也使学生的人数迅猛增长，学校难以满足大量适龄人口的学习需求，教育资源与分配情况几乎达到应对的极限。

综上所述，20世纪70年代初，全球科技革命和现代化生产的浪潮推动了社会各方面如政治、经济及人口诸多方面的变革，同时也推动了教育观念的变革和教育制度的重建。人们对获取平等、民主的教育机会的需求增加，科技发展为再学习提供了条件，而人口的激增则给教育带来了挑战。

第23届联合国大会于1968年12月17日通过决议，将1970年定为"国际教育年"。联合国教科文组织第16届大会通过一项决议，授权当时的总干事马厄（L. Maher）成立国际教育发展委员会，该委员会的使命是提交一份关于教育发展的报告。这份报告旨在帮助各国政府制定教育发展的国家策略，为世界各国进行的相关教育研究和决策提供依据及参考，以指导联合国第二个发展十年期间的教育国际合作和联合国教科文组织的工作。

1971年初，国际教育发展委员会正式成立并开始工作，总干事马厄邀请富尔担任委员会主席，同时委任6位文化和专业背景各异的著名人士为委员会成员。在逾一年的时间里，委员会进行了扎实的研究工作，召开了6次会议，对23个国家进行了实地考察，探访了13个国际与区域组织，研究了70余篇关于全球教育状况及教育改革的论文，充分借鉴了联合国教科文组织在长达25年活动中积累的文献资料。最后，由富尔作为代表的国际教育发展委员会于1972年5月18日向总干事提交了一份报告，即《学会生存》。

《学会生存》从历史与现实的视角，深入探讨了教育、人类生存与发展之间的紧密联系，为处理几者间的关系提供了崭新视角。它对现今教育面临的各方面挑战进行了详细分析，根据问题、经验进行反思，并针对教育改革提出了一系列具体方法与途径，旨在引领我们走向一个以学习为核心的社会。《学会生存》提出，国际教育合作在这个过程中有重要作用。它倡导教育民主化与教育平等的价值观，提倡人文主义的教育目标。它还构想了一个学习型社会的远景，强调终身教育为实现学习型社会奠定基础，同时倡导全体社会成员坚持不懈地学习，以适应时代发展的持续变迁。

（二）理论构成

《学会生存》分为序言、后记及三个主体部分，共九章。主体部分涵盖研究成果、未来展望及迈向学习化社会等内容。其广泛且深入的主题不仅体现在各章节的内容丰富多样，更表现在各主题之间的内在联系紧密。它以过去为鉴，以现今为镜，以回应未来可能的挑战为目标，是一部世纪性教育著作。

《学会生存》提出的终身教育的概念打破了传统的教育观念。它指出在信息科技时代，我们必须不断充实自己的知识库，通过终身学习来保持竞争力。因此，终身教育已变得至关重要。学习化社会的形成也是本书的核心议题之一。根据这些观点，学习化社会的教育具备以下特点：教育范围的扩大，接受学习的时间不再局限于青少年时期，教育领域已拓展至人生各个阶段；坚持交流学习；教育与生产劳动相结合；其核心从纯粹的教学转向学习的自主性与主动性，超越了传统学校教育的范畴。在此基础上，学习与教育相互促进，与社会发展形成了相辅相成的紧密关系。此外，《学会生存》还提出了教育民主化和教育公平的重要性。教育民主化诉求涉及诸多方面的改革，其中涵盖对教育机构的重构、个性化教材内容的调整、构建和谐的师生关系、改革教育评估标准等。教育民主化的核心是教育平等，包括教育机会均等、教育过程平等和教育结果平等。

1. 终身教育的概念

《学会生存》指出，"终身教育"这一概念最初起源于成人教育领域，继而扩展至职业教育，最终涵盖全部教育活动。《学会生存》提到，终身教育是一种全面的教育理念，强调教育的连续性和持久性。通过各种形式、方式和阶段的教学行动，终身教育旨在建立一种循环往复的关系，以促进个人不断学习和成长。这种理念不仅关注知识的传授，更注重培养个人的学习能力、思维能力和实践能力。因此，终身教育成为实现个人全面发展的重要工具和手段。教育被视为人类发展的过程，在此过程中，个体致力于自我完善。综合运用心理学、经济学、社会学等学科成果，教育就会显现其本性——"完整的和终身的教育"。①

《学会生存》提到，终身教育是一个跨越整个人生的过程和体系。它从个体一出生开始，贯穿着学龄期的各个阶段，并延续至人生的终点。同时，终身教育将学习与工作、休闲融合在一起。它将学习视为一个不断发展的过程，在这个过程中，个人能够全面成长，融入社会集体的大家庭。因此，终身教育关注的是整个人，而不仅仅是人作为产品的一部分；它关注的是具有创造性的生活，而不只是物质生产的生活。②

此外，《学会生存》还提到，终身教育，从其全面含义来看，指的是商业、工业和农业机构均具备广泛的教育职能。③

终身教育理念主张摒弃选拔制度。在这一理念下，选拔和筛选的目的不再囿于表面的分数、等级、学分，而转向真正的能力、动机与才干，因此，相应的晋升及考核制度也应进行全面改革。

2. 终身教育的目的

《学会生存》指出，终身教育的目的是"培养完人"，即培养完善的人，主要包括复合态度、感情品质、美感活动、身体健康等方面。"教育的目的在于使人成为他自己，'变成他自己'。"④《学会生存》进一步指出，教育是一项全球性的事业，肩负着重要的使命，其内在目标具有普适性，适用于全球范围，确定目标并非唯一考量因素，关键在于这些目标应建立在广泛共识的基础之上⑤。

3. 终身教育的功能

《学会生存》指出，终身教育要培养人去适应变化，为变化作准备。教育，作为一种深受历史和社会影响的产物，并非仅仅对其潜在消极影响采取被动接受的姿态。事实上，教育作为塑造未来的关键因素，尤其在当下，肩负着培养人类

---

① 联合国教科文组织国际教育发展委员会. 学会生存：教育世界的今天和明天. 华东师范大学比较教育研究所，译. 北京：教育科学出版社，1996：180-181.

② 联合国教科文组织国际教育发展委员会. 学会生存：教育世界的今天和明天. 华东师范大学比较教育研究所，译. 北京：教育科学出版社，1996：226.

③ 联合国教科文组织国际教育发展委员会. 学会生存：教育世界的今天和明天. 华东师范大学比较教育研究所，译. 北京：教育科学出版社，1996：240.

④ 联合国教科文组织国际教育发展委员会. 学会生存：教育世界的今天和明天. 华东师范大学比较教育研究所，译. 北京：教育科学出版社，1996：14.

⑤ 联合国教科文组织国际教育发展委员会. 学会生存：教育世界的今天和明天. 华东师范大学比较教育研究所，译. 北京：教育科学出版社，1996：197-198.

适应变化的重要使命，这正是我们时代的一大特色。面对世界变化局势加快的现实，教育旨在培养民众具备积极应对变革的能力，使他们了解如何适应并从中受益，进而塑造一种富有活力、独立思考、敢于创新的精神风貌。[①]此外，要"通过终身教育减轻人们的不安全感和增加职业的流动性"[②]。

《学会生存》引用了弗莱雷的解放教育理论，强调"教育即解放"，认为"在教育中采取解放行动有很大的可能性"[③]，终身教育要培养人成为从社会经济和历史的枷锁中解放出来的人。要发挥教育的解放功能，可以借助现代技术的力量，增加个人和社会的学习机会。

4. 终身教育的思想

《学会生存》对终身教育的理念进行了深入探讨，指出在过去的十年里，终身教育的理念已逐渐凝聚共识，尽管并非当代的新兴观念。教育是连续不断的过程，这一理念并非创新。无论自觉还是无意识，人们始终在不断地进行自我学习和调整。这种学习和训练主要通过影响环境使个体增长实际经验，以改变知识、行为、世界观的方式进行。然而，此类自然动力至今仍未得到充分重视，将其转化为深思熟虑设计的机构寥寥无几。尤其值得注意的是，一种偏见盛行，认为教学仅针对青少年，且局限于学校环境，从而使终身教育被视为非正常现象。如今，人们逐渐认识到：大多数人尚未充实好自身能力，尚未准备好应对未来的社会变革和挑战。千百万成年人需要接受教育，不仅为了提升自身能力、为个人发展作出贡献以获得幸福，还因为 20 世纪的社会、经济和文化发展要求每个受过教育的公民充分发挥其潜力。因此，我们需要重新审视教育的本质和形式。教育不再仅仅是学校的责任，而是每个个体都需要积极参与的过程。教育只有在其实质、行动层面以及时空维度上经历深刻变革，简言之，唯有秉持终身教育理念，方能使之成为高效、公平、人道的事业。如今，这一理念已在全球范围内广泛传播，终身教育已演变为具有历史意义的议题，关乎文明自身的演进。[④]

---

① 联合国教科文组织国际教育发展委员会. 学会生存：教育世界的今天和明天. 华东师范大学比较教育研究所，译. 北京：教育科学出版社，1996：137.

② 联合国教科文组织国际教育发展委员会. 学会生存：教育世界的今天和明天. 华东师范大学比较教育研究所，译. 北京：教育科学出版社，1996：138.

③ 联合国教科文组织国际教育发展委员会. 学会生存：教育世界的今天和明天. 华东师范大学比较教育研究所，译. 北京：教育科学出版社，1996：177.

④ 联合国教科文组织国际教育发展委员会. 学会生存：教育世界的今天和明天. 华东师范大学比较教育研究所，译. 北京：教育科学出版社，1996：179-180.

5. 学习化社会

一方面，学校在学习化社会中不可或缺，是决定性因素。自终身教育理论产生起，教育领域关于学校教育的批判层出不穷，甚至有"非学校化"的论断。但《学会生存》指出，学校作为针对年轻一代进行有序教育的机构，在培训人们为适当的工作作好准备、培养对社会发展作出贡献、在生活中发挥积极作用的人才等方面，至今，乃至未来都发挥至关重要的作用[①]。鉴于各国背景与理念的差异，某些教育体制及教学模式亟待深入批判，众多教育领域亟待全面反思与革新。若我们摒弃了学校教育，将其视为教育核心组成部分的地位（尽管并非唯一要素），那么，这将意味着剥夺了众多人士接受系统知识教育的权益。尽管人类文化内涵远不止于知识，但在当下，知识依然是文化构造中不可或缺的组成部分。因此，我们必须审慎地对待学校教育，既要批判其不足，也要珍视其价值。只有全面而客观地审视学校教育，才能真正实现教育改革的目标，满足人们对于知识的渴望和追求。

针对学校教育出现的弊端，国际教育发展委员会提出了解决办法，即对现有教育体系加以改进，在现有教育基础上，增加其他教育途径的可能性。鉴于上述原因，国际教育发展委员会着重强调了两个基本理念：终身教育和学习化的社会。由于传统的在校学习已不能构成一个清晰的"整体"，且在学生步入成人世界之前无法充分提供所需的教育准备，因此教育体系亟须进行全面重新考量，而我们对这一体系的既有观念也必须接受重新的审视与评议。若我们将学习过程中所需的知识与技能持续创新与更新，那么教育便转变为学习，进而演变为一种生活方式。在学习涵盖个人终身成长及社会资源整合的基础上，除对教育体系进行必要的调整外，我们还须不断迈进，以实现建设学习型社会的目标。为实现这一目标，我们需要构建开放、包容、多元化的学习环境，以激发个人的学习潜能和创新精神。

另一方面，终身教育是学习化社会的基石。终身教育并非单纯的教育体系，而是一个基于原则的全面组织。这一原则贯穿于整个体系的发展过程中，影响着每个部分的建立。因此，《学会生存》主张，在未来，发达国家与发展中国家在制定教育政策时，应以终身教育为核心理念。

---

① 联合国教科文组织国际教育发展委员会. 学会生存：教育世界的今天和明天. 华东师范大学比较教育研究所，译. 北京：教育科学出版社，1996：15.

6. 终身教育学

《学会生存》还提出了建设"终身教育学"的构想。书中提到，随着时代的发展，教育科学的概念及其应用范围均呈现日益扩大的趋势①，人们长期以来将教育与教学相混淆，认为教育是为人民提供生活的起点。然而，如今教育学活动的前景已发生显著变化，它必须预见终身教育的必要性。《学会生存》提出，现代教育学的特征是"从教育作为起点训练这个观念过渡到继续教育这样一个观念"。《学会生存》引用了弗特（P. Fert）《教育学的盛衰》中的观点，"大学应把一种培训人的科学称为'终身教育学'，如有些大学业已实行的那样"，这门学科之所以应当被称为"终身教育学"，而非仅仅称为"教育学"，原因在于其教育目标不再局限于培养儿童及青少年，而是致力于促使个体终身接受教育。②

此外，《学会生存》还强调在加强各学科联系基础上发展教育理论。"现在有人把这些学科简单地罗列在一起，统统称之为'教育科学'。但是我们认为，不如把这些学科更有机地联系起来。我们主张设置全国性的和国际性的机构，促使各门平行的学科形成新的相互关系。"③

（三）理论评价

《学会生存》在终身教育理论发展过程中占有非常重要的地位。它重新审视了教育功能，主张人的教育应具有前瞻性，而非仅仅满足社会需求。它提倡传授多元化知识，以培养创新精神，而非局限于就业所需的专业技能。如此教育方能为社会创造价值，而不仅仅是弥补不足。《学会生存》还预见了学习化社会的到来，指出了教育民主化的发展趋势，提出了建立新型教育体系的思路。其最重要的价值在于它揭示了现代教育正逐渐转向整个社会和个人终身发展的方向，即终身教育和学习化社会的未来趋势。它呼吁人们在新时代的环境下，学会生活，学会如何学习，以便能够不断吸收新知识；学会自由而批判性地思考；学会热爱这个世界，并通过创造性的工作使世界更加充满人情味；学会在创造的过程中推动自身的发展。《学会生存》被誉为"影响当代世界教育进程的重要文献"和"当

---

① 联合国教科文组织国际教育发展委员会. 学会生存：教育世界的今天和明天. 华东师范大学比较教育研究所，译. 北京：教育科学出版社，1996：150.

② 联合国教科文组织国际教育发展委员会. 学会生存：教育世界的今天和明天. 华东师范大学比较教育研究所，译. 北京：教育科学出版社，1996：151.

③ 联合国教科文组织国际教育发展委员会. 学会生存：教育世界的今天和明天. 华东师范大学比较教育研究所，译. 北京：教育科学出版社，1996：166.

代教育思想发展中的一个里程碑"。①

《学会生存》中的终身教育理论是对既有终身教育理论的一种发展，不乏更多新的观点，推动了终身教育理论的迅速传播，成为不少国家进行教育改革的指导思想和理论依据。其关于教育变革的理念与思想在全球范围内产生了广泛的影响，同时在我国教育领域也得到了积极的借鉴与探讨。在当今社会，教育变革已成为一个全球性议题，《学会生存》所提出的理念和思想正是在这样的背景下应运而生的。它不仅为世界各地的教育工作者提供了新的视角和思考方式，还为我国的教育改革提供了有益的借鉴。但在翻译和解析过程中，有时可能出现理解偏差或简单套用的现象。因此，在对《学会生存》进行解读与研究时，我们须谨慎对待，避免盲目引用与套用。同时，我国应结合自己的实际情况，在学习与借鉴相关理论的基础上持续创新与发展，提出契合我国国情的原创性理论。此外，我们还需要关注《学会生存》的理论基础和逻辑结构，深入理解其核心思想和理论体系，以确保我们在引用和运用时准确把握其内涵和精髓。

第三节 国际终身教育理论演进的趋势

伴随终身教育理论的发展，其逐渐从孕育阶段走向成熟阶段，逐渐从概念转向指导实践，推动了教育理论的革新与教育实践的变革。统观终身教育理论在国外的形成和发展历程，综合梳理国外主要的终身教育理论代表性人物与代表性作品，我们可以分析出国际终身教育理论演进的十大趋势。

一、终身教育理论的多元化

终身教育理论在教育理论中占有非常重要的地位，被广泛应用并具有较大影响。随着社会的不断变化和人们对教育需求的不断演变，终身教育理论也在不断发展和演进。未来，终身教育理论的发展趋势将更加多元化，出现更多的理论流派，并具有跨文化的特点。

（一）终身教育理论的多元化是其发展的必然趋势

终身教育涉及广泛的教育领域和学科。终身教育的广泛性、复杂性使得不同

---

① 单中惠，朱镜人. 20世纪外国教育经典导读. 济南：山东教育出版社，2018：182.

领域的教育实践和理论研究对终身教育的理解与应用产生了差异。例如，在成人教育领域，强调学习者的自主性与个体发展；在职业教育领域，注重培养实用技能和适应职业发展需求；在继续教育领域，重点关注持续学习的机会和资源。这些不同领域的教育实践和理论研究为终身教育理论提供了丰富的理论视角及实践经验。未来终身教育理论的发展将更加关注不同领域的理论构建和实践探索，形成更加多元的理论观点和方法。

（二）终身教育理论的多元化理论流派

我国有研究者对国际终身教育理论的发展历程进行了梳理，认为国际终身教育理论主要有三种流派。第一种流派以朗格朗为代表，其特点包括强调原理性和理念性，具有高度抽象性，倾向于理想主义。一些研究者认为这种流派的终身教育理论停留在理念构想阶段，对实际教育政策制定和法治化的推进提供有限的参考价值。第二种流派以捷尔比为代表，被称为"反体制终身教育论"。与第一种流派不同，这一流派主张立足于第三世界"社会弱势群体"的视角，致力于倡导为弱势人群争取解放的斗争性终身教育理念。此流派将终身教育理论的实践化推进了一步，其支持者还包括弗莱雷、伊里奇、霍拉等。第三种流派是"社会主义、集体主义终身教育论"。这一流派以马克思主义理论为基础，强调个人的人格发展、道德品质的提升以及个人的发展与社会主义共同体的发展有机结合。此学派着重强调国家和社会这种整体性质的共同体意识，主张将社会共同体建设的目标寓于个人人格发展的培养目标之中。个体与集体的关系在这个过程中得以重塑。在苏联和南斯拉夫的成人教育以及终身教育理论中，都可以看到这一学派的影子。①

未来，随着终身教育理论的深入发展和终身教育实践的丰富，新的理论流派将不断涌现。例如，心理学、社会学、经济学等学科的研究成果将逐渐融入终身教育理论，为终身教育的理论框架和实践提供新的思路及方法。

（三）终身教育理论的跨文化特点

随着全球化的进程和不同文化间的交流与碰撞，终身教育理论将不再局限于某一特定文化的框架内。不同国家和地区的文化背景、教育体系和社会环境将对

---

① 吴遵民. 现代中国终身教育论：中国终身教育思想及其政策的形成和展开. 上海：上海教育出版社，2003：19-32.

终身教育理论的发展产生深远影响。跨文化的研究和对比分析将促进不同文化间的共享和借鉴，促进终身教育理论的跨文化交流和应用。

终身教育理论的跨文化发展趋势不仅会丰富终身教育的理论内涵，也将为终身教育实践提供更多的选择和指导。多元化的理论观点和方法可以更好地满足不同学习者和社会群体的需求，促进个体发展和社会进步。同时，跨文化的特点将帮助我们更好地理解和应对全球化带来的挑战与机遇，推动终身教育的国际化和全球合作。

综上所述，终身教育理论的多元化发展趋势将使其内容更加丰富和全面。然而，终身教育理论的多元化也面临一些挑战。不同理论流派之间可能存在观点分歧和争议，需要进行深入的讨论和对话。此外，跨文化的理论交流也需要克服语言和文化差异带来的障碍，建立有效的跨文化合作机制。面对不断变化的社会和教育需求，我们需要持开放的态度，鼓励不同理论流派的探索和创新，促进跨文化的交流与合作。通过多元化的理论发展，我们能更好地推动终身教育的实践，为学习者的全面发展和社会的长期繁荣作出贡献。

二、终身教育理论的综合化

未来，基于终身教育的广泛性和复杂性，终身教育理论将实现在不同学科领域的全面发展和综合应用。

（一）从学科、多学科到跨学科的理论进程

早期的终身教育理论主要基于哲学、心理学、社会学等传统学科，强调教育的理论和实践对个体终身发展的影响。随着对终身教育理论的深入发展，学术界开始意识到终身教育涉及政治、经济、文化、知识、技术、教育等方面，需要提倡跨学科研究。从 20 世纪 60 年代开始，学术界从哲学、心理学、社会学、历史学、人类学、经济学等学科视角对终身教育问题进行了多学科研究。20 世纪 70年代以后，终身教育理论的跨学科研究逐渐兴起，并涉及更多的学科，如生态学、技术学等。跨学科研究使得终身教育理论更加全面和综合。[①]

然而，目前终身教育理论的跨学科发展仍面临一些挑战。首先，尽管从学科的角度来看，终身教育理论的跨学科发展已经涵盖多个学科，但在核心要素上尚未形成广泛的专业团队，难以实现知识的自给自足。其次，在跨学科性方面，学

---

① 何思颖. 终身教育跨学科研究之路有多远？. 职教论坛，2023（3）：100-108.

科的均衡性和差异性仍然存在问题，学科之间的协同和融合仍然不够理想。例如，某些学科的研究在终身教育中相对较少，而某些学科的研究在终身教育中相对较多。此外，学科之间的差异度相对较低，缺乏深度的交流和合作。因此，终身教育跨学科研究需要进一步加强，从认知、技术、社会等多个层面进行跨学科研究。

（二）重视跨学科研究的重要性

终身教育涉及个体的全生命周期和社会的多个方面，因此终身教育理论的发展需要借鉴和整合来自不同学科的知识及方法。

第一，终身教育理论需要进一步加强认知科学和心理学等学科的研究，以更好地理解和支持个体学习与发展的过程。认知科学研究可以揭示学习和记忆的机制，心理学研究可以分析个体的心理特点和学习需求。通过跨学科研究，可以将认知科学和心理学的研究成果与教育实践相结合，提供更有效的终身学习支持。

第二，技术学和教育技术学等学科的研究对终身教育理论的发展至关重要。随着科技的进步和数字化的发展，技术在教育中发挥的作用越来越重要。技术学和教育技术学的研究可以探索如何利用技术创新来支持终身学习，例如在线学习平台、教育游戏、虚拟现实技术等。

第三，终身教育理论需要进一步关注社会学、经济学和文化学等学科的研究，以更好地理解终身教育的社会、经济和文化背景。社会学的研究可以探索个体在社会中学习的过程和机会，经济学的研究可以分析终身教育对个体和社会的经济效益，文化学的研究可以揭示不同文化背景下的终身教育模式和价值观。通过跨学科研究，可以将这些学科的研究成果与教育实践相结合，推动终身教育理论的社会和文化适应性发展。

跨学科研究可以促进不同学科之间的交流和合作，丰富和深化终身教育理论的内容及观点，推动终身教育理论的创新和改革。在终身教育理论的跨学科研究中，需要加强不同学科之间的协同和融合，建立广泛的专业团队，形成全面和综合的终身教育研究体系。通过综合化的终身教育理论，可以更好地支持个体的全面发展和社会的持续进步。

三、终身教育理论的实证化

终身教育理论的实证化发展趋势是基于现代教育理论，强调将理论建立在实证数据和经验观察的基础之上。它强调通过实证研究方法来验证和修正理论，以及为理论提供实证支持。这种趋势在终身教育领域中也得到了广泛的应用和发展。

（一）实证研究方法在终身教育理论中的作用

实证研究方法在终身教育理论的验证和修正中起着重要的作用。它可以用于评估终身教育政策和实践的效果，揭示终身教育的需求和挑战，探索影响终身教育实践的因素和最佳实践。通过实证研究方法的运用，可以为终身教育提供科学依据，促进理论发展和实施的有效性、可持续性。

第一，通过使用实证研究方法，研究者可以收集和分析实际数据，以验证终身教育理论和假设的有效性。例如，在终身学习动机方面的研究中，研究者可以使用调查问卷或实验设计来收集学习者的数据，以了解他们的动机和行为。通过分析这些实证数据，研究者可以验证终身教育理论中的假设，同时也可以对理论进行修正和改进。

第二，实证研究方法可被用于评估终身教育政策和实施的效果。通过收集和分析实际的数据，研究者可以评估终身教育政策和项目对个体学习成果、职业发展等方面的影响。这有助于了解终身教育政策的有效性和可行性，并为政策制定者提供科学依据。

第三，实证研究方法可以揭示终身教育的需求和挑战。研究者可以通过实证研究方法收集个体和社会对终身教育的需求及期望的数据，以了解不同群体的教育需求和发展需求。同时，实证研究方法也可以帮助研究者识别和分析终身教育实施过程中的问题及挑战，为改进终身教育提供指导和建议。

第四，实证研究方法可被用于探索终身教育实践中的影响因素和最佳实践。通过实证研究，研究者可以分析个体、组织和社会层面的因素对终身教育实践的影响，如学习动机、教育资源、教师素质等。同时，实证研究方法也可以帮助研究者了解各类终身教育实践的效果和效益，为实践者提供经验教训和指导。

（二）现代技术的发展为终身教育理论的实证化提供了支持

当今世界的技术日新月异，为终身教育理论的实证化发展提供了重要的支持。教育形态不断演变，技术在全球教育中扮演着至关重要的角色。具体来说，以联合国教科文组织的四个划时代报告（《学会生存》《教育：财富蕴藏其中》

《反思教育：向"全球共同利益"的理念转变？》《共同重新构想我们的未来：一种新的教育社会契约》）为分析框架，可以揭示技术背景与终身教育理论发展之间的内在关系。①

其一，大众传媒时代与终身教育的关系。随着大众传媒的发展，信息传播和获取的方式发生了巨大的变化。通过电视、广播、报纸等媒体，人们可以获取各种知识和信息。这为终身教育提供了更便捷和广泛的途径。大众传媒时代的发展促进了终身教育理念的普及和实施。

其二，互联网时代与"四个学会"的关系。随着互联网的快速发展，人们可以通过网络获取和共享大量的信息及知识资源。这为自主学习、合作学习、批判性思维和创造性思维提供了更广阔的平台。互联网时代的到来推动了学习者在终身教育中实现个性化、跨文化和全球化的学习体验。

其三，智能时代与"全球治理"的关系。随着人工智能、大数据和物联网等技术的发展，智能时代的到来改变了教育的组织和管理方式。智能教育系统可以根据学习者的需求和表现提供个性化的学习支持，同时可以实现跨地域和跨文化的教育资源共享。这为终身教育的全球治理提供了更高效和智能化的手段。

其四，危机时代与"社会契约"的关系。在面对各种危机和挑战时，终身教育的重要性愈发凸显。面对技术的快速发展和社会变革，人们需要不断学习和适应变化，以保持竞争力和生存能力。终身教育与社会契约密切相关，社会应该提供机会和资源，确保每个人都能够实现终身学习。

技术的快速发展对终身教育理论的实证化发展具有重要影响。通过分析联合国教科文组织的四个划时代报告，可以发现技术背景与终身教育理论发展之间的内在关系，表明技术对终身教育理念的发展具有明显的推动作用。

四、终身教育理论的人文主义倾向

在世界范围内，终身教育理论的人文主义倾向将成为一个重要的发展趋势。联合国教科文组织一直专注于全球教育未来的发展方向，并已发布一系列具有前瞻性的报告。这些报告深入分析了教育领域的挑战和机遇，为各国政府、教育机构和社会组织提供了宝贵的参考。这些报告的目标是重新审视教育的核心目的、功能和实施方式，以更好地理解教育的发展路径，并引导全球的教育改革和进步。

① 杨晓哲，赵健. 技术变革教育的全球演进与中国历程：以联合国教科文组织教育理念发展为线索. 教育研究，2023，44（8）：82-90.

《联合国教育、科学及文化组织组织法》（简称《组织法》）宣告了教育的目标是构筑和平的屏障，通过教育、科技与文化途径加强国际合作，共同为世界和平与稳定作出贡献，促进人权与基本自由的广泛尊重。在 70 余年的发展历程中，联合国教科文组织始终关注人类权利、自由和尊严的核心价值，体现了人文主义的情怀，并随着时代的演进不断发展和丰富终身教育理念。在这一过程中，联合国教科文组织不仅为推动世界和平与发展作出了重要贡献，也对保护和传承人类文明发挥了积极作用。

人文主义教育观在不同时期被赋予不同的意义，但始终保持着几个核心特征。第一，人文主义教育观强调意志自由和理性自制，倡导个体自由的实现，并相应地赋予个体责任和义务。第二，人文主义教育观注重培养、塑造公民责任意识和能力，使每个人具备为社会作出贡献的能力。第三，人文主义教育观注重包容不同群体和多元文化，使教育能够适应不同的背景和需求。第四，人文主义教育观立足于全球视野，根据不同时期的全球性问题提出解决方案，推动教育的协同共治。[1]

五、终身教育理论的全域化

终身教育理论的全域化发展趋势意味着终身教育理论不再局限于某一个特定领域，而是在各领域中得到广泛的应用和发展。也就是说，终身教育理论的全域化发展不仅体现在教育领域，还体现在社会其他领域。

（一）教育领域的终身教育理论发展

从各级各类教育的角度来看，终身教育理论的全域化发展意味着终身教育理论在各级各类教育领域都有所发展。过去，终身教育理论更多地体现在成人教育领域。现在，越来越多的国家开始重视儿童和青少年的终身教育，为其提供多样化的学习机会和资源，以培养和提高其综合素质。

立足于终身教育理论，我们既要重新审视各级各类教育，比如基础教育和高等教育，又要重视各级各类教育领域内终身教育理论的建构。

在基础教育方面，在终身教育理论的引导下，我们需要全面普及基础教育，并且注重培养学生的综合素质，以确保培养目标的实现。此外，我们还需要加强

---

① 任强，周露露. 人文主义教育观的嬗变、特征及启示：基于联合国教科文组织四份报告的解读. 现代教育科学，2023，（2）：14-20.

基础教育与各级各类教育的衔接，构建一个开放融通的教育体系。①

在高等教育方面，终身教育理论提醒我们，大学应该承担起老年教育的责任。这不仅是"积极老龄化"思想的重要内容，也是对应对社会老龄化问题的有效举措：一方面，大学可以为老年人提供学习和参与活动的机会；另一方面，大学可以推进老年人的再社会化，帮助他们适应环境和自身的变化，在参与社会和交往中找到意义并快乐地度过"第三年龄"的高峰。②

这些教育领域的持续发展，迫切需要终身教育理论的指导。唯有更系统、深入、具体、全面地发展终身教育理论，才能在具体的教育领域发挥理论指导力，推进终身教育视野下各级各类教育的发展，构建终身教育体系。

（二）其他社会领域内的终身教育理论发展

未来，终身教育理论将在职业发展、休闲娱乐、社会治理等其他社会领域中得以应用。

在职业发展领域，终身教育理论的全域化发展意味着职业发展不再仅仅依赖教育阶段的学习和培养，而需要持续地学习和更新知识与技能。个体需要不断适应职场的变化和新技术的发展，通过终身学习和培训来提升自己的竞争力和适应力。同时，职业发展也需要关注个体的全面发展，包括个人素质和职业道德等方面的培养，以实现个体的终身职业发展和成长。

在休闲娱乐领域，全域化的终身教育理论强调休闲娱乐的教育价值和个体的全面发展。休闲娱乐不仅仅是为了放松身心，更可以成为个体学习和发展的机会。例如，参与体育运动、艺术创作、社交活动等都可以为个体提供学习和成长的机会，培养其创造力、协作能力、社交能力等。

在社会治理领域，全域化的终身教育理论推动了强调公民参与和民主价值的社会治理模式。终身教育不仅仅是为了个体的发展，更应该关注社会的发展和公共利益的实现。通过终身教育的实践，公民的意识和责任感得到培养，其社会参与能力和公共决策能力得到提高，从而促进社会的民主化和和谐发展。

此外，终身教育理论的全域化发展还赋予终身教育新的内涵，例如生态正义和文化传承等。终身教育可以培养个体对环境保护和可持续发展的意识，促进生

---

① 侯怀银. 从终身教育视野审视基础教育的地位和作用. 教育科学研究，2023，（7）：1.
② 侯怀银，朱琳. 终身教育视野下大学老年教育的责任. 宁波大学学报（教育科学版），2023，45（3）：1-9.

态平衡和资源可持续利用。同时，终身教育也可以承载文化传承和创新的责任，通过学习和传承文化遗产，推动文化多样性的发展和文化创新的实现。

在其他社会领域中，终身教育的目标是促进个体的全面发展和终身学习，同时强调生态正义、和平、民主、文化传承等价值观的传播和实现。通过全域化的终身教育实践，可以促进个体的终身职业发展、全面发展以及社会的进步与和谐。

六、终身教育理论的学科化

终身教育理论的学科化是指将终身教育理论作为一个独立的学科进行建设和研究，以深化对终身教育的理论认识和实践探索。终身教育学的建设旨在推动终身教育的发展和进步，提升终身教育的理论水平并优化其实践效果。

第一，终身教育学内涵更新的必然要求。"终身教育学"早已被提出。未来终身教育理论的发展需要从传统的教育观中走出来，以大教育观来思考教育问题，建立大教育学学科体系。

第二，终身教育理论研究进一步深化的必然要求。这要求终身教育学科在建设上取得新进展，并提供系统的学科知识体系，以奠定理论研究的基础，实现理论研究与学科建设的共同发展。

第三，终身教育实践发展的必然要求。终身教育学科建设应与教育实践紧密结合，如"学分银行"和资历框架等实际应用，并接受实践的检验。

第四，教育学学科体系完善的必然要求。随着时代的发展，社会对教育学学科体系的要求也在提高。作为新时代的教育主题，终身教育应在"学"的层面上完善教育学学科体系，为其注入新的活力，提高其成熟度。

七、终身教育理论的实践化转向

终身教育理论的实践化转向是指终身教育理论越来越能够指导实践，并在实践中得到应用和转化。这一转向的出现是为了更好地满足社会发展和个体发展的要求，将终身教育理论转化为实践行动，使其更具实效性和可操作性。

一方面，终身教育理论的实践化转向表现在教育政策和实践的指导中。随着对终身学习和终身教育价值的认知不断增强，政府和教育机构越来越重视终身教育的实践推动。终身教育理论为制定政策和实践提供了指导原则与实施框架，例如设立终身学习基金、建立终身学习体系、推行跨领域学习等。这些政策和实践的制定和实施，使得终身教育理论得以应用和转化，更好地服务于个体的终身学习和发展。

国家权力对终身教育的推动至关重要，尤其是针对弱势群体，如老年人、残疾人、失业人员、退休及下岗职工、移民、心理素质较弱的青年人等。全球大多数国家重视成人基础教育和第二次教育机会，一些北欧国家甚至为失学者优先提供教育机会。积极差别理论为我国政府在终身教育领域发挥更重要的作用提供了理论支撑。然而，在制定终身教育政策时，政府部门不能仅关注教育行政效率或经济收益，而应将扩大公民的学习机会视为首要发展目标。积极差别理论强调，在终身教育领域，政府应当关注社会公平与正义，致力于消除教育不平等现象。我国政府在推进终身教育的过程中，应充分认识到积极差别理论的重要性，并在政策制定和实施过程中贯彻这一理念。国家权力应致力于提供平等的学习机会，特别是为弱势群体创造参与终身学习的环境。只有这样，国家权力才能真正推动终身教育，实现终身学习的目标。[1]

另一方面，终身教育理论的实践化转向还体现在教育机构和社会组织的实践创新中。教育机构和社会组织积极探索、实践终身教育的理念及模式，将终身教育理论应用到具体的教育项目和活动中，例如开设终身学习课程、组织终身学习活动、建立学习社区等。这些实践创新的目的是满足不同人群的学习需求和提供多样化的学习机会，使终身教育理论能够更好地服务于社会的各个层面。

此外，终身教育的理论和实践已经取得了一定的成果及经验。通过实践的探索和研究，人们对终身教育的原则和方法有了更深入的理解。这些实践的成功案例和经验可以作为参考，指导其他国家和地区在终身教育方面的实践转化。同时，社会的认知和价值观也在逐渐转变，对终身学习的认可度不断提高。人们越来越意识到，在快速变化的社会中，终身教育是个人发展和社会进步的重要基石。这种认知的转变推动了终身教育理论的实践化转向，促使各方面共同努力，将理论转化为实际行动。

八、终身教育理论的本土化

终身教育理论的本土化是由于各国拥有独特的历史、文化和教育制度。每个国家在教育领域内都有自己独特的价值观、教育理念、教育实践。因此，在推行终身教育的过程中，各国会根据自身的国情和文化背景，对终身教育理论进行本

---

① 吴遵民. 现代国际终身教育论. 修订版. 上海：上海教育出版社，2021：100.

土化的改造，使其与本地教育体系相结合。

终身教育理论的本土化体现在教育政策和制度层面上。各国根据自身的需求和教育目标，制定符合国情的终身教育政策和法规。例如，一些国家强调职业培训和技能提升，在终身教育中注重实用性；另一些国家则更加注重终身学习的全面发展和人文素质培养。这些政策和制度的差异体现了终身教育理论的本土化。这些国家在终身教育理论的发展和实践中都注重结合本国国情，以满足不同群体的学习需求和实际情况。通过本土化发展，它们在终身教育领域取得了显著成果，并为其他国家提供了宝贵的经验和借鉴。这进一步证明了终身教育理论的本土化趋势。

终身教育理论的本土化还表现在教育实践和课程设计方面。每个国家都有自己特定的教学方法、教育资源和学习环境。因此，在实施终身教育过程中，各国会根据自身的教育方式和教学传统，设计适合本国学生和社会需求的课程内容和教学方法。这样，终身教育理论就能够更好地适应本地的教育环境和文化特点。

终身教育理论的本土化也体现在研究和学术领域。各国的学者和教育研究机构会根据本国需求及研究重点，开展与终身教育相关的研究，并形成具有本国特色的理论框架和研究成果。这些研究可以推动终身教育理论在本地的发展和实践，同时也可以为其他国家和民族提供参考及借鉴。

九、终身教育理论的具体化

终身教育理论在未来将逐渐从抽象到具体，体现出具体化的趋势。理论是对对客观事物进行科学抽象和精确反映的产物。恩格斯在介绍《资本论》方法时指出，马克思编写《资本论》时采用的方法是从实际和感性认识开始，逐渐升华到理性认识，思维过程是从现象到本质、从具体到抽象、从复杂到简单。而叙述方法则是根据研究结果，将所反映的客观事物在理论上进行表述，正好与思维过程相反，是从本质到现象、从抽象到具体、从简单到复杂。[①]《资本论》的方法并非特殊法则，而是一般性的方法，同样适用于终身教育理论的发展。帕尔纽克在《作为哲学问题的主体和客体》中指出，"对待科学认识成果，必须表现出与科学认识成果中被'对象化'、具体化了的人类活动相符合的活动"[②]。因此，必

---

① 马克思，恩格斯. 马克思恩格斯全集（第 12 卷）. 2 版. 中共中央马克思恩格斯列宁斯大林著作编译局，编译. 北京：人民出版社，1998：751.

② 帕尔纽克. 作为哲学问题的主体和客体. 刘继岳，译. 北京：中国人民大学出版社，1988：181.

须将抽象的理论具象化，并与具体实践活动相结合。

第一，终身教育理论的构建经历了从感性认知到理性飞跃的过程。正如马克思主义知识论所强调的，实践是认识的基础，一切真知都是从直接经验中产生的。因此，在具体化终身教育理论时，我们应该始终关注个体的实际经验、直接感知，需要从学习者的角度出发，理解他们的需求、经验和实际情况。这种感性的理解是我们通向理性认识的必经之路，通过这一过程，我们能够更加精准地把握终身教育的本质与规律，进而构建出更加具体、实用且贴近学习者需求的终身教育理论框架。

第二，对终身教育理论进行具体的历史分析。理论的产生和发展都有其特定的历史条件与演变过程。在具体化终身教育理论时，我们需要深入研究其历史背景、发展脉络以及关键转折点。通过细致的历史分析，我们能够更加全面地把握终身教育理论的内涵和外延，深刻理解其核心理念与价值追求。这种历史分析的方法也有助于增强我们在理解和应用终身教育理论时的全面性和准确性。

第三，我们必须实现从理论到实践的飞跃。将抽象的终身教育理论具体化的最终目标是将其转化为实际的教育实践和政策措施。具体化终身教育理论需要通过实践来检验和发展理论，以确保其真正适应学习者的需求和社会的实际情况。只有在实际的教育实践中，我们才能真正评估终身教育理论的有效性和可行性，并不断改进和发展理论，以适应不断变化的教育环境和个体的学习需求。

总体而言，终身教育理论的具体化趋势与马克思主义认识论中的具体化方法是一致的。这种具体化趋势对终身教育理论与实践发展都具有重要的指导意义。

十、终身教育理论的可持续化

终身教育理论历经沧桑，实现了从古老理念向现代实践的蜕变，由单一概念向理论体系的升华。其应用范围已从少数发达国家扩展至全球，同时其载体语言也实现了多元化。如今，终身教育已发展为终身学习。在理论层面，全球视野下的终身教育研究文本丰硕，探讨问题广泛，研究视角丰富，跨学科特点显著，研究方法综合，覆盖地域广泛，代表性人物众多，影响力深远。这些研究成果已超越了我国相关研究文献的概括与发现。展望未来，终身教育理论将持续演进并呈可持续发展的趋势。

未来，终身教育理论将继续紧密围绕全球关注的议题展开。世界面临着日益复杂和快速变化的挑战，如人工智能、气候变化、经济全球化等，这些议题对终身教育提出了新的要求，同时也带来了新的机遇。终身教育理论将关注如何培养人们的创新能力、适应能力和社会责任感，以应对这些全球性挑战。

与此同时，终身教育理论将继续关注人类福祉的提升。终身教育不仅仅是为了适应职业发展和经济竞争，更重要的是促进人的全面发展，提高人的生活质量并增强其幸福感。终身教育理论将探索如何通过教育和学习来培养人们的个人素养、社会参与能力、健康生活方式等，以促进人类的整体福祉和可持续发展。

此外，终身教育理论将与时代发展同频共振。随着科技进步、社会变革和文化多元化的加速，终身教育理论将不断适应和响应时代的需求。它将积极探索利用新兴技术、创新教育模式和学习方法，以满足不同人群的学习需求和学习方式的多样化。终身教育理论将与时代发展保持紧密联系，以推动教育领域的创新和进步。

第三章 终身教育理论在国际范围内的实践和趋势

国际终身教育从概念到理论再到实践，是一个逐步成熟的过程。未来，国际终身教育将继续发展，并随着社会的进步不断更新、完善。这一过程展示了理论与实践的结合，即理论源自实践，并指导和接受实践的检验，从而推进教育的发展。此外，国际终身教育不仅是理念和理论，更是体系、实践、法律和政策，其发展过程丰富了其内涵并扩展其外延，体现了人文关怀的取向。

第一节 联合国教科文组织对终身教育的推进

联合国教科文组织积极在国际开展教育、科学以及文化方面的合作，致力于营造和平的国际环境。根据《改变我们的世界：2030 年可持续发展议程》（2015 年），联合国教科文组织积极开展各种项目，以实现可持续发展目标[1]，在终身教育发展过程中起着重要的推动作用。终身教育理论由朗格朗提出，由联合国教科文组织进一步完善，在全球范围推广并积极实践。[2]

一、联合国教科文组织及其与终身教育的渊源

联合国教科文组织成立后，通过举办会议、发表文献报告、开展国际合作等多种形式，推动了终身教育的发展，与终身教育形成了较为深厚的渊源。

---

① 联合国教科文组织简介. [2024-01-12]. https://www.unesco.org/zh/brief.
② 何齐宗. 终身教育的理论与实践. 北京：科学出版社，2020：131-132.

（一）联合国教科文组织简介

1. 联合国教科文组织的历史

1942 年，旨在探讨战后教育体系重建的盟国教育专家组织会议在英国伦敦顺利召开。尽管与会国家多数正深陷第二次世界大战的泥潭，但它们已前瞻性地认识到教育对于战后重建的重要性，并取得了初步共识。这一进程得到了包括美国在内的广泛国际支持。随着战争的结束，国际社会进一步推动了在文化和教育领域建立国际合作的努力，最终于 1945 年提议在伦敦召开联合国会议，旨在创建一个专注于促进和平文化、防止未来世界性战争并凝聚人类智慧的组织——联合国教科文组织。经过筹备，该组织的组织法于 1946 年 11 月 4 日正式生效。[①]

联合国教科文组织主要由大会、秘书处以及执行局构成，其总部位于法国巴黎。该组织在全球设有多个地区办事处和研究机构，拥有来自 193 个会员国的 2200 多名工作人员。他们具有多元的文化背景，共同致力于推进教科文组织的使命和计划设定的目标。联合国教科文组织在性别平等方面取得了显著进展，是联合国系统中少数在高级管理层中实现性别比例较为平衡的机构之一。

2. 联合国教科文组织的教育部门

作为联合国体系教育事务管理机构，联合国教科文组织教育部门有近千名工作人员，在巴黎总部及由地区办事处、专门机构、中心和网络组成的全球网络开展工作。该部门由教育助理总干事斯蒂芬妮亚·贾尼尼领导。

第一，总部。位于巴黎的联合国教科文组织总部与世界各地的同事合作，为联合国教科文组织在世界各地的教育行动提供全面指导。教育部门由执行办公室和 5 个处组成（政策与终身学习体系，包容、和平与可持续发展，2030 年教育支持和协调，学习与创新未来，全球教育监测报告）。

第二，地区办事处。联合国教科文组织通过其在欧洲、非洲等地区的 53 个地区办事处支持其在世界各地的教育计划，这些办事处的专业人员与政府、发展伙伴和民间社会建立了强有力的工作联系。

第三，教育机构。第一类机构是联合国教科文组织的组成部分，帮助各国应对从政策到成人扫盲等广泛领域的教育挑战。

国际教育局（IBE）（瑞士日内瓦）：致力于加强课程发展和改革。

国际教育规划研究所（IIEP）（塞内加尔达喀尔、法国巴黎、阿根廷布宜诺

---

① 联合国教科文组织的历史. [2024-01-12]. https://www.unesco.org/zh/brief.

斯艾利斯）：帮助各国设计、规划和管理其教育系统。

联合国教科文组织终身学习研究所（UIL）（德国汉堡）：侧重于成人教育扫盲和非正规教育，促进终身学习政策及其实践。

教育信息技术研究所（IITE）（俄罗斯莫斯科）：协助各国将信息与通信技术运用于教育。

拉丁美洲和加勒比地区国际高等教育研究所（IESALC）（委内瑞拉加拉加斯）：促进该地区高等教育的发展。

非洲国际能力培养研究所（IICBA）（埃塞俄比亚亚的斯亚贝巴）：专注于教师的发展，以帮助加强非洲的教育机构。

圣雄甘地和平与可持续发展教育研究所（MGIEP）（印度新德里）：专门从事和平、可持续性和全球公民的研究、知识分享和政策制定。

联合国教科文组织统计研究所（UIS）（加拿大蒙特利尔）：作为教科文组织的官方统计机构，UIS 通过与各国教育部、国家统计局等组织合作，统计丰富的最新教育数据。

第四，全球网络。联合国教科文组织还通过其广泛的全球教育网络开展工作。

联合国教科文组织联系学校网络（ASPnet）：由 182 个国家的 11500 多所ASPnet 学校组成的网络。

姊妹大学及其大学网络计划/教科文组织教席（UNESCO Chairs and UNITWIN Networks）：联合国教科文组织在 110 个国家的 830 多个高等教育和研究机构中构建的网络。

职业技术教育与培训（TVET）网络：由联合国教科文组织国际职业技术教育与培训中心（UNEVOC）主办。

第五，教育中心。第 2 类中心是独立的、特许的联合国教科文组织合作伙伴，致力于实施该组织的教育计划，并在其不同的卓越领域提高该组织在国家一级的影响力。这些教育中心分别为亚太地区促进国际了解教育中心（APCEIU）、国际高等教育创新中心（ICHEI）、非洲女童和妇女教育国际中心（AU/CIEFFA）、联合国教科文组织联系学校网络国际中心（ICUA）、国际母语研究所（IMLI）、国际农村教育研究和培训中心（INRULED）、气候教育所（OCE）、阿拉伯地区基础教育中心（ASFEC）、阿拉伯国家幼儿保育和教育地区中心（RCECCE）、区域全面经济伙伴关系协定（RCEP）、南亚教师发展中心（SACTD）、教师教育中心（TEC）、优质教育地区中心（RCQE）、教育规

划与管理研究所（IEPA）。^①

3. 联合国教科文组织的专长领域

自 1945 年建立起，联合国教科文组织的使命一直是通过国际合作建立和平，这是在国家之间搭建桥梁的重要途径之一。同时，作为全球的思想实验室，联合国教科文组织力求在教育、科学和文化领域提供广泛的专业知识。

所有人终其一生都享有教育这项人权，教育质量和教育机会至关重要。联合国教科文组织作为联合国体系内职责涵盖所有教育领域的唯一机构，以教育为核心，致力于通过教育推动和平、可持续发展和消除贫困。《2030 年教育议程》作为联合国大会通过的一项全球教育目标框架，在联合国教科文组织的协调和引领下，借助可持续发展目标 4（SDG4）得以实现。

为应对当代的全球挑战，联合国教科文组织将性别平等作为基本原则，在区域范围内强化教育体系的建立，引领不同层面的教育发展问题。^②

联合国教科文组织的任务是为可持续的未来重新思考和构想教育。联合国教科文组织通过伙伴关系、监测和研究来协调并领导《2030 年教育议程》。该组织的专家支持各国教育系统发展，以高质量的标准提供给人们终身学习的权利和机会，赋予学习者以创造力，成为具有责任意识的世界公民。在重新构想教育方面，联合国教科文组织预测并应对教育领域的新趋势和新需求。开创性的《教育的未来》报告即是这方面的例子，报告对应全球倡议的核心是重新思考学习如何塑造地球和人类的未来。在设计政策方面，联合国教科文组织基于数据采集、监测和与国家的对话，与各国合作，设计、实施和分享成功的教育政策、计划和最佳实践。在制定标准方面，联合国教科文组织制定并监督法律框架和规范性文书，以保障受教育权。其中包括《反对教育歧视公约》、最新的具有里程碑意义的《承认高等教育相关资历全球公约》，以及用于衡量有关女童和妇女教育的国家法律框架状况的在线监测工具"她地图"。在促成国际合作方面，联合国教科文组织通过促进全球教育界（包括民间社会和青年）之间的对话、交流和伙伴关系，探讨幼儿保育和教育（2022 年）、高等教育（2022 年）、成人学习（2022 年）和教育促进可持续发展（2021 年）等领域的全球会议，为未来十年制定议程，并利用其召集能力促进国际合作。在能力建设方面，联合国教科文组织提供技术咨询和支持，以提升各国的机构和人员能力，协助实现其教育目标。这涵盖

---

① 教育部门简介. [2024-01-12]. https://www.unesco.org/zh/education/about?hub=343.

② 教育改变生活. [2024-01-12]. https://www.unesco.org/zh/education.

培训多个领域的教育从业人员和官员，包括教育规划、课程设计、数据收集和远程学习。①

4. 联合国教科文组织的愿景

经历了两次世界大战，联合国教科文组织成立时便怀揣着一个明确的愿景：要实现持久和平，各国之间的经济和政治协议是不够的，必须通过不同文化之间的相互理解和对话，加强人类的智力和道德团结，从而将人们团结在一起。多年来，联合国教科文组织为实现这一目标启动了开创性计划。联合国教科文组织动员了全球范围内的哲学家、艺术家和知识分子。从一开始，该组织就致力于揭穿种族主义理论，并开发了诸如《世界版权公约》（1952 年）、《人与生物圈计划》（1971 年）、《世界遗产公约》（1972 年）、《保护非物质文化遗产公约》（2003 年）等改变世界的创新项目，这些项目在促进全球文化交流、保护人类文化遗产和增强全球共识方面发挥了重要作用。

政府若想获得人们的广泛支持，不能仅仅依赖经济和政治方面的举措。实现和平的基础是各国人民之间的深入交流和相互理解，其前提是团结各国人民的智慧。正因为如此，联合国教科文组织致力于培养世界性公民，积极呼吁包容，优化教育的手段，使每一公民平等地享有受教育的权利。借助对文化遗产的弘扬，联合国教科文组织倡导各国之间以平等的姿态加强联系，为合作与发展搭建了平台，致力于各国国际准则的落实，以及各项计划的管理，促进了计划和政策的科学性。言论自由作为基本的一项权利，得到教科文组织的大力支持，构成民主和发展的条件。

联合国教科文组织的建立是对以种族歧视和反犹太主义暴力行径为特点的世界大战的回应。70 余载光阴荏苒，诸多争取自由的斗争已经取得胜利，联合国教科文组织肩负的使命一如既往地关乎世界的命运。文化多样性受到攻击，各种形式的排斥、对科学事实的否认、针对言论自由的威胁都在挑战和平与人权。因此，联合国教科文组织的职责仍然是重申人文使命，促进教育与科学文化的发展。②

（二）联合国教科文组织与终身教育的渊源

第二次世界大战之后，世界政治、经济、社会和科技都经历了巨大的转变，

---

① 联合国教科文组织. 教科文组织在教育领域的行动. [2024-01-12]. https://www.unesco.org/zh/education/action?hub=343.

② 联合国教科文组织. 联合国教科文组织的愿景. [2024-01-12]. https://www.unesco.org/zh/brief.

这对人类社会和教育提出了严峻的挑战。人口增长、科技进步、政治挑战、信息爆炸、闲暇时间增加等问题使整个社会面临重大的冲击。人们感受到来自人际关系、意识形态以及生活模式的挑战，身体和精神方面往往难以保持平衡。

为了应对这些挑战，联合国教科文组织引领着现代终身教育的倡导和推动。在国际成人教育大会中，联合国教科文组织针对"终身教育"展开了讨论。然而，在那个时期，"终身教育"只是一个模糊的概念。直到 1965 年，朗格朗在第三届国际成人教育会议上明确提出并界定"终身教育"这一概念，系统阐释其原理。1967 年，文化合作委员会致力于在教育工作中实现终身教育的纳入。一年后的 1968 年，这一目标被确立为联合国教科文组织在 1970 年国际教育年的发展目标之一。最终，朗格朗所著的《终身教育引论》于 1970 年出版。1972 年，《学会生存》报告发表。

联合国教科文组织的现代终身教育理论经历了一个令人振奋的发展过程。从最初的"永恒教育"到"终身教育"的概念转变，再到如今强调"终身学习"的重要性，我们的观念得到了深刻的改变。在实践中，现代终身教育经历了一系列重大转变。我们从关注成人教育，逐渐转向全民终身教育。今天，个体的生存技能不单纯是我们关注的重点，而是更多聚焦于人类的可持续发展。①

当今世界正面临着全球化进程的加速和剧变时期。知识经济的崛起造就了多元的世界文化，传统教育体系的封闭性不断瓦解，各国在教育方面加强联系，逐渐形成终身学习的共同体。

智能时代伴随着产业革命而到来，给终身教育带来了新的历史发展机遇。当前，国家独大已无法构成权威影响各国教育的发展，各国在制定发展政策和战略之时注重联合国教科文组织等国际力量，积极开展战略合作，促进全民终身学习的发展和知识的共享。作为早期关注和推动全球终身教育和终身学习的国际组织，联合国教科文组织认为教育是每个人终身享有的基本权利，每个人都应该拥有持续学习的权利。

联合国教科文组织的首要宗旨是建立一个和平的全球文化平台，探索实现"人类道德和智慧的团结"，基于整体利益思考教育问题。他们认为，在全球化进程中，联合国教科文组织致力于彰显现代人文主义教育的价值观。从 20 世纪至今，联合国教科文组织还发表了多个教育报告，引导着全球教育包容和稳定地不断发展。他们致力于为全球教育提供指导，推动全球教育的创新和进步，为每

---

① 何光全. 联合国教科文组织与现代终身教育的发展. 职教论坛, 2023（1）：77-85.

个人实现终身学习的权利而努力。联合国教科文组织引领的现代终身教育将继续引领我们走向更加充满希望的未来。它将为每个人提供机会，不断学习和成长，共同建设一个更加美好和可持续的世界。

二、联合国教科文组织推进终身教育的事迹

现代终身教育理论是国际成人教育家在成人教育会议上共同探讨并提出的。这一理论的形成基于他们对发展成人教育的深入经验积累，通过成人教育的实践活动得以具体实施。可以说，成人教育为构建终身教育体系提供了源源不断的动力和坚实的基础。终身教育的国际影响力与联合国教科文组织的大力推崇和积极推行密切相关。联合国教科文组织多年来一直在理论和实践方面为终身教育的发展而努力。

1949 年，在赫尔辛格举行的首届国际成人教育会议主要聚焦四个核心议题：其一，深入探讨了成人教育在社会中的定位；其二，详细讨论了如何通过多种方法和技术来保障成人教育的地位；其三，讨论了成人管理者之间的不同合作模式，以及国际成人教育组织成立的最佳时机；其四，探讨了联合国教科文组织在推动成人教育发展方面的作用。

1960 年，第二届国际成人教育会议（加拿大蒙特利尔）上，专家们深入讨论了七大关键议题，包括青年教育、发展中国家与发达国家的互动、成人教育研究与人才培养、非政府组织的角色、社会教育与公民教育、新的民间国际成人教育组织建立的可能性，以及广泛的成人教育目的范围。与首届会议相比，此次会议对成人教育的定义进行了重新阐释，使其含义更加丰富和广泛，并进一步提出了终身教育的相关思想。会议提出，作为教育体系的一部分，成人教育应实现与正规学校教育的一体化发展。会议强调成人教育和正规学校教育的目的、方法应该相似，并应由国家提供。

1964 年，联合国教科文组织做出重要决议，要求所有的会员国在教育体系中纳入成人教育以及其他的各类校外教育，助力人们形成对于终身教育的追求。

1965 年，第二十八届国际公共教育大会召开。此次会议的核心目标是推动全球教育事业的进步。为实现这一宏伟目标，会议发布了《扫盲和成人教育建议》，且深刻认识到社会政治、文化等领域中成人教育和扫盲的重要地位，以及对个体成长和代际理解的积极影响。该建议呼吁各国发展成人继续教育体系，并

将其纳入国家整体发展战略及教育规划之中。①同年 12 月，国际成人教育第三次会议在巴黎召开，会上朗格朗明确提出并界定了"终身教育"这一概念，深入阐述其原理。此次会议不仅成为了联合国教科文组织正式提出终身教育理念的标志性事件，还激发了全球范围内对终身教育理念的广泛关注和讨论。同年稍后，由联合国教科文组织和欧洲委员会联合创立的文化合作委员会的下属委员会，也针对终身教育展开了讨论。

1967 年，文化合作委员会的教育工作试图在其指导路线中加入终身教育。同年，联合国教科文组织出版了一系列关于终身教育的著作，提出其教育工作中将终身教育视为指导理念。

1968 年，第十五届联合国教科文组织大会指出，任何国家在改革教育时都要坚定终身教育的理念，并努力开展终身教育实践。②

1970 年，联合国教科文组织有 49 项有关终身教育的教育工程，并将朗格朗的著作《终身教育引论》出版发行。

1972 年，《学会生存》出版，揭示了两大关键概念，即学习化社会与终身学习③，建议各国在制定教育政策时以终身教育为指导思想。同年，第三届国际成人教育会议（日本东京）着重强调成人教育在终身教育发展中的重要作用，成人教育包含在终身教育之中，并建议成员国将终身教育作为教育政策制定的指南。

1975 年，联合国教科文组织第 35 届国际教育大会的召开引起了广泛关注。这次会议聚焦教育发展的趋势，深入审视了教育政策的变革以及其他重要的教育议题，如终身教育和教育改革。同年，联合国教科文组织基于终身教育视角对"教育内容"和"非教师对教育活动所作的贡献"展开讨论。同年，戴夫对终身教育的内涵、特征、组成、形式、性质、方法、条件等问题展开系列阐述，使终身教育更加具体化。

1976 年，联合国教科文组织在肯尼亚内罗毕举行了会议，提出了关于成人教育的一系列建议，涉及原则、方针、政策和国际合作。会议通过了《关于成人教育发展的建议》文件，推动了全球终身教育的发展。

1977 年，为使正规大学在活动中将终身教育纳入其中，强化对终身教育的

---

① 赵中建. 全球教育发展的历史轨迹：国际教育大会 60 年建议书 1934—1996. 北京：教育科学出版社，1999：301.

② 平塚益德. 世界教育辞典. 黄德诚，等，译. 长沙：湖南教育出版社，1989：606.

③ 联合国教科文组织国际教育发展委员会. 学会生存：教育世界的今天和明天. 华东师范大学比较教育研究所，译. 北京：教育科学出版社，1996：16.

认识，联合国教科文组织特意组织专家委员会。同年，联合国教科文组织出版赫梅尔的著作《今日的教育为了明日的世界：为国际教育局写的研究报告》。该书以第 35 届国际教育大会的相关问题为出发点，对各国教育存在的问题和发展的趋势进行了分析，主张教育改革，并将终身教育作为教育的主要趋势之一。书中提出，终身教育与人类共始终，是教育史上哥白尼革命式的实践。①

1983 年，联合国教科文组织召开"国际终身教育会议"，针对终身教育的问题展开深入探讨，推动终身教育的进一步发展。

1985 年，在第四届国际成人教育会议上，联合国教科文组织聚焦成人教育领域的扫盲运动，同与会国家共同回顾了自 1972 年第三届国际成人教育会议以来成人教育的进步与发展，并进行了深入的交流与讨论。会议一致认为，实施终身教育及其民主化发展均以成人教育的发展为基础条件。多数国家强调了在终身教育的发展中，成人教育占据举足轻重的地位，发挥不可或缺的作用。

1989 年，成功举办了"面向 21 世纪教育国际研讨会"，这一重要会议不仅进一步完善了之前提出的"学会生存"和"学会学习"的教育理念，更将"学会关心"这一核心观念纳入终身教育的深远内涵。会议指出，随着科学技术的发展，即便是文盲，只要不断学习，也可以成为终身学习者②，并指出要建立适应终身教育的新教育体系。

1990 年，《世界全民教育宣言》于泰国宗迪恩召开的会议上发布，重新思考人类教育的未来发展，提出了全民教育的理念③。

1994 年，首届世界终身学习会议召开，会议就终身学习展开系统探讨，并筹建了世界终身学习促进会。

1996 年，《教育：财富蕴藏其中》发布，被誉为现代教育史上的一座里程碑。④其影响力深远，并逐渐渗透到教育工作的各个方面。⑤该报告强调了终身教育的重要性⑥，并专门设立了"终身教育"章节，从多个层面对终身教育进行

---

① 查尔斯·赫梅尔. 今日的教育为了明日的世界：为国际教育局写的研究报告. 王静，等，译. 北京：中国对外翻译出版公司，1983：22.

② 吴遵民，末本诚，小林文人. 现代终身学习论：通向"学习社会"的桥梁与基础. 上海：上海教育出版社，2008：49.

③ 王强. 从宗迪恩到达喀尔：世界全民教育的目标、问题与走向. 全球教育展望，2005，34（11）：8-10.

④ 托尔斯滕·胡森. 世界公民的教育议程. 教育展望（中文版），1998（2）：22.

⑤ H.S.博拉. 德洛尔报告中的成人教育政策规划. 教育展望（中文版），1998（2）：23.

⑥ 联合国教科文组织. 教育：财富蕴藏其中. 2 版. 联合国教科文组织总部中文科，译. 北京：教育科学出版社，2014：8.

了深入探讨，包括"教育在社会中的核心位置"等。

1997 年，第五届国际成人教育会议在德国汉堡召开，会议分析了成人教育的发展趋势，总结了历届会议成果，强调构建面向 21 世纪的终身学习体系，并审议通过《未来议程》以及《汉堡成人学习宣言》。其中，《未来议程》提出，教育是促进可持续发展的重要因素，成人教育能够使人在面对各种问题和挑战时产生重要作用。《汉堡成人学习宣言》强调终身教育是一项基本权利，必须创造条件来保障这一权利。

1998 年，首届世界高等教育大会在法国巴黎召开，会议特别提出高等教育要为终身教育的发展作出更大的贡献，并通过了《世界高等教育宣言》。

1999 年，首届国际职业技术教育大会在韩国汉城召开，会议讨论的内容受到广泛关注，会议提出终身教育体系内在包含职业技术教育。同年 11 月，联合国教科文组织提议在德国汉诺威举办第一届国际成人学习周活动。

2000 年，首届国际成人学习周活动成功举办，旨在发展成人教育，鼓励全民参与终身学习。同年，联合国教科文组织强调知识社会和现代信息带来的冲击，以及开放且无边界的学习，将"全民终身教育"列入 2000—2001 年计划与预算草案[①]。《达喀尔行动纲领》于世界教育论坛发布，再次提及《世界全民教育宣言》，认为全民基本学习需要的满足和全民教育的实现迫在眉睫，因此提出在 2015 年底实现全民终身教育的六项目标。

2005 年，《迈向知识型社会》报告发表并提出"知识社会"概念，增加知识多样性、知识共享、实施全面教育，有助于实现知识社会。

2009 年，第六届国际成人教育会议在巴西贝伦召开，明确提出终身学习是解决问题的关键所在。终身学习内在包含成人教育和成人学习中的非正式教育、非正规教育以及正规教育。成人教育发展既受政策、质量、公平等因素的影响，又是影响终身教育实施过程的因素。

2014 年，全球全民教育会议在阿曼马斯喀特召开，会议提出到 2015 年底全民教育的六项目标无法实现，因此发布《马斯喀特共识》，提出 2015—2030 年力争实现终身学习，使教育公平且高质量地发展。[②]

2015 年，联合国教科文组织第 38 届大会在法国巴黎召开，强调了教育在未

---

① 国家教育发展研究中心. 2001 年中国教育绿皮书：中国教育政策年度分析报告. 北京：教育科学出版社，2001：168.

② 吴蓉. 马斯喀特全球会议呼吁确立 2015 年后发展议程的教育目标. 世界教育信息，2014，（14）：73.

来 15 年的发展议程中的重要性，并通过《教育 2030 行动框架》，提出到 2030 年教育达到的总目标是每个人都有机会终身学习，享受优质且公平的教育资源。同年，《教育 2030 行动框架》在世界教育论坛上进一步得到探讨，提出社会的发展需要教育提供驱动力，并审议通过了《仁川宣言》。[①]同年，《反思教育：向"全球共同利益"的理念转变？》出版，并重申了终身教育观点，提出可持续发展、人文主义教育的重要性，重新对知识和教育的相关概念进行界定，强调教育是全球范围内的共同利益，从而构建更加灵活开放的终身学习体系。[②]

2018 年，国际终身学习论坛在上海召开并达成共识，即终身学习具有重要的潜力，可以推动人类生活发生变化并实现可持续发展。

2021 年，"教育的未来"国际委员会将教育视为可持续发展的主要力量，发布《一起重新构想我们的未来：为教育打造新的社会契约》，并提出"终身接受优质教育"和"加强教育这项公共事业的共同利益"两项权利。[③]

2022 年，第七届国际成人教育会议以"线上+线下"融合的形式成功举办，深入探讨了成人教育在推动可持续发展中的重要作用。这一议程呼应了《改变我们的世界：2030 年可持续发展议程》，凸显了教育在塑造可持续未来中的关键作用。[④]同年，联合国秘书长召开了教育变革峰会，以应对卫生公共事件加剧的三项危机：公平与包容危机、质量危机、相关性危机。利用教育未来国际委员会的报告，峰会试图从根本上重新思考 21 世纪教育的目的、内容和交付，并将教育提升到国家和全球政治议程中，以动员雄心、团结和解决方案来改变教育。

2023 年，联合国教科文组织发布全球教育监测报告《技术运用于教育：谁来做主》，从相关性、公平性、可扩展性和可持续性的角度探讨了技术在全世界教育中的应用。该报告强调，教育系统应始终确保将学习者的利益置于中心位置，并使用数字技术来支持基于人际互动的教育，而不是取代它。[⑤]

综合上述联合国教科文组织推进终身教育的措施可见，联合国教科文组织关

① 周红霞. 2030 年教育：迈向全纳、公平、有质量的教育和全民终身学习：2015 年世界教育论坛《仁川宣言》. 世界教育信息，2015，28（14）：35-38.

② 联合国教科文组织. 反思教育：向"全球共同利益"的理念转变？. 联合国教科文组织中文科，译. 北京：教育科学出版社，2017：56.

③ 联合国教科文组织教育的未来国际委员会. 一起重新构想我们的未来：为教育打造新的社会契约（执行摘要中文版）.（2021-11-10）[2024-01-13]. https://unesdoc.unesco.org/ark:/48223/pf0000379381_chi.

④ 国卉男，秦一鸣，张硕，等. 从"协作共建"到"包容、可持续"的国际成人教育（1949—2022）：七届国际成人教育大会的发展轨迹. 职教论坛，2023，38（8）：81-90.

⑤ 联合国教科文组织. 2023 年创业板报告. [2024-01-13]. https://www.unesco.org/gem-report/en.

于终身教育的认识从萌芽走向成熟，并不断深化；联合国教科文组织对终身教育所展开的各项会议、活动、报告文献，在终身教育理论与实践发展过程中具有举足轻重的作用。

三、联合国教科文组织推进终身教育的特点

两次世界大战以后，科技革命提高了知识更新的速度，使得扩展学习的时间和空间成为必要。然而，更深层次的影响是对人的价值理性的回归，由于科技革命带来的发展危机，人的价值理性被工具理性替代。这意味着发展目标发生了由以人为本向以物为本的转变[①]，人成为发展的工具。

在这一背景下，西方社会意识到必须回归到人的价值理性，以实现良性的发展循环。然而，与之前对人理性的乐观态度不同，这一时期的西方社会强调外部环境和制度对理性功能的影响。理性的受教育和锻炼被认为可以强化社会的自然和谐，而阻碍或破坏理性则可能导致战争和暴力等行为。在国际关系中，这一时期呈现多层次的行为主体，关注的问题也不再局限于传统的军事问题，还包括经济和社会问题。它们认为自身利益的维护需要各个行为主体之间的通力合作和友好谈判，凸显了制度对于推进终身教育的作用。[②]

联合国教科文组织推进终身教育的活动表现出人的价值理性凸显、行为主体多层次、发展综合性和强调制度与合作的特点。[③]联合国教科文组织选择用统合协调的整体眼光看待教育问题，包括经济和社会各个方面的内容。制定国际公约和标准成为联合国教科文组织推进终身教育的新实施方式，制度的保障促进了各行为主体之间的协商合作。

然而，联合国教科文组织推进终身教育的过程也经历了断裂、延续和新生。20 世纪 70 年代末 80 年代初，终身教育分化为西方国家主导的传统理念和第三世界国家主导的新理念。政治冷战的影响和学术内部之争导致终身教育的断裂。直到 20 世纪 90 年代，终身学习作为终身教育的新面貌再次出现得以延续。终身学习成为 21 世纪光明之门的钥匙，它不仅关注处于变化中的工作，而且强调批判思维和行为能力对于人格的铸造以及个性的发展的意义。

---

① 车玉玲. 发展危机的哲学根源. 求是学刊，2000，27（5）：22.

② 滕珺. 回归人的价值理性：联合国教科文组织"终身教育"的话语实践分析. 比较教育研究，2011，33（4）：68-72.

③ 滕珺. 回归人的价值理性：联合国教科文组织"终身教育"的话语实践分析. 比较教育研究，2011，33（4）：68-72.

在信息技术革命的深入发展过程中，终身教育不断演变，成为学习化社会或终身学习，在全球范围内引发新的教育改革。学习型社会的重要性日益凸显，强调了个性、批判和创新。联合国教科文组织一直将终身教育作为其未来发展的重要目标，通过制定国际公约和标准，推动各行为主体之间的协商合作，展现了终身教育的生命力。[①]

第二节　世界主要发达国家终身教育的实施

伴随终身教育理论的深入发展，以及联合国教科文组织等不断发挥推动作用，终身教育理念在世界范围内迅速传播。各国纷纷意识到终身教育对于本国发展的重要性，并通过一系列举措促进终身教育在本国的实施。在这一背景下，本节将深入研究世界主要发达国家如何实施终身教育，探讨其实施概况和特点。

一、法国终身教育的实施

法国是终身教育首次提出且发展较早的国家之一，被认为是终身教育的发源地。[②]此外，法国开创性地对继续教育立法。[③]回顾法国终身教育的实施情况，可以看出其独特的实施特点。

（一）法国终身教育实施的概况

18 世纪末，法国开始探索终身教育的理论和实践。孔多塞在法国进行大革命之时就热衷于传播这一教育理念，并在《公共教育的普遍组织》报告中指出普及教育的思想。1794 年，格雷戈瓦举办高职讲座，并建立了国立艺术与职业学院。随后由于政权更迭，终身教育发展陷入了停滞。19 世纪末，在杜留依等的推动下，法国启动了一项名为"民众大学运动"的教育项目，旨在为广大劳动者提供更多"学校外及学校后"的教育机会。

1911 年，法国建立职业能力证书制度，以促进在职青年或成年人职业技能的发展，这是一种继续教育的形式。

---

① 滕珺. 回归人的价值理性：联合国教科文组织"终身教育"的话语实践分析. 比较教育研究，2011，33（4）：68-72.

② 吴敏. 基于人力资本视角的终身教育. 成都：四川大学出版社，2019：102.

③ 吴遵民. 现代国际终身教育论. 修订版. 上海：上海教育出版社，2021：187.

1919 年，法国颁布《阿斯蒂埃法》，强调职业培训的强制性、免费性，鼓励市镇内未满 18 岁的在职青少年，利用工作之余的时间，积极参加职业培训班，要求市镇内未满 18 岁的在职青少年积极在工作时间参加职业培训班，完成培训后，他们将获得一份证明自身职业能力的证书。该法案被称为"法国第一个技术教育宪章"，具有里程碑意义。它鼓励通过系统学习和实践，提升个人职业技能。这不仅是对个人努力的肯定，还为其未来的职业发展增添了有力的砝码。

1938 年，法国劳动部提出为成人提供速成职业培训的工人培训计划。法国的平民教育在战争中依然不断发展。部分学者采取了创新的策略，为成年公民开展一周两晚的讲座，为他们提供继续学习的机会。同时，部分大学教授成立了"工人学习同盟中心"，并积极创办劳动学院。这些中心为工人们提供了教育资源和培训机会，帮助他们提升技能和知识水平。这一系列举措的推动使法国平民教育得到了广泛推广和普及，为社会的进步和人才的培养作出了重要贡献。

1947 年，由物理学家朗之万和儿童心理学家瓦隆领导的教育改革委员会向教育部提交了一份重要的教育改革方案——《郎之万-瓦隆教育改革方案》。该方案主要聚焦于基础教育和中等教育的改革，提出了 6—18 岁学生的义务教育体系，并设想了教育民主化、个性化的方向。同时，其理念也启发了后来关于终身教育和社会教育的讨论。

1956 年，法国颁布《贝莱伊尔教育部长方案》，这是法国第一次在官方文件中正式使用"终身教育"概念，对终身教育的目标和方法展开具体说明。

1959 年，法国提出"社会晋升培训计划"，规定在职人员可以接受国家补助进行职业培训，提升职业技能水平。

1960 年颁布的《高等教育基本法》强调，大学应致力于支持终身教育的进步，并积极推动相关的课程开设。

1963 年，继续教育在《职业培训法》中被确定为法国国家政策。

1965 年，朗格朗首次将终身教育的观念正式规范化并向全球推广。此举引发了全球教育观念的变革，各国纷纷响应，采取行动以推动终身教育的进步。法国也进一步制定了一系列独具特色的法律法规和政策文件，以适应时代的发展和满足国内的需求。

1966 年，法国首次将"职业教育是全国的责任"的观念提升至国家层面，凸显了职业教育在国家发展中的重要地位。法国政府进一步制定了职业教育机构的基本框架，并在此基础上成立了职业培训委员会。

1968 年，在"五月革命"背景下，法国推动继续教育的发展。这一教育改革浪潮反省之前限制于企业教育的成人教育，并推进职业继续教育体系及其制度改革的进程。同年，《高等教育方向法》的出台，明确提出高等教育应服务于那些虽已毕业但仍渴望深造，或是那些因各种原因未能继续求学的人群。为这些群体提供职业晋升或改变的培训机会。大学应具有为各类人群提供终身教育的机会。该法律还对成人教育的教育程度提出了规定，成人教育在原来的初等、中等教育程度基础上增加高等教育程度。同年，有关教育休假津贴的制度在法国被提出。

20世纪70年代，法国制定了第六个教育规划（1971—1975年），该规划明确提出要强化职业技术教育，旨在促进经济、政治、教育等领域的协调发展。与此同时，从20世纪70年代开始，法国逐步建立起专门的继续教育的机构（"学区继续培训代表处"）和专业人员（"继续培训员"，后改为"继续培训顾问"，后又形成"中学继续培训组"），负责学区的继续教育工作。①

1971年，法国国民会议通过了《继续职业教育法》，明确了国民拥有继续接受职业教育的权利和义务，并将继续职业教育视为终身教育的重要组成部分。该法包括《企业承担初等阶段职业技术教育经费法》《终身继续教育法》《技术教育法》《职业训练法》四项法律。②同年，《继续职业教育法》被重新命名为《在终身教育的范围内有关继续职业教育组织的法律》，强调了职业继续教育的性质、责任，成为较为完善且全面的成人教育法。③

1975年，《教育基本法》强调终身教育以学校教育为基础，设立负责各项终身教育工作的"国家终身教育开发局"。同年，阿比改革简化了学校设置，统一了初中教育，确保所有学生都能接受普通教育，而职前班和学徒预备班则为职业教育的最初阶段。专业分流在初中中期才开始，职业高中为短期教育。④

1977年，旨在帮助职业技术教育适应工业化目标、提高其社会地位的技术教育指导法出台，其中规定，科学与技术属于普通文化教育的基础知识，并强调职业生涯中持续学习和技能提升的必要性。在初中阶段，学生就需要开始学习有关社会、技术以及经济的基础知识，为未来的职业选择和发展做好准备。尤为重要的是，该法律还承认技术教育文凭与普通教育文凭具有同等价值，以满足公共

① 吴敏. 基于人力资本视角的终身教育. 成都：四川大学出版社，2019：104.
② 何齐宗. 终身教育的理论与实践. 北京：科学出版社，2020：167.
③ 吴敏. 基于人力资本视角的终身教育. 成都：四川大学出版社，2019：103.
④ 袁媛. 法国终身教育的发展及对我国的启示. 成人教育，2007，27（1）：90-92.

职务对技术人才的要求，从而进一步提升技术教育的社会地位和认可度。①

1983 年，法国对职业继续教育权力进行了分权改革，国家层面主要保留了文凭授予权力，而将其他管理权力和实施责任下放到地方政府，以增强地方在职业教育领域的灵活性并提高其响应能力。

1984 年，法国在《在终身教育的范围内有关继续职业教育组织的法律》中进一步重申了带薪培训假制度，规定适龄青年（18—25 岁）需在企业的组织下参与职业培训。这一规定还被列入《劳动法典》的相应章节，以确保其法律效力和执行力度。同年，为了应对高文盲率问题，民族团结部和社会事务部协助法国政府推行了全国性的扫盲运动。这一决定是基于 1982 年发布的《文盲在法国》报告，该报告揭示了法国当时高达 15%的文盲率和 60%的阅读困难率，并剖析了文盲现象对社会公平和民主发展的潜在威胁。同时，报告还借鉴了其他国家的扫盲实践经验，尤其是英国的相关经验，为法国的扫盲行动提供了宝贵的参考。②

1985 年，法国教育界迎来了一个创新性的里程碑——《对未来教育的建议》报告提出了"工读交替制"这一前所未有的教育制度构想。该制度强调教育的持续性和交替性特点，旨在通过工作与学习的有机结合，培养学生的实践能力和职业素养，为他们的未来职业生涯奠定坚实的基础。

1989 年，《教育指导法》为法国教育体系注入了新的活力并提出了新的使命。这一法规明确提出，为了促进教育公平，公共教育事业必须以学生的需求为导向，确保每个人都能平等接受教育的机会。教育不仅应帮助学生自由而全面地发展，还应为个人融入职业生活提供有力支持。此外，各级学府应充分发挥继续教育所具有的优势，为成年人提供平等的受教育机会。

1992 年，法国建立职业获得认证制度，规定劳动者工作年满 5 年即可通过参加考试获得相应的职业文凭。

1997 年，《构建欧洲高等教育模式》提出一些关键议题，例如高等教育机构所具有的独立性、继续教育的重要性等。其中，政府改革议程的核心为高等学府所具有的继续教育功能，利用"工读交替制"的模式协调学习和工作的关系。

随着 21 世纪的到来，法国越发注重衔接教育与职业之间的关系，制定了更加重视职业认证发展的法律和法规。法国终身教育通过不断完善，致力于构建更加紧密联系、适应现实需求的教育体系，为学习者提供更好的发展机会，实现学

---

① 袁媛. 法国终身教育的发展及对我国的启示. 成人教育，2007，27（1）：90-92.
② 袁媛. 法国终身教育的发展及对我国的启示. 成人教育，2007，27（1）：90-92.

与用的无缝对接。

2002 年，法国颁布《社会现代法》，"经验获得认证"制度的出现扩大了认证职业资格的范围，实现了从职业获得向经验获得的转变，提出劳动者在工作中可以获得丰富的知识及相应的职业培训资格。

2004 年，法国颁布《终身职业培训和社会对话法》，该法对不定期合同工作者的职业培训权利进行了规定，创建了新型职业化合同，确认了"个人接受培训权"。

2008 年，法国颁布《职业教育与培训法》，该法强调了终身教育的全纳性理念，扩大了终身教育的适用对象和覆盖范围，从而更加贴近终身教育的内涵。此法颁布以来，法国终身教育的适用对象范围逐步扩展，现已涵盖青少年、残疾人以及所有在法国生活的人群[1]。与此同时，法国政府还持续不断地制定和实施新的法律政策，以加强国际交流与合作，旨在推动并实现欧洲各国在教育和培训领域的一体化进程。

2014 年，法国颁布《职业教育、就业和社会民主法》，该法引入了个人培训账户制度，为公民参与职业继续教育提供了咨询及指导。这一制度将公民的受教育情况进行真实记录，以保障公民接受终身教育的权利。[2]

2018 年，法国建立了法国能力署，其主要职责包括对教育及其培训活动进行全面的质量监测，以及对职业继续教育的相关政策进行规范和协调等。法国能力署作为一个统筹机构，在推动终身教育方面发挥着重要作用。通过其高效运作，法国得以更加有效地管理和协调职业继续教育的各项活动，以确保每个公民都能够获得高质量的教育和培训机会。[3]

（二）法国终身教育实施的特点

作为终身教育的引领者，法国不仅是最早提出并实践"终身教育"理念的国家，还率先为继续教育制定了全面的法律法规。其构建的科学管理体系和完善的法规框架，被世界各国誉为"法国模式"，各国纷纷借鉴这一模式，且将其积极运用于实践。因此，法国无疑为全球终身教育事业的发展贡献出宝贵的经验和智慧。[4]

---

① 何齐宗. 终身教育的理论与实践. 北京：科学出版社，2020：169.
② 吴雪萍，李默妍. 法国的终身教育推进机制及其启示. 外国教育研究，2021，48（11）：116-128.
③ 吴雪萍，李默妍. 法国的终身教育推进机制及其启示. 外国教育研究，2021，48（11）：116-128.
④ 吴遵民. 现代国际终身教育论. 修订版. 上海：上海教育出版社，2021：190.

1. 完备的终身教育推进机制

在法国终身教育推进机制中，法律保障、经费筹措、技术支撑、社会参与、学习激励等要素都发挥着重要的推动作用。

第一，法律保障是法国终身教育的核心。法国很早就对终身教育制定了全面的法律法规，并将其构建为一个涵盖继续教育等方面的连续性体系。在这一体系中，法国特别重视职业继续教育，致力于为已从业人员提供服务，确保人们平等地获取所需的知识和技能。法国终身教育以《在终身教育的范围内有关继续职业教育组织的法律》为基石，该法律明确了企业投资职业继续教育的责任和广泛社会参与的原则。此外，法国还通过不断修订和补充相关法律，进一步完善终身教育的法规框架，为其持续发展提供了坚实的法律保障。

第二，经费筹措是法国终身教育的关键。法国终身教育的覆盖面广，教育成本随着提升的教育水平而增加。为了解决资金问题，法国采取了多元投入的经费筹措机制。根据法律的规定，企业是职业继续教育的重要投资者，凡雇佣 10 名及以上职工的，都需要为职工缴纳一定比例的培训资金。此外，政府部门也积极投入，成为法国终身教育经费筹措的重要组成部分，特别是为那些不在职但仍需继续学习的公民提供必要的资金支持。同时，法国还充分利用欧盟提供的项目基金，进一步推动职业继续教育的发展。

第三，技术支撑是法国终身教育的支柱。法国政府为推动终身教育的发展，有效利用信息通信技术，使学习者能够便捷地通过远程和开放教育平台进行学习。为进一步扩大教育资源的覆盖范围，法国还推出了法国版慕课，向大众提供免费的在线课程。此外，法国还充分利用人工智能技术，建立了自适应学习系统。该系统能够根据学习者的个性化需求，提供有针对性的学习资源，并定制适宜的学习活动，以更好地满足学习者的需求。

第四，社会参与是法国终身教育的基础。终身教育的发展离不开包括政府在内的多方主体的共同推动。政府在其中发挥着统筹全局的关键作用，各大区则具体负责制定和实施培训政策。同时，企业积极投资职业继续教育，教育机构则提供专业的教育服务。各方之间密切合作，携手共进，共同致力于学习型社会的建设。

第五，学习激励是法国终身教育的动力。为了鼓励公民持续学习，法国实施了一系列创新的学习激励机制。其中，个人培训账户制度的引入使得个人能够积累并用于支付培训费用的资金有了制度保障。此外，法国还建立了先前经验认证制度和国家资历框架，旨在全面认可公民通过多渠道获得的学习成果和各类证书，确保学习者的知识与技能得到应有的社会认可和价值体现。①

在法国终身教育推进机制中，上述五个方面是相互依存、相互作用的要素，它们共同构成了法国终身教育发展的强大合力。这些要素的有机结合，不仅促进了法国终身教育体系的不断完善，也为法国社会的可持续发展提供了坚实的人才支撑和智力保障。

2. 国家主导的终身教育组织模式

终身教育的组织模式可大致划分成三种类型，即国家主导型、市场主导型以及社会合作主导型。②其中，法国更多地展现出国家主导型特征，但同时也离不开社会合作伙伴的广泛参与和积极贡献。

在推进终身教育的历程中，法国政府借助法律法规的力量，为公民提供了坚实的基础条件和必要的保障。通过强制税收等手段，国家成功引导企业为终身教育提供了巨额的资金支持，并在此基础上实施资金的合理分配。尽管私立教育机构在法国的终身教育领域扮演着重要的角色，但其教育服务的提供仍然在很大程度上依赖政府的指导和支持。具体而言，法国政府为促进终身教育的发展，采取了一种创新的购买教育服务策略，政府将终身教育的资金费用直接发放到个人账户，再由各类教育机构根据提供的服务进行收取。这种策略不仅确保了资金的透明和有效使用，还激发了教育机构提供高质量服务的积极性。同时，为了减轻教育机构的负担，政府还会根据实际情况提供相应的补助，确保终身教育的可持续发展。

法国的终身教育组织模式有效克服了教育不公平及教育投资不足的问题。具体而言，企业因强制的收税而必须投资，使得终身教育拥有充足的资金保障，防止出现资金不足等问题，同时保障了中小企业员工接受教育和获得培训经费的权益。这一机制使法国政府能够为全体公民提供必要的终身教育资金支持。此外，该模式的透明度优势促进了信息的公开，便于进行长远规划。各级各类终身教育机构在政府的支持下，能够及时向公民传达相关培训消息。例如，法国政府在手机应用中设立的个人培训账户程序，极大地提升了职业培训信息的便捷性和透明度，简化了信息传递流程，减少了学习者间的信息不对称。

---

① 吴雪萍，李默妍. 法国的终身教育推进机制及其启示. 外国教育研究，2021，48（11）：116-128.

② Green A. Lifelong learning and the learning society: Different European models of organization. Policies, Politics and the Future of Lifelong Learning，2000，35-48.

然而，法国的终身教育组织模式也面临挑战，如教育改革的步伐相对缓慢，政策难以迅速响应社会与企业的即时培训需求，甚至可能降低政府部门之间的工作效率，导致责任划分模糊等问题。[①]

综上所述，法国的终身教育体系采取了以国家为主导的组织模式，并借助社会合作伙伴的深度参与，实现终身教育的推广与发展。这种模式具有促进教育公平、保障资金投入等优点，但也需要克服一些内在的不足，以适应经济社会快速变化的需求。

3. 以继续职业培训为轴心

法国的终身教育以继续职业培训为核心，其继续教育、职业教育法律一直在进步中。这些法律在以下几个方面取得了重要进展：强化了社会合作伙伴的权益，确保了职工在职业生涯发展过程中的培训和受教育权利，维护了培训市场的竞争性等。终身教育不仅被视为一项重要的政治项目，更不断通过公共机构的实践得以深化和落实。[②]

为促进公民的终身教育和职业发展，法国采取了由大区协助政府免费向公民提供高质量的终身职业方向指导的举措。在国家层面，制定了全面的方向指导政策，劳动部则负责审查和监管成人职业发展的相关工作。在地区层面，各地在贯彻国家政策的基础上，通过协调机构为公民提供网络和方向上的指导。这些指导也被纳入在终身教育的合同之中。与此同时，大区要保证公民所获得职业指导的质量，将各指导机构的行动以年为单位制成公共报告并公布。公民可以借助终身职业方向指导获得来自不同机构提供的全方位就业指导；国家就业中心为其提供线上和线下的职业指导，帮助其制定个人发展计划；国家继续教育信息中心为其提供培训及其他相关消息；机构间能力测试中心则帮助公民自我认知，使其学习更具针对性。公民借助专业的职业规划指导确定发展方向，从而更好地适应社会的快速变化。此外，这一体系还有助于提升教育公平和实际效率：帮助弱势群体，消除歧视，实现教育民主化；倡导个性化定制，合理配置和高效利用教育资源。[③]

二、英国终身教育的实施

英国终身教育在终身教育方面有着丰富的历史和贡献，尤其是从成人教育的

---

① 吴雪萍，李默妍. 法国的终身教育推进机制及其启示. 外国教育研究，2021，48（11）：116-128.

② 赵长兴. 法国终身教育改革发展综述及对我国的启示. 中国职业技术教育，2020（21）：28-38.

③ 吴雪萍，李默妍. 法国的终身教育推进机制及其启示. 外国教育研究，2021，48（11）：116-128.

蓬勃发展开始，英国在推动终身教育方面一直走在世界的前列。

（一）英国终身教育实施的概况

英国早期的成人教育旨在利用夜晚时间向人们传授读写技能，以弥补日间正规学校教育的不足。20世纪之初，英国的成人教育体系已经相对完善，其组织结构更加健全，其教育形式和内容也更加多样化。在层次上，它既注重高雅也迎合大众口味，对其他国家的成人教育具有借鉴意义，并产生了深远的影响。此外，英国的成人教育正在突破传统的人文教育边界，并呈现出更为广泛的教育理念。其中，"活到老，学到老"的终身学习观念在英国成人教育中逐渐获得了广泛的认同和传播。

1919年，英国成人教育委员会发布的《最终报告书》明确提出，成人教育既不是只为特定人群享有的奢侈品，也不是延续短期教育的普通事务。相反，成人教育具有终身性和普及性，是公民生活中不可或缺的一种永恒的大众教育。[①]这一报告不仅强调了成人有接受教育的可能性，更凸显了成人教育制度的重要性，其中蕴含了终身教育理论的初步萌芽。

1924年，为了进一步推动成人教育事业的发展，英国政府通过提供补助金的方式给予大力支持，并颁布了《成人教育章程》[②]，为成人教育的规范化、制度化发展提供了政策保障。

1929年，终身教育在世界上的首本专业著作之《终身教育》问世，由耶克斯利撰写。当时，上层社会控制着教育的发展，为打破垄断，英国各层次的教育都努力扩大其受众范围。虽未构建起完整的终身教育理论体系，但终身教育思想已在具体的教育教学改革和实践中悄然萌芽，为英国乃至世界终身教育的深入实施奠定了坚实的基础。

1944年，随着《1944年教育法》的颁布，英国现代教育体系得以奠定坚实的基础，公共教育体系得到进一步完善。该法案不仅在各级教育的具体实践中强调了地方的重要作用，更对公民的受教育权利和相应的责任义务作出明确规定。此后，英国政府为完善教育体系，陆续颁布了一系列法案，推动教育改革的深入进行，从而促进了社会的全面发展和进步。[③]在此背景下，作为国家教育制度的

---

① 顾明远，孟繁华. 国际教育新理念. 海口：海南出版社，2001：3.
② 何齐宗. 终身教育的理论与实践. 北京：科学出版社，2020：164.
③ 金峰，王雨芊. 英国终身教育特点及启示. 中国高等教育，2022，（12）：62-64.

重要组成部分，成人教育在英国得到大力推广和实施。

1963 年，英国工党政府提出建立开放大学的创新提议，旨在为那些因种种原因失去学习机会的人们提供接受高等教育的机会，使其也能够取得大学学位。这一举措进一步拓宽了英国教育的普及面，并增强了其包容性。

1965 年，终身教育兴起，关于终身教育的讨论在英国逐渐升温，英国没有像美国、法国和日本那样，使用"终身教育"术语进行大力宣传，但英国教育却在很大程度上践行了终身教育理论，体现了终身教育的精髓。

1967 年，英国开放大学获特许办学资格。同年，"回归教育"这一概念被引入英国，它强调打破传统的"教育—工作—退休"模式，成年人可根据自己需求，在工作或退休阶段回归到教育中。

1972 年，为满足英国公民的终身教育需要，英国颁布《拉塞尔报告》，提议对教育体系进行重组，并实行"永久教育"。同年，《教育发展框架》的发布标志着教师教育体系的重大转型。该框架倡导构建一个新的教师教育体系。这种新模式颠覆了过去"一次培训，终身受益"的传统模式，转而将教师教育塑造为需要在职培训和回归教育持续参与的专业领域。这种转型融入了终身教育的理念，推动了教师教育持续发展和更新。

20 世纪 70 年代，中东石油之争的爆发以及随后席卷全球的经济危机，促使英国调整其产业模式，并对教育体系展开反思。"终身学习与训练""学习化社会"成为英国社会的共同追求。

进入 20 世纪 80 年代，英国的政策文件中开始频繁提及"终身教育"，尤其在工党上台执政后，这一理念被视为国家发展的重要驱动力。一系列旨在促进终身教育的政策和改革措施相继出台，有力地推动了英国终身教育的繁荣发展。其中，《学习的时代》绿皮书作为英国教育部发布的一份重要文件，特别强调学习对国家繁荣所起的重要作用。该文件保障每个公民在人生的各个阶段都能够进行学习，还明确提出了保障每个公民在人生的各个阶段都能享有学习机会的目标。通过培养适应信息化时代的高素质劳动力，提升国民的个人能力，进而促进社会的民主化进程，以更好地应对全球化带来的各种挑战。

1982 年，《继续教育》报告中确立了受教育权利为所有人终身享有的原则。同年，英国迎来了《国际终身教育杂志》的创刊，标志着英国在终身教育领域内的进一步探索与交流。

1995 年，为了规划未来高等教育的发展蓝图，全国高等教育调查委员会成立。其任务是在"学习社会"的框架内，深入研究并制定未来 20 年高等教育的发展战略。①

1996 年，继续教育研究委员会成立，旨在探讨如何在终身学习的背景下推动英国继续教育的发展。同年，英国政府还发布了《学习社会的框架》文件，为构建全民学习、终身学习的社会提供了指导性的框架。

自 1997 年起，英国工党政府在教育领域动作频频，相继发布了 7 个与教育相关的文件，分别是《不停更新的学习社会：关于参与继续教育的报告》（1997年）、《学习社会中的高度教育：21 世纪的高度教育》（1997 年）、《教育和就业部长关于建设学习化城镇、开通学习化城镇网站的发言》（1998 年）、《学习时代：一个新的大不列颠复兴的时代：工党政府绿皮书》（1998 年）、《英国的产业大学：使人人参与终身学习》（1999 年）、《创造学习文化：学习时代的下一步》（1999 年）、《终身学习与训练议程：2000—2001》（2000年）。②

21 世纪初，英国面临着全球化浪潮的冲击与经济衰退等多重挑战。在这样的背景下，终身教育被寄予厚望，被视为推动英国经济复苏的重要引擎。

2000 年，《学习与技能法》颁布，标志着继续教育领域的一次重大变革：继续教育基金委员会被学习与技能委员会取代，后者成为指导并资助各继续教育机构的新的领导机构。为加强全国范围内的学习技能管理与监督，全国学习与技能委员会成立，并实施成人学习督导制；为增强社区与地方之间的联系，地方层面的学习与技能委员会成立。③

自 2003 年起，为了提高工人技能，英国陆续出台了一系列以技能为核心的政策文件与法案，分别是《21 世纪的技能：实现我们的潜能》（2003 年）、《继续教育：提高技能，改善生活机遇》（2006 年）、《继续教育和培训法》（2007 年）、《世界级技能：在英国实施里奇技能报告》（2007 年）、《继续教育与技能计划（2010—2013）》（2010 年）、《继续教育与技能》（2017 年）等。这些法案不仅构建了新的终身教育框架，还彰显了英国教育体系在不断创新中前行的决心。通过这些努力，英国有效地推动了终身教育的发展，为经济、社会等各个领域的进步提供了强有力的支持。

---

① 夏人青. 从成人教育到学习社会：英国终身教育发展的轨迹和经验. 上海师范大学学报（哲学社会科学·教育版），2002，31（1）：106-110.

② 夏人青. 从成人教育到学习社会：英国终身教育发展的轨迹和经验. 上海师范大学学报（哲学社会科学·教育版），2002，31（1）：106-110.

③ 何齐宗. 终身教育的理论与实践. 北京：科学出版社，2020：165-166.

（二）英国终身教育实施的特点

在英国，终身教育的实施具有一定的特点，这些特点使其与传统教育形式截然不同。通过在成人教育、继续教育、学习化社会等领域的不断创新，英国已然成为终身教育实践领域的典范，其成功经验广泛被欧美国家、英联邦国家以及其他国际组织借鉴和效仿。

1. 终身教育与成人教育相伴相生

英国的终身教育孕育于成人教育之中，并与成人教育相伴相生。英国成人教育的发展历程对终身教育的兴起起到了关键作用。特别是在第一次世界大战结束之后，成人教育引领了英国教育的发展方向，终身教育的理念也在 1919 年被提出，为现代终身教育理论的形成奠定了基础。换言之，英国终身教育思想以成人教育的长期且特殊的发展历程为基础。因此，在英国，终身教育与成人教育是紧密相连、相互依存的。英国成人教育的渐进发展为终身教育的实践提供了坚实的基础，二者相辅相成，共同推动了英国教育的蓬勃发展。

尽管英国的"终身教育"理论在促进教育的持续性方面具有重要意义，但由于其涵盖范围广泛（包括幼儿、小学等各教育阶段），导致在实际操作中，针对特定年龄段（如儿童和成人）的学习特征区分不明显。相比之下，"继续教育"这一概念因其更为普遍且灵活，不仅涵盖传统成人教育的范畴，还超越了这一界限，而更受政府和公民的青睐。因此，"继续教育"成为很多教育组织机构的惯用名称。[①]

2. 健全的终身教育实施体系

为了使社会成员能够获得更多的终身教育资源，满足其多样化的学习与教育需求，英国形成了较为健全的终身教育实施体系。

（1）国家推广学院

国家推广学院于 1963 年创建。1977 年，该学院联合伯纳德继续教育学院，共同创建了弹性学习中心。学生可以就近注册并领取学习课程，在家进行远距离学习，完成相应的作业并根据要求将作业邮寄回学院进行评估。国家推广学院以远距离教学为主要形式，设置职业课程、学位外课程等。[②]

---

① 张新生. 英国成人教育史. 济南：山东教育出版社，1993：44.
② 何齐宗. 终身教育的理论与实践. 北京：科学出版社，2020：196.

（2）开放大学

作为一所独立自治的大学，英国开放大学成立于 1969 年，拥有自主授予学生学位的权利。该校秉持对学习者、学习地点、观念以及学习方法"开放"的办学理念。其教育体系涵盖继续教育、本科教育及研究生教育三大层次，只要学习者有入学的意愿，都可提交申请。开放大学的教学方式多样，学习者可根据个人需要灵活选择适合自己的学习方式、地点、实践以及学习内容。这种全方位的开放性，不仅弥补了传统大学的不足，还因其高水平的教学质量，使英国开放大学成为世界上实施综合远距离教学的典范。①

（3）产业大学（企业大学）

"产业大学"的概念最早由公共政策研究所提出。为了推动产业大学的发展，英国政府制定并颁布了一系列政策计划，比如《产业大学，创建全国学习网》（1996 年）等。英国产业大学具有"公私合作"性质，它既不属于传统意义上的大学范畴，也不具备传统意义上的师生关系，而是一种新型的开放式网络远程学习与教育组织。产业大学致力于为有学习需求的成人提供多样化的职业与专业技能培训，通过学习者的个性化学习，提高英国劳动者的技能水平，进而增强英国企业的国际竞争力。

（4）企业内继续教育

英国具有重视人力投资的传统，形成了对企业在职员工实施继续教育的模式。在英国，承担企业继续教育的机构主要有：

一是行业协会。行业协会是组织专业资格考试和资格认定的专业联合体，由具体专业领域的特定人才组成。代表性的行业协会有商业教育协会（BEC）、技术教育协会（TEC）等。

二是企业与高校合作。高校针对企业在职员工举办继续教育，与企业展开合作研究，为企业提供咨询。企业选择部分工程与技术人员，就近派送到大学中进行继续教育，大学的教师为其提供 2—3 年的研究生培训指导，研究企业相关的课题，并回到企业中寻求科研和实践的条件，将所研究的优秀成果在企业中运用和实践。

企业内部有负责继续教育和企业相关人力的计划制定的专门部门，即人力资源开发部。该部门的主要工作内容包括对员工在管理和能力、合作精神、专业知

---

① 吴敏. 基于人力资本视角的终身教育. 成都：四川大学出版社，2019：112.

识、文化素质、工作技能等方面的培训与发展。^①

（5）个人学习账户

"个人学习账户"最早在 1997 年的劳工宣言中被提出。在 1998 年 2 月发布的《学习时代》报告中，该计划再次被提及。个人学习账户面向年满 19 岁的学习者开放，其资金来源由个人、雇主、政府三方面共同承担。符合资格的学习者需要首先前往个人学习账户中心进行注册，并申请用于支付学习费用的个人学习账户卡。这一制度不仅促进了公共资金在学习领域的有效利用，还推动了企业内部建立更加紧密的伙伴关系，同时，它对英国的福利制度改革也产生了积极影响。

（6）开放学习基金会

开放学习基金会以"开放技术学校"为前身，该校汇聚了 20 所相关技术学校的精髓与努力。随着这些技术学校的不断升级与发展，开放学习基金会代替了"开放技术学校"。其主要职责是进行深入的研究和调查，与政府和欧洲的相关学习机构进行联系，为学习者提供高质量的学习资源和机会等。^②

（7）资历框架

英国之所以成为世界上较早建立资历框架的国家之一，得益于其众多创新性实践，如解决劳动力的就业问题、资历与学分的对接与转化、学习型社会的建立以及持续的教育改革等，这些实践为英国积累了宝贵的经验资源。英国资历框架发展经历了以下三个阶段。

一是职业资历框架。20 世纪 90 年代，为了满足职业教育不断发展的需求，英国构建了资历框架体系，旨在提升其质量和社会认同度。这一框架体系包括国家通用职业资历证书（GNVQ）和国家职业资历证书（NVQ），旨在推动职业教育的发展，进而提升劳动力就业的水平和质量。

二是国家资历框架。英国对职业资历框架进行了改革，强化了职业教育和普通教育的融合，有效解决了职业资历框架存在的问题。为此，英国设立了国家资历框架（NQF），这个框架一开始被划分成五个级别，后逐渐增加到九个级别（包含八个级别和一个入门级）。此次改革消除了英国常规教育和职业教育之间的壁垒，实现了两种教育制度的有效衔接，使高等教育和职业教育的资历证书能够互相对应。

---

① 何齐宗. 终身教育的理论与实践. 北京：科学出版社，2020：201-203.

② 吴敏. 基于人力资本视角的终身教育. 成都：四川大学出版社，2019：113.

三是资历学分框架。资历学分框架是一种创新的学习工具，集认定、分类和评价功能于一体，旨在解决现有问题并提升运行效率。该系统能够有效记录学习者的学习成果，学习者根据评价标准获得相应学分，用以换取等级资格证书。换言之，资历学分框架就是以学分为媒介，实现证书和学习资历之间的转化，其本质是一个用于比较、测量和转化学习成果的框架，使得社会能够客观评价和高度认可学习者的成果。

通过资历学分框架，学习者能够更灵活地选择学习路径，根据自身需求和兴趣积累学分，从而获得与自身能力相匹配的资历证书。这种框架不仅为学习者提供了更多机会和灵活性，也为教育机构和雇主提供了更准确的评估及选拔工具。此外，资历学分框架还促进了国际学历的对比与认证，有助于学习者的跨国学习和职业发展。[1]

（8）学习型社区

学习型社区为学习者提供了多样化的学习机会，既有正规的学习机会，也有非正规的学习机会，这些机会共同促进了经济和社会发展，并增强了社区凝聚力。"学习型城市"的概念最早于1995年在英国被提出并付诸实践；到了1997年，学习化城镇成为英国推动终身教育和社区教育的主要途径。同年，为了进一步推进学习型社区的发展，英国发布了《学习型城镇，学习型社区》等报告。此外，为了评估和指导学习型城市的建设，英国建立了学习城镇网，该网站制定了"学习城市建设的3P-3层次评估体系"，为学习型城市的规划和实施提供了科学的依据。同时，为了汇聚专业智慧，英国还成立了学习型社区专家意见中心，为学习型社区的发展提供咨询和支持。[2]

（9）校外学位制度

校外学位制度由伦敦大学于1849年首创。1858年，该制度得以重新修订，旨在让那些无法亲自前往英国本土学习的学生，也能获得伦敦大学的高质量教育。这项创新性教育举措不仅满足了广大民众对高等教育的迫切需求，还让大学教育走出象牙塔，更加贴近社会大众的生活。伦敦大学的校外学位制度不仅在英国引发了深刻的教育和文化变革，而且对全球高等教育领域产生了重要的推动作用。进入19世纪60年代，剑桥大学紧随其后，积极推广校外教育，并迅速发展了这一领域。随后，牛津大学以及其他大学也纷纷效仿，这一趋势推动了整个英

---

① 李翠翠，张皓月. 英国资历框架发展历程、特征与启示. 成人教育，2022，42（10）：78-85.
② 何齐宗. 终身教育的理论与实践. 北京：科学出版社，2020：204-205.

国古典大学体系的改革,乃至全球高等教育的革新进程。[①]

三、德国终身教育的实施

在终身教育理论研究方面,德国或许并不是领先者,但在实践的舞台上,它却是全球的引领者。

(一)德国终身教育实施的概况

德国的终身教育理念源远流长,可追溯到 17 世纪,当时夸美纽斯等教育家便倡导每个人都应接受终身教育,强调教育不应受局限,而应确保底层社会人民同样享有受教育的权利。这一深入人心的观念在德国国内得到广泛认同。深入观察德国的终身教育政策,不难发现政府在应对社会发展需求时展现出极强的政策调整灵活性。

为了促进第一次世界大战后的经济复苏,德国在魏玛宪法中明确了继续教育的主体责任。高等学校作为民众教育发展的关键平台,在终身教育事务中扮演了重要角色。

随着时间推移,德国终身教育体系不断完善。1953 年,民众高等教育联合会的成立标志着民众高等教育得到了充分发展,其体系逐渐构建完成。

1960 年,一系列法律措施相继出台,为成人教育提供资金支持。

1969 年,《工作促进法》与《继续教育法》的颁布,不仅强调了终身教育的重要作用,还通过法律手段鼓励公民参与终身教育。这些法令旨在规范和促进公民的终身学习不断发展。

1970 年,《教育制度结构计划》提出"学习的学习"这一原则。该计划规定知识和技能的掌握、学习能力的获取以及对传统文化的了解在青少年的学习过程中是需要同时进行的。该计划凸显了现代社会中终身教育发挥的关键作用,对促进社会经济和科技发展进步具有重要意义。

为了鼓励公民持续学习,1971 年,德国出台了《联邦教育训练促进法》,提出了发放奖学金是经济方面援助继续教育可行方法,并赋予所有参加继续教育的公民申请奖学金的权利。这一举措有助于促进德国公民的终身学习,提升个人素质以及在社会上的竞争能力。

1973 年,德国在全面规划教育事业的过程中,进一步强调教育领域的核心

---

① 张湘洛. 伦敦大学的海外继续教育. 继续教育,2009,23(4):63-64.

部分是继续教育，它的目标超越了个人或群体利益的范围。

1975 年，德国组建联邦和各邦教育综合计划委员会，提出终身教育制度。

20 世纪 70 年代末以及 80 年代中期，德国各州开始重视继续教育和成人教育，并通过颁布相关法规对其进行规范和推动。这些法规明确了继续教育的任务、目标等。

1985 年，联邦教育和科学部明确提出终身学习是每个公民的责任，强调了一次教育不可取，必须重视每个人的终身学习和继续教育。[1]

1990 年，《未来的教育政策：教育 2000》发布，强调了终身教育的重要性，特别关注了其平等权，旨在确保所有公民都能平等地获得高等教育机构提供的继续教育机会。

1995 年发布的《信息社会：机会、革新与挑战》提出，应重视现代信息技术在教育领域的应用，以培养人们的终身学习能力和使用现代技术的能力。

1996 年，德国政府将这一年确定为"欧洲终身引导学习年"。基于对该政策的深入分析，德国政府进一步制定了全面的终身教育政策。这一过程显示了德国政府对终身教育的不断调整和适应，以满足社会变革的需求。同年，《晋升进修教育促进法》颁布，为公民追求终身学习提供了强劲动力。

2000 年，终身教育因《全民终身学习：扩展与强化继续教育》的发布而被德国正式确定为教育改革及发展的核心路径。此外，该法案还倡导实施并强化终身学习和继续教育的具体策略。

2005 年，《联邦职业教育法》经过重新修订并成功实施，为德国的职业教育和终身教育提供了更加坚实的法律基础。

（二）德国终身教育实施的特点

在德国，终身教育得到了国家的大力支持和保障，其完善的终身教育结构吸引了大量民众参与。这一教育体系不仅系统完整，而且具有很强的实效性，体现了终身教育实施的鲜明特点。

1. 国家大力支持

德国是全球教育领域的佼佼者之一，这一点从其坚定支持并投资于终身教育的政策中可见一斑。早在 1970 年，德国的教育审议委员会就已经预见到终身教

---

① 何齐宗. 终身教育的理论与实践. 北京：科学出版社，2020：170.

育的重要性，并因此制定了"教育制度结构计划"，以推动这一教育理念的实施。德国将终身教育视为促进职业技能、提升社会适应力的核心环节，中央政府和地方政府齐心协力，使得终身教育迈向协和与统一的发展。

德国政府致力于推动终身教育的进步，为此采取了一系列措施，旨在确保这一教育理念的普及和不断深入。其中，政府实行带薪教育休假制度，为有志于参加继续教育的公民提供资金支持。此外，政府高度重视终身教育的实践，通过制定和颁布一系列相关法律和政策，以及完善之前的政策，不断推进终身教育政策的发展。例如，20 世纪 70 年代启动的"第二条教育道路"就在 1990 年发布的《未来的教育政策：教育 2000》中得到了肯定；1971 年，德国出台《联邦教育训练促进法》，于 1996 年进一步发展完善成为《晋升进修教育促进法》。

德国终身教育不仅在政策层面得到强有力的支持，而且在教育资金的来源上也展现出一体化特征。在德国的教育体系中，政府机构扮演着至关重要的角色。政府一直是德国终身教育发展的核心力量。虽然德国在原则上不允许地方政府干涉民营单位的发展和运营，但是教育领域不同，政府将其视为重要事业，并致力于推动其发展。这种以政府为主导的教育模式，使得终身教育符合教育自身的发展规律，其实施也更为规范、有序。德国政府的介入不仅体现了对终身教育的高度关注，还为确保教育资源的合理分配和高效利用提供了有力支持。因此，国家大力支持终身教育的立场在政策、资金和管理层面得到了有机结合，为其终身教育体系的健康发展奠定了坚实基础。①

2. 简单实用的终身教育结构

德国的终身教育结构更具有实用性和简洁性：一方面，终身教育的发展经费主要来源于私人的赞助和政府的供给两部分；另一方面，国家教育机构在终身教育体系中发挥宏观调控作用。为确保终身教育的进展顺利，地方教育机构也需要积极配合，提供不同形式的终身教育服务，在终身教育的推广中，政府机构也发挥着重要作用。②

德国还形成了一些具有创新性的终身教育实施措施。一是"第二条教育道路"。德国开辟了衔接高等教育体系与职业教育体系的"第二条教育道路"，即开启了职业生涯的劳动者若想再度接受教育，社会可以为他们提供直至大学程度的课程。这一措施开辟了职业教育与学校教育相衔接的升学途径。实施"第二条

---

① 周小粒，王涛. 美、德终身教育现状比较研究. 武汉大学学报（人文科学版），2006（4）：520-524.

② 周小粒，王涛. 美、德终身教育现状比较研究. 武汉大学学报（人文科学版），2006（4）：520-524.

教育道路"的机构有职业学校、全日制预科教育等。二是带薪教育休假制度。这一制度包括两种方式，分别是根据州法律规定实施、根据劳动协议实施。1973年，"教育整体计划"推进了带薪休假制度的立法化程序。三是提供个人继续教育的支持。1971年，《联邦教育训练促进法》阐明了如何对公民提供继续教育的支持与援助，并强调所有公民都有参加继续教育且获得奖学金的资格。[①]

德国拥有多样化的终身教育实施机构，其中最著名的莫过于民众高等学校。德国民众高等学校是终身教育的核心，主要面向成人提供多样化的学习机会和课程内容。此外，德国还有远距离教育、国民大学等多种教育形式。这些机构共同构成了德国终身教育的多元化体系，充分满足了德国民众的多样化学习需求，为推动德国终身教育的发展发挥了重要作用。

3. 注重实效

第一，将终身教育与职业教育相结合。在德国，职业教育被视为终身教育的核心组成部分。德国人可以通过职业教育项目不断提升自己的专业技能和知识储备。德国的双元制教育模式就是一个典型例子，这种模式将课堂学习与实际工作经验相结合，使学生能够在理论学习的同时，获得宝贵的实践经验。这种教育模式不仅提高了学生的就业能力，还使他们能够在职业生涯中不断适应新技术和新方法的变化。此外，德国还通过各种继续教育和职业培训项目，帮助在职人员不断提升自己的技能。无论是通过企业内部的培训课程，还是通过专门的继续教育机构，德国的劳动者都可以根据自身需求选择适合的学习项目。这种灵活性和针对性，确保了终身教育能够真正为个人职业发展和经济社会进步服务。

第二，培养民众的自我导向终身学习能力。在信息化时代，每个人都需要具备终身学习的观念和自主探索学习的能力。这种思想受到德国政府的高度重视，1995年，德国发布《信息社会：机会、革新与挑战》研究报告，深入探讨了自我驱动的终身学习理念。此外，德国政府及相关机构通过一系列政策和措施，鼓励并推动民众形成终身学习的习惯，不断提升自我导向的学习能力。

第三，注重应用现代信息技术。德国在推进终身教育的过程中，充分利用现代的信息技术，打破了时间、方式和地点的限制，助力学习者在终身学习中实现自我导向的能力培养。此举不仅推动了现代远程教育的发展，还丰富了非正规和非正式终身教育的形式。1995年，德国政府《信息社会：机会、革新与挑战》

---

① 吴遵民. 现代国际终身教育论. 修订版. 上海：上海教育出版社，2021：209-210.

报告中呼吁，将现代信息技术运用于教育领域，提升公众的信息素养和媒体使用技能，从而进一步激发民众的自主学习意识和能力。这一系列举措充分展现了德国在推进终身教育时对实效性的高度关注。

四、美国终身教育的实施

美国在 20 世纪中期就有终身教育相关活动，并主要体现在成人教育活动之中。成人教育是其终身教育的基石，美国政府对此始终持积极态度，以终身学习的理念为指引，致力于推动学习化社会的建设。早在殖民地时代，美国的市镇议会时期便已萌芽出成人教育的雏形。良好的成人教育传统为美国后来引进终身教育理论并深入实践奠定了坚实的基础。

（一）美国终身教育实施的概况

作为世界上最早发起并积极实施终身教育的国家之一，美国于 1965 年终身教育被系统提出后，迅速给予了积极响应。

1966 年 11 月，《成人教育法》颁布。依据此法，美国实施了全国性计划和由各州自主实施的成人教育计划两类。为了确保这些成人教育计划的顺利推进，相关部门需紧密协作，提供全方位支持和便利的条件，具体包括学习时间的安排、场所的选择等。同时需要关注弱势群体的需求，保障他们在公平的环境中受益。通过制定和实施相关法律，美国不仅力求保障每一位公民的受教育权利，还增强了公民履行职责的意识。这些举措为美国实施终身教育奠定了坚实基础。

在颁布法律的同时，美国国内的研究者也对成人教育、终身教育展开了深入、系统的研究。比如，在《成人教育法》颁布的同年，美国成人教育教授委员会出版了《成人教育：一个大学新兴研究领域的概要》，该书深入探讨了成人教学方法、学习课程等关键议题，为成人教育理论体系的完善起到了积极的推动作用。

1972 年，美国发布了《美国成人教育观及未来发展计划》，该计划深入讨论了构建社区学院的可行性，并强调了"发展终身教育"的重要性和具体原则。这一举措为美国终身教育体系的进一步构建提供了重要的理论支持和实践方向。

1973 年，名为《迈向社会学习》的报告问世，该报告不仅重申了发展终身教育的紧迫性，还提出了构建学习化社会的重要观点，为美国乃至全球的教育改革提供了新的视野和动力。

　　1976 年，随着《终身学习法》的发布，终身教育的发展在美国被正式确定为法律政策。这标志着美国对终身教育的关注和重视达到了一个新的高度。该法律不仅强化了联邦政府在推动终身教育方面的职责，还为其提供了法律保障，有利于经济社会的快速发展。为了更有效地实施终身教育，美国联邦政府特意设立了终身教育局，这是国家层面的重要举措。地方政府乃至各州也纷纷设立终身教育处，负责协调本地区的终身教育活动，确保其高效、有序地开展。这种中央与地方共同参与的合作模式，为美国终身教育的普及和深化提供了有力保障。同年，美国公共广播公司的成立是一个重要的里程碑，它为成年人提供不断学习的机会，并为远程教育树立了典范。它鼓励其他教育机构和组织利用现代科技手段（如互联网和在线平台）为学生提供远程学习的机会。远程教育的发展在全球范围内推动了教育的普及和平等，进一步推动了终身教育的发展。自此，终身教育在美国得到持续关注和重视。

　　1978 年，美国政府发布终身学习计划。该计划明确提出终身学习的理念，并强调学习的场所不限于教室，还可以发生在博物馆等公共文化场所。这一系列政策进一步确立了终身教育在美国的重要地位。

　　1980 年，美国政府成立了联邦教育部，为教育改革提供了强有力的机构支持。随后，联邦教育部制定了一系列有关教育改革的政策，并出台了《中学后继续教育法》。与此同时，美国政府还成立了高质量教育委员会，致力于研究和讨论教育改革的各个方面。该委员会的成立为教育改革提供了专业的指导和支持，确保科学地制定政策并有效付诸实践。

　　1983 年，美国在面对教育领域日益严峻的经费紧张、校园管理欠缺以及质量下降等问题，美国教育委员会快速采取行动，发表了《国家在危机之中》的重要报告。该报告明确提出了两大政策目标——构建学习型社会和追求优质教育，并在此基础上营造所有人都能参与并受益的终身学习环境。

　　1984 年发布的《成人学习：国家未来的关键》报告，强调了成人教育在国家进步中的重要意义，并呼吁各级部门携手并进，推动成人教育的发展和进步。此外，该报告还指明了联邦、地方机构以及州三者紧密合作对国家未来教育的发展具有推动作用。

　　美国积极推动社区学院的进步，实施开放式教育策略，并提供丰富的教育资源。自 20 世纪 80 年代起，美国政府致力于实现公平的全民教育，通过制定相关政策，确保每一位公民都能获得平等的学习机会。这项措施不仅将教育的范畴从传统的正规教育延伸至非正式的教育领域，而且促进了教育资源的有效整合及教育活动的广泛开展，从而更好地满足人们的学习需求。

1991 年，美国颁布《美国 2000 年教育战略》。这一全新战略高度重视终身教育的价值，凸显了美国公民持续学习和技能提升的必要性，并倡导他们重返校园，以期成为更加杰出的公民。这一举措引起了国内外的广泛关注。同年，美国政府为建设"全民学习之国"，组建了国家终身学习者委员会，推动终身学习的发展。该委员会的成立标志着美国对终身学习的重视程度和决心。

1994 年，《美国 2000 年目标：美国教育法》颁布。该法案强调了培养青少年具备终身学习能力的重要性，并倡导全社会营造有利于"终身学习"的良好氛围，以推动社区教育和高等教育机构的共同发展。为了深入研究和推广成人终身教育，联邦教育部成立了终身学习研究所，并制定了一系列旨在保障公民学习权益的政策措施。其中，备受关注的是"税收信贷计划"，它通过税收优惠鼓励人们持续学习，不断提升个人的技能和知识储备。

21 世纪初，美国政府持续将教育政策的重心放在终身教育领域。联邦教育部于 2002 年发布了《2002—2007 年战略规划》，随后在 2007 年又发布了《2007—2012 年战略规划》。这两份规划都强调了终身教育在美国社会发展中的核心地位，并致力于确保所有个体都能享有平等参与终身学习的机会，同时注重优化终身教育的实际效果。

为进一步提高教育教学质量，打破教育部门间的传统壁垒，美国政府于 2009 年成立了美国学习总统委员会。该委员会不仅更新了终身教育的理念，还制定了相应的具体计划。这一举措致力于将教育机会延伸到人生的各个阶段，确保每个人都能在不同生命阶段获得学习机会，并享受到高质量的教育资源。

（二）美国终身教育实施的特点

在推进终身教育持续发展、不断迈向新阶段的进程中，美国不仅引领了全球的教育潮流，还形成了独特的教育模式。这些成功经验及其独特之处值得我们进行深入探究和学习。

1. 成人教育是基础

美国成人教育在终身教育的实施中扮演了重要的基础作用。首先，完善的成人教育理论体系为终身教育的实施提供了理论支持和指导。其次，美国的成人教育团体蓬勃发展，成为推动终身教育向前迈进的重要力量。这些团体不仅包括国内的专业组织，如美国成人及继续教育协会，它们在地方层面亦有所体现，通过成立各具特色的地方性成人教育组织，进一步增强了教育资源的覆盖面与影响力。同时，国际层面的成人教育组织，如国际继续教育与培训协会等，也在全球范围内积极促进成人教育的发展与合作。最后，成人扫盲运动的广泛开展为终身教育奠定了坚实的社会基础。美国政府通过实施"成人基础教育计划"，并依托国家成人学习与识字研究中心（NCSALL）的专业支持，有效推动了扫盲运动的进行。此外，众多志愿性质的扫盲组织也如雨后春笋般涌现，这些组织通过各种方式，为成人学习者提供了必要的教育支持。[①]

综上所述，美国成人教育在终身教育的实施过程中发挥了基础作用，通过完善成人教育理论体系、发展成人教育团体以及深化成人扫盲运动，为终身教育提供了理论指导、学习机会和社会支持。

2. 国家支持是保障

美国政府对终身教育的重视程度不言而喻，其通过持续推行各类政策、提供资金支持、立法等方式，为终身教育提供稳固的保障。

美国在终身教育的立法方面展现了其显著的特征。借助于法律法规的制定，为终身教育提供了法律上的支持，使得终身教育的形式得以规范性发展。美国颁布的终身教育相关法律包括《成人教育法》（1966年）、《全面就业培训法案》（1973年）、《终身学习法》（1976年）、《青年就业与示范教育计划法案》（1977年）、《中学后继续教育法》（1980年）、《工作训练伙伴法案》（1982年）、《世贸与出口促进法案》（1987年）、《政府业绩与成果法》（1993年）、《再就业法案》（1994年）等。这些法规详细说明了终身学习的实施途径和重要性，从而推动了这一领域的高效发展。

在终身教育政策方面，为促进终身教育的实施和推广，美国采取了一些政策措施。一是建立依托开放大学的"学分银行"制度。这是一个基于个人学术水平的学分储蓄系统。在开设账户时，学生就需提交相应的学历或其他能够证明其学术能力的材料，在学校审核通过之后，便能够成功地在学分银行存入自己的学分。在未来，一旦学生的能力有所提高，则可以申请在学分银行的额外存储。在完成了选修课程总学分的一半需求后，学生便有资格加入开放大学，开始他们的正式学位课程学习。学分银行允许学分在一生中保持有效性，而那些累积学分的人便是开放大学的潜在学生。二是正规学历教育机构向社会开放，为终身学习提

---

① 纪军. 当代美国终身教育的发展论略. 外国教育研究，2003，30（11）：47-50+60.

供更多的机会和资源。这意味着除了传统的大学和学院，其他教育机构也可以提供正规学历教育，并向学习者开放。这种开放性的教育环境为个体提供了更多选择和灵活性，使终身学习更加便捷和可行。三是为激励企业积极参与培训活动，州政府推出了"政府对劳动力培训资助项目"。这些项目为企业提供了经费和支持，使他们能够为员工提供终身学习的机会。通过这种方式，政府激励企业投资于员工的培训和发展，提高劳动力的技能水平，促进了终身教育的实施和落地。①

在终身教育财政支持方面，1982年，美国联邦政府发放32.86亿美元给农业合作推广处，以支持农业领域的终身学习项目。1984年，《成人教育法》重新修订。美国政府实施了"成人基础教育计划"，为300万名教师提供1亿美元资金，以支持他们的工作。1993年，《政府业绩与成果法》的颁布确保了终身学习计划得到充足的资金援助。1997年，"终身学习税收信贷计划"开始实施，为成人的继续学习和教育提供经费。据统计，仅1991—1998年，美国政府为成人教育的投资显著增加，由2.01亿上升到3.6亿美元。此外，美国政府还设立了中等后教育发展基金计划，该计划为各类教育项目提供了大量的资金支撑。与此同时，为了有效实施终身教育，美国政府还推出了多项助学金项目，如佩尔助学金、传统黑人学生补助金等。这些助学金不仅能够减轻经济弱势等成人学习者的经济负担，还能激发他们进行终身学习的积极性和主动性。②

3. 机构资源是载体

美国多样化的机构和丰富的资源为终身教育的实施提供了载体。③

（1）成人学校

第一次世界大战后，美国开始在公立中小学内部设立夜间成人学习班，以满足成人的学习需要。这些班级提供了文书、金属加工等职业课程，各类职业高中和学校也开设了中等程度的课程，以拓宽成人学习者的知识边界。值得注意的是，美国在成人学校中开展的教育活动与日本的社会教育中的专业讲座等活动在性质上颇为相似，都致力于通过专业知识的传授和技能提升来促进个人的发展。成人学校学生以中老年群体居多，他们参加成人学校多是为了"逃避日常性的孤独"，因为在成人学校，他们不仅可以学到知识，还能与同伴交流探讨，这也决定了成人学校的生活性和家庭式氛围。

---

① 吕星宇. 当代美国终身教育实践对我国的启示. 湖北大学成人教育学院学报，2007，（5）：30-32.

② 孙昭磊. 美国终身教育的特色. 成人教育，2010，30（6）：94-96.

③ 吴遵民. 现代国际终身教育论. 修订版. 上海：上海教育出版社，2021：157-164.

（2）社区学院

社区学院的历史可追溯至公立初级学院时期，是美国高等教育的一部分。20世纪 60 年代后，社区学院进行改革，并在美国全面普及。社区学院的主要服务对象是社区居民，致力于为他们提供免费的、具有教育服务性质的公立短期大学课程。社区学院学制选择灵活，分全日制和半日制；学分取得自由，由社区学习者自行决定。其课程内容与社区居民的实际需求息息相关；学习方式灵活，居民既可选择面授，也可回家自学。

（3）大学开放部

为了满足成人学员的学习需求，美国的大学开放部实施了开放入学的政策，并精心为"非传统性学生"量身打造了专属课程。大学开放部不仅充分考虑了成人学员的特点，还赋予他们在学习与工作之间寻求平衡的能力。得益于联邦政府的支持，高学历职业人士大都选择大学开放部作为继续深造的平台。换言之，大学开放为已拥有学历或经济社会地位的人士提供了更高层次的学习机会，让他们汲取更多知识，而且其学习方式与社区学院及传统成人学校相比，展现出鲜明的特色。这些学习机会旨在满足成人学员的专业发展和个人兴趣需求，使他们能够不断提升自己的知识和技能水平。大学开放部秉持开放入学的原则，无论学员的学历背景如何，都欢迎其申请入学，从而将高等教育的机遇广泛拓展至有志于自我提升的成年人群体。此外，大学开放部还为成人学员提供半工半读的灵活学习模式，使得他们可以在工作的同时追求学业。

（4）放送大学

美国放送大学是受英国开放大学影响而设立的，属于由州立大学组合而成的联合体大学。它既不授予学位，也不承认学分。美国放送大学以远距离教育为主要教学形式，以放映录像为主要教学方式，以开放学习为主要学习方式。其主要的教育内容涉及能源与环境、人文、经营、农业四个领域。学习者可通过电话或当地学习中心去咨询。

（5）没有围墙的大学

没有围墙的大学又叫"实验大学联合"，作为一种全新的教育模式，强调教育的核心是学习者，为其制定个性化的学习目标，且能够授予相应的学位。没有围墙的大学以"契约学习"为特点，即学习的主动权完全由学习者把握，学习者可以弹性学习，教师根据学习者的学习计划来予以一对一指导；学习者的学习场地不受限制；学习者入学前的学习经历、工作经历等都可以作为认定转换的学分；对学习者的评价比较全面，不以书面考试成绩为标准，还考核学习者的能力等其他因素，学习者本人可以参与评价。

（6）纽约州大学

纽约州大学主要推行校外学位制度，这所独特的"大学"并没有传统意义上的校园，依靠"自学考试"为社会上的学习者提供学位认定；依靠校外学位制获得的学位得到社会认可，学习者可进一步深造，进入研究生院等继续学习。

（7）非大学教育计划

非大学教育计划即美国州一级的政府积极参与企业内训练的制度。这一计划明确规定，一旦企业内的教育培训活动达到大学教育的标准，便能获得州级机构的官方认可。随后，完成这些认可教育活动的学习者，有权向相关大学提出申请，请求将其企业内部获得的学习成果转换为正式的大学学分。

五、日本终身教育的实施

日本终身教育的实施经历了一个显著而多层次的演进历程。20世纪60年代的中期以来，日本不断发展和实践终身教育的理念，使之逐步发展成为国家战略的重要组成部分。这一实施过程在学术领域引起了广泛关注，政府和社会也积极参与其中。在不断实践的过程中，日本逐步构建起完备的终身教育体系，为适应社会需求和挑战提供了坚实基础。

（一）日本终身教育实施的概况

从20世纪60年代中期开始，日本扩大了对于终身教育的关注，这不仅表现在政府部门给予了高度重视和支持，也表现在社会教育领域甚至产业界相关专家对于终身教育理念的深入探讨。

20世纪60年代中期以来，有关终身教育的理论开始在国际上崭露头角。日本也在几乎相同的时期开始传播这一理念，且在教育改革中将其视为重要的指导原则和方针，在实践中充分运用。换言之，日本在全球范围内是继续推动和实施终身教育政策最早也是最热衷的国家之一。

《世界重大教育问题》揭示，1971—1972年，尽管各国都在为改革教育做准备，但日本成为唯一在该年度发表改革报告并将终身教育作为改革框架的国家。这标志着日本改革的全面性以及对终身教育的理解较为深刻。[①]日本政府在1965

---

① 托马斯·让. 世界重大教育问题. 上海师大教育系外国教育研究室，译. 上海：上海师范大学出版社，1978.

年第三届成人教育国际促进会议召开之后，就迅速意识到这一领域的重要性，并积极采取行动，不仅派遣代表参加会议，还大力传达终身教育思想。"日本派波多野完治教授（御茶水女子大学，后任校长）作为委员，出席了以朗格朗的草稿为讨论资料的研究'终身教育'的'成人教育推进国际委员会'（1965 年 12 月 9—17 日召开）。"① 1966 年，一场围绕国立社会教育的研究报告会在日本引起了广泛关注。这次会议标志着日本对终身教育问题的正式探讨拉开序幕。②波多野完治在翻译朗格朗所写的《关于终身教育》论文时，增添了自己对于现代化和社会教育的见解，同时参考了《社会教育的新动向》等资料，为日本终身教育的早期研究作出了贡献。此后，日本政府组织翻译并出版了联合国教科文组织所编写的关于终身教育的专业书籍和参考资料等。《终身教育大全》一书的编译者序指出，日本的政府部门以及教育领域对终身教育的研究充满热情，并决心将其投入应用，它们曾积极邀请朗格朗访日，进行交流、访学和演讲。在此期间，日本出版的相关著作和发表的相关论文数量惊人。③1970 年，《终身教育引论》出版；日本在 1971 年便翻译出版了《终身教育入门》。终身教育理论的积极引进推动了日本终身教育实践的进展，以终身教育理论为指导，日本展开了大刀阔斧的终身教育实践工作。

日本政府积极制定多项政策，以推广终身教育。1971 年，中央教育审议会和社会教育审议会发布《关于适应社会结构急剧变化的社会教育》《关于今后学校教育的综合扩充整备的基本实施政策的咨询报告》咨询报告。日本经济调查协议会深入研究了本国的教育问题，在 1972 年呼吁实施一项新的教育政策，以培养适应新产业社会需要的人才。他们强调了"终身学习"的重要性，并倡导在教育领域贯彻这一路线。为了实现这一目标，经济企划厅组建人才开发研究委员会，并发布《信息化社会中的终身教育》。该报告指出，职业训练、社会教育等是具体终身教育实施的场所。④

1978 年，日本政府相关部门的研究报告显示，共发布了关于终身教育的各

① 持田荣一，森隆夫，诸冈和房. 终身教育大全. 龚同，林瀛，邢齐一，等，译. 北京：中国妇女出版社，1987：80.

② 持田荣一，森隆夫，诸冈和房. 终身教育大全. 龚同，林瀛，邢齐一，等，译. 北京：中国妇女出版社，1987：80.

③ 持田荣一，森隆夫，诸冈和房. 终身教育大全. 龚同，林瀛，邢齐一，等，译. 北京：中国妇女出版社，1987：3.

④ 持田荣一，森隆夫，诸冈和房. 终身教育大全. 龚同，林瀛，邢齐一，等，译. 北京：中国妇女出版社，1987：83.

类建议、意见和报告41篇，而且各省厅也提交了40篇调查报告。这些文件是日本主要决策部门思想的结晶，呈现出一种全国总动员的印象。这些文件涵盖社会的各个层面，包括社会教育、青少年教育、职业训练、福利问题等。专门术语如学习社会、终身体育等几乎样样齐全。

在日本中央政府的助力之下，地方的行政机构同样表现出对终身教育的高度重视。根据统计，当时有8个县在长期教育计划中提及了终身教育，还有5个县在社会教育中涉及终身教育，且将这项重要的教育政策投入实践。

20世纪70年代，日本采取了以终身教育为指导思想的教育改革方针。这促进了日本国内关于终身教育的进一步讨论。在理论研究与政策文件颁布的基础上，日本也采取了一些具体措施使终身教育付诸实践。一是扩充提供教育机会的机构。学校不再是肩负教育职责的唯一机构，企业教育、公共教育等机构的教育功能被开发。二是扩充教育对象。青少年不再是主要的教育对象，婴幼儿、成人、高龄者等的教育受到重视。老人俱乐部、高龄者教室、妇女班、家庭教育班、家庭教育讲座、婴幼儿班等多种形式的学习班得以建设并对外开放。三是扩充教育与学习活动的形式。日本开展的社会教育，主要通过自学、多媒体使用等形式展开。具体有社会函授教育，以及为婴幼儿母亲开设的"家庭教育咨询事业""移动公民馆""中央沿线电视市民西明纳尔"等。[①]

这一时期，促进志愿者的工作、提供终身教育信息事业、妇女教育咨询服务事业、充实伤害保险制、推动研究活动等措施，对引进终身教育理论、发展日本终身教育事业产生了巨大的推动作用。[②]

1981年，日本发布《关于终身教育》。该报告不仅回顾了1971年的相关咨询报告，而且对其进行了评估和反思，将"终身教育"正式确定为必须实行的教育政策。该报告强调改变传统学历社会，社会应广泛根植终身教育理念，尊重个人努力并公正评价，迈向学习社会。该报告开创性地提出了"终身教育"的理念，并明确阐述了向"学习型社会"转型的愿景，在深入探讨终身教育与终身学习两者之间的联系和差别的基础上，进一步探讨了如何在人生的各个阶段有效推动终身教育的实施路径。

1984年9月，日本政府设立了一个名为"临时教育审议会"的新机构，旨

---

① 持田荣一，森隆夫，诸冈和房. 终身教育大全. 龚同，林瀛，邢齐一，等，译. 北京：中国妇女出版社，1987：83-87.

② 持田荣一，森隆夫，诸冈和房. 终身教育大全. 龚同，林瀛，邢齐一，等，译. 北京：中国妇女出版社，1987：83-90.

在为总理大臣提供关于如何使教育更好地适应国内社会变革和文化发展的建议。1985 年 6 月—1987 年 8 月，该机构共发布四份重要的咨询报告，报告中明确指出，为了有效应对社会变化，构建充满活力的社会，并满足人们不断增长的学习需求，必须积极推动教育体系向终身教育体系的转型，并全面重组现有的教育系统。[1]报告强调了学校基础教育在终身教育体系中的核心地位，并主张将学校教育的改革与发展置于终身教育的视野之内。其核心目标在于构建一个"终身学习社会"的体系，这个社会致力于为所有成员提供持续学习的机会。日本提出的"终身学习社会"理念实际上是对国际学习社会理念的实际应用和具体实现。[2]

1987 年 10 月，日本发布《关于当前教育改革的具体方略：教育改革推行大纲》，该大纲决定在日本进行第三次教育改革，并积极参考了临时教育审议会的重要报告。这一举措标志着日本在面向 21 世纪的国家战略中，已经将建立终身学习社会纳入考虑范畴。[3]

1988 年，文部省在教育改革中取消了社会教育局，并代之建立了终身学习局，该局下设社会教育科、青少年教育科等五个科。[4]同年 12 月，日本开始着手制定具体的终身学习振兴策略，并颁布了《终身学习的新发展》，其中明确提出在 21 世纪进行教育改革中加入学习型社会建设这一目标。

1989 年，日本颁布了《关于终身学习的条件完善》文件，该文件指出自治体、国家等不同主体在教育改革中的重要作用和具体内容，并阐明了在社会中设立"终身学习促进中心"的建议。

回顾 20 世纪 80 年代，临时教育审议会和中央教育审议会在推动终身教育政策方面发挥了至关重要的作用，为构建终身学习体系和实现学习型社会的目标提供了明确的指引，并打下了坚实的基础。就深入推进和执行终身教育工作而言，日本在全球范围内属于为数不多地设立了专门主管机构的国家之一，这彰显了日本对这一领域的高度重视。其独特之处在于设立了专门的主管机构——终身学习局，该机构专注于协调、推动和监督终身教育及终身学习事务。该机构的设立不仅体现了日本政府对终身教育的特别关注，还确保了相关工作的专业性和细致性。此外，日本政府在人力、财力、物力的调配上也表现得非常注重，以保障终身教育工作的持续性、规范性和机制化。这种强有力的政府支持和保障使得终身

---

① 瞿葆奎. 教育学文集·第 23 卷·日本教育改革. 北京：人民教育出版社，1991：467.
② 崔世广，张洪霞. 日本开展终身教育的历史过程. 日本问题研究，2005，19（1）：39-46.
③ 崔世广，张洪霞. 日本开展终身教育的历史过程. 日本问题研究，2005，19（1）：39-46.
④ 崔世广，张洪霞. 日本开展终身教育的历史过程. 日本问题研究，2005，19（1）：39-46.

教育在日本能够更为专业、规范、有序地推进。①

　　1990 年 1 月，日本发布《关于整备终身学习的基础》，该报告不仅系统性地梳理和总结了之前关于终身学习的理论体系，而且前瞻性地指出了终身学习在发展历程中应重点关注的问题。例如，终身学习的目标应当致力于生活水平和个人内涵的提高以及职业能力的增强，而且这种内在驱动的学习意愿应当源于个人的内心渴求。为持续提升自我，人们应依据自身需要，充分利用各种资源，选择恰当的学习工具和方式进行终身学习，并且这一过程应该是持续不断的。因为每个人的学习方式和节奏各不相同，所以自主选择对个体的学习效果更好。终身学习不应局限于有意图、有组织的学校和社会学习活动，而应融入个体的体育、文化、趣味、娱乐和志愿活动中。这意味着个体可以通过参加各种活动进行学习，学习不仅发生在教室里，更贯穿于生活的方方面面。

　　此外，该报告还呼吁国家和地方政府积极参与并推动终身教育，充分发挥其在社会发展中的关键作用。它们需要整合终身学习资源，确保国民能够顺畅地进行学习；积极支持国民的终身学习活动，并为他们提供优质的学习服务。该报告的发布，为日本终身教育的推进提供了有力的指导和支持。

　　同年，日本制定了《终身学习振兴法》，该法律将终身教育提升为具有法律约束力的活动，保证其在全国范围内的有序推进。此法律共包含 12 条条文，详细规定了立法目的等内容。其中有两项重要的改革举措被提出：一是鼓励私营企事业单位专门划出资金，以减税的方式来鼓励它们直接参与终身学习活动；二是政府直接介入终身学习事务，规定各地区的通产大臣和文部大臣对终身学习活动进行把关。正因为如此，有人将日本的终身教育政策视为一项劳动力政策。②

　　日本的终身学习审议会自成立以来便承担着重要职责，其报告为文部省制定各种方针和政策奠定了基础。都道府也成立了终身学习审议会，为地方行政长官建言献策。截至 1992 年 12 月，日本的 36 个县市成立了终身学习审议会，并且在 742 个市镇村设立了主管部局。此外，终身学习推进会也在中央政府的支持下成立。自 20 世纪 90 年代以来，日本终身教育事业取得显著成果得益于多份由日本终身学习审议会提交的报告。③

　　文部省于 1996 年发布了《关于充实地域终身学习机会方策的答申报告》，

---

①　闻志强. 我国终身教育法治化问题与应对：借鉴日本发展历程的启示. 中国电化教育，2020（10）：80-87.

②　崔世广，张洪霞. 日本开展终身教育的历史过程. 日本问题研究，2005，19（1）：39-46.

③　崔世广，张洪霞. 日本开展终身教育的历史过程. 日本问题研究，2005，19（1）：39-46.

该报告由终身学习审议会编纂完成。审议会接受了文部大臣的请求，对相关问题进行了为期 11 个月的深入审议，其间系统梳理了日本多年以来的终身教育活动，全面总结了经验，并在此基础上提出了多项新观点和举措。该报告因其反映了日本政府的最新思考而极具参考价值和权威性。

这次审议的内容可被看作对 1992 年答申报告的延续。在这次审议过程中，审议会首先对国家和地方对于终身教育的实施成效进行了总结，并据此明确了会议的议题，包括"高等教育"等领域。

（二）日本终身教育实施的特点

在就终身教育展开探索的历程中，日本终身教育的实施也形成了一定的特点。

1. 实施机制的一体化

日本成功地将引入的终身教育理论转化为具体政策并推行，这一成就归功于全国范围内从上至下的终身教育实施机制。为了实现理论向政策的转化，日本组建了负责制定并审议终身学习政策的终身学习审议会。国家层面的决策由中央教育审议会负责，各都道府县设立的地方终身学习审议会则负责地方政策的制定。终身教育在理论指导和充分的科学保障中实现了向政策的转化。

为将政策由理论落实到实践，文省部调整了组织架构，组建终身学习局代替原来的社会教育局，负责协调政策等相关事务。此外，为了促进民间终身教育的进步，文省部还创建了"民间教育事业振兴室"和"地方支援室"，为地方文化活动提供支持。各地在都道府县级行政单位下均设立了终身学习振兴室，在市町村这一级别的地方行政单位，也有专门部门掌管终身学习事务。

此外，日本还成立了全国终身学习市町村协议会，以促进终身学习的信息互通和交流联系。这套全面的终身学习推动体系确保了教育理论能够迅速转化为具有科学性和可行性的政策，并得以有效执行。[1]

2. 实施载体的多元化

从中央的文部省和通产省到各地的都道府县，日本各级政府积极参与推进终身教育，社会各界也纷纷加入。除了传统的学校教育，图书馆等各种教育设施也不断兴起，为广大民众提供了便捷的参与学习的渠道。这些终身教育实施载体不仅提供了学习的场所，还举办各种教育活动和展览，为民众创造了多样化的学习机会。

---

① 刘瑜澍. 日本终身教育的发展特点及其启示. 河北大学成人教育学院学报，2010，12（3）：64-66.

（1）公民馆

公民馆是 1946 年开始构建的一种公益性的文化活动和社会教育场所，起初主要以农村为中心，后来逐渐普及至城乡各地。根据《社会教育法》，公民馆应在特定范围内设立，其核心职责是借助各类与民众生活紧密的教育活动，促进公民的身心健康，提升其综合素质，以推动社会文化的发展。目前，许多公民馆已转型为集成多种文化和教育活动、为公众提供综合性学习环境的场所，并改名为终身学习中心。这些终身学习中心为日本民众提供了广泛的学习机会，成为日本终身教育和文化交流的重要场所。

（2）非营利社会团体

1996 年，日本建立了非营利组织（NPO）中心，致力于协助各类非营利组织的发展。1998 年，日本政府又发布《特定非营利活动促进法》，该法规定了艺术文化等与终身教育相关的活动，并将其与环境保护等领域纳入其中。2002 年 12 月，《特定非营利活动促进法》修订，内阁府进一步明确了活动范围的具体内容。这些措施保障了由市民自发组织的各种社会活动，为非营利法人提供了法律保护。

（3）野村终身教育中心

1962 年，野村终身教育中心起源于一群家庭妇女的小组学习会。1972 年，该组织正式确立为终身教育中心；到 1981 年，它正式更名为野村终身教育中心。该中心致力于教育志愿者活动，不拘泥于以学校教育为中心的传统观念，而是通过终身教育的途径追求个体的全面发展，并依靠民间力量积极推动终身教育事业的发展。

（4）向社会开放的各级各类学校

除了积极制定终身教育政策外，日本政府还高度重视学校教育在推动终身教育发展中的作用。为此，文省部出台了一系列政策和法规，以激励学校开展终身学习活动。这些政策和法规主要包括三方面：一是发挥学校为社会服务的作用，二是创建新型的学校，三是学校教育设施向社会全面开放。中小学校积极与民间团体合作，共同开展区域性的终身教育活动；高等学校则向社会开放，通过举办讲座、函授教育等多种形式，为终身教育学习提供丰富的资源和平台，其中开放大学在推动终身教育方面发挥了重要的作用。

3. 实施推进的法治化

在日本，终身教育因政府的财政体系而拥有稳定的资金支撑。在这一体系下，终身教育经费占据了主导地位。自 20 世纪 80 年代以来，教育行政费用已经远远低于终身教育的投入，这充分显示了日本对终身教育的重视和巨额投资。这种经费保障为终身教育的广泛发展提供了有力的支持。

此外，日本在终身教育的法治化建设也取得了显著成就。1988 年的机构改革被视为日本终身教育制度化的重要标志，其中终身学习局的设立便是这一改革的成果之一。更为具体的是，1990 年颁布的《终身学习振兴法》是日本继美国之后推出的第二部关于终身教育的法律，为日本终身教育提供了重要的法律依据。另外，日本还制定了诸多与终身教育相关的法律，如 1949 年的《社会教育法》、1951 年已的《产业教育振兴法》等。

第三节　国际范围内终身教育发展的趋势

终身教育已成为全球教育变革和社会进步的重要驱动力，并成为备受关注的热点话题。在联合国教科文组织等国际组织的推动下，终身教育在理论和实践两方面都取得了显著进展。在全球范围内，各国纷纷将终身教育纳入其重要发展战略和教育政策之中，取得了丰富的理论和实践成果。在此基础上，通过探寻共性中找个性，可以揭示国际范围内终身教育发展的趋势。

一、基于人文主义的终身教育理念

2020 年的全球疫情提醒人们保护生态系统，走可持续发展道路的重要性。2021 年发布的《一起重新构想我们的未来：为教育打造新的社会契约》提出了一个重要建议，即对教育体系进行重新建构，确保教育过程以地球的未来生存为核心理念。该报告借鉴了生态伦理学家在 20 世纪 80 年代提出的生态正义概念，并将其作为重要基石。这一新人文主义理念试图建立起人与自然相互依存的有机整体。该报告的发布不仅扩展了终身教育和人文主义的深度和广度，还塑造了一种全新的教育观念和全球视野。它预示着未来的终身教育将超越以人类为中心的思考模式，实现从全球视角向生态整体视角的转变。①

终身教育的新人文主义理念发展趋势主要体现在三个方面：第一，重新融入世界。现代生态理论和人文主义的重要发展方向都是生态整体主义，新人文主义将人类视为与自然环境密切相关的生态存在，致力于引导人们实现在世界中"诗

---

① 李兴洲，徐莉，姬冰澌. 教育未来发展新趋势：迈向新人文主义的终身教育：基于联合国教科文组织前瞻性教育报告. 清华大学教育研究，2023，44（3）：65-74+128.

意地栖居"的理想状态。此外，新人文主义强调教育不能只关注个人成功、经济发展和国家利益，更应强调人与自然之间生态联结的新内涵。第二，倡导生态本位。生态整体论的新人文主义主张将生态系统的和谐持续发展视为最高价值，并以此标准来衡量所有事物。第三，提倡情境实践。新人文主义视人类为一个身处生态系统中的"具身的心灵"，并认为人类的认知是身心一体与生态系统互动的产物。此外，新人文主义在终身教育中加入情境实践，这种情境化的学习方式将进一步推动学习时空的终身化，使教育任何时间、任何空间都能发生，并让每个人自然地成为教育的一部分。新人文主义视域下的终身教育以生态整体存在、生态本位价值取向和情境实践的认知方式为核心，旨在促进人与自然的和谐发展，强调个体与社会的共同利益，实现教育的终身化。①

终身教育的新人文主义理念倾向将在未来发展中持续发挥重要作用。新人文主义思想在终身教育发展中体现了存在方式、价值取向和认识方式三个方面。通过重新融入世界、强调生态本位以及情境实践，新人文主义理念以其独特的分析框架，推动教育的进一步创新和变革。

二、基于可持续发展的终身教育目标

可持续发展教育是解决全球多重危机的关键所在。在联合国教科文组织的推动下，可持续发展教育经历了一系列演进阶段，从环境保护教育到构建公平可持续未来的教育，再到人与地球共生共存的教育。在当前全球可持续发展议程面临极端挑战的背景下，这一发展趋势显得尤为重要和迫切。

可持续发展教育不仅关注环境问题，更致力于实现生态、社会和经济的正义。它强调通过教育促进人与自然的和谐共生，推动社会实现可持续的发展。在全球面临严峻挑战的背景下，可持续发展教育成为教育的核心议题，旨在追求对地球未来负责的长期愿景。在技术革新的推动下，可持续发展教育正在经历着结构性的变革，以适应不断变化的环境和社会需求。其目的在于推动构建公平、可持续的未来。它强调重构教育体系，使之能够培养具备可持续发展意识和能力的个体。这需要在教育中融入全球视野和多元文化，使个体具备跨文化交流和合作的能力。同时，可持续发展教育也强调地方化实践，通过常态化多中心主体行动模式推动在地化的可持续发展教育实践。在全球面临严峻挑战的背景下，可持续发

---

① 李兴洲，徐莉，姬冰澌. 教育未来发展新趋势：迈向新人文主义的终身教育：基于联合国教科文组织前瞻性教育报告. 清华大学教育研究，2023，44（3）：65-74+128.

展教育需要不断创新和变革。教育应该积极回应全球性危机，倡导生态、社会和经济的正义，以及对地球未来负责的长期愿景。此外，教育需要利用技术创新的力量，推动可持续发展教育的结构性转变，使之适应快速变化的社会需求。同时，教育的推动应该依靠多中心主体行动模式，将可持续发展教育落地到地方实践中。^①

《改变我们的世界：2030 年可持续发展议程》体现了可持续发展教育的主题，提出了"地球公民身份"作为可持续公民身份的替代方案（图 3-1），呼吁整个人类社会以合作伙伴关系治愈和保护我们的地球。《成人学习与教育全球报告五 公民教育：增强成人的变革能力》指出，"全球公民教育"有实现"世界性要务"的潜力，"保护全球公域需要涵盖生态、经济和社会三个经典层面的整体可持续性概念"^②。因此，该报告倡导了一种全新的教育模式，强调从整体视角出发，而非仅关注工具性的技能培养。其核心目标是帮助个人获得必要的能力，以充分行使和实现自身权利，并能够掌握自己的命运。^③

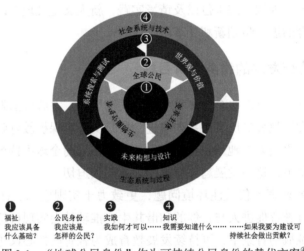

❶	❷	❸	❹
福祉	公民身份	实践	知识
我应该具备什么基础？	我应该是怎样的公民？	我如何才可以……我需要知道什么……如果我要为建设可持续社会做出贡献？	

图 3-1 "地球公民身份"作为可持续公民身份的替代方案^④

综上所述，基于可持续发展的终身教育已成为一个重要的发展趋势。它强调

---

① 岳伟，李文娟. 可持续发展教育演进逻辑与未来趋势：基于对联合国教科文组织系列报告的分析. 比较教育研究，2023，45（4）：3-11+33.

② 联合国教科文组织终身学习研究所. 成人学习与教育全球报告五 公民教育：增强成人的变革能力. 上海终身教育研究所，组织编译. 上海：华东师范大学出版社，2023：136-137.

③ 联合国教科文组织终身学习研究所. 成人学习与教育全球报告五 公民教育：增强成人的变革能力. 上海终身教育研究所，组织编译. 上海：华东师范大学出版社，2023：138.

④ 联合国教科文组织终身学习研究所. 成人学习与教育全球报告五 公民教育：增强成人的变革能力. 上海终身教育研究所，组织编译. 上海：华东师范大学出版社，2023：136.

终身教育在应对全球多重危机和促进可持续发展中的关键作用。在推动这一进程中，应重视终身教育的全球视野、多元文化和地方化特点，同时注重技术创新和结构性变革，以适应不断变化的社会需求。只有这样，终身教育才能充分发挥其在推动全球可持续发展进程中的重要作用。

三、基于社会全力的终身教育动力

随着终身教育的发展，各国逐渐意识到其推动需要社会的广泛参与，而不仅仅局限于教育部门的职责。政府在终身教育中起着重要的推动作用，但社会的共识与合作同样重要。德国和韩国在终身教育方面积累了丰富的经验。德国在建设学习型地区以及推进区域学习项目的过程中，与教育部门、组织机构等产生了密切的联系。韩国釜山市莲堤区的跨部门合作和资源整合模式也取得了显著成果。这些模式有效地提高了社会资源的利用效率，改善了终身教育的效益和效果，实现了终身教育学习社会化的目标。[①]

终身教育的未来发展需要举全社会之力，这是终身教育发展的重要动力基础。随着社会的快速发展和知识经济的兴起，终身学习和不断更新技能已成为个人实现自我发展和社会进步的必要条件。在这个背景下，终身教育的动力来源正逐渐从个体向社会扩展，成为全社会共同参与的事业。

第一，社会全力参与终身教育可以充分激发个体的学习热情和动力。在信息化时代，更新知识与技能的速度飞快，个体需要不断进行学习和培训，以适应变化的需求。而社会的支持和关注对个体的学习意愿和动力起到了重要的促进作用。社会可以提供各种学习资源和机会，如专业培训、社区学习共同体等，激发人们的学习兴趣并提供良好的学习条件和环境。

第二，社会全力参与终身教育可以提供更广泛的学习机会和资源。终身教育需要依托全社会的力量来构建完善的学习生态系统。社会可以提供不同层次、不同形式的学习机会，包括职业技能培训、科学研究、文化艺术活动等。通过社会的参与，个体可以获得更多的学习资源，拓宽学习领域，提升学习的质量和效果。

第三，社会全力参与终身教育有助于社会的可持续发展和进步。教育是社会进步的重要驱动力之一，而终身教育的实施需要社会的广泛支持和参与。社会可以通过制定、执行相关政策和法规，提供必要的经济和政策支持，同时鼓励企业

---

① 黄健. 国际终身教育发展的七大趋势. 上海教育科研，2014（4）：14-17+22.

和组织为员工提供终身学习机会，以促进全民终身学习的普及与深化。通过全社会的共同努力，能够营造出良好的学习氛围和学习环境，从而为社会的可持续发展提供有力的支撑。

第四，社会全力参与终身教育有助于实现社会的公平和包容。教育公平是社会发展的基本要求之一，而终身教育的普及和发展需要解决不同人群的学习需求和差异。社会可以通过制定政策和措施，为弱势群体提供平等的学习机会和资源，缩小教育差距，实现社会的包容和公平。社会的关注及支持对保障弱势群体的教育机会和权益具有重要意义。

四、基于技术发展的终身教育载体

在未来的终身教育发展中，技术将变得更加重要的角色，成为教育的载体和支持工具。随着技术的飞速发展，我们将看到更多先进技术被融入终身教育的各个领域。

在人工智能对就业市场产生全面挤压的背景下，终身教育发展的一个重要趋势是对人工智能等现代技术的使用。有研究者认为，人工智能背景下，人工智能的发展可能加速某些职业角色的转变，但人的独特价值和作用依然重要。在这种情况下，终身教育具有重要的前景，成为应对人工智能挑战的一种方式。在人工智能挑战下，合格的教师首先必须成为终身学习者，因为终身教育的理念正在逐渐与传统学校教育相融合，成为教育体系发展的新趋势。终身教育将从实体的结构转变为网络结构，成为一个拉图尔所说的"行动者-网络"，其中各种人类和非人类教育者以及学习者共同互动。这一变革可能改变就业和教育之间的关联方式，使两者之间的界限更加模糊。有研究者认为，人工智能时代预示着"终身学习的终结"，认为终身学习是许多人甚至是大多数人无法实现的，终身学习的形式很可能在后人类的情况下发生变化。[①]

联合国教科文组织提出，其长期以来通过制定全球标准，推动科学技术在道德框架下发展，确保其对建设包容、可持续与和平世界的贡献最大化。人工智能技术正迅速塑造着我们的工作、互动和生活方式。人工智能在许多领域带来了重要好处，但也存在道德问题，如偏见和歧视复制、加剧分裂和威胁基本人权和自由的风险。目前，人工智能商业模式高度集中，缺乏文化多样性。此外，全球有

---

① 吴冠军. 后人类状况与中国教育实践：教育终结抑或终身教育？：人工智能时代的教育哲学思考. 华东师范大学学报（教育科学版），2019，37（1）：1-15+164.

一半的人口无法稳定接入互联网。为了纠正这些问题，联合国教科文组织制定了《人工智能伦理问题建议书》，其中提出了四项核心价值：尊重人权、基本自由和人的尊严；促进和平、公正和相互联系的社会；确保多样性和包容性；保护环境和生态系统的繁荣。[①]该建议书还提出，"需要确保对学校和大学人工智能的使用进行人工监督。将基于人工智能的教育方法与现代和传统教育工具相结合，同时确保学习者的人文、社会和情感发展和需求的重要性"[②]。

21世纪20年代以后，数字技术的快速发展不仅带来了新的机遇，还引发了一系列充满不确定性的挑战。尽管数字技术在一定程度上连接人们，但同时也存在一定的分裂。在此背景下，教育领域迫切需要构建并践行一种更加负责任的"社会契约"。

随着技术的不断深化，从大众媒体到人工智能，它们不仅支撑了学习型社会的构建，还成为终身教育的推动力。技术逐渐成为人类社会中不可或缺的一部分，以其内在力量引导终身教育的发展走向，但真正促进终身教育变革的是人的理性和实际行动。[③]

五、基于终身学习的终身教育方式

20世纪中期，终身教育强调将教育延伸至成人阶段，为成人提供重新学习的机会。随着终身教育的发展，促进终身学习已成为指导教育综合改革的重要原则。通过建立认定机制，对人们所取得的不同资历予以承认，打破了各级教育之间的刚性边界。未来，终身教育的目标在于提升学习者持续主动学习的能力，以应对现实世界中的挑战，并成为不断演变的人类共同未来的参与者。

（一）《让终身学习成为现实的手册》

《让终身学习成为现实的手册》回应了各国在终身学习发展中的问题和挑战，并明确提出将终身学习作为实现可持续发展目标的关键途径。终身学习的必要性体现在数字技术的发展、工作世界的转型、人口结构的变化、气候变化、健康与福祉以及公民身份的强化等方面。同时，终身学习也是可持续发展目标中的

---

① 人工智能. [2024-01-18]. https://www.unesco.org/en/artificial-intelligence.

② 教科文组织谈其《人工智能教育伦理问题建议书》. [2024-01-18]. https://www.unesco.org/en/articles/unesco-talks-about-its-recommendation-ethics-artificial-intelligence-education.

③ 杨晓哲，赵健. 技术变革教育的全球演进与中国历程：以联合国教科文组织教育理念发展为线索. 教育研究，2023，44（8）：82-90.

重要支柱和关键，涵盖优质教育的各个方面。终身学习不仅对实现优质教育目标至关重要，还对其他可持续发展目标的实现起到积极的推动作用。[①]因此，终身学习的推动是实现经济、社会、政治、文化和生态可持续发展的关键。

（二）《成人学习与教育全球报告五》

2022 年 6 月 15 日，《成人学习与教育全球报告五 公民教育：增强成人的变革能力》（简称《成人学习与教育全球报告五》，GRALE 5）发布。该报告的核心结论是，全球成人学习和教育面临的主要挑战是如何确保教育惠及最需要帮助的人群。

《成人学习与教育全球报告五》提出，尽管终身学习取得了进展，特别是在提升妇女参与度方面，但最需要成人教育的群体（包括农村人口、残疾人等弱势群体）仍然被剥夺了学习机会。约 60%的国家报告称，未有效改善移民等人的参与情况。同时，有 24%的国家报告指出，农村人口的参与率有所下降。在接受调查的 159 个国家中，有 24%的国家老年人参与率有所下降。该报告呼吁会员国在成人学习和教育领域进行重大变革，并提供充足的资金支持，以确保成人教育惠及所有人。

1. 基于价值观的变革性学习

全球公民教育与成人学习是相互关联的，它们共同努力提升人们的参与能力，倡导基于价值观并具有变革意义的学习。联合国教科文组织在《成人学习与教育全球报告五》中强调了终身学习作为新的人权的重要性，特别是在为新工作提供再培训、应对不稳定状况和学习以及培养忘却后再学习的能力方面。终身学习不仅为个人提供了持续发展的机会，还助力塑造共同的生活、关心地球和社会福祉，以及发展以自由和对话为基础的幸福社会模式。[②]

2. 全球学习型城市网络

全球学习型城市网络是联合国教科文组织中的一个重要组织，旨在为终身学习提供有力支持。该网络致力于为市级政府提供启示、专业知识和最佳实践，以推动终身学习系统的发展。《面向民主和可持续社区的公民教育》（联合国教科

---

① 林可，王默，焦帆. 通往终身学习"乌托邦"的实践之路：联合国教科文组织《让终身学习成为现实的手册》述评. 开放教育研究，2023, 29（5）: 14-25+73.

② 联合国教科文组织终身学习研究所. 成人学习与教育全球报告五 公民教育：增强成人的变革能力. 上海终身教育研究所，组织翻译. 上海：华东师范大学出版社，2023：140-141.

文组织，2021 年）提出，全球学习型城市网络关注终身学习的新方法，将学习型城市作为开展社区学习的框架，并特别强调了在当前民主、自由和人权面临诸多挑战的背景下，积极公民意识的重要性。[①]

3. 学习终身技能

工作中的学习和通过学习胜任工作，是成人教育和终身学习的重要组成部分。学习是一个伴随终身的过程，它不局限于正式环境，还涵盖了非正规和非正式的学习形式。这一过程旨在确保成年人能够充分融入社会并积极参与工作领域。除了基本技能和公民技能外，职业技能和 21 世纪技能也同样至关重要。随着劳动力市场的变化，工作中学习的重要性进一步凸显。在职员工在工作生涯中往往需要多次接受再培训以提高技能，因此，适应变化的能力以及获得新技能和新知识的能力变得尤为重要。[②]

六、基于跨学科的终身教育主题

终身教育是一个持续发展和不断演进的领域，而跨学科的终身教育主题正是未来发展的一个重要趋势。终身教育不仅仅是教育学或教育领域的范畴，它需要融入跨学科思维，与其他多学科进行深度融合，以更全面地呈现终身教育的主题。

第一，终身教育不应仅停留在教育学或教育领域的范畴，而应与其他学科进行深度融合。终身教育要实现个体全面的发展和学习，就需要在不同领域的知识和思维方法上进行交叉与整合。例如，在终身教育中涉及的职业培训和技能提升需要与工程学、社会学、经济学等学科进行融合，以满足不同行业的实际需求。跨学科思维能够拓宽我们的知识视野和认知边界，帮助我们更好地理解和解决实际问题，为终身学习者提供更广泛的学习机会。

第二，未来的终身教育需要通过跨学科主题的呈现来培养跨学科学习者。跨学科主题意味着将不同学科的知识和概念相互关联，形成一个有机的整体。通过以主题为中心的学习，学习者可以跨越学科的边界，探索不同领域之间的联系和相互作用。例如，将环境保护与可持续发展、文化多样性与社会和谐、科技创新与社会变革等主题相结合，可以帮助学习者深入理解和掌握复杂的现实问题，并培养其解决问题的跨学科能力。此外，跨学科主题的呈现还可以激发学习者的创

---

① 联合国教科文组织终身学习研究所. 成人学习与教育全球报告五 公民教育：增强成人的变革能力. 上海终身教育研究所，组织翻译. 上海：华东师范大学出版社，2023：142.

② 联合国教科文组织. 终生技能. [2024-01-19]. https://www.uil.unesco.org/en/skills-throughout-life.

造力和创新意识，使他们可以更好地发现新颖的解决方案，提出创新的想法和观点。这样的学习环境有助于培养学习者的创造性思维和跨学科思维，为他们未来的学习和职业发展奠定基础。

第三，跨学科的终身教育可以促进不同学科之间的合作与交流。在终身教育的过程中，学习者可能需要与来自不同学科背景的人合作，共同解决复杂的问题。跨学科合作不仅可以增强对问题的理解和解决方案的多样性，还可以促进不同学科之间的知识交流和经验共享。这种合作有助于培养学习者的团队合作和沟通能力，使他们成为适应多学科环境的终身学习者。

联合国教科文组织在《一起重新思考我们的未来》中提到了"跨学科"，认为终身教育必须重视"跨学科学习"的培养，在终身教育课程内容中，要加入生态学学科视野，培养学习者从生态学角度理解人类，重新思考人与地球的关系。通过在终身教育主题中融入跨学科视野，使人能够在多元信息中心甄别出正确的信息，避免传播错误信息，"促进积极的公民意识和民主参与"[1]。

七、基于优质教育的终身教育体系

未来终身教育体系应当涵盖全民，并致力于提供高质量的教育。各国在教育领域的发展和改革应涵盖从幼儿教育到小学、初中、高中，直至大学及大学后的各教育层次，同时教育形式也应多样化，包括正式教育、非正式和非正规教育。这样多层次、多形式的教育体系可以满足不同年龄段人群的学习需求和发展目标。因此，我们基于全民优质教育，致力于构建一个健全且完善的终身教育体系，以确保其切实可行且便于操作。这一举措将带来对传统教育体系颠覆性的变革，从而真正推动终身教育的实现。

（一）优质教育

2000 年，在"世界教育论坛"上，超过一百个国家的政府庄严承诺，致力于提供优质教育，并将其视为民众的基本权利。联合国教科文组织进一步阐明，优质教育主要指那些具备高教育质量的教育项目。[2]

2012 年，欧洲委员会发布了一个重要提议，聚焦全民优质教育等议题。该

---

[1] 联合国教科文组织. 一起重新思考我们的未来. [2024-01-19]. https://courier.unesco.org/zh/articles/yiqizhong
xinsikaowomendeweilai.

[2] 赵长兴. 联合国教科文组织如何看优质教育. 教育导刊, 2005, （1）: 55.

建议强调，政府应确保每个公民享有受教育的权利，并提供高质量、平等的教育。此外，欧洲委员会还将加强团结力量，推动欧盟成员国共同实现全民优质教育的目标。[①]

2015 年，《2030 年教育：仁川宣言和行动框架实现可持续发展目标 4》强调，包容性和公平性是优质教育的基础。[②]

终身教育的重要性不仅在于提供知识和技能，更在于打破贫穷循环。若民众无法获取高质量的教育，他们将难以摆脱贫困的束缚。故而，终身教育在推动性别平等和缓解社会不平等方面扮演着不可或缺的角色。通过优质的终身教育，人们可以获得平等的机会，无论其背景或性别如何，都能接受到高质量的终身教育。

（二）终身教育体系变革案例

1. "2007—2013 终身学习整体计划"

欧盟委员会的"2007—2013 终身学习整体计划"是一个综合性计划，涵盖了各级教育领域的改革和创新。该计划包括夸美纽斯计划、格龙维计划等，涵盖了基础教育等不同的教育领域，受益人群广泛，从婴幼儿到各个年龄段的成年人，涉及学生、教师、成人培训和老年学习等各方面，关注个体终身发展的需求。

2. "学习型城市的主要特征模型"

"学习型城市的主要特征模型"在首届国际学习型城市大会上获得通过。该模型包含促进终身学习、推动学习型社会建设的六项重要任务。其中，第一项任务是构建从基础教育到高等教育全纳贯通的学校教育学习体系。其他任务，如激活社区学习等，也致力于促进各年龄段人群的终身学习活动。

3. 一体化的资历框架体系

英国、澳大利亚等国以及欧盟等地建立的一体化资历框架体系，将不同阶段和类型的教育资历整合在一个框架中。通过建立资历等值关系，该体系实现了纵向衔接和横向互通，构建了一个全面且统一的认定机制和质量标准，以支持和提升各类学习活动的效果与质量。2011 年，新版《国际教育标准分类》的颁布，标志着对非正式和非正规学习成果的认可。这反映出终身教育政策的重点已从成

---

① 张婷婷. 欧洲委员会提出为全民提供优质教育. 比较教育研究，2013，35（4）：106.
② 联合国教科文组织. 全纳教育. [2024-01-20]. https://zh.unesco.org/themes/inclusion-in-education.

人教育拓展至推动整个教育体系的变革。①

八、基于文化多样性的终身教育模式

基于文化多样性的终身教育模式是终身教育未来发展的方向和趋势。不同国家的终身教育模式将在共性与个性的统一上得到发展，同时通过文化教育的融入，促进国际相互理解和合作。终身教育的未来发展还将注重个体需求的个性化满足，以适应科技进步和社会变革带来的新挑战。只有通过不断创新和改革，未来才能够建立一个包容、多元和可持续的终身教育体系，为每个个体的学习和成长提供更好的支持和机会。

一方面，不同国家的终身教育模式受到本国民族文化的影响，形成了各具特色的教育模式。由于各国拥有不同的历史、传统和价值观，其对教育的理解和偏重点也各不相同。例如，东方文化强调孝道和尊师重道，因此一些亚洲国家更注重家庭教育和教师的权威性。而在西方国家，个人主义和自由意识较为突出，更注重培养个体的创新能力和独立思考能力。未来，随着国际交流和合作的加强，不同国家之间的文化交流将进一步推动终身教育模式的多样化发展。国际终身教育将越来越倾向于形成基于文化多样性之上的多种终身教育模式，这些模式将既体现共性的特点，又具有鲜明的个性。

另一方面，国际终身教育模式的形成需要以多元文化为底蕴。文化是一个国家或地区的独特标识，它蕴含着丰富的价值观、思维方式和行为准则。在终身教育的实践中，文化教育应该被充分体现和融入终身教育课程中，以增进国家和区域的文化价值观教育，促进文化多样性的传承。通过文化教育，人们可以更好地理解和尊重他人的文化背景，增进不同文化之间的相互理解和合作。因此，未来的终身教育模式应当注重培养全球公民素养，弘扬宽容与尊重、人权与非暴力的价值观，以支持全球可持续发展的目标。

九、基于实地调研的终身教育政策法律

实地调研是终身教育政策法律制定和改进的重要途径，通过大规模调查和研究，我们可以深入了解终身教育实践的成效和问题所在，为政策、法律的制定和改进提供科学依据。借鉴国际经验和开发更加精细化的监测工具，可以推动终身

---

① 黄健. 国际终身教育发展的七大趋势. 上海教育科研，2014，（4）：14-17+22.

教育政策、立法的科学决策和办学方向的引导，从而不断提升终身教育的质量和效果。

实地调研是一个相对较新的政策法律制定范式。自 20 世纪中期现代终身教育理论提出以来，国际终身教育的发展经历了从"理念倡导"到"政策发展"再到"创新实践"的过程。近年来，基于证据的决策研究方式对终身教育的政策制定产生了深远影响。国际上，许多发达国家和地区以及相关的国际组织通过开展大规模调查，监测终身教育实践的成效，探索问题所在及影响成效的环境因素，以改进终身教育的政策制定，如由国际经济合作与发展组织开展的国际学生学业水平项目（PISA）和国际成人基本能力水平项目（PIAAC）等。这些调查不仅评估了受测者的学习素养和能力水平，还通过比对不同国家之间的差异，进一步研究教育和文化等环境因素对学生素养或成人能力的影响，为各国的终身教育政策制定和改进提供科学依据。2013 年，PIAAC 测试首次对 16—65 岁的 24 个国家和地区的人群进行了全面的技能测定，涵盖了阅读理解等方面。这一重要数据的获取，为各国终身教育政策的制定者提供了有力的支持。值得注意的是，在一些教育水平较高的国家，如美国，成人的问题解决能力指标并不高。这或许提示我们需要重新审视资格和学历的评价标准，确保学历低但素质高的人也能获得充分发展。[①]

联合国教科文组织定期对全球教育进行监测，《2020 年全球教育监测报告》指出，受公共卫生事件影响，全球 90%以上的学生受到了学校关闭的影响，教育领域经历了前所未有的冲击。社会分化不断加剧，弱势群体更易遭受辍学的风险。在全球各国努力重建更加包容的教育系统之际，该报告提出了一个关键建议：教育领域的所有行动方针都应扩大对包容教育的理解，接纳所有学习者，无论其身份、背景和能力如何。[②]

基于实地调研的终身教育政策法律的发展趋势在全球范围内日益重要。通过实地调研，政策制定者可以更深入地了解教育现场的需求和问题，为政策的制定和改进提供科学依据。这种基于证据的决策研究方式能够提升政策的可操作性和实施效果，推动终身教育的健全和完善，为学习者创造更加包容和优质的教育环境。

---

① 黄健. 国际终身教育发展的七大趋势. 上海教育科研，2014，（4）：14-17+22.
② 联合国教科文组织. 2020 年全球教育监测报告摘要：包容与教育：覆盖全民，缺一不可. [2024-01-19]. https://unesdoc.unesco.org/ark:/48223/pf0000373721_chi.

十、基于全球教育治理的终身教育国际合作

国际合作将进一步推动终身教育的全球化和优质化，使全球学习者能够获得更加包容和丰富的终身教育体验。"需要推进区域和国际合作，以及所有利益相关者之间开展对话……不能仅仅由公共部门或民间社会提供，而必须将与社会各部门的所有伙伴关系和联盟也纳入其中。"[①]

（一）联合国教科文组织关于全球教育治理

《联合国教科文组织可持续发展目标 4：教育 2030 年全球教育协调投入文件》中提到，只有 20 年的时间来解决全球教育差距，这些差距将对我们应对气候变化、人口统计学的地理变化、地缘政治秩序的多极化和不稳定，以及第四次工业革命带来的工作变革这四个重大挑战的能力产生深远影响。全球教育不平等（无论是在富裕国家还是贫穷国家）预示着一个不平等和不稳定的未来。目前的教育系统和全球治理机制尚未充分准备好释放人类的潜力来应对 21 世纪的破坏性挑战。公共卫生事件导致可持续发展目标 4 的倒退，加剧了采取行动的紧迫性。在这一背景下，加快纠正全球教育治理差距的意愿日益增强。公共卫生事件引发的教育危机以及教科文组织建立全球联盟应对全球教育紧急情况的努力进一步推动了这一发展势头。[②]

《联合国教科文组织可持续发展目标 4：教育 2030 年全球教育协调投入文件》进一步提出，协调是指组织人员或团体，使其正确和良好合作的过程，以获得有效的效果。协调包括一系列固定在正式组织结构中的过程或机制，旨在最大限度地提高一组特定行动者实现确定结果的能力。考虑到这些概念，我们可以思考未来全球教育协调的方式。为实现《仁川宣言》、可持续发展目标 4 及《教育 2030 行动框架》规定的教育成果，各国政府需要通过宣传和激励政治意愿的方式来支持各国的区域与全球之间的协调合作，同时分享知识、有效政策和良好实践，加强筹资，加强联合国机构和其他合作伙伴之间的协调支持国家能力，以及加强结果监测和问责制。

联合国教科文组织肯定了改善全球协调的必要性，并呼吁加强联合国机构之

---

① 联合国教科文组织终身学习研究所. 成人学习与教育全球报告五 公民教育：增强成人的变革能力. 上海终身教育研究所，组织翻译. 上海：华东师范大学出版社，2023：141.

② Mundy K, Manion C. UNESCO SDG 4：Education 2030 Input Paper on Global Education Coordination. UNESCO, 2023: 10-11.

间的合作。联合国教科文组织将通过倡导、能力发展、政策对话、知识共享和制定标准来领导协调工作，持续加强建立协调机制、监测和问责机制、外部筹资机制；并增加对教育援助的支持，通过更好地协调提高援助效率，改善对低收入国家、被忽视的领域以及受冲突和危机影响环境的筹资目标，扩大多方利益攸关者的合作，注重加强南南合作和三位一体合作。①

高质量的学习机会必须为所有人获得。正如可持续发展目标 4 所反映的那样，减少不平等是保障人人享有优质教育权利的先决条件。然而，当前的教育机会分配仍存在不平等现象。总体说来，受教育机会更多地倾向于那些已经从教育机会中受益的人。那些在知识、技能和能力方面有缺陷的人最有可能被排除在外。②

（二）终身教育国际合作领域

终身教育作为关系到教育理念革命和创新实践的系统性社会变革，是全球战略与行动的重要领域。在全球化的背景下，建立终身教育体系的复杂性日益凸显，因此强化国际合作是刻不容缓的任务，并获得了全球社会的普遍认同。国际范围内的终身教育合作主要涉及以下三个主要方面。

第一，促进学生和教师的广泛流动。伊拉斯莫斯计划是欧盟最具标志性的成功案例之一，它成功地为 300 万高等教育学生提供了宝贵的交流学习机会。通过这种流动，学生和教师能够获得来自不同国家和地区的教育经验与资源，提高他们的终身学习能力。

第二，加强组织和网络的建设。在促进全球终身教育的合作方面，联合国教科文组织等国际组织发挥了重要作用。亚欧终身学习研究网络作为一个建立在亚欧会议框架下的国际合作网络，吸引了众多成员国的加入。

第三，国际合作成果体现在增强国际终身教育共识方面。全球成人教育大会是一个每 12 年举办一次的国际会议，该会议旨在强调成人学习和教育在国际教育与发展项目中的核心地位。从 1949 年在丹麦举办的第一届大会到 2022 年在摩洛哥举办的第七届大会，与会代表包括来自民间社会组织的代表以及联合国机构等。这一国际会议为不同国家之间的经验交流和合作提供了平台，加强了国际终身教育共识。

---

① Mundy K, Manion C. UNESCO SDG 4: Education 2030 Input Paper on Global Education Coordination. UNESCO, 2023: 10-11.

② 联合国教科文组织. 包容性学习. [2024-01-19]. https://www.uil.unesco.org/en/inclusive-learning.

第四章　终身教育在中国的引进

随着全球经济的快速变化和科技的迅猛发展，终身教育在各国教育改革中扮演着越来越重要的角色。中国作为世界最大的发展中国家之一，不断探索如何引进终身教育的理论与经验，以适应社会变革和个体成长的需求。本章将重点探讨终身教育理论和经验在中国的引进及其对中国教育发展的意义与影响。通过对相关理论和实践的分析，我们可以深入认识终身教育在中国的发展路径和前景。

第一节　终身教育理论在中国的引进

在 1965 年 12 月联合国教科文组织举办的第三次国际成人教育会议上，朗格朗首先正式提出"终身教育"的概念。1970 年，他出版了《终身教育引论》一书，系统全面地论述了终身教育理论。[1]此后，终身教育理论得以发展并在世界范围内广泛传播。我国于 1977 年引进了这一理论，引进工作持续至今。然而，学界对终身教育理论在中国的引进尚缺乏系统而全面的研究。因此，有必要进行终身教育理论在中国的引进及其影响的探讨，以期助推我国教育理论的创新发展。[2]

一、终身教育理论在中国引进的历程

依据引进的形式、载体、范围，引进理论与中国本土教育理论对话水平，以及引进理论对中国教育实践和教育理论创新的影响程度，可以把终身教育理论在中国的引进历程划分为以下四个阶段。

---

① 王晓丹，侯怀银. 终身教育研究在中国的回顾与展望. 成人教育，2020，40（10）：1-8.
② 侯怀银，王晓丹. 终身教育理论在中国的引进及其影响. 教育科学，2021，37（5）：2-11.

（一）第一阶段（1977—1991 年）

1977 年，我国《外国教育资料》杂志开设"终身教育的理论""终身教育的实施"等栏目，共引进了 18 篇终身教育方面的文章。这 18 篇文章为欧梅佐的《终身教育：一个值得关注的国际教育思潮》、郎格朗的《终身教育的战略》、戴夫的《终身教育的概念特征》、布朗的《终身教育的一种战略》、辛普森的《成人教育的对象》；拉费斯坦的《终身教育：现代社会的一项发明》、阿卢阿尔的《法国工程师和工程师学校中终身教育的现状》、维恩的《美国的职业教育》、新堀通也的《终身教育：日本的见解》、佩切科的《终身教育与秘鲁的教育改革》、马尔库舍维奇的《文化·学校·终身教育》、达林斯基的《终身教育在苏联》、第莫夫斯基的《波兰的劳动者大学生》、罗德丽盖的《终身教育》、森隆夫的《关于终身教育与课程的区域会议》、范秀的《苏联正在迅速发展"人民大学"》、诺尔斯的《成人教育：新的范围》、秦工的《训练假》。这标志着终身教育理论开始被引入我国。

在这一阶段中，终身教育理论的引进呈现出以下特点：

第一，引进主体主要为学者个体。引进最初由学者发起，张人杰、钟启泉、曹延亭、孙世路、黄仕琦、陈乃林、周南照、吴福生等通过自发翻译、介绍、研究等途径，对终身教育理论进行了初步引介。这与西方发达国家主要由国家或学术团体推动显然不同。[①]

第二，引进载体主要为杂志和出版社。《外国教育资料》《外国教育》《外国教育动态》等杂志开始刊发终身教育方面的论文。此外，《中国成人教育》《开放教育研究》《成人高等教育研究》《继续教育研究》等刊物，也开始进行终身教育理论的引进。除杂志外，一些出版社开始出版终身教育方面的以译著为主要形式的图书。这一阶段主要有 7 本译著，分别为《学会生存》（上海译文出版社 1979 年版）、《今日的教育为了明日的世界：为国际教育局写的研究报告》（中国对外翻译出版公司 1983 年版）、《终身教育引论》（中国对外翻译出版公司 1985 年版）、《终身教育大全》（中国妇女出版社 1987 年版）、《终身教育导论》（华夏出版社 1988 年版）、《培格曼国际终身教育百科全书》（职工教育出版社 1990 年版）、《终身教育心理学的分析》（职工教育出版社 1990 年版）。

---

① 蒋华，何光全. 终身教育思潮及其在我国的传播与实践. 四川师范大学学报（社会科学版），2008，35（1）：29-32.

终身教育经典著作借此途径被引进我国。除译著外，这一阶段还有一本是由姜友信、刘建国共同编译的《论终身教育》。该书引进了克罗丝·杜兰特的"巴齐尔·耶克斯利与终身教育的起源""约翰·杜威与终身教育"，朗格朗的"何谓终身教育""关于终身教育""终身教育的战略"，计功、山本恒夫的"终身教育"等文章。此外，一些成人教育著作系统引进了朗格朗的终身教育理论及其著作、联合国教科文组织的终身教育理论。这些成人教育著作分别为孙世路编著的《外国成人教育》（教育科学出版社 1982 年版），上海第二教育学院和上海市成人教育研究室编的《外国现代成人教育理论》（1985 年版），达肯沃尔德和梅里安著、刘宪之等译的《成人教育：实践的基础》（教育科学出版社 1986 年版），以及关世雄和张念宏编的《世界各国成人教育现状》（北京出版社 1986 年版）。

第三，引进方式主要为翻译和介绍。终身教育理论的引进方式主要为译介，著作多以译著形式呈现，论文以译文和介绍性论文为主，形成了以下特点：一是全面述评终身教育理论，比如有研究者通过揭示终身教育理论的问题，找出终身教育与人生教育的差异等[1]；也有研究者从出发点、教育民主化、老人学习、教育改革问题着手对终身教育理论进行介绍[2]。二是分析终身教育理论在其他教育领域的影响，比如终身教育理论对成人教育意义的认定、对高等教育改革的新启发等。三是对教育家终身教育思想或著作进行简析，比如有耶克斯利、杜威、朗格朗等。

（二）第二阶段（1992—2000 年）

1992 年，乔冰、张德祥所著《终身教育论》一书由辽宁教育出版社出版。以此为标志，终身教育理论在中国的引进进入新的阶段，并呈现以下特点。

第一，引进与内化相结合。这一阶段的译著主要有 2 本，分别为豪尔著、江金惠译的《学习模式：终身教育的新展望》（教育科学出版社 1992 年版）、联合国教科文组织总部中文科译的《教育：财富蕴藏其中》（教育科学出版社 1996 版）。学者开始通过著书立说系统地引进终身教育理论的新方式。这些著作主要体现为两大类：一类是终身教育专著，有 3 本。它们分别为乔冰和张德祥著的《终身教育论》（辽宁教育出版社 1992 年版）、吴遵民著的《现代国际终

① 卢华文. 终身教育与人生教育差异论析. 益阳师专学报，1990，（2）：99-101.
② 曹延亭. 终身教育的几个理论问题. 外国教育研究，1987，（4）：38-42.

身教育论》（上海教育出版社 1999 年版）、沈蕙帼和陆养涛主编的《终身教育理论与实践》（中国纺织大学出版社 2000 年版）。这些作者注重对终身教育理论进行系统梳理，不再单纯地直接翻译引进，而是在自身理解的基础上进行归类、归纳与分析。另一类是在涉及比较教育学或外国教育史专著中单设章节对终身教育理论进行概述，有 5 本它们分别为张斌贤和褚洪启等著的《西方教育思想史》（四川教育出版社 1994 年版）、单中惠主编的《西方教育思想史》（山西人民出版社 1996 年版）、王天一和方晓东编著的《西方教育思想史》（湖南教育出版社 1996 年版）、吴式颖主编的《外国现代教育史》（人民教育出版社 1997 年版）、陆有铨著的《躁动的百年：20 世纪的教育历程》（山东教育出版社 1997 年版）。这些作者紧跟国际趋势，视终身教育为教育思潮或教育理论的一种来源进行引进。

此外，这一阶段出现了第一篇系统引进终身教育理论的博士学位论文——《终身教育的理论与实践：渊源、演变及现状》（巨瑛梅，1999 年），该文以历史渊源、演变及发展现状为线索，对美国、英国、日本、印度、巴西等多个国家学者的终身教育理论、经典著作进行了系统介绍。[①]

第二，引进范围扩大、程度加深。从引进的国家来看，相较于第一阶段，数量更大，包括美国、法国、日本、韩国、德国、瑞典、英国、印度、巴西等国家。引进的内容主要是对终身教育理论在这些国家的历史发源、引进与传播情况、典型模式（比如北欧斯堪的纳维亚模式、英国终身学习体系框架与国家职业资格证书制度、日本《社会教育法》等法制措施、美国《终身学习法》等法制措施）进行了系统介绍。从引进理论的代表人物来看，有曼斯布里奇、托尼、耶克斯利、林德曼、杜威、朗格朗、戴夫、赫钦斯、弗莱雷、波什尔等众多终身教育思想家。值得一提的是，《教育：财富蕴藏其中》在这一阶段也被引入我国。

第三，引进与反思相结合。在这一阶段，学界将终身教育理论的引进纳入对中国终身教育理论发展的反思中。有学者在相关终身教育理论专著中提出，"改革的时代呼唤着教育理论"[②]，"即使在教育界内部，有关终身教育和终身学习的理论也还远远不能说已经成熟"[③]。

---

① 巨瑛梅. 终身教育的理论与实践：渊源、演变及现状. 北京师范大学博士学位论文，1999.

② 乔冰，张德祥. 终身教育论. 沈阳：辽宁教育出版社，1992：总序.

③ 吴遵民. 现代国际终身教育论. 上海：上海教育出版社，1999：序（一）.

（三）第三阶段（2001—2011 年）

2001 年，随着联合国教科文组织编写的《世界教育报告 2000：教育的权利：走向全民终身教育》在我国翻译出版，特别是同年《中华人民共和国国民经济和社会发展第十个五年计划纲要》提出"逐步形成大众化、社会化的终身教育体系"，终身教育理论的引进出现了一个高潮，并具体呈现以下特点。

第一，引进的内容涉及教育众多领域，多元学科视角。该阶段引进的终身教育外文著作共 4 本，分别为联合国教科文组织编写、联合国教科文组织中文科译的《世界教育报告 2000：教育的权利：走向全民终身教育》（中国对外翻译出版公司 2001 年版）；克里斯托弗·K. 纳普尔、阿瑟·J. 克罗普利著，徐辉、陈晓菲译的《高等教育与终身学习（第 3 版）》（华东师范大学出版社 2003 年版）；雪朗·梅伦、罗丝玛丽·卡法雷拉著，杨惠君译的《终身学习全书：成人教育总论》（商周出版社 2004 年版）；诺曼·朗沃斯著、沈若慧等译的《终身学习在行动：21 世纪的教育变革》（中国人民大学出版社 2006 年版）。

对终身教育理论进行引进的著作有 13 本，分别为高志敏等著的《终身教育、终身学习与学习化社会》（华东师范大学出版社 2005 年版）、魏志耕著的《终身教育新论》（湖南人民出版社 2006 年版）、叶世雄编著的《终身教育研究现状与趋势》（中山大学出版社 2006 年版）、郝克明主编的《国际终身教育经典文献》（高等教育出版社 2006 年版）、吴雪萍著的《终身学习的推进机制比较研究》（浙江大学出版社 2006 年版）、高志敏和蔡宝田主编的《社会转型期成人教育、终身教育研究》（首都师范大学出版社 2007 年版）、吴遵民编著的《新版现代国际终身教育论》（中国人民大学出版社 2007 年版）、李卫江和张亿钧著的《知识之树常青：现代终身教育研究》（吉林大学出版社 2007 年版）、吴遵民编著的《实践终身教育论：上海市推进终身教育的路径与机制研究》（上海教育出版社 2008 年版）、王洪才主编的《终身教育体系的建构：全面小康社会的呼唤与回应》（厦门大学出版社 2008 年版）、何齐宗著的《教育的新时代：终身教育的理论与实践》（人民出版社 2008 年版）、周发明等著的《构建农民终身教育体系研究》（湘潭大学出版社 2010 年版）、谷峪和姚树伟著的《职业教育·生涯教育·终身教育：转型期日本职业教育发展及其启示》（高等教育出版社 2010 年版）。

第二，除之前的成人教育、教育史领域外，高等教育、农民教育、职业教育、生涯教育等其他领域在这一阶段也对终身教育理论进行引进。

此外，引进主体能够跳出教育学的视角，从社会转型视角或哲学视角对终身教育理论的引进进行思考。以《终身教育、终身学习与学习化社会》一书为例，作者就终身教育、终身学习、学习化社会理论进行了详细梳理，从多学科视域对此三种理论展开了学理支撑分析，并进行了实践运作策略研究。①

第三，引进主体多元，引进载体丰富。除学者外，引进主体还有专业性组织、机构。新设的一些终身教育专业性组织和机构有中国成人教育协会终身教育与学习研究中心、终身教育促进委员会、职业教育与成人教育司、群众性终身教育学术团体、高等院校终身教育研究院等②，主要进行终身教育理论研究和实践的开展。除了依托杂志和图书这两种载体外，还新增了两种载体：一种是通过举办国际终身教育论坛、邀请国外专家学者演讲引进，另一种是借助网站引进。进入 21 世纪，中国终身教育网以及全国各地区成立的终身教育相关网站相继创办，拓宽了引进的渠道。

第四，引进的内容与我国社会现实、教育现实的结合更加紧密。学界开始根据我国国情有目的地选择引进内容。如《国际终身教育经典文献》指出，"为了深入开展在我国建设终身学习体系和学习型社会的研究，课题组把编辑《终身教育经典文献》作为一项重要的基础性工作"③。《终身教育体系的建构：全面小康社会的呼唤与回应》指出，"为适应建设终身教育体系的要求，我们必须对传统的教育体制进行改革……而且要与我国全面小康社会建设步调相一致"④。可见，引进体现出紧密结合当时社会与教育需求的目的。

第五，引进范围进一步扩大。从引进国家来看，与之前更多关注发达国家而言，这一阶段在进一步引进发达国家（韩国、澳大利亚、美国、日本、芬兰、瑞典、丹麦、英国、加拿大、法国、德国、挪威等）终身教育理论的同时，也开始关注发展中国家（印度、泰国、坦桑尼亚、马来西亚、巴西、朝鲜等）终身教育理论。而且引进的范围从国家层面具体到城市或地区层面，比如美国纽约市、英国伦敦市、日本东京都等。从引进的内容来看，除引进某些教育家的终身教育思想、终身教育著作之外，亦开始关注国际组织和流派的相关观点。相关的国际组织有联合国教科文组织、经合组织、欧盟、国际劳工组织等。重要理论流派有理

---

① 高志敏，等. 终身教育、终身学习与学习化社会. 上海：华东师范大学出版社，2005：前言.
② 吴遵民. 终身教育研究手册. 上海：上海教育出版社，2019：158-167.
③ 郝克明，周满. 国际终身教育经典文献. 北京：高等教育出版社，2006：编者的话.
④ 王洪才. 终身教育体系的建构：全面小康社会的呼唤与回应. 厦门：厦门大学出版社，2008：前言.

念型、反体制型、马克思主义与集体主义等[①]。

（四）第四阶段（2012 年至今）

2012 年以来，党的十八大就"完善终身教育体系"进行了明确表述，自此，终身教育理论的引进工作进一步深入，并呈现出了以下几方面的特点：

第一，引进工作注重国际合作。这一阶段有 5 本译著，分别为迈克尔·奥斯本、彼得·凯恩斯、杨进主编，苑大勇译的《学习型城市：发展包容、繁荣和可持续的城市社区》（教育科学出版社 2016 年版）；罗伯特·赫钦斯著，林曾等译的《学习型社会》（社会科学文献出版社 2017 年版）；联合国教科文组织编、联合国教科文组织总部中文科译的《反思教育：向"全球共同利益"的理念转变？》（教育科学出版社 2017 年版）；小林文人、梁炳赞、小田切督刚著，杨红、王国辉译的《蓬勃向上的韩国终身教育》（清华大学出版社 2020 年版）；联合国教科文组织编的《一起重新构想我们的未来：为教育打造新的社会契约》（教育科学出版社 2022 年版）等。

对终身教育理论进行引进的国内著作有 16 本，分别为蓝建等著的《终身学习背景下的教育公平与效率：国际视野》（上海交通大学出版社 2012 年版）、贺宏志编的《我国终身教育体系及其推进策略研究》（首都师范大学出版社 2013 年版）、苑大勇著的《终身学习视角下英国高等教育扩大参与政策研究》（高等教育出版社 2013 年版）、王琪著的《终身教育体系的衔接问题研究》（厦门大学出版社 2014 年版）、高耀明主编的《重铸教育辉煌：欧盟终身学习计划研究》（上海教育出版社 2014 年版）、赵昕著的《迈向终身学习社会：21 世纪初欧盟职业教育与培训政策研究》（辽宁人民出版社 2015 年版）、叶正茂著的《终身教育学分银行：继续教育学习成果的认证及转换》（电子科技大学出版社 2016 年版）、潘懋元著的《现代终身教育理论与中国教育发展》（高等教育出版社 2017 年版）、刘振海和谢德胜著的《终身教育视域下我国高等教育管理体制研究》（辽宁教育出版社 2017 年版）、吴遵民著的《终身教育的国际视野与中国经验：吴遵民终身教育文集》（上海教育出版社 2018 年版）、林良章著的《终身教育学：理论与实践》（中国轻工业出版社 2019 年版）、徐旭东著的《基于终身学习视野的远程教育质量保证体系研究》（上海交通大学出版社 2019 年

---

① 吴遵民. 关于现代国际终身教育理论发展现状的研究. 华东师范大学学报（教育科学版），2002，20（3）：38-44+61.

版）、叶忠海著的《终身教育学通论》（学林出版社 2020 年版）、何齐宗著的《终身教育的理论与实践》（科学出版社 2020 年版）、张伟远和谢青松著的《终身教育资历框架研究》（国家开放大学出版社 2020 年版）、吴遵民著的《现代国际终身教育论（修订版）》（上海教育出版社 2021 年版）等。

迈克尔·奥斯本与彼得·凯恩斯共同编写了《终身教育理论与新实践丛书》专集，并以国际著名教育专业杂志《国际教育评论》特刊的形式出版。[1]《反思教育：向"全球共同利益"的理念转变？》是由联合国教科文组织著、联合国教科文组织总部中文科译的。[2]可见，在引进过程中，我国学者注重与外国学者、杂志以及机构等的合作，终身教育理论引进的国际化趋势明显。

第二，引进与中国终身教育理论发展进一步结合。我国学者开始重视我国终身教育理论的本土化进程，在引进的同时注重理论的建设。比如吴遵民在其著作《终身教育的国际视野与中国经验：吴遵民终身教育文集》中指出，该书基于在终身教育领域基本概念上无法达成共识等理论滞后问题，把"廓清我国终身教育发展的学理迷雾"作为出版文集的目的。[3]也有研究者围绕终身教育理论在中国的传播、发展、内化、本土化展开系统研究，对理论的引进进行梳理与反思。如韩民主编的《中国教育改革大系·终身教育卷》第 1 章、第 1 节中对"终身教育思想的传播与发展"进行了概述，阐述了终身教育理论在我国从最初只存在于个别学者研究中到出现在国家政策的传播与发展过程中[4]等相关问题。

第三，引进工作与中国教育实践相结合。学界开始重视我国的教育实践背景，比如潘懋元所著的《现代终身教育理论与中国教育发展》一书出于向民众普及现代终身教育理论常识、解读终身教育方针政策的目的，通过讲解西方现代终身教育理论的缘起与发展，描绘了世界终身教育地图，标示了各国教育现代化发展状态，思考了我国教育现代化的历史渊源和未来发展。

第四，引进工作与终身教育学学科建设相结合。也有研究者在引进的同时进行了学科建设探索，如林良章所著的《终身教育学：理论与实践》一书在对终身教育理论发展渊源进行系统梳理的基础上，以理论和实践为两条线索，勾勒出终

① 迈克尔·奥斯本，彼得·凯恩斯. 学习型城市：发展包容、繁荣和可持续的城市社区. 苑大勇，译. 北京：教育科学出版社，2016：序.

② 联合国教科文组织. 反思教育：向"全球共同利益"的理念转变？. 联合国教科文组织中文科，译. 北京：教育科学出版社，2017：1-76.

③ 吴遵民. 终身教育的国际视野与中国经验：吴遵民终身教育文集. 上海：上海教育出版社，2018：序.

④ 韩民. 中国教育改革大系·终身教育卷. 武汉：湖北教育出版社，2016：3-10.

身教育学的学科建设模型。作者在前言中介绍，该书的理论部分是作者在多年教育教学实践基础上的理论思考，实践部分是作者所参加的终身教育活动的体会。①叶忠海所著的《终身教育学通论》一书从学科视角研究终身教育理论体系，专设"理论篇"4 章内容，将引进理论与理论建设相结合，尝试创建终身教育理论体系。②

二、终身教育理论在中国引进的影响

（一）引进促进了中国教育学的学科发展

一方面，引进影响了中国教育学话语体系的转变。教育学话语体系是教育学领域关于教育价值观和教育学术活动术语的统称。③从 20 世纪 80 年代初开始，"终身教育"开始出现在我国教育学著作中。但最初的教育学著作只限于对终身教育进行介绍性的简单提及，"终身教育"只是作为一个外来词渗入到我国教育学著作中。伴随引进的逐步深入，从 20 世纪 80 年代末开始，教育学著作开始专设章节对终身教育理论进行详细介绍，将终身教育作为现代教育发展中的主要理论问题、现代教育制度变革的因素、当代世界教育的趋势、现代教育的基本特征、当代世界教育思潮的宏观演变等因素加以分析。终身教育从一个被引用的词语逐渐转为一种教育理论，影响了中国教育学著作话语及中国教育学话语体系的转变。

另一方面，引进影响了中国教育学所注重的"大教育学"的建设。在终身教育理论引入我国之前，我国教育学基本呈现为"学校教育学"，教育学研究也局限在学校教育的范畴内，教育学被视为"正规化知识"的"辅助者"，我国教育学甚至被质疑为"教育学的终结""教育无学"④等。基于终身教育理论所蕴含的理论潜力，有研究者尝试从终身教育理论出发，开始重新思考"人"的问题，在反思中国教育学所遇桎梏的同时，呼吁中国教育学研究者进行创新，发现教育学研究中的诸多空白点与不足之处，探究新教育学的出现。⑤也有研究者提出，传统教育学是"物化"的教育学，立足于终身教育基础上的新教育学是"人化"

① 林良章. 终身教育学：理论与实践. 北京：中国轻工业出版社，2019：前言.
② 叶忠海. 终身教育学通论. 上海：学林出版社，2020：61-95.
③ 刘旭东. 我国教育学话语体系的反思与重构. 中国教育学刊，2016，（7）：12-16+100.
④ 瞿葆奎. 教育学文集·教育与教育学文集. 北京：人民教育出版社，1993：328.
⑤ 叶澜. 教育创新呼唤"具体个人"意识. 素质教育大参考，2003，（4）：6-7.

的教育学。^①还有研究者立足于中国新时代背景，探讨终身教育学的学科建设问题。^②此外，我国教育学研究者还进行了制度教育学、终身教育学研究，以及在终身教育理论视域下思考教育学二级学科的学科发展等。以终身教育理论为基础的教育学研究，在深化中国教育学研究的同时，无疑改变着中国教育学囿于用学校教育学去建设教育学的局面，推动中国教育学的学科建设向大教育学迈进。

（二）引进推动了教育理论研究的深化

终身教育理论的引进对我国教育理论研究的整合、终身教育的理论探索以及教育与社会、教育与人的关系研究等方面都产生了一定影响。

第一，引进促进了教育理论研究的整合。随着终身教育理论的引进，我国教育各领域越来越关注教育之间的衔接，并以大教育观的视野来进行研究。人接受的无论什么阶段的教育、什么类型的教育，都是终身教育体系中的一部分，教育理论研究的目的是从理论的高度来反思实践、指导实践，这个实践指的是服务人更好地发展、培养完善的人的实践。从引进之初仅被成人教育领域关注到如今受到全教育领域的重视，在大教育观视野下的终身教育理论，正统筹各方因素来思考教育问题，使各阶段各类型的教育成为相互衔接互动式的存在，促进了教育理论研究的整合化发展。除教育领域外，生态学、社会学、文化学、哲学、人类学等学科也开始关注终身教育理论。这无疑活化了教育理论研究的方式，促进了教育理论研究的深化。

第二，引进推进了中国终身教育的理论探索。叶忠海提出了"构建终身教育学"的主要观点，围绕终身教育学产生的历史必然性、构架的基本理念、构架的基本成分以及与相邻学科关系等方面，进行了有中国特色终身教育学科建设的探索。^③叶澜对朗格朗等经典终身教育理论进行了深刻解读，认为经典并不会过时，指出我们应当反复阅读经典，重启经典的生命力，发挥经典的当代价值。^④围绕"终身教育视界"和"当代中国"时空，叶澜提出了其独到的"社会教育力"理论。吴遵民在引进终身教育理论的同时，从终身教育的理论与实践入手，

---

① 李长伟，辛治洋. 终身教育与新教育学的浮现. 西南师范大学学报（人文社会科学版），2004，30（6）：31-35.

② 侯怀银，王晓丹. 新时代呼唤终身教育学. 高等教育研究，2021，42（1）：60-67.

③ 叶忠海. 构建终身教育学框架的若干基本问题. 江苏开放大学学报，2016，27（2）：4-7.

④ 叶澜. 终身教育视界的深刻意蕴：全时空性的全人发展：保尔·朗格朗带给我们的启示和价值. 人民教育，2017，（1）：12-18.

结合中国国情，进行了较为全面的理论梳理与探索。

第三，引进丰富了教育与社会、教育与人的关系研究。教育理论研究旨在解决教育与社会发展、教育与人的发展的关系问题。终身教育理论的引进，引发了中国教育理论研究者对这两方面研究的重新思考。

在教育与社会发展的关系方面，引进增进了教育与社会的互动，促使教育治理与社会治理之间单向的局部整体关系开始转变为双向的整体性关系。《学会生存》强调，社会应当是一个学习化的社会，应对教育的地位与价值加以重视；教育应当更具整体性，这个整体性足以将社会的一切部门在结构上统一起来。[①]国际教育发展委员会认为，终身教育理论是学习化社会的基石。[②]进入 21 世纪，我国提出"形成全民学习、终身学习的学习型社会"的战略任务，社会与教育不再分立为两个独立的领域，开始走向融合。在教育理论研究方面，出现了教育治理融入社会治理、社会力量参与教育治理、社会公众参与社会治理等研究热点。

在教育与人的发展的关系方面，终身教育理论发展了学习权利理论，使人们看到教育背后所隐藏的学习权利，从而对正义有所追求。1972 年，在日本东京召开的第三次国际成人教育会议首次提到"学习和继续学习权"，从此，"学习权"进入人们视野。学习权是一种要求完善和发展人格的权利，它对"教育自由"进行了重新解释，使传统的教育主体本位开始转向新的学习主体本位，学习者的主体地位愈加凸显。[③]接受教育不再仅仅是为了实现人的生存，更在于通过既有权利的获得来实现人的自我完善与社会正义。近年来，教育理论研究者在关注一些正规层面教育的同时，开始关注非正规、非正式教育，关注对象逐渐从校内学生转向全社会。尤其是对一些弱势群体的研究，如对下岗工人、农民工、农民、残疾人等的补偿教育与继续教育方面的研究热度只增不减。

（三）引进引发了人们教育观念的改变

终身教育理论的引进对人们的传统教育观念产生了较大冲击，具体体现在以下几个方面。

第一，终身教育理论的引进促进人们更加注重从人的角度来思考教育问题。终身教育理论中有对人的新思考。朗格朗曾批判"现代人是抽象化的牺牲

---

① 联合国教科文组织国际教育发展委员会. 学会生存：教育世界的今天和明天. 上海师范大学外国教育研究室，译. 上海：上海译文出版社，1979：202-203.

② 杨晓，叶鹭. "学习化社会"的教育学意蕴. 河北师范大学学报（教育科学版），2011，13（11）：85-88.

③ 杨成铭. 受教育权的本质：从代际、学习社会到维性. 法学杂志，2005，26（1）：79-82.

品"，①认为人应该是具体的、未完成的人；费德里科·马约尔（Federico Mayor）也曾提出人是发展的"第一主角"和"终极目标"的观点②。这些理论的引进除对上述教育学研究产生影响外，还对我国师生观、教育目的观等产生了较大影响。

在师生观方面，传统教育中的师生观是建立在统治与被统治关系基础上的，教师是知识的所有者，学生则是被动接受知识的"容器"。终身教育理论的引进对这一传统认识产生了较大的冲击，终身教育理论鼓励师生之间的对话，认为师生关系是在一些有效果、创造性活动中互相影响、讨论、激励、了解、鼓舞的关系。有研究者认为，终身教育理论影响下的教师观在教师概念的外延、教师职能、师生关系、教师培训等方面都有所变化。③也有研究者认为，应树立与终身教育体系相适应的"大教师观"。④

在教育目的观方面，有研究者受终身教育理论的启发，对我国教育目的进行了反思，提出应丰富和细化教育目的的思路，认为我国传统的教育目的的表述，如"德智体美全面发展""个体社会化与个性化"等过于笼统，容易造成教育目的的狭隘；《学会生存》一书将教育目的分解为若干教育目标，并与现代教育内涵相融合。⑤传统的教育目的观主要是训练儿童和青少年，现在"使人终身受教育"的目的也被人们广泛接受。

第二，终身教育理论的引进引发了人们对教育本质、原则、功能等的重新审视。在终身教育理论进入我国之前，虽然对教育的概念有广义与狭义的解读，有家庭、学校、社会的教育形态划分，但是人们在谈及教育时，总是少不了"校园""教室""课堂""儿童"等学校教育因素。⑥显然，这种教育观是对教育本质的狭隘解读，无法让人们全面认识教育的外延与功能。终身教育理论的引进颠覆了人们的传统教育观，使人们开始领悟教育的终身性内涵，终身学习的热情受到激发，社区教育、老年教育等非学校教育得到发展。关于教育的原则与功能问题，教育的四大支柱（学会求知、学会做事、学会共处、学会生存）启示我国教育未来发展的具体方向，重视发挥教育的"地图""指南针"功能。

---

①　朗格朗. 终身教育引论. 周南照，陈树清，译. 北京：中国对外翻译出版公司，1985：87.

②　Federico Mayor. United Nations Educational, Scientific and Cultural Organization. [2024-10-22]. https://unesdoc.unesco.org/ark:/48223/pf0000089391.

③　沈剑平. 终身教育的前景与教师观的变化. 高等师范教育研究，1989，（6）：44-48.

④　陈乃林，孙孔懿. 试论终身教育的"大教师观". 江苏教育学院学报（社会科学版），2000，（3）：1-4+8.

⑤　陈桂生. 回望教育基础理论：教育的再认识. 北京：北京师范大学出版社，2007：133.

⑥　乔冰，张德祥. 终身教育论. 沈阳：辽宁教育出版社，1992：35.

第三，终身教育理论的引进促使人们重新思考教育的价值。"教育是社会的目的""教育先行""教育预见"等重要观点，使人们重新认识了教育的价值，意识到教育之于人的发展、经济增长、社会团结、民主参与、国际合作等多方面的重要性，进而探讨当代教育的发展趋势。此外，过去教育价值判断的标准更侧重结果，终身教育理论的引进也带来了教育价值判断的多元化，结果不再是衡量教育价值的唯一标准，教育过程受到关注，这对我国的课程观、教育评价观等都有新启发。

第四，终身教育理论的引进改变了教学方法与学习方法。终身教育理论倡导"教育过程的整体性""个人自己的教育""学会学习"等理念，启发人们进一步重视自主学习、自我教育的价值。这些理论的引进给教学观、学习观带来了方法上的启迪。传统的"继承学习""维持学习"被"学会学习""创新学习"取代，"受教育者"变成"学习者"，"受教育的人"变成"自己教育自己的人"，别人的教育变成自己的教育，教育从学习者出发。

（四）引进推动了教育改革的整体进程

终身教育理论在我国的引进还对我国教育改革产生了较大影响，具体体现在终身教育的政策制定、立法进程以及教育体系的改革与完善等方面。

第一，引进推动了我国终身教育政策的制定。1980 年印发的《关于进一步加强中小学教师培训工作的意见》首次提到将"终身教育"作为教师进修院校的责任之一。1993 年颁布的《中国教育改革与发展纲要》提出，要促使终身教育从理念到政策转变。2010 年，《国家中长期教育改革和发展规划纲要》的颁布，使终身教育步入国家战略规划，成为指导我国教育改革与发展的纲领性指导思想。党的十六大报告至党的二十大报告也相继就"终身教育体系"展开重要部署。国家不仅继续在理论方面探讨与完善终身教育政策，如终身教育体系与学习型社会的构建，还把终身教育政策拓展到指导社会实践的层面，进行社会公共服务体系层面的探索。2019 年，作为一种体系的终身教育、终身学习再次被国家政策文件提出来，进一步提升了终身教育在我国国家政策中的地位。

第二，引进推动了终身教育在我国的立法进程。在国家层面，1995 年，终身教育被写入《教育法》，终身教育作为一项基本国策得以确立。2003 年，教育部工作要点之一是研究起草终身教育法。2008 年，教育部工作要点之一是加快起草、修订终身学习法。2009 年，教育部工作要点之一是加快起草终身学习法。2016 年，新修订的《教育法》正式实施。在地区层面，2005 年，福建省开地方颁布终身教育条例之先河，自此，多地相继颁布地方终身教育促进条例，我国终身教育立法进程加快。

第三，引进推动了我国教育体系的改革与完善。这主要体现在教育系统、教育资源、教育实施以及教育体系构建等方面。首先，引进推动了各类教育的关联。其次，引进盘活了教育资源。高等院校设置继续教育学院，面向社会开展岗位培训、函授教育，实现了高等教育资源向社会教育的流通；成人教育师资融入社区学校，开展教学与调研，实现了教育资源的互通；高职院校与企业之间开展"校企合作"，实现了资源共享。再次，引进推动了教育实施形式的多元化。以学习和教学方式为例，终身教育理论也催生了多样化的教育实施形式，基于自主、合作的学习方式变革正逐步开展；基于信息技术的现代化教学方式变革亦渐趋推进。最后，引进推动了构建服务全民终身学习的教育体系的构建。终身教育理论的引进契合了中国教育理论和实践发展的诉求，促使了我国教育体系从封闭式向开放式、服务全民终身学习的教育体系的转变。

三、终身教育理论在中国引进的启示

终身教育理论在中国的引进，给中国教育学者加强教育理论与中国教育实践的对接、实现教育理论的创新带来五个方面启示。

（一）理清国外教育理论的发展脉络

引进理论要首先理清国外理论的发展脉络，了解理论生成的机理。终身教育理论最初产生于西方教育文化领域，由于社会历史文化背景等的不同，理论在引进过程中难免会发生误用问题。[1]我国也曾出现对终身教育理论的直接套用与片面理解的问题，例如在理论引进初期误认为终身教育理论属于成人教育的范畴；终身教育理论在我国教育其他领域更多沦为一种"口号"的存在，在实践中难以具体操作实施；对终身教育理论产生误读，误将彼得·圣吉《第五项修炼》中的企业"学习型组织"观点与学习化社会理论混为一谈等。[2]这些误区无不与理论引进得不全面、不彻底有关。

---

[1] Han S. Editorial: Building theories on adult education and lifelong learning in East Asia. Asia Pacific Education Review, 2017, 18(2): 159-162.

[2] 吴遵民. 走出理解误区：对当代终身教育理论内涵的深层思考. 杭州师范大学学报（社会科学版），2008，30（3）：107-111.

理清国外教育理论发展脉络，需要从引进的广度、深度两方面展开。

一方面，扩展理论引进的广度。终身教育理论迄今不断发展，已形成众多流派与理论分支体系，已由一个点扩散到整个世界，已从理念演化成实践，发挥着它"高屋建瓴"的精神指引、理论整合、实践导向的功能。从终身教育理论引进的广度而言，我们做得还远远不够，尚需要在把握广度的基础上去深入挖掘，在继续深入研究经典终身教育理论（比如经典著作、著名人物思想、重要理论流派、主要理论体系等）的同时，也应该关注一些新生理论（比如"个人赋权""社区赋权""休闲教育""终身体育"等）；在注重对发达国家关注的同时，也应该投入到对广大发展中国家的引进中去。在以教育学、教育思维审视终身教育理论的同时，也要以多学科视野、多角度思维对终身教育理论展开深入分析。

另一方面，加大理论引进的深度。在追求所引进理论多样化的同时，要对理论进行由表及里、去伪存真、由抽象到具体的分析，研究教育理论生成的历史文化背景、动力机制、影响因素、所属范围，既要研究理论"是什么"，又要研究理论"何所是"。

（二）确立中国教育理论自主性

于我国教育理论体系而言，引进教育理论只能是借鉴和补充。引进理论与理论原创生成不同，理论原创生成是理论研究者的探索过程，必经挫折和弯路，不是一蹴而就的；引进理论则可以通过"移植"，避免理论生成的漫长过程。因此，在引进国外教育理论的过程中，要发挥"移植优势"，基于主体意识去审视国外教育理论，对其作出自主选择和客观批判，既不"故步自封"，也不"盲目崇拜"。[1]

客观来讲，引进国外教育理论的成效如何，与是否坚持中国教育理论的自主性息息相关。因此，引进的目的性与针对性便显得尤为重要。国外教育理论的适用时空界限等，这些都是引进过程中应当明确的问题。在引进的过程中，我们应该做到：其一，树立自主意识。中国教育理论研究者在引进过程中，要站在中国国情的高度去审视国外教育理论，以我为主，洋为中用。其二，树立批判意识。引进要取其精华，去其糟粕，对国外教育理论进行客观评价。在理解中批判，在批判中引进。其三，树立选择意识。中国教育理论研究者需要全面考察国外教育理论的思想、观念、原著等，了解其产生、发展及如何指导教育实践，并在此基

---

① 侯怀银. 20 世纪上半叶教育学在中国引进的回顾与反思. 教育研究，2001，22（12）：64-69.

础上展开能动选择；将国外教育理论中适合我国教育理论的部分加以借鉴，弥补我国教育理论的不足，并进行中西融合。通过"形式引进"向"观念引进"的过渡，确立中国教育理论自主性基础上的理论引进与发展。

（三）立足中国教育实践

引进国外教育理论要以结合中国教育实践为宏观的指导思想。[①]以国外教育理论的"法眼"来看待中国的教育问题，或以国外的教育理论框架来建构中国教育问题，会造成理论与实践的脱节。[②]长此以往，既不能完全领悟和学习到国外教育理论的精髓，也无法用理论来有效指导实践，更难以解决中国教育实践中的问题，从而阻碍中国教育理论与实践的发展，甚至造成资源的巨大浪费。从初始的理论产生到适用于各个国家的理论发展，终身教育理论在被引进与传播的过程中，实现了理论的质的发展和生命力的变强。

我们只有站在"本土境脉"与"本土实践"基础上进行引进，才能做好教育理论与中国教育实践的对接。

一方面，引进教育理论要结合中国教育实践需求。中国教育实践的难点、亟待解决的问题、亟须发现的突破口都源于中国教育实践需求。在引进国外教育理论时，应首先对照中国教育实践现状，引进国内教育实践迫切需要的教育理论，并以国外教育理论为启蒙点，找寻中国教育实践问题的突破口。

另一方面，引进教育理论要接受中国教育实践的检验。引进在结合中国教育实践需求的同时，还应进一步对教育理论进行中国化改造，接受中国教育实践的检验，从而不断调整和更新教育理论，最终生成适用于中国教育实践的教育理论。我国在引进国外终身教育理论的过程中，也有一些验于实践的例子可寻，经由理论引进发展而成的"社区学习共同体""学分银行""资历框架"等实践模式在我国部分地区正试验开展。

（四）开展中外教育理论的"对话"

教育理论的产生必然体现所属社会和文化的属性，体现所属社会和文化的价值诉求。一种理论的生长过程不单单是其产生的过程，因为产生只是理论生长的

---

① 栗玉香. 关于引进西方教育理论的思考. 山东教育科研，1990，（4）：72-73.

② 李润洲. 异质教育理论如何本土化：以陶行知生活教育理论为例. 河北师范大学学报（教育科学版），2008，10（1）：33-37.

一个初始阶段，更为重要的是后续的传播、扩散以及完善化的阶段。所以，一种理论从一个文化场域被引入另一个文化场域，首先就体现为文化与文化之间的交流。当理论的"母体文化"与"被引入场域文化"之间进行"对话"之后，经过过滤、筛选，文化得以对接、契合，理论才能顺利过渡，在新的文化场域继续生存并发挥效力。反之，不经过滤直接"拿来"的教育理论，在新的社会和文化场域，只能是理论的"复制品"，会导致理论引入后"食之不化""水土不服"现象，进而难以发挥理论的效力。因此，引进不仅要审视国外教育理论发展脉络及其所属文化，还要研究好中国教育理论传统及其所属文化，进行理论"对话"与衔接。

在中外教育理论关系上，我国对西方教育理论更多表现出"尊奉热"，在国内教育理论表现出"失语症"，一些中国教育理论研究者成为西方教育理论的"消费者"与"代言人"；欲摆脱这种被动的理论服从过程，就是要中国教育理论研究者以"寻找者"的姿态来面对西方教育理论，产生理论"共鸣"。[①]如果说"理清国外教育理论的发展脉络"是理论在新的文化场域得以生存的前提，那么"开展中外教育理论的'对话'"则是理论立足的根本。一方面，引进要基于历史意识回溯本国教育理论传统。以我国终身教育理论的引进为例，在引进的同时要回溯我国终身教育理论的传统与历史文化背景。另一方面，引进要基于问题意识激发理论"共鸣"。中国教育理论研究者要以"寻找者"的姿态来引进教育理论，寻找教育的"共同问题"，并以自身理论体系为前提，进行教育理论之间的"对话"，激发理论"共鸣"，通过理论的碰撞，完成中国教育理论的创生和构建。

（五）实现教育理论创新

"创新"是理论生命力的"第二次重生"。终身教育理论在我国引进的历程可被概括为从最初的译介式引进、量化引进逐渐到系统引进、研究式引进、批判式引进的逐渐深化过程。但引进不能就此停止，引进必须与内化相结合。内化是本土化的前提，而后才能实现理论创新。只有经历理论"引进—理论应用—理论内化—理论本土化—实践应用—理论对话—理论改造—理论创新"的过程，才能实现理论在中国的发展，使其成为真正适用于中国教育实践、中国教育问题、中

---

① 吴康宁. "有意义的"教育思想从何而来：由教育学界"尊奉"西方话语的现象引发的思考. 教育研究，2004，25（5）：19-23.

国教育理论体系的理论。反观我国的终身教育理论引进情况，引进多于原创、借鉴多于批判、盲目多于选择、"焦虑的回应"多于"积极的回应"[①]，多表现为一种无声的"默默耕耘"与匮乏的理论"失语症"。虽然已付出一些本土化的研究努力，但我们仍须进一步促进终身教育理论的内化、深化、知识创新与体系建构。

中外理论之争体现的是中外文明之争，中国唯有通过理论创新，改变理论的"进口国"身份，以具有中国特色的理论回馈世界，才能变成理论的"出口国"，赢得世界文明体系中的话语权。陶行知先生曾在杜威教育理论的基础上，结合自身教育实践以及中国时代背景，创造性地提出了"生活教育"理论，可谓理论创新的典范。实现理论的创新，要求中国教育理论研究者以开阔的视野和充分的知识为前提，调动自身教育理论研究的主动性，提升引进的质量，同时扎根本土文化传统，立足本土教育实践，研究适合中国国情的教育理论，并以扎根本土的学术自信投入国际教育理论的交流。总体来说，终身教育理论在中国的引进，必须与理论创新相结合。研究者应坚持西为中用的原则，扎根新时代教育实践，促进终身教育理论不断本土化发展与理论创新，构建出具有中国特色、世界一流的终身教育理论。

第二节 《学会生存》在中国的引进

国际教育发展委员会受联合国教科文组织委托，向其提交了一份供联合国教科文组织及各会员国制定教育政策时参考的报告。自 1971 年 3 月始，该委员会通过对 23 个国家的实地考察和 70 多篇相关论文的研究，并充分引用了联合国教科文组织在 25 年的思考与活动过程中所积累的经验，于 1972 年 5 月完成了《学会生存》。此书一经出版，便引起了世界各国教育界的广泛关注，被誉为当代教育思想发展中的一个里程碑。在 1972 年 10 月举行的联合国教科文组织第 17 届会议上，许多国家的代表称赞这本书的出版是教育界的一件大事，并专门通过一项决议，强调该书的重要性。到 1974 年底，该书已先后被译成 33 种文字出版，共有 39 种不同版本。

《学会生存》付梓之际，正值中国"文化大革命"的动荡时期。而到了 1978

---

① 侯怀银，赵苗苗.《学会生存》在中国的引进及其影响. 山西大学学报（哲学社会科学版），2010，33（3）：63-69.

年，随着党的十一届三中全会的召开，改革开放的序幕拉开，中国历史也由此进入社会主义现代化建设的新时期。"文化大革命"使国家百废待兴，社会的发展急需各方面人才，教育因此被提到了议事日程的重要位置。在改革开放初期，一些学者开始将目光转向国外，积极引进国际先进的教育理论，其中《学会生存》就是重要的代表作之一。该书以其高屋建瓴的视角进而深邃的思想，回顾了教育发展的历史，联系世界范围内经济、政治、文化以及人的特点，分析了世界教育面临的问题和挑战，并展望了教育的未来。它契合了中国社会和教育的需求，产生了深远的影响。书中许多熠熠生辉的思想和观点至今仍在被人们借鉴。

《学会生存》于 1979 年 10 月由华东师范大学比较教育研究所翻译，上海译文出版社出版。这是该书在中国的第一次引进。1996 年 6 月，在联合国教科文组织成立 50 周年之际，教育科学出版社进行了再版印刷。这是该书在中国的第二次引进。作为当代教育思想发展中的一个里程碑，《学会生存》在中国产生了广泛影响。因此，我们有必要对该书在中国的引进及其影响进行全面、深入的研究。以此为个案，具体探究国际先进教育理论在中国引进的过程、特点和规律，以及对中国教育理论和实践产生的深远影响。

一、《学会生存》在中国的影响阶段及其特点

《学会生存》于 1979 年被译介到我国后，在教育界、学术界乃至社会各界都产生了广泛而深远的影响。为了深入探究这些影响，我们进行了统计分析，选取了 1979 年至今中国人民大学复印资料《教育学》所转载的、较有代表性的引用此书的文章作为样本。基于这些统计结果，我们可以把《学会生存》在我国引进后所产生的影响大致分为以下三个阶段。

（一）第一阶段（1979—1993 年）

《学会生存》在改革开放初期被译介到我国时并未产生特别广泛的影响。据我们查阅的资料来看，1979—1983 年，中国人民大学复印资料《教育学》还未对关于《学会生存》的资料进行转载，刊登的文章大都在探讨和研究教育的地位、本质、作用，以及是否应与劳动相结合、教育的阶级性等问题。对国外教育思想的引介主要集中在几位重要教育家上，如杜威、布鲁姆、苏霍姆林斯基、巴班斯基、赞科夫等。直到 1984 年才出现关于该书的第一篇文章《当代重要思潮：终身教育》，文章详细地阐述了终身教育产生的背景、形成过程、发展现

状，以及终身教育与教育改革关系，最后强调应把终身教育和学习化社会这两个基本思想作为制定教育政策的依据。

中国人民大学复印资料《教育学》这个阶段引用此书的文章共 25 篇，其中，以"教育未来趋势、特点""新时期教育思想""当代教育理论、思想的发展趋势"等为题的文章多达 10 篇。可以看出，大都是对该书内容的全面但较为浅显的直接引介，述多于评，研究方面还较薄弱。

（二）第二阶段（1994—2001 年）

该阶段，中国人民大学复印资料《教育学》转载引用《学会生存》的文章呈上升趋势。从具体的统计数字来看，共计 46 篇，这一数字也创下了各阶段转载引用之最。引用数目的持续增长，在一定程度上反映了该书影响力的广泛性和深远性。随着对该书认识的不断深入，学者们并未仅仅停留在欣赏其理论的"新颖"或其在全球范围内的影响力上，盲目跟风，而是更加注重将引进理论思想与中国实际相结合。他们主要在终身教育、学会学习、教育的民主化与个性化、创造性、自我教育、教师的素质等方面对该书进行了有针对性的引进与研究。而在这众多领域中，对我国影响最大、最突出的非"终身教育"理念莫属。

1994 年，在意大利罗马举办了有 50 多个国家和地区参与的"首届世界终身学习会议"，会上提出了"终身学习是 21 世纪的生存概念"，这一观点标志着终身教育影响开始成为主流趋势的序幕。在会议的影响和推动下，该阶段中国人民大学复印资料《教育学》转载刊登的文章中，有 10 篇的题目直接涉及"终身教育"或"终身学习"，而其他众多文章也频繁提及终身教育，对终身教育的侧重可见一斑。从文章内容来看，对终身教育的引介和研究不再仅停留于泛泛而谈，进行了较为深入、系统的探索阶段。有学者对"终身教育""终身学习"这两个概念进行了细致的辨析[①]；有学者对终身教育、终身学习理论的发展过程及意义进行了深入研究[②]；还有学者对终身教育作为教育思潮、教育哲学、教育理想以及教育革新原则的四重理解进行了全面探讨和研究，这些研究为人们提供了对终身教育更加深入的理解[③]。

---

① 李兴洲. 终生学习和终身教育之比较. 中国成人教育, 1998（1）：17-18.
② 罗树华. 终身学习思想发展史略. 山东教育科研, 2001（4）：18-23.
③ 刘生全. "终身教育"的几种理解及其启示. 江西教育科研, 1997（5）：12-17.

（三）第三阶段（2002 年至今）

该阶段，研究进入了更加深入和反思的阶段。有学者质疑和研究了 "Learning to Be" 的译法及意义。同时，在《学会生存》的影响下，其他学者也针对我国的教育政策、学校教育、教学实践、教育公平以及教育与社会关系等问题进行了较为深入的研究。从研究内容上看，对我国影响最为深远的是 "学习化社会" 的思想。

作为 2000 年终身学习国际研讨会的延续，2002 年 5 月，第二届亚太继续教育及终身学习会议在香港大学成功举办。此次会议更多地从全球化、信息化的背景出发，深入探讨了终身学习和学习化社会的问题，并对学习化社会中的高等教育、继续教育、国际合作、网络学习、社区学院等进行了研讨。[①]同年 10 月，党的十六大报告正式提出 "形成全民学习、终身学习的学习型社会，促进人的全面发展"。在此政策导向下，全国迅速掀起了建设学习型社会的热潮，而第一篇题目中含有 "学习社会" 的文章也适时出现在了中国人民大学复印资料《教育学》中。

该阶段，中国人民大学复印资料《教育学》所刊载的文章中，含有 "学习化社会、学习社会" 等关键词，并且这些词在其他许多文章中也都有所涉及。这些文章围绕学习化社会这一主题，或对其研究现状进行了述评，或认为学习化社会是人全面发展的平台，或探讨了学习化社会的原则和模式，或指出学习型社会应以学习求发展。

二、《学会生存》引进的具体影响

《学会生存》引进后对我国教育学学科、教育基本理论和教育改革都产生了重要影响。

（一）促进了教育学学科的发展

1. 关注 "制度教育学"，使教育学研究更加深化

自赫尔巴特的《普通教育学》问世以来，该书作为世界历史上第一部具有科学体系的教育学著作，对我国曾经产生了重要影响。然而，随后由于种种原因，凯洛夫主编的《教育学》逐渐取代了前者的地位，并在中国风靡一时。在此背景下，国内所探讨的教育学体系或主题趋于一致，"在教育发展战略上，则主要表

---

① 饶耀平. 新经济时代的终身学习：第二届亚太继续教育及终身学习会议综述. 比较教育研究，2002（7）：61-63.

现为理性的设计、系统的调查、专家的指导、组织的建设和外延的扩大再生产。其结果是不断再生产了一种理性化的教育制度"①，从而更加忽视了隐藏在显性因素背后的"教育制度"。

《学会生存》的引进加速了我国对制度教育学的认识。1987 年，洪丕熙在《外国教育资料》发表了《制度教育学：重读〈学会生存〉》一文，该文次年还被中国人民大学复印资料《教育学》转载。文章阐释了教育学面临的问题、教育和官僚制度、师生关系、制度教育学的实践模式等。2001 年，华中师范大学康永久在其博士学位论文《教育制度的生成与变革：新制度教育学论纲》中，再次对制度教育学进行了比较系统的研究。②对教育制度的关注及探索研究推动传统教育学迈上了新的台阶。

2. 关注国际教育新理念，丰富了教育学内容

我们对国内较有影响的教育学著作和教材进行了细致的查阅，发现这些著作和教材均引用和参考了《学会生存》。具体引用情况参见表 4-1。

表 4-1　若干教育学著作和教材对《学会生存》的引用情况

被引内容概要	被引次数	引用书目
制度化教育主要实体——学校，并非教育的唯一机构，学校教育也并非教育的唯一方式	3	陈贵生的《教育原理》、袁振国的《教育原理》、黄济和王策三的《现代教育论》
终身教育	4	陈贵生的《教育原理》、袁振国的《当代教育学》《教育原理》、黄济和王策三的《现代教育论》
社会物质或生产力与教育	2	叶澜的《教育概论》
教育民主	4	陈贵生的《教育原理》、袁振国的《当代教育学》《教育原理》、黄济和王策三的《现代教育论》
教育功能、学校功能	3	陈贵生的《教育原理》、黄济和王策三的《现代教育论》、全国十二所重点示范大学联合编写的《教育学基础》
"科学人道主义"	2	袁振国的《当代教育学》、全国十二所重点示范大学联合编写的《教育学基础》
教育目的	2	陈贵生的《教育原理》、黄济和王策三的《现代教育论》
教育发展趋势	1	黄济和王策三的《现代教育论》

① 康永久. 教育制度的生成与变革：新制度教育学论纲. 北京：教育科学出版社，2003：16.
② 康永久. 教育制度的生成与变革：新制度教育学论纲. 北京：教育科学出版社，2003：42-43.

从统计来看，书中质疑"制度化教育"，以及对终身教育、教育民主、教育功能、学校职能的探索等内容被广泛引用，这些恰好也是《学会生存》的主要观点。同时，这些教育学著作在探讨教育与生产力、教育与政治、教育目的、科学人道主义等问题时，也不同程度地借鉴了书中的观点，进而丰富了教育学的研究内容。此外，书中教育职能价值观、教育目的价值观等被教育哲学著作所引用，在一定意义上丰富了教育学分支学科的内涵。

（二）深化了教育基本理论研究

《学会生存》对我国教育理论的影响也是多方面的。我们主要探究其对我国教育功能、教育目的、教育组织形式等理论发展的影响。

1. 对教育功能研究的影响

《学会生存》提出的"教育先行"的观点引进后，在教育界引起了强烈反响，其远见卓识直接推动了教育经济功能的飞跃，进而扩展了该理论的应用范围。关于教育的政治功能，学者们各抒己见，在"教育民主化"理论的影响下，教育促进社会民主的观念得到了强化，教育的政治功能得到进一步完善。教育的个人功能主要体现在促进个人的社会化和个性化上，而"培养完善的人"这一思想直观地表明了教育的个人功能，促使教育的个人社会化和个性化功能在更高层面上实现了统一。由此可见，《学会生存》对教育的政治、经济及个人功能理论的发展都产生了重要且深远的影响。

2. 对教育目的研究的影响

教育目的是教育基本理论问题之一，我国在不同历史时期对教育目的的表述各有差异，即教育目的是随着社会变迁而不断演变的。然而，不可否认的是，"同当代国际上流行的'教育目的'观念与'学校职能'观念（以《学会生存》一书为代表）相比，我国现有同类观念较为狭窄。我国通常以不同的'方针'，对教育适应'社会需要'与'个人发展'加以规定，唯每一方针只偏重一个方面，而未及于另一方面。如'德智体全面发展''教育为社会主义现代化服务'等等，容易被'各取所需'。其实，无论'教育目的'还是'学校职能'均以兼顾各方更为相宜"[①]。有学者指出，《学会生存》中的教育目的代表了第二次世界大战后国际教育舆论界对这一问题的新思考。此外，走向"科学的人道主义"

---

① 陈桂生. 教育原理. 2版. 上海：华东师范大学出版社，2003：202-203.

"培养创造性""培养完善的人"等理念，也被众多学者在研究"教育目的"时广泛参考和借鉴。这无疑在很大程度上完善并丰富了我国的教育目的理论。

3. 对教育有效组织形式理论的影响

由于社会分工的发展，教育从"自在"状态走向"自为"状态，学校应运而生。学校凭借其高效培养大量劳动力的能力，适应了工业化大生产的需要，从而蓬勃发展，规模日益壮大，制度化教育也日趋完善。然而，"教育中最没有人怀疑的教条是有关学校的说法，即教育等于学校。当然，事实上，用绝对的字眼来说，即从它的数量上的扩大和质量的改进来说，学校是在继续不断地发挥它们在教育体系中的重大作用。但是学校和其他各种教育手段和通信工具比较来说，它所具有的重要性不是在增加而是正在减少"[1]。《学会生存》对制度化教育的怀疑，在我国引起了广泛的影响：一方面，制度化教育培养出来的学生越来越难以满足实际需求，因此受到批评；另一方面，"从现实来看，制度化教育又可能成为实现教育平等的制度障碍"[2]。因此，制度教育的创新就显得非常迫切和必要，终身教育就是在这样的背景下被提出的，它"是现代教育制度创新的一个核心理念和实践，它是实现教育平等、推进教育民主化运动的一种十分重要的制度保障"[3]。

总之，终身教育的提出，使得关于教育实体——教育有效组织形式的理论视野更加开阔，其内涵也更加丰富。

（三）推动了教育改革进程

1. 确立教育战略地位

"文化大革命"期间，种种压抑科学和知识、体脑倒挂的现象导致教育子系统几乎淡化出了社会的大系统，严重阻碍了教育的发展和社会的进步。在此背景下，《学会生存》中关于教育战略地位的思想迅速而广泛地改变了人们的观念，尤其是其中的"多少世纪以来，教育在全世界的发展正倾向先于经济的发展，这在人类历史上大概还是第一次"，"现在的教育在历史上第一次为一个尚未存在

---

① 联合国教科文组织国际教育发展委员会. 学会生存：教育世界的今天和明天. 华东师范大学比较教育研究所，译. 北京：教育科学出版社，1996：112.

② 袁振国. 当代教育学. 3版. 北京：教育科学出版社，2005：348.

③ 袁振国. 当代教育学. 3版. 北京：教育科学出版社，2005：349.

的社会培养新人"①等观点被大量引用。受这些观点的影响，有学者从中国国情出发，认为中国是一个自然资源相对不足、人力资源丰富的国家，要以较短的时间走完发达国家走过的工业化、现代化路程，只能依靠科技进步和人力资源开发，把教育放到优先发展的战略地位[2]；有学者从知识价值论视角出发，认为知识贫困是一切贫困之源，知识投资是具有先导性的战略性生产投资，因而知识生产必须先于经济发展[3]；有学者从教育与国家问题角度，提出教育先行不仅已成为发达国家保持其国际竞争优势的成功经验，也是发展中国家完成国家现代化，跻身于世界民族之林的必然选择[4]；还有学者指出教育是社会发展之基，教育转型是社会转型的重要内容和必要条件等，这些观点共同促进了教育战略地位的确立。

2. 指明教育发展趋势

1）教育的个性化、创造性趋势。20 世纪 80 年代末 90 年代初，教育普遍存在应试倾向，被称为"应试教育"。其主要特征是片面追求升学率，教育方式采用满堂灌，导致学生个性、创造性不易被挖掘甚至丧失。《学会生存》对传统教育的怀疑和挑战促使国人开始反思中国教育，从而产生了以下研究成果：学生无问题意识的原因与问题意识的培养，创造教育是教育走向 21 世纪的最佳选择，实施个性化教育培养创造性人才，教育是创新主体协调建构的实践活动等。这些研究成果不仅引领了理论界的思考，也促成了实践领域的变革。

2）教育的民主化趋势。近年来，"教育公平"作为热点问题，引起了教育界的广泛关注。从教育起点公平到教育过程公平再到结果公平的研究，无不受到《学会生存》中教育民主化思想的影响。"给每个人平等的机会，并不是指名义上的平等，即对每一个人一视同仁，如目前许多人所认为的那样。机会平等是要肯定每个人都能受到适当的教育，而这种教育的进度和方法是适合个人特点的"，"教育上的平等，要求一种个人化的教育学，要求对个人的潜在才能进行调查研究"[5]等这些朴实而深邃的思想熠熠生辉，影响深远。

---

① 联合国教科文组织国际教育发展委员会. 学会生存：教育世界的今天和明天. 华东师范大学比较教育研究所，译. 北京：教育科学出版社，1996：35-36.

② 朱怡青. 教育现代化的基本特性与发展趋势. 武汉教育学院学报，1997（5）：75-79.

③ 刘长明. 知识贫困是一切贫困之源：知识价值论新视角. 文史哲，1998（4）：12-20.

④ 蔡宝来. 现代教育的新功能与发展抉择：兼论全球化背景下的教育与国家安全问题. 教育理论与实践，2003（1）：1-6.

⑤ 联合国教科文组织国际教育发展委员会. 学会生存：教育世界的今天和明天. 华东师范大学比较教育研究所，译. 北京：教育科学出版社，1996：105.

3）教育的终身化趋势。终身教育理念在我国的传播，极大地推动了我国教育的改革和发展。1995 年颁布的《教育法》明确规定，国家要"推进教育改革，促进各级各类教育协调发展，建立和完善终身教育体系"，从而确立了终身教育在我国的法律地位。鉴于知识无法一劳永逸地获取以及培养完整人的客观要求，我们被迫而又主动地选择了终身教育，并坚定地沿着终身教育之路前行。

3. 提供课堂改革的基础

《学会生存》中指出，我们应走向科学的人道主义。"科学的人道主义反对任何先验的、主观的或抽象的关于人的观点。科学人道主义所指的人是指一个具体的人，一个历史背景中的人，一个生活在一定时代的人。"[①]这一关于"人"的深刻见解为课堂改革奠定了坚实的基础，它推动我国课堂教学向生活回归的改革，并改变了传统课堂教学中学生只接受、处于被动地位局面，使学生从被动、苦学的束缚中解脱出来，成为学习的主体。在理论研究层面，教学论的科学精神与人文精神开始整合发展，关注生命、贴近生活的实证研究方法得以运用，那些曾遗忘生命的课堂也开始积极关注生命，教师们不再仅仅关注学生的知识、智力，更将学生看作一个个具体的生命、完整的人。他们以知识为载体，注重学生的全面发展，从而实现师生共同的生命价值。显然，传统中将教学过程本质视为学生一种特殊认识过程的观点正在发生变化。尽管这种"认识论"在注重知识和智力的培养中曾具有积极意义，但其片面性也不是不容忽视的。

4. 促使教育者和受教育者自我发展

（1）教育者应提升和转变自身素质

21 世纪国际教育委员会认为，教学质量和教师素质的重要性无论怎样强调都不过分。教育的未来发展趋势和内在规律都要求教育者"越来越少地传递知识，而越来越多地激励思考，除了他的正式职能以外，他将越来越成为一位顾问，一位交换意见的参加者，一位帮助发现矛盾论点而不是拿出现成真理的人"[②]。这一转变对教师素质提出了更高要求。

为此，许多学者结合我国的实际情况进行了深入研究。有学者对教师的继续教育进行了研究，认为"其内容由三要素构成，即本体性知识，条件性知识和实

---

① 联合国教科文组织国际教育发展委员会. 学会生存：教育世界的今天和明天. 华东师范大学比较教育研究所，译. 北京：教育科学出版社，1996：184.

② 联合国教科文组织国际教育发展委员会. 学会生存：教育世界的今天和明天. 华东师范大学比较教育研究所，译. 北京：教育科学出版社，1996：108.

践性知识，教育实践摆在重要的中心位置"①。这些研究在一定程度上推动了教育者素质的提升和转变。如今，在我国许多地区，教师的素质已经有了明显提升，教育也因此取得了长足进步。

（2）受教育者应"学会学习"

《学会生存》中的名言"未来的文盲不再是那些不识字的人，而是那些不会学习的人"，直观地更新了人们对"文盲"的认知。这句话因频繁被引用而广为人知，其影响力显著。书中对"学会学习"的产生背景进行了分析，指出了教育价值观的未来变化和趋势。在当代社会，"学会学习"已成为"生存之本"。不仅高科技信息时代的知识爆炸迫使人们必须"学会学习"，而且为了充分挖掘人的潜力、培养完整人的终身教育也要求人们具备这一能力。鉴于此，学者一方面致力于澄清"学会学习"概念和内涵，以帮助人们形成更清晰的认识；另一方面，积极探究学习能力、学习方法等相关议题。与此同时，受教育者也比以往更加重视学习能力的培养和学习方法的学习。

三、《学会生存》引进之启示

《学会生存》被译介到中国已四十余载，在这漫长的岁月里，由于我国学者在不同时期对其关注的差异，该书在引进的各个阶段展现出了不同的特点，总体上的影响既广泛又深远。为了让该书以及其他教育著作在我国得到更好的引进和传播，进一步推动教育理论在中国的原创性研究和教育实践的发展，我们有必要探询该书在我国引进过程中的历程及其带来的启示。

（一）引进的广度：由著作本身到相关理论

《学会生存》一书在教育面临内外部双重压力的背景下应运而生。内部压力主要来自教育内部的种种不平衡、效果低下、失效现象及诸多矛盾；外部压力主要是指教育无法满足社会需求，甚至出现了企业拒绝接纳学校毕业生的情况，因此，教育变革势在必行。书中阐述的教育变革理念和思想，在全球范围内产生了广泛的影响。我国教育界也对该书进行了积极的引介和研究。该书基于世界多国的深入调研，提出了一系列高瞻远瞩的观点，这些观点深深触动了每一位教育工作者，对教育学、教育理论及教育改革都产生了深刻的启迪。

然而，在引进的过程中，也暴露出一些问题，如对著作的片面理解或直接生

---

① 朱正威. 素质教育呼唤教师素质的提高. 北京教育，1997（10）：6-9.

搬硬套的现象时有发生。因此，我们在积极引进世界上有影响力的教育思想和理念，以推动我国教育理论及教育事业的发展的同时，也应加强对著作的深入解读和研究，尽量避免盲目地引用和套用。除此之外，还应建立一支高水平的引进与译介队伍，加强对国外教育理论著作及其背景等相关理论的引进，以确保引进工作的系统性和完整性。

（二）引进的深度：由文本的引进到实践的应用

理论引进到新的地域，若没有被内化，是缺乏生命力的。理论的真正旨归在于对实践的深层次影响。《学会生存》不仅深刻地影响着我国的教育学学科、教育基本理论，而且逐渐对中国的教育实践产生了一定的影响，其中不少主张和思想在中国教育实践层面得到比较广泛的认同。这种影响的产生显然与《学会生存》自身的特点密切相关。该书主要目的就是推动传统教育的革新，无论是其对教育问题从历史遗产到当代特征的描述，对经济、政治、人民、社会对教育的需要与要求的阐述，以及教育自身发展局限的分析，还是对教育民主之路的研究探索、对教育培养完整人及其未来展望的论述，都展现了很强的实践性。

然而，这种影响力的产生也揭示了一个事实：我们对国外教育理论的引进不应仅停留在文本层次，而应深入实践，将其借鉴并整合到中国教育实践的深处。在引进过程中，我们需要结合本国的社会实际，包括经济、政治、文化、人口以及地域等特点，进行必要的改造和创新，以使其更好地服务于中国教育实践。

（三）影响的焦虑：由一味借鉴到自身创新

20 世纪以来，中国教育理论和实践深受国外教育理论的影响，其基本理论以西方教育理论为主导，而中国传统教育理论的丰富资源似乎逐渐失去了理论诠释力，陷入严重的"失语"困境。这种深远的影响使中国教育理论工作者持续面临国外教育理论的冲突和挑战，形成了一种"影响的焦虑"。在探究《学会生存》在中国的引进及影响时，我们深切感受到了这种焦虑。一方面，在全球化的今天，我们不得不积极应对并接纳这种影响；另一方面，若处理不好，则可能失去自我特色，导致创造力的缺失，进而导致对国外教育理论盲目借鉴，引发失落感，加剧"影响的焦虑"。这种焦虑之所以发生，在于影响者比被影响的接受者获得了对问题追问的优先权，并对追问的问题已先有言说。

"中国特色教育理论""中国本土教育理论的创新""中国原创教育理

论"，这些言说和呼唤正是对这种巨大影响压力的一种释放。然而，国外教育理论对中国的影响是客观存在的，这也使得"焦虑"成为我们无法回避的层面。如果缺乏这个"焦虑"的层面，国外教育理论在中国的影响力将大打折扣。因为"影响"本质上是一种影响者和接受者之间的关联域。在这个关联域中，只有影响者是一个具有"优先权"的"他者"，"影响"方能发生，而被影响者需要有足够的回应力，这种影响才能形成真正意义上的"影响"，否则"影响"可能变成对被影响者的自我剥夺。

尽管"焦虑"源于对丧失自我和创造力的焦虑，但对于强健的被影响者来说，这种焦虑也可能转化为发展和创造的契机。因此，在接受国外教育理论影响的过程中，我们不应反复咀嚼"焦虑"的苦涩，而应树立健全、主动、积极的"影响观"，积极培养自我发展和应对挑战的能力，不断形成自身"足够的回应力"。如何全面总结和评价《学会生存》，在引进国外教育理论的同时进行合理借鉴，并在这个基础上进行原创性探索，实现教育理论的自主创新，尽快建立中国教育学和中国教育理论体系，这不仅是当务之急，也是中国教育学和教育理论的未来发展趋势。[①]

第三节　终身教育经验在中国的引进

国际终身教育在发展过程中，不同国家和地区形成了各具特色的终身教育经验，推动了国际终身教育实践的进一步发展。我国在接纳终身教育理论的同时，也积极引进了国外优秀的终身教育经验并加以借鉴。

一、学习型社会在中国的引进

学习型社会作为一种以"学习"构筑未来社会形态的理念，肇始于 20 世纪 60 年代。历经 50 余年的发展，学习型社会已从理论探讨迈向社会实践，并成为世界各国教育改革的趋势。[②]

---

① 侯怀银，赵苗苗.《学会生存》在中国的引进及其影响. 山西大学学报（哲学社会科学版），2010，33（3）：63-69.

② 侯怀银，尚瑞茜. 学习型社会研究的现实图景与中国特色. 现代远程教育研究，2020，32（6）：52-59+103.

（一）学习型社会的历史

1968 年，美国学者哈钦斯在其著作《学习化社会》中首次提出了学习型社会的理念，该书成为该领域的标志性著作。随后，1972 年，联合国教科文组织出版的《学会生存》一书，对"学习型社会"进行了系统论述，这标志着学习型社会作为一种实践理念正式登上历史舞台。在学习型社会被提出的初期，它承袭了早期终身教育作家们的乌托邦思想，并将学习视为社会的核心活动。在这个阶段，学习被视为个人和社会的目标，是追求个人成长和社会进步的重要手段。人们逐渐认识到，通过持续学习和教育，个体能够提升自己的能力和素质，进而为社会的进步和发展贡献力量。

20 世纪 70 年代后期，随着世界经济大萧条的蔓延，这种"教养社会"的理念逐渐失去了吸引力。人们开始怀疑学习型社会的可行性，并转向注重经济效益的人力资本理论。到了 20 世纪 90 年代，伴随终身教育运动的势头减弱，终身教育的概念趋于边缘化，学习型社会的理念在一段时间内失去了联合国教科文组织的支持和关注。

20 世纪 90 年代中期以后，尽管经济的快速发展带来了一定程度的繁荣，但同时也加剧了资本主义的矛盾和社会的不平等。在这个阶段，人们开始重新认识到教育的重要性，并将其视为推动社会进步和个人自我发展的关键因素。学习型社会的理念再次受到重视，它聚焦于"就业、包容、民主和自我发展"等社会发展议题。人们逐渐意识到教育不仅仅是为了获得知识和技能，更是为了培养个体的全面发展和适应社会变化的能力。

1995 年，欧盟发布了《教和学：迈向学习型社会》。这本白皮书旨在倡导学习型社会的概念，并将其作为欧洲社会的理想追求。在引言的开头第一段，白皮书就明确了学习型社会的议程：关注经济发展、社会包容和失业问题，这些问题也是当时所有欧洲社会所面临的主要挑战。为了增强这一文件的影响力，欧盟决定将 1996 年定为"欧洲终身学习年"。自白皮书发表以来，"学习型社会"这一术语频繁出现在欧盟的各种文件中。

2000 年，欧盟在《欧律狄刻报告》中指出，终身学习已经超越终身教育的范畴。《欧律狄刻报告》还指出，推动欧洲国家学习型社会运动的主要力量源于《富尔报告》。相比之下，《德洛尔报告》的重点在于推动人性的进步，而不仅仅是工作世界的进步。

正如赫钦斯在《学习型社会》中所阐述的，教育历来受到经济、政治和文化框架的制约，仅仅是文化的一个组成部分，并未占据决定性地位。然而，赫钦斯预见，随着时间的推移，教育将逐渐摆脱来自社会各界的束缚，获得更为独立的地位。它将不再仅仅服务于国家的富强或个人的职业需求，而是承担起完善人性的崇高使命。因此，学习型社会的到来象征着教育功能得以充分发挥的时刻。在这样的学习型社会中，文化与教育所追求的目标高度一致，都致力于人性的完善与提升。教育的制度安排本身并非核心所在，它更像一个载体或工具，而真正的核心在于学习，它占据了社会的中心地位，成为推动社会进步和发展的重要动力。

尽管赫钦斯的时代尚未从全球化的视角来审视学习型社会，但他的深刻见解为贾维斯提供了更广阔的探索领域，使其能够深入挖掘学习型社会的本质。个人无法掌握所有的学习内容，因为社会是动态发展的，而非静止不变的。因此，学习型社会或许更多地表现为一个持续不断的过程，而不仅仅是一个静态的状态或结果。这个过程是开放的、永无止境的，尽管其发展方向可能受到特定群体或特权阶层的影响。

学习型社会的形成在很大程度上受到全球化力量的推动。尽管基础结构的力量对学习型社会的现状具有重要影响，但我们不能忽视国际、国家和地方等不同层面上的力量也在努力对其进行改变。

在以上历史背景以及学习型社会相关理论发展的推动下，学习型社会实践也取得了一定的发展，国际上的学习型社会建设也积累了一定的经验。一是通过制定法律法规来推进学习型社会建设。比如，美国的《终身学习法》（1976年）、挪威的《成人教育法》（1976年）、日本的《关于健全振兴终身学习推进体制的法律》（1990年）、欧盟的《教与学——走向学习型社会》（1995年）、英国的《学习与技能法》（2000年）等。二是设立专门机构推进学习型社会建设。比如，日本于1988年设立的"终身学习局"，后设立终身学习分会、"地方支援室"、"终身学习推进中心"等。三是政府增加投入以推进学习型社会建设。比如，欧盟于1994年推行的投入预算近19亿欧元的"Leonardo da Vinci 计划"[①]。四是通过具体化推进学习型社会建设。由于学习型社会概念过于宏大且难以直接建设，国际上因此出现了学习型城市、学习型社区、学习型家庭、学习型组织、学习型政府、学习型企业、学习型人才等建设方案，通过具体化的各个组成部分的建设方案，这些方案通过建设各个具体的组成部分来实现

---

① 崔有波. 互联网对学习型社会建设的影响研究. 中共中央党校博士学位论文，2019.

学习型社会整体的建设。

总的来说，学习型社会的发展历程经历了从乌托邦思想到人力资本理论再到注重就业、包容、民主和自我发展的多个阶段。每个阶段都体现了对终身学习的重视以及教育与社会发展的紧密关联。随着时间的推移，学习型社会的概念和实践不断深化与发展，为个体和社会的可持续发展作出了重要贡献。

（二）中国引进学习型社会的概况

学习型社会的概念，其诞生背景与先工业化后信息化的时代紧密相关。在 20 世纪 60—70 年代，哈钦斯与斯第沃特·然森等思想家为这一理念的推广作出了重要贡献。在我国，直到 20 世纪 80 年代，这一概念才开始受到关注。1989年，《职工学习学》一书首次探讨了我国向"学习型社会"转型的问题，并创新性地提出了"学习型中国"的概念。2001 年 5 月，在上海召开的亚太经合组织人力资源能力建设高峰会议上，江泽民提出 21 世纪的中国要致力于"构筑终身教育体系，创建学习型社会"[①]。随后，党的十六大将创建"学习型社会"正式列为国家战略，并确定为全面建设小康社会的重要目标之一。这一决策标志着我国在学习型社会建设方面的坚定决心和明确方向。

不同的文化土壤致使西方与我国在学习型社会建设上存在诸多差异：第一，所处时代不同。西方学习型社会的构建根植于先工业化后信息化的历史脉络中，而我国的学习型社会建设则在工业化与信息化并行不悖的社会环境下展开。这一社会存在的根本差异决定了社会意识的走向。因此，我国在学习型社会建设上必须立足自身国情，探索出独特的发展路径，而非盲目地模仿他人。

第二，推动力量各有特色。西方学习型社会的构建倾向于内生型，由一批先进的思想家通过内在觉醒来推动。相较之下，我国学习型社会的理念则是在西方终身教育等思潮的影响下逐渐兴起的。这两条发展路径存在显著差异。尽管在我国，学习型社会的建设在外在因素以及自上而下行政力量的推动下取得了显著成果，但如何激发其内在动力仍然是一个值得我们深入思考的问题。

第三，建设目标各有侧重。西方学习型社会的构建主要聚焦于确保社会和谐，进而维系资本主义的发展。这一点在 2001 年欧盟委员会所发布的《创造欧洲地区终身学习现实》（Making a European Area of Lifelong Learning a Reality）

---

① 从"学习型社会"到"学习型政党". https://www.gmw.cn/01gmrb/2009-10/26/content_998549.htm.（2009-10-26）[2024-09-28].

重要宣言中得到了明确体现，其中提到欧洲正致力于构建一个使公民既有机会又有能力实现理想并参与社会建设的更优质社会。[①]相较之下，我国建设学习型社会的核心目标则是更好地适应经济社会的迅猛发展，并有效推动社会主要矛盾的解决。鉴于各国建设目的不同，各国需要根据国情来制定和实施相应的策略。[②]

二、开放大学在中国的引进

开放大学在中国的引进是受到英国开放大学的影响和启发的。英国开放大学作为世界上第一个真正实行开放入学和远程学习的大学，有悠久的历史和丰富的经验，其创办的成功和影响力引发了全球范围内开展远程开放教育的热潮，中国也在其中扮演了重要角色。

（一）开放大学的历史

英国拥有悠久的举办开放大学的历史。18 世纪后期，英国工业革命之后，牛津大学、剑桥大学等传统高等教育机构无法完全适应资本主义发展的需求，逐渐成为英国高等教育进步的障碍。在此背景下，1828 年，伦敦大学应运而生，它适应了新兴资本主义的发展需求。1849 年，伦敦大学首创了校外学位制度，为那些无法以全日制形式在伦敦大学学位的学生提供了远程教育与学习模式，这可被视为开放大学的前身与雏形。自此之后，新大学运动与大学推广运动在英国兴起，推动建立了一批以远程教育为主的院校和专业协会。英国的校外学位制度也传播到了世界其他地区，例如 1873 年创立的好望角大学（后更名为南非大学）就是受英国伦敦大学影响而设立的。1969 年，英国首创以"开放大学"（Open University）命名的远程教育高等院校，这标志着开放大学的正式诞生。

英国开放大学是第二次世界大战后英国社会和独特教育制度发展的杰出成果。根据《罗宾斯报告》的办学原则，高等教育应为所有具备入学能力和资格的年轻人提供机会。在不断扩大高校在校生比例的同时，新建大学成为满足入学需求的关键，于是英国开放大学应运而生，标志着英国高等教育进入一个迅速扩充的新时期。在英国开放大学成立典礼上，名誉校长克瑞德勋爵提出了"对学习者开放、学习地点开放、学习方法开放、观念开放"的办学理念。这一开放的理念

① Jarvis P. Globalisation, Lifelong Learning and the Learning Society. London: Routledge, 2007.

② 侯怀银，尚瑞茜. 学习型社会研究的现实图景与中国特色. 现代远程教育研究，2020，32（6）：52-59+103.

打破了年龄和校园围墙的限制，使英国开放大学成为世界上第一个真正实行开放入学和远程学习的大学。开放是其办学理念，远程更是其教学手段。从远程教学大学到远程开放大学的转变，不仅是一次教学手段的革新，更是办学理念的重大突破，具有划时代的意义。

20世纪70年代初，瓦格纳以英国开放大学为具体案例，对远程教育系统的成本进行了详细分析。研究结果显示，与传统的大学相比，远程开放大学展现出更高的规模经济效益。[①]这一从经济学角度出发的结论，深刻地揭示了英国开放大学取得成功的根本原因，并引发了全球创办远程开放大学的热潮。1969—1980年，全球范围内相继创建了13所远程教学大学，这些大学遍布英国、西班牙、巴基斯坦、以色列、德国、加拿大、委内瑞拉、哥斯达黎加、泰国、中国、斯里兰卡、伊朗、荷兰等发达国家和发展中国家，这一现象令人瞩目。

20世纪90年代之前，开放大学在各国高等教育体系中独立存在，游离于传统大学的范畴之外。开放大学专注于实现其办学理念中的"开放"精神，传统大学则注重其作为"大学"的形象。然而，20世纪90年代以后，这一情况发生了戏剧性的逆转。远程开放大学充分利用现代信息技术，尤其是互联网的支持平台，努力提升教育质量和服务水平，积极争取社会承认其作为"大学"的地位。与此同时，传统大学面临政府压力和新技术机遇的双重影响，不得不变得更加"开放"。这种令人难以置信的身份转换正是开放大学和传统大学之间在"开放"与"大学"的主题上的对调，同时也揭示了开放大学在认同危机下的挑战，以及传统大学面临转型的挑战。

英国开放大学以"全方位开放"为显著特色，这主要体现在学习对象的广泛性、学习地点的灵活性、学习方法的多样性以及教育观念的创新性这四个核心方面。其一，在学习对象上，英国开放大学面向全世界，实行申请入学制，学生没有种族、国籍、性别、年龄、身份等方面的限制，不需要通过入学考试。其二，在学习地点上，开放大学为学习者提供了开放的学习地点，学习者在家、学校、工作岗位都可以进行全面、系统的学习。其三，在学习方法上，学习者可以自由选择学习课程和学习方法。其四，在教育观念上，英国开放大学承受着传统教育观念的怀疑，凭借其开放的教育观念，开创了依靠现代教育技术发展高度

---

① 郑苕兮，张云祥. 2005—2015年中国远程教育机构及其学习者成本效益研究的量化分析. 亚太教育，2016，（31）：284-285+281.

教育的新模式。①

英国开放大学在远程教育领域是院校合作的翘楚。自 20 世纪 70 年代初以来，英国开放大学一直致力于通过与各行各业的合作伙伴合作，传播并推广"开放大学"的理念。英国开放大学与包括代表海外远程教育机构的美国马里兰大学学院等在内的多家机构合作，先后在爱尔兰、新加坡、加拿大等国家，以及中国香港开展课程项目合作。通过一系列的院校合作，英国开放大学在全球范围内推广其品牌，实现了英国品牌扩张的基础性战略。这些合作不仅巩固了英国开放大学在远程开放教育领域的领导地位，还使其领导地位不容撼动。

英国开放大学标志着远程开放大学创建运动的崛起，具有里程碑式的意义。在世界远程高等教育发展史上，英国开放大学的历史地位得到了澳大利亚学者泰勒和怀特的高度评价：世界各地的远程教育工作者都高度评价英国开放大学，不仅因为其教育组织和管理模式的普遍适用性，课程设置的广泛适应性，以及教学方法的多样适应性，更重要的是英国开放大学为远程教学争得了合法地位，这是它作出的主要贡献。②在英国开放大学的成功推动和影响下，远程开放大学在 20世纪 80 年代后期纷纷开始寻求自治，尤其是亚洲的远程开放大学，韩国国立开放大学、孟加拉国立开放大学、以色列开放大学、津巴布韦开放大学等的自治运动尤为活跃。英国开放大学的成功不仅引领了全球远程开放教育的发展，还改变了高等教育的格局。

（二）中国引进开放大学的概况

英国开放大学的发展模式迅速传播到全球各地，众多国家纷纷仿效并创建了自己的开放大学体系。中国也积极引进了英国开放大学的宝贵经验。

中国的远程高等教育起步于 20 世纪 50 年代，其早期模型是中国人民大学开设的函授教育。20 世纪 60 年代初，北京广播电视大学率先成为全国第一个采用广播电视等多媒体教学手段的高等教育机构。随后，中国的一些主要城市，如上海、天津、广州、沈阳、长春、哈尔滨等，也陆续创办了地区性的电视大学。这一时期标志着广播电视大学的初步形成。1977 年，关于开办电视教育、筹建电视大学的领导小组在北京成立。1978 年，教育部联合中央广播事业局向相关部门递交了一份请示报告，其中提出了创办一所面向全国范围的广播电视大学的建

---

① 齐丽莉. 英国开放大学教育特色研究. 陕西师范大学硕士学位论文，2004.
② 龚志武. 远程开放大学的演变和发展趋势研究. 华南师范大学博士学位论文，2007.

/ 210 /

议。此后，中央广播电视大学成立的请示报告以及国务院的转发文件加快了广播电视大学的创办进程，为中国远程教育书写了新的篇章。进入 21 世纪，中国广播电视大学逐渐向"办好开放大学"方向靠拢，我国各地广播电视大学逐渐更名为开放大学，并愈加注重引进世界各地开放大学的优秀经验。

尽管中国广播电视大学受到英国开放大学的启发，但其组织结构与英国开放大学存在显著差异。早在 20 世纪 60 年代，中国的一些中心城市就创办了城市电视大学，利用广播电视开展面向在职人群的远程教育。这些城市电视大学大都由市主要领导兼任校长。这一点与英国开放大学有一定的相似性。然而，英国开放大学的诞生在一定程度上是历史发展的必然，而政府的支持和重视则是开放大学发展的催化剂。政府的支持和理解为开放大学的发展提供了政策上的扶持和经济上的支持，使其能够迅速发展并在普及高等教育的进程中发挥重要作用。中国广播电视大学的发展模式同样也是根据本土需求和国情进行不断调整与完善的。英国开放大学在创办之初虽未依循特定的模式，但通过持续的改革和创新，始终保持了作为顶尖远程开放大学的核心竞争力，为全球开放大学的发展提供了重要的参考和典范。

三、社区学院在中国的引进

社区学院的历史起源于美国的初级学院运动，它以地方为中心，提供多样化的教育服务，包括转学教育和职业教育等。在中国，上海是引进社区学院的先行者，随后其他地区也相继建立了社区学院。社区学院通过与社区合作，为居民提供了灵活且贴近实际需求的教育培训，有力地促进了个人职业发展和地区经济社会的发展。社区学院在中国的引进和发展将在构建终身教育体系、建设学习型社会方面发挥重要作用。

（一）社区学院的历史

社区学院起源于美国的初级学院运动。19 世纪末，由于美国高等教育难以满足人口增长和经济快速发展的需求，美国国内一些有识之士呼吁改革高等教育，从而推动了初级学院运动的发展。

1862 年，美国通过了《莫雷尔法案》，也被称为《捐地法案》，该法案规定为每个州划拨三万英亩的土地，用于创建专注于农业和技艺教育的学院。此举不仅为劳动阶级的子女打开了接受高等教育的大门，还打破了非裔美国人无法进入大学的壁垒，显著促进了教育的民主化和公平化。此外，芝加哥大学的校长威廉·雷尼·哈帕首次提出了"初级学院"的概念，他倡导将高中课程与大学前两年的教育相结合，为那些因家庭经济困难或不愿离家求学的年轻人提供了宝贵的教育机会。这一创新理念催生了初级学院，是社区学院的萌芽。初级学院的创办不拘泥于传统高等院校的模式，多采取创新形式，主要有五种：一是分四年制大学为两部分，前二年级为初级学院，作为四年制大学的组成部分；二是取消四年制大学中的后二年级，改办成只有两年制的初级学院；三是在中学设立初级学院部，延伸中学的课程；四是通过师范院校、职业技术院校办初级学院；五是创办新的初级学院。[①]

美国社区学院的产生和发展，不仅为国家建设提供了各层次所需人才的培养保障，还优化了高等教育机构的布局及资源配置。社区学院因其独特的教学管理制度、灵活多样的学习方式、经济实惠的学费以及高就业率的毕业生而深受民众欢迎。这些学院通常位于社区中心地区，据统计，在美国公民的家庭周围 25 英里范围内，有超过 90%的人口能找到一所社区学院。学院规模一般为 2 万—4 万人，主要提供高等教育、职业技术教育和丰富的文化生活教育等服务。1901年，在伊利诺伊州成立了第一所公立的杰利特初级学院（Joliet Junior College）。社区学院的迅猛发展和蓬勃壮大，充分证明了它在美国高等教育体系中的巨大成功。

美国社区学院是一种多功能综合性高等教育机构，自 19 世纪末以来便在美国各地广泛分布。它们以地方为中心，提供正规教育和非正规教育，涵盖学历教育、职业教育和社区教育等多个领域。美国社区学院具有如下基本特征[②]。

第一，社区学院的办学职能呈现出多样化的特点，其中转学教育占据着举足轻重的地位。通过为大学新生提供相当于大学一、二年级的课程教育，社区学院不仅帮助学生巩固了文化知识基础，还为他们未来的学术发展提供了坚实支撑。学生在完成两年的课程学习后，既可以选择直接步入职场，也可以选择继续在四年制大学中深造。值得一提的是，这些学生在社区学院取得的学业成绩在四年制大学中同样得到认可。这种转学教育模式不仅有效减轻了大学在教学、经费和住宿等方面的压力，还为大学输送了大量优秀的学生资源。

此外，社区学院还承担着重要的职业教育职能。社区学院培养劳动者的任务

---

① 杨颖东. 社区学院：21 世纪中国高等教育值得努力的一个方向. 华东师范大学硕士学位论文，2004.

② 刘春朝. 终身学习视角下的我国社区学院发展研究.中国矿业大学博士学位论文，2013.

得到了充分的资金支持。许多学生出于就业需求，选择通过社区学院获得职业资格证书以实现学业与就业的无缝对接。社区学院不断适应教育任务的变化，根据社会和社区内多样化的教育需求，不断扩展和发展自身的职能。

第二，办学手段多元化。社区学院的办学手段多样化体现在多个方面。首先是学院的分布，它们不仅设立在城市地区，还深入农村和贫困地区，为当地居民提供了就近入学的机会。其次是学生的多样性，社区学院吸引了不同年龄、不同文化背景、不同种族和不同阶层的学生。此外，社区学院相对较低的学费也是吸引学生前来就读的重要因素之一。

社区学院的课程设置和教学方法也多样化。课程设置旨在满足学生的兴趣和需求，课程目标结合职业需求，提供多样化的选择。在教学方式上，社区学院不仅采用传统的班级授课模式，还积极运用现代化教学媒体。在学制管理上，社区学院则通过选修制和学分制来有效管理学生的学习进程。

第三，服务面向的区域化定位是社区学院的一大特色。社区学院与当地社区紧密合作，其董事会和校务管理委员会的成员多由社区居民组成，而专业指导委员会则汇聚了当地企业和政府机构的专家及管理者。社区学院以其多样化的课程设置和免费开放的场地设施，吸引了大量当地居民前来学习和参与各类文化活动。

除了服务面向的区域化定位，社区学院还致力于促进城乡的均衡发展。通过培养和开发社区内的人力资源，为社区的经济基础奠定坚实基础，从而有效地推动社区的全面发展。它还致力于照顾弱势群体，保持民族平等。社区学院通过开放入学和低学费政策，吸纳了不同种族、阶级和性别的学生。少数族裔在社区学院的比例超过一般大学，社区学院在促进各族团结和保持民族平等方面发挥了重要作用。

社区学院的优势在于其灵活多样的教育模式和广泛的课程选择，以满足学生的各种需求和职业目标。社区学院为学生提供了良好的教育资源和就业机会，帮助他们实现个人和职业发展的目标。无论是追求学历的提升、职业技能获取，还是满足个人兴趣、丰富文化生活，社区学院都为学生提供了一个全面发展的平台。在历史变迁中，美国社区学院不断调整、发展和完善其办学职能及形式，以适应所处的社会背景。它们以关怀社区生活、提高社区文化水平和推动社区经济发展为己任，充分体现了教育的民主和平等精神。在美国教育系统中，社区学院扮演着不可或缺的角色，为社区的发展和人才培养作出了重要贡献。其出色的办学成果和创新的教育模式使得社区学院成为美国乃至世界的教育典范。[①]

（二）中国引进社区学院的概况

20 世纪 80 年代，我国经济社会快速发展，迫切需求高技能人才。我国高等教育改革迫在眉睫，在此背景下，我国开始引进社区学院。

1994 年，金山社区学院在上海石油化工总厂职工大学的基础上正式成立，标志着中国首个社区学院的诞生。紧接着，1996 年，长宁区社区学院成立。1998 年，上海市教委发布《关于推进本市社区学院建设的意见》，明确了社区学院的建设标准、指导原则和审批流程。到了 2000 年，上海市进一步扩大了社区学院的规模，批准了南市大同社区学院、闸北行健社区学院、宝山行知社区学院、杨浦同济社区学院、静安社区学院和普陀社区学院等 6 所新的社区学院。随后，徐汇、卢湾、奉贤、浦东、松江、嘉定等区也陆续建立了社区学院。2006年，上海发布《关于推进学习型社会建设的指导意见》。

与此同时，北京也开始了社区学院教育教学活动的试点工作，并下发《关于进一步改革和发展成人教育的若干意见》，明确了发展多种形式成人教育的核心要点。1999 年，朝阳社区学院的成立标志着北京市社区学院试点工作的启动。紧接着，2000 年 1 月，石景山社区学院开始试点，同年 6 月，西城社区学院正式成立。到 2002 年 10 月，北京市的 8 个城区均在地区成人高校的基础上建立了社区学院。这些社区学院不仅成为成人高考招生的重要场所，还积极开展电大开放教育的专本科学历教育。同时，它们在社会文化生活和非学历教育等领域也进行了新的尝试和拓展，逐渐成为地区终身教育和学习的核心场所。

进入 21 世纪，我国各地纷纷致力于创建社区学院，特别是华东地区的社区学院取得了显著成就。如今，社区学院的建设和发展已逐渐成为地方政府在构建终身学习体系和打造学习型社会中的核心途径和平台。随着终身学习理念的深入人心和相关政策的逐步落实，社区学院在未来将扮演更加重要的引导和支撑角色，为社会的持续学习和进步作出更大贡献。

社区学院为广大居民提供了灵活、多样化的学习机会，促进了职业发展和个人成长。通过与社区紧密合作，社区学院能够更好地满足当地居民的教育需求，为他们提供贴近实际、有针对性的培训和教育项目。社区学院还积极探索创新教

---

① 刘春朝. 终身学习视角下的我国社区学院发展研究. 中国矿业大学博士学位论文，2013.

育模式，借助现代技术手段提供在线学习和远程教育，让学习更加便捷和普惠。我国引进社区学院，积极推动社区学院的发展，不仅推动了居民个人素质的提升，也为地方经济社会发展提供了有力支持。社区学院不仅通过培养各类人才，为地区产业发展输送了源源不断的人力资源，还积极参与社区建设和公益事业，为社会作出了积极贡献。

四、资历框架在中国的引进

资历框架是由政府教育部门与多元利益群体共同构建的一套等级与通用标准体系。其目的在于确立各级各类教育系统与劳动力市场之间的认证机制，以促进两者间的顺畅衔接。这一框架的建立旨在确保教育成果与劳动力市场需求之间的匹配，提高教育的实用性和劳动力市场的效率。[①]

（一）资历框架的历史

资历框架起源于 20 世纪 80 年代。20 世纪 80 年代末至 90 年代中期，澳大利亚、新西兰、苏格兰和南非等地相继实施资历框架。随后，爱尔兰、马来西亚、马尔代夫等国家和地区在 20 世纪 90 年代后期至 2000 年逐步采用这一制度。截至 2019 年，全球已有 160 多个国家和地区规划实施了资历框架。[②]

20 世纪 80 年代，随着知识经济社会的兴起，企业结构趋于扁平化，管理重心转向赋能，强调员工自主工作和持续学习的能力。为适应这种变化，终身教育变得尤为重要，各国政府和教育机构积极推进资历框架的实施，以促进终身学习和职业发展。资历框架建立了统一的等级和通用标准体系，打破了正规教育、非正规教育和非正式学习之间的壁垒，使各种学习形式的成果都能转化为标准学分和资历等级，促进了全民终身学习的发展。该框架由政府教育部门与多方利益相关者共同制定，涵盖正规教育、非正规教育和非正式学习。资历框架确保了学习成果的标准化和可比性，增强了教育系统和劳动力市场的衔接，有助于打破不同学习形式之间的壁垒，推动教育和职业发展的顺畅衔接。[③]

---

① 张伟远. 国家资历框架的理论基础和模式建构. 中国职业技术教育，2019（18）：28-35+45.

② 张伟远，谢青松，胡雨森. 终身教育资历框架全球化发展的关键议题. 现代远程教育研究，2020，32（3）：44-50.

③ 张伟远. 国家资历框架的理论基础和模式建构. 中国职业技术教育，2019（18）：28-35+45.

（二）中国引进资历框架的概况

我国对资历框架的引进相对较晚，最早关于资历框架的文献出现于 1999 年。近年来，政府和国内学者开始重视资历框架的建设，以提高对专业人才的管理效能。

2007 年，欧洲职业培训发展中心发布《聚焦 2010：重新评价职业教育与培训》，探讨了面临挑战和变革的欧洲如何进行现代化的职业教育培训体系改革。该报告着重强调了提高欧洲学习者的就业率和推动多国间的合作与交流的重要性。在这一背景下，欧洲资格框架作为一种提升不同学历文凭互认度的有效手段，受到了广泛关注。各国纷纷致力于构建符合本国实际的资格框架，并尝试通过区域资格框架来促进就业者的跨境流动。这一趋势促使我国对国家资历框架的研究不断扩展和深化，以更好地适应时代发展的需要。

2016 年 3 月颁布的《中华人民共和国国民经济和社会发展第十三个五年规划纲要》，提出制定国家资历框架。此举旨在促进继续教育和终身学习，实现非学历教育学习成果与职业技能等级学分的相互认可，从而推动教育体系的完善和社会进步。2017 年 1 月颁布的《国家教育事业发展"十三五"规划》重申了"制定国家资历框架、建立个人学习账号和学分累积制度"的战略规划。2019 年发布的《国家职业教育改革实施方案》，进一步提出"推进资历框架建设，探索实现学历证书和职业技能等级证书互通衔接"。这些规划和方案共同构成了我国资历框架建设的政策基础和发展方向。在这样的背景下，构建具有中国特色的国家资历框架制度已成为一项刻不容缓的任务，具有迫切性和必要性。这一制度的建立将有力地推动中国教育改革和发展，促进人才培养和社会进步。

我国主要引进了欧洲资历框架，以及英国、新西兰、南非、印度、德国、澳大利亚等国家资历框架建设的经验。从全球经验来看，国外在构建资历框架时展现了值得借鉴的四大优点：一是精心设计的顶层架构，许多国家通过颁布法律条例（如《克罗地亚资格框架法》《希腊终身学习法》等）来确保资历框架的权威性和稳定性。二是以学习成果和工作需求为依据，构建了灵活的能力标准，通过动态管理和灵活的修订机制，使资历框架能够适应劳动力市场的快速变化。三是建立了健全的衔接体系，通过开放、交叉和融通的方式，将执业资格标准与学历证书相互关联，确保了资历框架的连贯性和互通性。四是建立了透明的监督机制，通过定期发布质量评价报告和引入第三方机构监督，提高了资历框架的公信力和社会认可度。这些优点为我国在构建资历框架时提供了宝贵的借鉴和启示。

在监督机制方面，多元参与得到了充分保障，同时公信力也得到了显著增强。以泰国为例，在构建国家资历框架时，涉及教育部、教育行政机构、学校和培训机构以及职业标准机构等多个主体。这些主体定期向公众发布质量评价报告，从而加强了第三方机构和大众媒体的监督。[①]随着国家资历框架在地方层面的探索不断深入，重庆、粤港澳大湾区等地也开始构建区域资历框架，旨在推动终身学习和技能型社会的发展。这一趋势不仅体现了对多元参与和公信力保障的重视，也反映了终身学习和技能型社会对资历框架的迫切需求。

五、学分银行在中国的引进

学分银行是一种学分累积和转换的制度，在不同国家和地区有不同的发展历史与特点。学分银行最早起源于美国，后来在欧洲，以及加拿大、澳大利亚、韩国等国得到了推广和应用。这些国家和地区的学分银行制度都旨在促进学习者的流动性及学分认证的有效性。各国的学分银行制度在具体运行上存在一定的差异，但都在稳步发展和不断完善中。我国于 21 世纪初期开始引进学分银行，并展开了中国化探索。

（一）学分银行的历史

学分银行制度的核心目标是实现学分的累积和转换。早在 1979 年，英国政府教育科学部就明确指出学分转移的重要性，强调学分转移是关键步骤，通过这个步骤，学习者的各种资格或部分资格及其学习经历可以得到认可，从而避免重复学习。这一制度使学习者能够将学分顺利地从一门课程转移到另一门课程，既节省了时间，又能获取更多的教育经验和资格。尽管学分转移制度在不同国家和地区的命名可能不同，但其重要功能却是一致的。

美国是学分转移实践的先驱，早在 20 世纪初，社区学院便与四年制大学之间建立了学分转移制度。社区学院提供了一种转学教育模式，该模式允许学生在完成一部分学分后，将学业转移到四年制大学继续深造，以最终获得学士学位。社区学院的创立初衷是缓解学生的入学和压力，并为更多学生提供接受高等教育的宝贵机会，同时也有助于解决就业问题。

为了推进高等教育一体化、促进学生流动和学位认证的一致性，欧洲于1995 年推出学分转换与累积系统（ECTS）。ECTS 是一个以学生为中心的系

① 杨旭. 国家资历框架研究二十年：动态演进与前沿展望. 武汉职业技术学院学报，2023，22（2）：5-11.

统，通过衡量学习成果和学习量，实现学分转移和累积。它适用于各种学习项目和形式，并有力地促进了资格和学习单元的规划、转换、评估、认证，以及学生的国际流动性。

加拿大于 1995 年开始建立学分转移制度，旨在消除省际学生流动障碍，并提高人力资源的利用效率。加拿大各省的教育部长达成共识，同意为在大学完成前两年学业的学生提供学分转移认证，从而促进学生在不同院校间的流动。

澳大利亚于 1995 年推行澳大利亚资格框架（AQF），从而建立了全面的国家资格框架。AQF 旨在提供一个既符合时代需求又便捷灵活的框架，以支持各种学习成果的认证、评估和转换，并促进学生在不同教育和培训部门之间的流动。

1998 年，韩国开始实施学分银行制度，该制度旨在对学习者在学校内外所获得的多种学习经历进行认证。在韩国，学分银行制度不仅推动了非正规教育的发展，还为人们提供了更多的终身学习机会，进而提升了他们的社会竞争力。

从时间和制度发展来看，美国是最早开始学分转移实践的国家，而欧洲，以及加拿大、澳大利亚、韩国等国家在 20 世纪 90 年代开始建立学分转移制度。这些国家和地区的学分转移制度发展动力主要是为了应对全球化带来的压力，同时满足自身发展的需求，以促进教育成就的提升和国家竞争力的增强。

学分银行制度在全球范围内展示出显著的多样性，尽管各国因战略目标、体制、文化环境以及实施路径的不同而呈现出各具特色的运作模式。例如，韩国率先在国家层面推行学分银行制度，基于标准化课程和教学大纲，为完成的教育课程授予学分，同时认证国家特殊技能证书，并为通过学位考试的学生赋予相应的学分。ECTS 则依据学习过程定量和学习结果定级原则，确保学分的互换和学习者的透明评估。澳大利亚和加拿大等国家也各自依赖不同的学分认定原则，促进教育和培训部门之间的灵活流动与学分转换。美国的学分银行制度则主要依赖院校间的合作协议，以促进两年制社区学院和四年制大学之间学分的有效转移，保障学生的流动性和灵活性。[1]总体而言，这些学分银行制度的特色体现了各国在教育体系发展中的创新与完善，旨在构建权威的组织体系、严谨的资历框架以及完备的制度保障，以推动学习者流动和学分认证的有效性。[2]

---

① 杨晨，顾凤佳. 国外学分银行制度综述. 中国远程教育，2014（8）：29-39.

② 辜红丽. 学分银行制度建设：域外经验与中国借鉴. 福建开放大学学报，2023（3）：62-65.

（二）中国引进学分银行的概况

中国引入学分银行制度经历了两次显著的发展阶段。首次发展始于 2004 年，当时教育部发布了《关于在职业学校逐步推行学分制的若干意见》，这标志着学分银行探索与职业教育改革的紧密结合。第二次发展则在 2010 年，这一年国家颁布了《国家中长期教育改革和发展规划纲要（2010—2020 年）》，推动了学分银行制度在全民终身学习中的探索应用。在此期间，北京、上海、江苏、广东、云南等省市以及中国中央广播电视大学被选定为学分银行改革的试点地区和单位。学分银行的制度优势在 2020 年疫情暴发后凸显，因为线上学习成为主流，而学分银行可以帮助学生将线上学习的成果积累和转换为学分，进而认可和兑换为学历或职业资格。

在借鉴的国外学分银行经验方面，我国主要体现在筹建国家学分银行建设主体、出台国家层面严谨资历框架和推进开放大学深层改革转型等方面。[1]尽管我国的学分银行制度的概念和基本内涵上借鉴了国外经验，但也进行了"中国化"的改进。在结构上，我们将学习成果积累和转换制度与学分银行的机构建设相结合；在功能上，我们吸收国外学分银行制度的优点，并在我国现行教育制度允许的情况下进行改进。在试点探索过程中，国家对学分银行制度的规划起到了重要作用，但在地方的试点实践中，也表现出了一定的审慎态度。首先，学分银行主要面向的是继续教育领域，因此被命名为"终身教育学分银行"。其次，尽管学习者的学习成果会被学分银行进行认定和计算，但这并不意味着这些成果可以无限制地转换为高校的学历证书。[2]

---

① 辜红丽. 学分银行制度建设：域外经验与中国借鉴. 福建开放大学学报，2023（3）：62-65.
② 杨晨，顾凤佳. 国外学分银行制度综述. 中国远程教育，2014（8）：29-39.

第五章　中国的终身教育理论

　　理论的民族性和地域性至关重要。只有结合国情进行改造的终身教育理论才能真正为我国所用，并为实践发展提供有效的理论指导。正如我们在引进终身教育的过程中所见，中国的终身教育在理论层面已经取得显著进展，并逐渐形成了独具中国特色、符合时代需求和本土化的终身教育理论。然而，在研究中国的终身教育理论问题时我们发现，尽管已有一些相关研究，但仍缺乏系统性、整体性的梳理。我们尚未全面把握我国终身教育理论问题的全貌，也未能基于新时代背景和全民终身学习需求展开进一步深入的研究。

第一节　终身教育理论在中国的形成和发展

　　终身教育理论在中国的形成和发展主要包括以下三个时期。

一、中国古代终身教育理论萌芽期

　　在我国古代众多教育思想家中，孔子、颜之推、朱熹等的终身教育思想尤为突出。

　　（一）孔子的终身教育思想

　　持田荣一等在《终身教育大全》中指出，孔子是"东洋发现和论述终身教育必要性的先驱者"①。

---

　　① 持田荣一，森隆夫，诸冈和房. 终身教育大全. 龚同，林瀛，邢齐一，等，译. 北京：中国妇女出版社，1987：16.

在教育对象上，孔子主张"有教无类"。他招收的弟子来自社会各阶层，不论其贵贱贫富、国籍或年龄，孔子都持开放态度，愿意教授其知识。"自行束脩以上，吾未尝无诲焉"（《论语·述而》），这句话表明孔子对所有学生的教育期望，不因其出身背景而有所偏倚。他更看重学生的学习态度和自我修养。这种教育观念体现了对个体学习潜力的关注，认为每个人都有被教育和发展的权利。

在教育内容上，孔子主张"博学而笃志"，并以"礼""乐""射""御""书""数"为教育内容，以《诗》《书》《礼》《易》《乐》《春秋》为教材。[①]在德育方面，他重视"仁""礼"教育，同时提倡智育、美育、体育，认为智育关乎文化传承与人际交往，美育在于音乐艺术的熏陶，体育包括射、御等技能训练。

在教育时间上，孔子提出"吾十有五而志于学，三十而立，四十而不惑，五十而知天命，六十而耳顺，七十而从心所欲，不逾矩"（《论语·为政》）。这既是他对个人成长阶段的设定，也体现了终身教育的理念，即每个阶段都需要不断学习和提升。

在教育方式上，孔子认为在与他人交往的过程中，人人皆可为师，应虚心求教。他强调学习的开放性和多元性，认为每个人都有自己独特的见解和经验值得学习。这种学习态度可以拓宽知识面，培养谦虚和包容的品质。"见贤思齐焉，见不贤而内自省也"（《论语·里仁》），孔子以此教导我们要向优秀的人学习，同时反思并纠正自己的不足。这种思想体现了对道德自觉和自我反省的重视。

在教育目的上，孔子主张"修己以敬，修己以安人，修己以安百姓"（《论语·宪问》）。他认为个人的修养和道德品质是教育的关键。通过修己以敬，培养敬畏之心，尊重他人和道德规范；通过修己以安人，为他人创造和谐的环境；而修己以安百姓，则是教育的最高境界，旨在通过个人的修行和教育，为百姓谋福祉，建立和谐的社会秩序。这种教育目的体现了孔子对社会责任和奉献精神的重视，以及他对于个人修养和社会发展的高度关注。整体来看，孔子的终身教育思想不仅关注个人的成长，更强调社会的和谐与稳定，体现了他对知识和品德的双重追求。

（二）颜之推的终身教育思想

颜之推是我国南北朝时期著名的教育思想家，他的终身教育思想主要体现在

---

① 程豪. 回溯孔子终身教育思想：基于现代终身教育理念的视角. 成人教育，2017，37（8）：1-4.

对教育阶段、教育方式、教育形态的独特认识上。

在教育阶段上，颜之推划分了"早学"与"晚学"两个阶段。他主张每个阶段都可接受教育，只不过每个阶段的目标、内容、方式有所不同。颜之推尤其重视儿童早期教育，认为幼儿期是教育的最好时机。尽管他强调"早学"的重要性，但同时也指出，如果一个人失去"早学"的机会，仍以通过"晚学"来弥补，晚年期所进行的教育虽然不如"早学"教育效果好，但强于不学。

在教育方式上，颜之推强调"勤学、切磋、眼学"。他强调学习者应积极主动投入学习，认为学习效果不仅取决于教师的指导，更重要的是学习者自身的努力和付出。通过勤奋的学习，学习者能够获得真正的收获和进步。颜之推认为，勤学可以弥补聪慧与愚钝之间的先天差距，即使是愚钝之人，只要勤奋学习，也能够达到精通和熟练的程度。他还强调学习者应该与他人进行切磋和交流，通过与他人的互动来提高自己的学习水平。颜之推认为，学习者之间的相互切磋和交流可以激发出彼此的才智和潜力，促进双方的共同进步。他不提倡独自学习，而是鼓励学习者积极参与到和他人的学习互动中。此外，他还强调学习者应注重实践观察，通过亲身经验来获得知识，认为仅仅依靠书本知识是不够的，学习者还需要通过实际观察和实践来加深对知识的理解和应用。他倡导脚踏实地的学风，认为只有通过实际行动和体验，学习者才能够真正地掌握和运用所学知识。

在教育形态上，颜之推重视家庭教育。他认为儿童教育主要在家庭中进行，因而家庭教育至关重要，他撰写了我国封建社会第一部系统完整的家庭教科书——《颜氏家训》。他强调家庭教育方法的重要性，提出了"严与慈相结合"的家庭教育原则，强调长辈示范的重要性。[①]

（三）朱熹的终身教育思想

朱熹的终身教育思想体现在他对人一生教育阶段的划分上，即"小学"和"大学"。他认为教育是一个长期的过程，需要通过不同阶段的教育来培养人的全面发展和道德修养。

在"小学"阶段，朱熹注重学习者的基础知识和道德行为的培养。他认为在8—15岁这个阶段，儿童的智识尚未完全开化，因此教育内容应当浅显且具体，让学习者通过学习一些简单易懂的知识和行为习惯来打下基础。他提出了一系列教育方法，如"先入为主，及早施教""兴趣激发"，以及利用一些教育文本

---

① 孙培青. 中国教育史. 3 版. 上海：华东师范大学出版社，2008：152-154.

（如《须知》《学则》）来培养儿童的道德行为习惯。这些方法旨在引导儿童从小学会一些具体的、实用的知识，以及良好的道德品质。

进入"大学"阶段，学习者已具备"小学"阶段的基础，可进一步深入学习。朱熹认为在这个阶段，重点应当是培养学习者的理论思维，使之成为对国家有用之才。他提出了自学和交流等教育方法，鼓励学生通过自主学习和与他人的交流来提高自己的知识和思维能力。

尽管"小学"和"大学"是基于不同年龄阶段划分的教育阶段，但朱熹强调这两个阶段并非截然对立的，而是相互联系的整体。他认为小学阶段的教育为大学阶段的教育提供了基础，而大学阶段的教育则是对小学阶段教育的延续和深化。这两个阶段具有教育目的的一致性，都是为了"变化气质"，从而"明人伦"。[①]

尽管孔子、颜之推、朱熹等的终身教育思想尚未形成系统的理论体系，但他们的思想为现代终身教育理论的接受提供了土壤。

二、中国近代终身教育理论积淀期

近代以来，一些政治家、思想家和教育家深刻认识到终身教育的重要性，并致力于推动这一理念的发展。

（一）孙中山的全民教育理论

孙中山主张普及教育。他强调"教育之道，首贵普及"[②]，并呼吁每个人都应有平等接受教育的机会。他深刻意识到，普及教育是提高整个国家素质和实现民族振兴的关键。这种普及教育的理念不仅追求公平和平等，还推动了终身教育的发展。

孙中山注重教育的连续性和完整性。他认识到教育不应局限于某个特定阶段或学校，而应贯穿人的一生。他强调教育的持续性，认为只有持续学习和不断进取，才能适应社会的发展和个人的成长。这种连续性的观念与终身教育的理念相契合，都强调教育是一个永无止境的过程，人们应终身学习和不断成长。

孙中山批判了中国传统教育和科举的弊端，并提倡发展师范教育和实业教育。他认识到传统教育过于注重文化修养，忽视了实用技能和现代知识，导致国

---

① 孙培青. 中国教育史. 3 版. 上海：华东师范大学出版社，2008：233-236.

② 孙中山. 孙中山全集. 北京：中华书局，1990.

家的落后。因此，他主张推动师范教育和实业教育的发展，以培养适应现代社会需求的人才。这种教育改革的观点与终身教育的理念相呼应，都强调个体应具备多样化的知识和技能，为个人的终身发展奠定基础。

孙中山还强调全民教育的重要性。他批判了封建社会的教育阶级性，指出广大被压迫者被剥夺了受教育的权利。他主张社会应为每一位成员提供各种不同形式的教育，确保教育的普及性和全民性。[①]

（二）蔡元培的平民教育理论

蔡元培的平民教育理论是他教育思想中的重要组成部分。他强调普及教育的重要性，认为普及教育能够提高整个国民的素质，进而实现国家的强盛。他提倡建立一个从幼儿园到成人学校的完整教育体系，并实行分级设立。同时，他注重教育的多样性，将教育分为普通、专门和实利三类，并设置了农、桑、商、工以及政治、法、理、哲等多个学科。平民教育的核心在于教育对象的广泛性和教育的普及性。为此，蔡元培积极推动普及普通学校的建设，并开办夜间民办补习学校，以提升人们的实用技能。他还倡导贫困学生和工人组织"工学互助团"，通过半工半读的方式，将劳动与教育相结合，旨在提升劳动的尊严并普及教育。这些举措都体现了他对平民教育的关注和重视。

此外，蔡元培还强调教育的独立性。他认为教育应独立于政治、经济和社会的影响之外，注重培养个体的批判性思维和独立精神。这种教育独立的观点与现代终身教育的理念相契合，都强调个体的自主学习和不断发展。

（三）黄炎培的职业教育理论

黄炎培的职业教育理论是他在终身教育领域的重要贡献之一。他意识到职业教育的重要性，并将其定义为旨在满足人们生活需求和提升生活品质的教育，即"生活需要知能的教育"。他将职业教育划分为工业教育、农业教育、商业教育和家庭艺术教育等多个领域，将其与中国的经济发展、生产需求以及人们的生活和生计紧密联系起来。黄炎培将职业教育与中国社会的需求和发展相结合，推动职业教育由近代向现代转型，为职业教育的发展打下了坚实的基础。

他的理念及实践不仅将职业教育的目标从单纯的就业和职业技能的培养扩展到满足人们生活需求与提升生活质量，还将职业教育融入终身教育的范畴，使其

---

① 李华兴. 论孙中山教育为立国之本的理念. 广东社会科学，2001（1）：68-73.

成为终身学习的一部分，强调了个体在自主学习和不断发展中的重要作用。黄炎培通过建立职业教育机构、制定职业教育课程和培训计划等一系列实践措施，致力于推动职业教育的普及和提高。他的这些努力使得职业教育更加贴近实际需求，为社会培养了大量专业人才。

（四）梁漱溟的乡村教育理论

梁漱溟的乡村教育理论的核心是将教育与乡村建设紧密结合，旨在通过教育来改造和建设乡村。他强调乡村教育与乡村发展息息相关，认为乡村教育的关键在于提升个人的知识水平、促进健康、培养实用技能、塑造良好品格，并引导乡民参与社会和文化生活的改进。同时，乡村教育的目标还包括改善农业生产、提倡自我保护、维护社会安宁，以减少对乡村发展的阻力，并增强乡村建设的推动力量。

在国家层面，乡村教育的重要性体现在推进教育普及、培养全面发展的国民、实现民生优先政策，以及支持民族团结与进步。乡村教育的对象主要是乡村全体民众，梁漱溟强调人人平等的受教育权利，主张乡村教育和乡村建设应从理性出发，注重组织性，从乡村实际出发，将教育内容分为知识技能教育和人生情谊教育，既重视精神陶冶也注重实用知识的传授。

乡村教育的主要方式是通过村学、乡学和乡农学校等组织机构来实施。村学和乡学负责实施乡村建设的各项工作，乡农学校则是政、教、富、卫合一的机构，肩负行政、教育、经济和自卫等职责。在实施乡村教育的过程中，需要推选出具有楷模作用的领袖人物，并通过民主的决策和集体表决来处理团体事务。

此外，梁漱溟还广泛开展了乡村教育实践，如曹州（今菏泽）办学、广州一中教改、昆山定县考察、创办河南村治学院、山东邹平的乡村建设实验等。这些实践不仅推动了梁漱溟乡村教育理论的发展，还体现出身教育的观点，即通过持续的教育和学习来促进个人的全面发展和社会的进步。

（五）陶行知的生活教育理论

陶行知首先较为系统地提出和阐述了终身教育概念及思想。在他于 1945 年发表的《全民教育》一文中，他提出了"education for the whole life"（即生命全程的教育）的概念，这与终身教育的概念实际上是相同的。由此可见，陶行知比朗格朗大约早 20 年的时间，就使用和阐述了"终身教育"的概念。

按照陶行知的生活教育理论，教育不仅涉及人类生活的各个领域，还应贯穿于整个人类生活的过程。教育应无限地横向拓展，实现教育的社会化；同时也应无限地纵向延伸，实现教育的终身化。他通过创办各类教育事业，从幼儿教育到成人教育，从普及教育到高等教育，从普通教育到职业教育、特殊教育，从"教育"的内涵到外延等方面，以生活教育理论为基础，构建了一个独特的现代教育体系。

（六）俞庆棠的民众教育理论

俞庆棠是民众教育的先驱者，她的理论与中国现实紧密贴合，适应社会的需求。民众教育的核心目标是使全体民众都能享受教育权利，并为民族复兴贡献力量。俞庆棠的民众教育理论独具特色，体现了全民性、终身性和生活性的原则。

第一，教育对象是全体民众。俞庆棠认为教育是大众的权利，民众教育的核心任务是将教育机会普及化，使所有民众都能受益。她认为民众教育应与学校教育相辅相成，共同发展。

第二，教育目的是培养健全人格。在国难当头的背景下，教育承载着拯救中华和复兴民族事业的使命。因此，民众教育的目标是培养具备健全个人素质和公民素质的人才。

第三，教育内容要贴近民众生活。俞庆棠主张在确定民众教育的内容时，应考虑符合民众实际生活需求，同时注重唤起民族意识和自治精神，与现代生活相适应，符合民众的心理需求。具体内容包括生活技能教育、公民教育、体育教育和休闲教育等。

第四，教育形式与生活内容相适应，灵活多样。民众教育可以通过学校、社会和家庭三种形式进行。在实施民众教育时，应从民众的实际生活出发，解决他们面临的实际问题。

第五，教学方法要适应现实。俞庆棠倡导从实际出发的教学方法，鼓励自主学习和自我教育，让民众从实际生活中汲取知识和经验。

第六，教育人员应具备良好素质。俞庆棠强调民众教育教师素质的重要性，对教师的专业理论、专业情操和专业道德等方面提出了明确要求。

（七）高阳的乡村民众教育理论

高阳认为，乡村民众教育的目的是造就健全的公民，进而改造整个社会，并丰富个人的生活。他在《江苏省各县县单位乡村民众教育普及办法草案》中明确指出，乡村民众教育的内容包括生计教育、公民训练、识字教育、健康教育、家事教育、艺术教育等多个方面。在实施民众教育时，应激发民众的动机，促使其自主、自教、自助、自立。同时，应以经济高效、时间成本低的方式，培养地方自治和乡村建设的骨干力量。

此外，民众教育还应与经济和政治机关建立紧密的合作关系，确保有效的联络沟通，同时也要与其他文化学术机构保持密切的合作。课程的制定应根据人、事、地、时的实际情况，并遵循灵活变通的原则。课程类型可分为固定课程和活动课程两种，固定课程包括识字、算术、常识、实用科学常识、音乐和精神陶冶等，活动课程则与地方上的事业联系紧密，注重实践应用。

高阳强调，民众教育的教材应丰富多样，编辑课本时应遵循"就地取材""就生活取材""由近及远"的原则。这意味着教材应从民众当前的生活环境出发，从最近的外患讲起，逐步追溯到数年、数十年，乃至数千万年前的历史，使教育内容既贴近实际又有深度。

（八）雷沛鸿的成人教育理论

雷沛鸿是中国教育史上第一个系统论述成人教育问题并积极开展成人教育实践的教育家。其成人教育理论的核心是追求民族解放和国家富强。这一理论的形成受到他对丹麦和英国成人教育研究的影响，尤其是丹麦成人教育对他的影响尤为深远。雷沛鸿认为，受教育是每个人的权利而非义务，是贯穿个人从出生到死亡整个生命周期不可或缺的生活历程，就像空气和水对人类一样必不可少。因此，他主张教育应面向社会、面向广大民众，必须改革教育制度，确保每个人都有学习到老、终身学习的权利，同时也应承担相应的学习义务。在这个过程中，无论贫穷还是富有，年轻人还是老年人，男性还是女性，每个人都应享有接受教育的权利。雷沛鸿指出，近代中国的教育与国情严重脱节。在引进欧美教育制度之前，中国教育长期与民众的生活相分离，要构建一个符合中国国情的新民族教育体系，成人教育无疑是一个至关重要的领域。

（九）杨贤江的公民教育理论

杨贤江是一位马克思主义教育理论家，他的教育理念深受马克思主义的影响，尤其在公民教育方面具有重要意义。他强调培养团体意识，这是其公民教育理念的显著特点之一。杨贤江反对仅关注个人品德的传统观念，倡导培养公共心和团结意识，以提升国民的公民素质，进而应对民族危机。尽管杨贤江的教育理念拥有马克思主义的理论支持，并在其时代具有显著的进步意义，但他认识到通过公民教育改变国民素质和增强国家力量，是一个漫长而复杂的过程，不可能一蹴而就。他认为，教育观念与生产力的发展密不可分，在社会生产力不断发展的过程中，教育也必须随之变化。因此，提高社会生产力是推动教育产生和发展的关键因素，对挽救国家和民族于危机之中具有重要意义。尽管如此，杨贤江的公民教育思想仍具有现实意义，对思想政治教育具有重要的启示作用。

（十）晏阳初的平民教育理论

晏阳初是中国著名的平民教育家和乡村建设运动的奠基者。他著有《平民教育的意义》《农村运动的使命》等重要著作。1943 年，晏阳初与爱因斯坦、杜威等一同被西方学界誉为"现代世界最具革命性贡献的十大伟人"。

晏阳初认为，中国面临的主要问题是民众的愚昧、贫困、脆弱和自私。他主张通过办平民学校，首先教授识字，随后对民众（特别是农民）进行进一步教育。其教育内容包括四大教育领域，即文艺教育、生计教育、卫生教育和公民教育。其教育目标是消除文盲，培养新型公民。他还提出了三大教育方式，即学校式教育、社会式教育和家庭式教育。他认为只有实现这三大教育方式的联合，才能更好地实施四大教育领域的内容。这两者之间是内容与形式、理论与实践的关系，必须从联系和整体的角度来理解。

三、中国现代终身教育理论形成与发展期

终身教育理论被引入我国之后，就受到我国研究者的重视，并经历了以下四个发展阶段。

（一）理论取向阶段（1979—1994 年）

1979 年，《业余教育的制度和措施》一书收录了张人杰所撰《终身教育：一个值得关注的国际教育思潮》一文，其后钟启泉翻译了朗格朗的《终身教育的战略》一文①。这两篇文章均对终身教育进行了详细介绍，开我国终身教育理论

---

① 吴遵民. 终身教育发展的中国经验：改革开放 40 年终身教育的历史回顾与展望. 上海：上海人民出版社，2018：5.

研究之先河。

该阶段我国终身教育理论发展主要呈现如下特点。

第一，视野趋向国外，侧重引介式研究。较早的引介研究有《关于日本的终身教育问题》等介绍国外终身教育的论文以及《终身教育引论》等译著。^①还有一些介绍日本、美国、韩国等国终身教育的论文。

第二，回归本土文化，探讨国内终身教育思想。除了引进国外终身教育，研究者还对国内终身教育思想进行了专题研究。如夏德清、周南照认为陶行知"生活教育"理论和"终身教育"理论二者具有相似性。^②

第三，梳理终身教育基本理论问题。任宝祥在《终身教育》一文中，从概念的发展、历史背景、概念的意义、意识形态、教育的后果、各种模式等方面对终身教育进行了研究。^③这些研究对我国快速全面了解终身教育起到了较好的基础性作用。

第四，廓清终身教育基本概念。研究者对终身教育和成人教育、中等教育、高等教育、人生教育、职业教育、继续教育、函授教育等相关概念进行了比较研究。其中，对终身教育、继续教育、成人教育三个概念的讨论在同一时期常常混杂在一起，没有明确的区分。这一时期的教育现象如老年大学、全国扫盲教育运动等并没有被称为"终身教育"。^④

在理论取向方面，相关研究比较少。^⑤整体研究类型以引介式的理论研究为主，内容包括引介国外理论、研究相关思想、介绍基本理论、辨析相关概念等方面。

（二）实践取向阶段（1995—2000 年）

1995 年，我国颁布《教育法》，首次以法律形式对终身教育体系作出明确

---

① 这些译著主要有联合国教科文组织国际教育发展委员会. 学会生存教育世界的今天和明天. 上海师范大学外国教育研究室，译. 上海：上海译文出版社，1979；持田荣一，森隆夫，诸冈和房. 终身教育大全. 龚同，林瀛，邢齐一，等，译. 北京：中国妇女出版社，1987；朗格让. 终身教育导论. 滕星，等，译. 北京：华夏出版社，1988；泰特缪斯. 培格曼国际终身教育百科全书. 教育与科普研究所，编译. 北京：职工教育出版社，1990；克罗普利. 终身教育心理学的分析. 沈金荣，等，译. 北京：职工教育出版社，1990；姜友信，刘建国. 论终身教育. 哈尔滨：黑龙江教育出版社，1991；豪尔. 学习模式：终身教育的新展望. 江金惠，译. 北京：教育科学出版社，1992.

② 夏德清，周南照. 陶行知：中国现代教育史上"终身教育"思想的先驱. 华中师院学报（哲学社会科学版），1981（4）：96-105.

③ 任宝祥. 终身教育. 西南师范大学学报（人文社会科学版），1982（1）：113-117.

④ 潘懋元，李国强. 现代终身教育理论与中国教育发展. 北京：高等教育出版社，2017：169.

⑤ 陈丽，等. 中国教育改革开放 40 年终身教育卷. 北京：北京师范大学出版社，2019：222.

规定。"终身教育体系"的提出，有力地推进了终身教育研究领域向实践方面拓展。这一阶段的研究愈发活跃，研究成果的数量以及质量飞速提升，第一次出现了关于终身教育的博士学位论文——《终身教育的理论与实践：渊源、演变及现状》[①]。

这一阶段的理论发展主要呈现如下特点。

第一，观照本土国情，开始转向实践研究。该阶段的著作多从实践层面来研究终身教育，如《教育之光》[②]等。在论文方面，以 1995 年为开端，"终身教育体系"开始如雨后春笋般出现在研究领域，具体包括五大类：一是从整体视角出发，对终身教育体系构建进行理论思考；二是依托具体的教育途径，比如成人教育、社区教育、继续教育等，为构建终身教育体系提供策略参考；三是立足地方特点，阐述关于当地构建终身教育体系的思考，如杭州市、东莞市、浦东新区等；四是着眼于实践对构建新世纪的终身教育体系进行展望；五是分析构建终身教育体系的可能性。

第二，立足教育改革需求，侧重指导价值研究。该阶段关于终身教育与其他教育关系的研究，不再是单纯的概念辨析，更侧重研究终身教育对其他教育改革的指导意义和作用。最为典型的是终身教育之于传统教育改革的研究。

第三，跟进国际潮流，开始进行终身学习、学习化社会、学习型组织的研究。受国际终身学习思潮影响，研究者开始思考人从教育转向学习的可能，深入探讨了终身教育与终身学习、学习化社会、学习型组织的关系，认为它们之间是彼此相互依存、互长互助的关系。

第四，侧重将成人教育、继续教育置于终身教育体系的框架内进行重新定位思考。虽然延续了之前的研究热点内容，但研究的聚焦点开始转向成人教育、继续教育在终身教育体系中的新定位与新思考。

该阶段主要属于引介式理论研究基础上的实践研究，在上一阶段对终身教育基本理论问题有所掌握的基础上，立足国内构建"终身教育体系"的需求，尝试探索将理论成果转化为本土实践的动力基础。

（三）理论与实践结合取向阶段（2001—2011 年）

2001 年，联合国教科文组织编写的《世界教育报告. 2000：教育的权利：走

---

① 巨瑛梅. 终身教育的理论与实践：渊源、演变及现状. 北京师范大学博士学位论文, 1999.
② 岳广涛, 刘常涌. 教育之光：青岛市城阳区仲村终身教育纪实. 北京：国际文化出版公司, 1998.

向全民终身教育》在我国翻译出版，一时间引起了国内关于受教育权、全民教育、终身教育的深刻探讨，终身教育的重要性再次被我国研究者重新认识。同年，在《中华人民共和国国民经济和社会发展第十个五年计划纲要》中，终身教育第一次被明确列入国家五年计划。2010 年，《国家中长期教育改革和发展规划纲要（2010—2020 年）》提出，"构建灵活开放的终身教育体系""搭建终身学习'立交桥'"。

该阶段，我国终身教育理论发展开展了新一轮探索，并主要呈现如下特点。

第一，理论研究视角呈现多元化。研究者从不同学科视角对终身教育展开研究，不再拘泥于教育学的单一视角，而是从社会学、哲学、生命学、经济学、文化学等多学科视角对终身教育进行系统研究。

第二，理论研究目的愈加明确，重在探讨各类教育在构建终身教育体系中的作用。成人教育、继续教育、社区教育、现代远程教育、高等教育、职业教育等之于终身教育的作用研究依然受到研究者青睐；图书馆的作用被研究者逐渐重视，一系列相关研究层出不穷，以《终身教育：21 世纪赋予图书馆的教育使命》[1]为例，作者认为图书馆是实现终身教育最理想的场所，图书馆应成为终身教育的中心。同时，自学考试、网络教育、开放教育、博物馆等的作用亦被研究者关注。

第三，理论研究紧跟国家政策方针，对终身教育所处的时代背景进行分析。党的十六大和党的十七大相继提出"建设全民学习、终身学习的学习型社会"，促使研究者更加重视对"学习型组织"与"学习型社会"的背景探讨。除此之外，知识经济时代背景也受到研究者重视，重在探讨知识经济时代背景下终身教育的发展问题、教师角色、社会进步问题等。

第四，理论研究方法注重实践与理论相结合，同时加大了对终身教育的应用研究与基础研究的重视程度。该阶段的研究不再局限于实践层面的应用研究，加大了基础研究的比重，涉及终身教育的价值、目的、思潮、重要人物（陶行知、刘少奇、孔多塞、孔子、杜威、朗格朗、夸美纽斯、伊里奇、捷尔比等）、基本概念（终身教育概念研究以及与成人教育、继续教育、终身学习、学习化社会、全民教育、全纳教育、价值教育等概念的比较研究）、必要性和迫切性、内容结构和建构原则、保障与动力机制、理论根源及现实意义等方面。除此之外，研究者初步尝试了终身教育学的研究。季森岭等提出了构建终身教育学的设想，呼唤

---

① 赵建明，马澄宇. 终身教育：21 世纪赋予图书馆的教育使命. 图书馆，2003（1）：69-71.

尽快构建终身教育学，建设具有普及性的终身教育学教程，并就终身教育学的学科性质、地位、社会支持等进行了研究。①

第五，研究视野的国际化，比较研究不断加强。该阶段的比较研究不仅仅在于引进与介绍他国终身教育的理念，更侧重于在此基础上介绍他国的终身教育经验，以及对我国发展终身教育的启示与思考。比较研究涵盖了日本、法国、美国、韩国、德国、澳大利亚、英国、马来西亚等多个国家以及各国终身教育之间的异同点。

该阶段的终身教育理论发展比上一阶段更为细化和全面，更加注重理论研究与实践研究的双向结合。

（四）历史与反思取向阶段（2012 年至今）

2012 年，党的十八大明确提出，"完善终身教育体系，建设学习型社会"，这一号召再次推动了终身教育研究的全面深入发展。同年，吴遵民发表了《我国终身教育政策的回顾与分析》一文，标志着新一阶段终身教育理论探索的开启。

这一阶段的特点体现在以下几个方面。

第一，理论发展愈加跟进本土实践，终身教育立法和政策研究逐渐兴起。终身教育立法和政策的颁布是终身教育发展的时代需求，因此，该阶段的研究能够跟进我国本土实践，进行相关探索。终身教育立法研究包括基于地方的终身教育立法研究（太原、常州、厦门等城市以及地方终身教育法律文本比较研究）、他国终身教育立法研究（美国、韩国等）、我国终身教育立法的建议与思考、立法保障机制研究、立法困境研究、立法的价值探寻与实践建构研究、立法技术问题研究、立法研究综述等。终身教育政策研究包括我国终身教育政策演进分析、国际终身教育政策分析、我国终身教育政策框架思考、我国终身教育政策保障机制分析等。

第二，重视对理论研究的反思与梳理，研究方法逐渐转向量化分析。研究者以具体的时间背景为基础，对相应时间范围内的终身教育研究进行了回顾与反思。在这一过程中，研究方法逐渐从理论思辨转向借助文献分析技术的量化研

---

① 季森岭. 应该尽快构建终身教育学. 山西大学师范学院学报，2002（2）：69-70；季森岭. 也谈"终身教育"的内涵. 太原师范专科学校学报，2002（2）：43-44；季森岭. 终身教育学在教育科学体系中的地位和作用. 江苏大学学报（高教研究版），2002（3）：48-50；季森岭. 终身教育科学研究与终身教育学的构建. 山西教育学院学报，2002（4）：48-50；季森岭，南海. 社会的支持与终身教育学的构建. 内蒙古电大学刊，2002（6）：4-5.

究，为终身教育研究的深入发展提供了新的视角和方法。

第三，理论研究路径遵循自下而上的逻辑，应用研究得到加强。在构建研究终身教育过程中，研究者不仅关注上层建筑层面的制度化、体系化问题，更倾向于遵循自下而上逻辑，从具体的策略途径展开应用研究。这包括学分银行制度、课程衔接与转换模式、泛在学习、非正规学习成果认证、终身教育"立交桥"、个人学习账户制度、资历框架、美国社区学院、韩国终身教育三级推进框架、创新服务平台项目、云服务平台等具体策略的研究。这些研究侧重于从实践层面探讨终身教育的构建问题，为终身教育的实施提供了有力的支持。

第四，回溯演进历程，终身教育历史研究兴起。该阶段的研究者基于历史的视角，对终身教育的发展进行了回顾与反思。例如《终身教育百年：从终身教育到终身学习》《中国教育改革开放 40 年终身教育卷》《中国终身教育政策法规发展研究（1978 年至今）》等，对终身教育发展进行了较好的历史性梳理，为终身教育的发展提供了宝贵的历史借鉴。

第五，尝试学科探索，重视终身教育学学科建设研究。研究者开始尝试对终身教育学进行学科探索，如叶忠海在《终身教育学通论》一书中从导论篇、理论篇、体系篇、阶段篇、展望篇五部分对终身教育学进行了探讨，并在《构建终身教育学框架的若干基本问题》等论文[1]中就终身教育学的产生、构架、框架、学科建设等层面进行了探索[2]。他提出，终身教育学属于中国特色哲学社会科学的一部分，应当"多力合一"促进终身教育学的学科建设，弘扬学术自信。[3]林良章的《终身教育学：理论与实践》是目前国内较少以"终身教育学"来命名的著作，该书从理论视角对终身教育学作了较为系统的理论建构，同时也有一些经验性的实践探索。[4]侯怀银、王晓丹在《新时代呼唤终身教育学》一文中提出，终身教育学学科建设是新时代终身教育学内涵更新、终身教育理论研究深化、终身教育实践发展以及我国教育学学科体系完善的必然要求；建设终身教育学学科亟待解决终身教育学的概念界定、研究对象、研究范畴、研究方法、学科定位及性质、体系等方面的问题；新时代建设终身教育学学科需要明晰终身教育学学科建

---

① 叶忠海. 构建终身教育学框架的若干基本问题. 江苏开放大学学报, 2016（2）：4-7；叶忠海. 以文化自信思想定力加快推进中国特色终身教育学科建设. 终身教育研究, 2017, 28（6）：36-38；叶忠海. 终身教育动态运行研究. 终身教育研究, 2020（4）：19-22.

② 叶忠海. 构建终身教育学框架的若干基本问题. 江苏开放大学学报, 2016, 27（2）：4-7.

③ 叶忠海. 以文化自信思想定力加快推进中国特色终身教育学科建设. 终身教育研究, 2017, 28（6）：36-38.

④ 林良章. 终身教育学：理论与实践. 北京：中国轻工业出版社, 2019.

设的基本方向，明确终身教育学学科建设的主要任务，处理好终身教育学学科建设中的终身教育学研究和终身教育研究、终身教育学与终身教育实践、终身教育学与相关学科的关系以及终身教育学研究的中西关系，加强终身教育学学科建设的外部保障。[①]

第六，回归本质，探索终身教育基本理论问题。研究者基于终身教育的本质属性，研究终身教育的边界逻辑问题。关于终身教育的边界，目前学界并非不言自明，还缺乏比较系统、全面和深入的研究。有研究者从终身教育"无边界"的逻辑实现、终身教育"有边界"的逻辑实现以及终身教育边界"最大值"的逻辑实现三个部分对终身教育的边界逻辑展开了系统研究。[②]有研究者从新历史方位下的教育反思与谋新、个体理性与社会理性耦合趋同、科学主义与人文主义迭代演进、理性与价值走向完美融合的新进阶等部分对新时代终身教育的理性遵循与价值诉求展开了系统研究。[③]有研究者基于疫情背景及其暴露出的"社会学"本质，在厘清"全球伦理的终身教育"的合理性及其困境的基础上，通过对"全球伦理的终身教育"的"可教性"的深度剖析，探寻了破解"全球伦理的终身教育"困局的有效机制与实践路径。[④]

该阶段我国终身教育理论发展进入稳健期，比前几阶段更具务实色彩，重视回溯历史和对研究的反思。正是之前研究的积淀，促使该阶段研究者既能够切准本国需求、直击实践发展，又能够回溯历史、归纳终身教育发展规律，对已有研究进行追溯和反思。

第二节　中国学者对终身教育理论的探索

自现代终身教育理论在我国引进以来，我国学者对终身教育理论展开了一定的探索，推动了我国终身教育理论的发展。

一、叶忠海对终身教育理论的探索

叶忠海对终身教育理论的探索主要包括以下方面。

---

① 侯怀银，王晓丹. 新时代呼唤终身教育学. 高等教育研究，2021，42（1）：60-67.
② 王晓丹，桑宁霞. 终身教育的边界逻辑. 中国成人教育，2022（7）：3-11.
③ 徐莉，肖斌. 新时代终身教育的理性遵循与价值诉求. 中国电化教育，2022（6）：37-46.
④ 路宝利，吴遵民. 关于"全球伦理的终身教育"的思考. 中国远程教育，2022（7）：39-49.

（一）成人教育理论

叶忠海是全国第一个成人教育学硕士学位点学科带头人，是我国成人教育基础理论开拓者之一。他独著或主持撰写的成人教育学术著作颇丰，其中《职工教育心理学概论》（工人出版社 1987 年版）、《自学学概说》（江苏科学技术出版社 1988 年版）、《成人高等教育学》（辽宁教育出版社 1989 年版）等，均为国内该领域的首批专著。此外，他还主编了我国首套《世界成人教育译丛》、首套《社区教育理论丛书》以及被誉为"成人教育学系统之作"的《成人教育理论丛书》。叶忠海的其他著作还有《成人高等教育学》（同济大学出版社 2011 年版）、《现代成人教育学研究》（同济大学出版社 2011 年版）、《现代成人教育学原理》（中国人民大学出版社 2015 年版）等。

叶忠海作为成人教育学专业的学科带头人，在华东师范大学创立了我国第一个成人教育学专业硕士点，并带领其他同事共同培养了我国首届成人教育学专业硕士。同时，他还接纳了我国首批成人教育学专业的访问学者。因此，他被誉为"中国成人教育学科建设的带头人"。

（二）继续教育理论

叶忠海对大学后继续教育和高等继续教育进行了全面研究与探索。主要著作有《大学后继续教育论》（上海科技教育出版社 1997 年版）、《大学后继续教育论》（同济大学出版社 2011 年版），论文有《大学后继续教育创新发展的战略思考》（《教育发展研究》2006 年第 21 期）、《在建设创新型国家背景下我国继续教育创新发展的战略思考》（《高等函授学报（哲学社会科学版）》2007 年第 3 期）、《应用型人才培养和高等继续教育改革》（《职教论坛》2015 年第 24 期）、《提升自主创新能力对高等继续教育改革的启示》（《河北师范大学学报（教育科学版）》2018 年第 6 期）等。

《大学后继续教育论》（同济大学出版社 2011 年版）一书主要对继续教育的基础论、发展动因论、原理论、课程设计论、创造力开发论、教学实践论、评价论、教员队伍特色论、展望论展开了系统梳理与研究。

（三）社区教育理论

叶忠海对社区教育的理论与实践进行了全面深入的研究。在社区教育实践研究中，他能针对地域特点进行区域研究，将社区教育与新型城镇化、数字化学习、学习型城市建设等结合起来，展现出与时俱进的特征；在理论研究层面，他能针对社区教育问题展开基本理论问题的探讨，致力于创建社区教育学。其主要著作有《社区教育学基础》（上海大学出版社 2000 年版）、《21 世纪初中国社区教育发展》（巴蜀书社 2004 年版）、《社区教育学》（高等教育出版社 2009年版）、《21 世纪初中国社区发展研究》（中国海洋大学出版社 2010 年版）、《社区教育学研究》（同济大学出版社 2011 年版）、《中国社区教育发展研究》（同济大学出版社 2011 年版）等。主要论文有《学校和社区的沟通——上海城市社区教育研究》（《教育发展研究》1999 年第 3 期）、《新型城镇化与社区教育发展研究》（《开放教育研究》2014 年第 4 期）、《全面深化改革背景下社区教育的改革和发展》（《江苏开放大学学报》2015 年第 5 期）、《社区数字化学习服务体系建设效益提升研究》（《教育发展研究》2018 年第 9 期）等。

（四）老年教育理论

叶忠海对中国老年教育发展的基本问题、嬗变逻辑与未来走向、40 年梳理等方面进行了研究，并在此基础上编写了老年教育学、老年教育心理学等教材。其主要著作有《老年教育学通论》（同济大学出版社 2014 年版）、《老年教育理论丛书》（同济大学出版社 2014 年版）、《中国当代老年教育发展研究》（华东师范大学出版社 2019 年版）、《老年教育研究与探索》（河北大学出版社2022 年版）等。主要论文有《老年教育若干基本理论问题》（《现代远程教育研究》2013 年第 6 期）、《中国老年教育的嬗变逻辑与未来走向》（《南京社会科学》2018 年第 9 期）、《中国老年教育 40 年：成就、特点和规律性》（《当代继续教育》2018 年第 6 期）等。

（五）学习型社会理论

叶忠海围绕学习型社会展开了系统探索，主要包括三方面内容：一是对学习型社会建设展开的理论探索，二是对学习型城市建设展开的理论探索，三是对学习化社区展开的理论探索。

1. 学习型社会建设理论

叶忠海认为，学习型社会以自学为基本元素[①]，以社区学习团队为基石[②]。

---

① 叶忠海. 自学：学习型社会的最基本元素. 成才与就业，2011（19）：21.
② 叶忠海. 社区学习团队是学习型社会的基石. 职教论坛，2018（1）：96-99.

他指出，学习型社会建设应以"以人为本"为指导理念，"以人为本"是建设学习型社会的根本和核心。[①]学习型社会建设具有人类社会发展史、我国社会转型、社会学科理论创新方面的历史价值。[②]基于现代公民社会理论，我国学习型社会建设应当转变模式，重视社会组织的作用，发展志愿者，理清政府与民间组织的关系。[③]在系统观视域下，学习型社会建设应当注重整体相关性。立基中国国情，学习型社会建设应当注重体现中国特色，并分别将马克思主义中国化最新成果、区域分异和联动、"政府主导与社会参与"、学习型政党和机关建设为学习型社会建设的行动指南、基本原则、模式、推动力。[④]学习型社会建设要重视志愿者的力量，并将其视为活力象征，在社会舆论、平台建设、完善体制机制、增加财力保障等方面推动志愿者队伍建设。[⑤]学习型社会建设的关键[⑥]、天职[⑦]、重要力量[⑧]、要务[⑨]、量化的核心问题[⑩]分别是激发社会活力、民众参与、社会组织、培育公民文化、社会学习指数。学习型社会建设要"两手"推进，重视政府和市场的有形与无形的"手"。[⑪]

2. 学习型城市建设理论

叶忠海在著作《学习型城市建设研究》中系统梳理了学习型城市建设理论，就学习型城市的提出、一般概述、形成、行动实践以及上海市学习型城市建设进行了系统研究。[⑫]

3. 学习化社区理论

叶忠海就学习化社区的内涵、形成标志、形成要素进行了系统论述，认为学习化社区是学习化社会的基础。[⑬]关于学习化社区的创建，叶忠海也展开了系统

---

① 叶忠海. 强化"以人为本"理念指导学习型社会建设. 成才与就业，2009（5）：33-35.
② 叶忠海. 学习型社会建设历史价值的若干思考. 成才与就业，2010（5）：38-39.
③ 叶忠海. 公民社会与学习型社会建设. 成才与就业，2010（11）：27.
④ 叶忠海. 学习型社会建设的中国特色. 成才与就业，2010（19）：29.
⑤ 叶忠海. 志愿者：学习型社会建设的活力象征. 成才与就业，2011（9）：21.
⑥ 叶忠海. 激发社会活力：学习型社会建设的关键. 成才与就业，2011（11）：21
⑦ 叶忠海. "民众参与"：学习型社会建设的天职. 成才与就业，2011（21）：23.
⑧ 叶忠海. 社会组织：学习型社会建设的重要力量. 成才与就业，2014（7）：26.
⑨ 叶忠海. 培育公民文化是学习型社会建设的要务. 成才与就业，2012（21）：29.
⑩ 叶忠海. 社会学习指数：学习型社会建设量化的核心问题. 成才与就业，2012（9）：29.
⑪ 叶忠海. 两"手"协同推进学习型社会建设. 成才与就业，2014（11）：26.
⑫ 叶忠海. 学习型城市建设研究. 上海：同济大学出版社，2011.
⑬ 叶忠海. 试论学习化社会的基础：学习化社区. 教育发展研究，2000（5）：38-41.

探索。他认为，学习化社区区别于生活型社区，具有一定的特点；要把握学习化社区形成的内在与外在动力要素；学习化社区创建的基本途径与基础分别是发展社区教育与发挥学习型组织的作用。①

（六）终身教育学理论

叶忠海在《终身教育学通论》（学林出版社 2020 年版）一书中从导论篇、理论篇、体系篇、阶段篇、展望篇五部分对终身教育学进行了探讨，并在《构建终身教育学框架的若干基本问题》等论文中就终身教育学的产生、构架、框架、学科建设等层面进行了详细探索。②他指出，终身教育学属于中国特色哲学社会科学的一部分，应当"多力合一"促进终身教育学的学科建设，弘扬学术自信。③

（七）终身教育体系理论

叶忠海认为，要构建终身教育体系，就必须把握好终身教育体系的基本问题，他从概念、构建原理、构架及其要素、基本特征、最高目标等方面对终身教育体系的基本理论问题展开系统研究。他认为构建终身教育体系应当重视成人教育的地位和作用，并就如何发挥成人教育在构建终身教育体系中的地位和作用展开了具体路径的探寻。④

（八）区域终身学习共同体理论

叶忠海此方面研究以共同体为逻辑起点，阐明了学习共同体、区域终身学习共同体的意涵；并在此基础上，论述了区域终身学习共同体的价值、框架，以及其生成的原则、把握要点、策略和机制。⑤

二、叶澜对终身教育理论的探索

《天地人事：叶澜终身教育思想研究》（人民教育出版社 2022 年版）一书专门就叶澜对终身教育理论的探索进行了系统梳理。该书从终身教育的内涵、人的

---

① 叶忠海. 论学习化社区创建的若干基本问题. 成人教育, 2004, 24（1）: 6-10.

② 叶忠海. 构建终身教育学框架的若干基本问题. 江苏开放大学学报, 2016, 27（2）: 4-7.

③ 叶忠海. 以文化自信思想定力加快推进中国特色终身教育学科建设. 终身教育研究, 2017, 28（6）: 36-38.

④ 叶忠海. 终身教育体系下成人教育的发展. 湖南师范大学教育科学学报, 2002, 1（1）: 81-84.

⑤ 叶忠海. 区域终生学习共同体生成的若干基本问题探讨. 湖南师范大学教育科学学报, 2013, 12（3）: 100-102.

发展的终身性与内动力、事事皆可为学、社会教育力、教育的自然之维等方面展示了叶澜关于终身教育的理论研究成果。[①]该书对我们全面把握叶澜对终身教育理论的探索具有重要参考价值。综合叶澜已有研究成果，可以将叶澜对终身教育理论的探索概括为以下方面。

（一）终身教育本体论探索："人的发展"理论

叶澜对终身教育理论的探索起始于其关于人的发展的研究。《教育概论》（人民教育出版社 2006 年版）一书专设两章讨论了教育与人的发展的关系问题。叶澜基于马克思主义人性观，讨论了"个体发展贯穿于生命全程还是生命的一段时间""个体发展的动因源于内还是源于外""个体发展的基本路线是什么"，形成了个体发展观。个体发展是在发展主体与周围环境积极地相互作用中，通过生命主体的各种实践活动实现的，其实质是个体生命的多种潜在可能逐渐转化为现实个性的过程。[②]

1. 人的发展动力论

早在 1986 年，她就提出了应在人学层次上去思考影响人的发展的因素，强调教育要重视人的主观能动性，教育要调动人的实践对自我发展的重要作用。[③]关于影响人发展的因素，叶澜提出了"二层次三因素"论。"二层次"包括可能性和现实性两大层次；"三因素"包括个体自身条件、环境条件、实践活动，其中的前两个因素属于可能性层次，第三个因素属于现实性层次。[④]

叶澜强调影响人的发展的个体因素，提出"当人的发展水平达到具有较清晰的自我意识和达到自我控制的水平时，人能有目的地、自觉地影响自己的发展"[⑤]，"主体因素为每个人的发展提供了多种可能性并赋予人在一定条件下自主人生的可能"[⑥]，认为人的主动性是影响人的发展的内动力。

2. 人的发展阶段论

叶澜将人的发展阶段划分为婴儿、幼儿、童年、少年、青年、成年、老年时

---

① 李家成. 天地人事：叶澜终身教育思想研究. 北京：人民教育出版社，2022.

② 叶澜. 教育概论. 北京：人民教育出版社，2006：190-191.

③ 叶澜. 论影响人发展的诸因素及其与发展主体的动态关系. 中国社会科学，1986（3）：83-98.

④ 叶澜. 教育概论. 北京：人民教育出版社，2006：196.

⑤ 叶澜. 教育概论. 北京：人民教育出版社，2006：204.

⑥ 叶澜. 教育概论. 北京：人民教育出版社，2006：206.

期，并提出了"年龄特征"概念。①她认为要在终身教育视角下认识人的发展阶段，教育存在于生命全过程，而不止于青春期；要把握人的一般整体性、人的各发展阶段的整体性，以及人的发展过程的连续性、非连续性。

3. "具体个人"论

叶澜认为，终身教育面向的是"具体个人"。她针对中国社会转型发展需要"创新""重建"的背景，对教育学、教育、终身教育与人的发展的关系展开了系统探索。

第一，人的问题是教育的核心。叶澜认为，学科发展的内在核心问题是对"人"的认识。要突破教育学的基本理论，就需要从对"人"的认识出发。教育是社会对人类发展要求和个体对自身价值追求的具体体现，教育直接面向人，人既是教育的对象，也是教育过程的重要组成部分，更是教育成果的终极体现。因此，"人"的问题是教育学必须回答的前提性问题，也是教育学建构中不可或缺的核心问题。

第二，教育要从面向"抽象的人"往面向"具体个人"转变。叶澜认为，当前教育学理论的现状主要缺失的是对"具体个人"的意识。教育学理论需要实现的转变是从抽象的人向具体个人的转变。抽象的人是将人看作与客体相对立的独立主体，将人的发展视为遗传和环境等因素相互作用的结果。教育学应重视教育对个人在社会中生存、发展和实现人生价值和幸福的意义，将个体的重要内在需求和动力作为教育的关注点，视教育为提升个体自我超越意识和能力、提升生命质量和创造能力的过程。

第三，教育学理论的转变应关注个体差异。叶澜提出，教育学理论的转变还要关注个体之间的差异，将其视为教育的资源和财富加以开发。教育研究应不仅根据个体的现状来判断和决定个体的未来，还要发现个体发展的可能性，并将其转化为现实。这样的转变将带来教育学理论研究的新天地和新的亮点。

当前中国社会的创新时代呼唤教育学理论的创新。教育学应以具体个人为核心观念，重新认识教育并构建新时代的教育学。这一转变将带来教育学理论研究的新突破，与当下中国社会的需求紧密相连，为实现中国的振兴奠定坚实基础。②

---

① 叶澜. 教育概论. 北京：人民教育出版社，2006：235.
② 叶澜. 教育创新呼唤"具体个人"意识. 素质教育大参考，2003（4）：6-7.

（二）终身教育认识论探索："终身教育视界"理论

叶澜将"回归经典"作为其教育理论创新的方式之一，在对朗格朗的终身教育理论进行解读的同时，她结合教育理论与实践工作积累，形成了关于终身教育、终身教育视界的认识。

1. 对终身教育的认识

在解读经典的基础上，叶澜形成了她关于终身教育的认识[1][2]。

第一，终身教育概念具有价值取向。她认为，终身教育概念不是由概念演绎而来的，而是基于一定的思想积累、实验证明、成就积淀、时代背景、生命体悟而来的，终身教育概念形成的过程体现了一定的价值取向。终身教育概念的产生与第二次世界大战的历史背景有关，战争带来的政权更迭使政治基础、结构发生改变，经历战争痛苦的人们迫切希望政治的稳定、世界的和平、生活的幸福，这些诉求正是终身教育产生的价值取向因素。因此，对终身教育的认识应当重视对其价值取向的把握，回归终身教育概念产生的历史背景，把握终身教育概念的时代命题。

第二，在人的发展过程中，终身教育是"时空全覆盖"的。她认为，人的发展是一个连续的过程，终身教育是贯穿人的发展"时空全覆盖"的存在。对教育功能的关注，除注重其社会功能外，还应关注以人的发展为核心的个体功能。对于教育阶段的把握，应从某一阶段、某一空间、"体制内学龄期教育"向每个人的全时空教育活动的有机联系转变，将教育看作全覆盖人生发展全过程的活动，把握终身教育的连续性、整体性、全过程化。唯此，才能发挥终身教育的价值。

第三，终身学习不能取代终身教育。信息时代的到来为教育带来了新的机遇与挑战，终身学习成为时代趋势，"泛在学习""无边界学习"应运而生，"终身教育"向"终身学习"发展，"受教育者"逐渐被称为"学习者"，"教育共同体"开始向"学习共同体"转变。这些变化无不表明教育与学习的边界越来越模糊。叶澜认为，教育与学习确属于不同的范畴，我们在研究中应当予以厘清。"教育作为活动构成的基本要素是教育者与学习者"，当二者合二为一，便是"自我教育"。叶澜基于教育发展的时间长度，清楚明白地解释了教育与学习的

---

① 叶澜. 终身教育视界的深刻意蕴：全时空性的全人发展：保尔·朗格朗带给我们的启示和价值. 人民教育，2017（1）：12-18.

② 叶澜. 转化融通在合作研究中生成：四论教育理论与教育实践的关系. 教育研究，2021，42（1）：31-58.

关系，区分了"教育"与"学习"两个范畴，认为学习需要教育来引导，阐明了教育不能被学习取代的观点。关于终身教育与终身学习，叶澜提出二者的关系不是后者否定前者的关系，而是前者内含后者，前者结果指向后者，终身教育并不落伍，也不能完全追随国际潮流，去跳过终身教育谈论终身学习。我们应全面把握终身教育的概念，而不是只取极小部分来谈，这样对终身教育的片面认识极易导致终身教育相关理论、政策、法律文件等的模糊性，无法指导实践的发展。

第四，判断终身教育理论优劣的标准在于理论本身。教育界往往以教育理论的提出者来判定教育理论的优劣，终身教育理论领域同样如此。不论是教育理论抑或实践领域，人们往往追随权威的国际组织或国家提出的终身教育文件或规定。叶澜提出，教育有其内在规定性和发展规律，不同国家有不同的教育背景。判断教育理论优劣的标准在于理论本身的先进性、适宜性、指导性。

2. 对终身教育视界的界定

第一，终身教育视界的内在规定是教育"化入人生、社会活动"全领域。叶澜提出，终身教育的深刻意蕴在于使教育与个体发展、社会发展成为不可分割的存在，教育不单存在于个体一生的发展的各个阶段、各个活动之中，还存在于社会发展的各个阶段、各个领域、各个活动之中。只有将教育化入人生与社会活动的全过程、全领域，才能真正发挥终身教育的功能和作用，使其价值最大化。

第二，终身教育视界的价值取向是促进人的多方面终身发展和人格完善，使其有志于并有能力为创造一个更美好的世界做贡献。可见，终身教育视界的价值取向在于人的发展的最佳状态，"促进生命发展的价值是教育的基础性价值"[①]。

第三，终身教育视界的实现路径是通过将各种教育力量连通、整合、汇聚，形成全整性的教育系统，使全社会各项活动都自觉内含并在实践中体现终身教育的原则。

第四，终身教育视界的教育形态是人类自身和社会发展到一个新阶段——以人自身的自由全面发展作为社会发展的终极目标、以个人与社会的发展价值统一为特征的阶段。

第五，把终身教育视界作为衡量当代中国社会与教育的改革与发展的尺度。叶澜强调终身教育视界在审视当代中国社会与教育的改革与发展中的重要作用，要在终身教育视界中重构教育与社会发展关系的理论，从而引导中国社会与教育

---

① 叶澜. 叶澜：价值观危机是中国教育的根本危机. 七彩语文（中学语文论坛），2018（4）：80.

的实践变革。

第六，在终身教育视界中聚通与提升当代中国社会教育力。基于终身教育视界，叶澜对当代中国社会全局展开了分析，认为当代中国正处在"创造与问题的博弈中实现转型"的时期，中国社会需要整体全局性重建，需要在创新、协调、绿色、开放、共享五个发展理念中理解与反思当代中国社会，并由此五方面反思教育问题，以读懂今日中国。①叶澜在终身教育视界概念中提出了社会教育力概念，并就社会教育力的概念现状、未来指向展开分析与反思。②

（三）终身教育价值论探索："生命·实践"教育理论

"生命·实践"教育学派是叶澜首创并持续主持、以学派方式创建的当代中国教育学。它传承中国教育学学科建设优良传统，围绕教育理论、教育实践、教育研究方法论和教育学反思与重建四个核心问题，在理论与实践中交互构建，"是属人的、为人的、具有人的生命气息和实践泥土芳香的教育学"③，形成了关于终身教育的价值论探索。

1. 教育是体现生命关怀的事业

第一，"教育是直面人的生命、通过人的生命、为了人的生命质量的提高而进行的社会实践活动，是以人为本的社会中最体现生命关怀的一种事业"。在叶澜看来，"教育的直接对象永远是一个个具体的、有生命的个体"，"教育不是为了培养工具人、技术人、知识人或运动人，而是为了培养多方面整体发展的人，教育需要人间大爱"，"教育起源于人际交往"，"当代信息技术再发达，都不可能代替教师，尤其在基础教育阶段"。④

第二，"教育通过'教天地人事，育生命自觉'，实现人的生命质量的提升，体现教育中人文关怀的特质"。"'教天地人事'是用大自然和人类文明的财富，丰富受教育者的精神世界，是教育中认识外部世界，学会生存、学会学习、学会创造等重要的基础性任务。""'育生命自觉'是教育中指向内在自我意识发展的重要使命。"在叶澜看来，"生命自觉"主要包括：热爱生命和生活，悦纳自我，具有积极、自信的人生态度；具有反思自我，在人生中不断实现

---

① 叶澜. 终身教育视界：当代中国社会教育力的聚通与提升. 中国教育科学，2016（3）：41-67+40+199.
② 叶澜. 社会教育力：概念、现状与未来指向. 课程·教材·教法，2016，36（10）：3-10+57.
③ 叶澜. "生命·实践"教育学派：在回归与突破中生成. 教育学报，2013，9（5）：3-23.
④ 叶澜. "生命·实践"教育的信条. 光明日报，2017-02-21（13）.

自我超越的信念和能力；具有策划人生、主动把握时机、掌握自我命运的智慧。"生命自觉"是教育最高境界的追求。①

叶澜提出，"教天地人事，育生命自觉"二者不可分割，共同贯穿于各级各类教育全过程，两者共同构成完整的教育。两者分别指向"自然之道"与"社会之道"，经由教育过程，形成"人心之道"。②

第三，"教育通过提升人的生命质量，为社会提供各种人才，实现其社会功能"。"教育是人类和社会'更新性再生产'活动"。"教育是社会有机体的'心脏'，是人类社会有机体吐故纳新的基础支撑。""教育是全社会的事业，终身教育是衡量当代社会发展的教育尺度，它以促进人的多方面终身发展和人格完善，创造更富有意义的人生和更美好的世界为价值取向；以化入人生全程、化入社会各域的社会教育力为特征，体现在社会中'人人、时时、处处、事事'都内含着教育的价值和力量。"③

2. 学校是教育的"生命场"

第一，"学校是师生开展教育活动的生命场，提升学校的生命质量是学校变革的深层次诉求"。"生命场"与"大工厂""监狱"相对，是"成就人"的圣地。学校时间、空间的配置均围绕生命展开。学校教育的两个最基础构成是"学科教学"和"综合活动"。当代中国应"提升学校的生命质感"。④

第二，"学科教学和综合活动是学校教育特殊性的体现，是师生在学校承担社会责任的具体表现，也是师生学校生活的基础性构成"。"学科教学是学生人生中超越个体经验束缚、跨进人类文明宝库的捷径，是综合理解人类各项社会活动，进而研究问题、解决问题必不可少的基础。""综合活动的独特在于它是以主题和项目为核心。"两者各有教育价值，不可相互替代。"学科教学是基础，为综合活动提供发现、研究新问题的基础能力和保障。综合活动可以打开、跨界，从多个方面切入。学科界限在综合活动中打破，而不是在教学中打破。"⑤

第三，"教师是从事点化人之生命的教育活动的责任人"。"教师只有将创造融入自己的教育生命实践，才能体验这一职业内在的尊严与欢乐。"⑥

---

① 叶澜. "生命·实践"教育的信条. 光明日报，2017-02-21（13）.

② 叶澜. "生命·实践"教育的信条. 光明日报，2017-02-21（13）.

③ 叶澜. "生命·实践"教育的信条. 光明日报，2017-02-21（13）.

④ 叶澜. "生命·实践"教育的信条. 光明日报，2017-02-21（13）.

⑤ 叶澜. "生命·实践"教育的信条. 光明日报，2017-02-21（13）.

⑥ 叶澜. "生命·实践"教育的信条. 光明日报，2017-02-21（13）.

第四，"每个人都得自己活，不能由别人代活。学校中的学生处于生命成长的重要时期，具有主动发展的需要与可能。学生是学习活动的主体和责任人，是教学活动复合主体的构成。'育生命自觉'从培养学生的自尊、自信和主动性开始"。[1]

第五，"用创造学校新生活的理念开展日常教育活动，使师生成为学校生活的主动创造者。教育的意义不只是在未来，它就在当下创造生命成长的、丰富的各项学校活动中"。[2]

3. 教育学研究要坚持"长善救失""以身立学"

第一，"作为独立学科的教育学，以揭示教育事理为核心。教育实践的层级性、社会性和生命性等诸多复杂性，决定了教育学属复杂学科，是一门以教育为聚焦点的通学"。[3]

第二，"教育学研究需要作出方法论的改造与探索，用复杂思维形成综合抽象、研究过程中的互动生成与转化机制。改变两极对立的简单思维方式，改变客观主义的所谓科学方法，要在理论与实践的双向构建中推进学科建设"。[4]

第三，"教育学研究者，包括专业人员、教师和任何真诚投入者，其发展同样需要有生命自觉和责任担当，并在教育研究的实践中成事成人"。[5]

第四，"'生命·实践'教育学派以'长善救失''以身立学'为研究精神和行为准则，共同致力于学派的持续发展"。[6]

（四）终身教育实践论探索："新基础教育"理论

叶澜在《时代精神与新教育理想的构建：关于我国基础教育改革的跨世纪思考》中提出，真正人的教育是生命与生命的交往和沟通的过程，只有有了这种生命的沟通，才能深刻地实现对生命发展的影响。基于此，叶澜提出了"新基础教育"，其主要研究面向 21 世纪中国实施基础教育的新型学校建设中出现的问题。

---

① 叶澜. "生命·实践" 教育的信条. 光明日报, 2017-02-21（13）.
② 叶澜. "生命·实践" 教育的信条. 光明日报, 2017-02-21（13）.
③ 叶澜. "生命·实践" 教育的信条. 光明日报, 2017-02-21（13）.
④ 叶澜. "生命·实践" 教育的信条. 光明日报, 2017-02-21（13）.
⑤ 叶澜. "生命·实践" 教育的信条. 光明日报, 2017-02-21（13）.
⑥ 叶澜. "生命·实践" 教育的信条. 光明日报, 2017-02-21（13）.

1. "新基础教育"探索

"新基础教育"的宗旨是以生命和基础教育之间的整体性作为出发点，唤醒教育活动的每一个生命，让每一个生命真正"活"起来。其主要任务是实现 21世纪初中国学校的变革转型，以帮助学生全面提高学习主动性、创造意识和生命活力。"新基础教育"的研究视角主要包括激发课堂、班级和学校的生命活力这三个层次的改革。在发展的过程中，其形成了一些具体可操作的做法与标准，包括三个"转换"、四个"还给"、课堂教学七条关注、班级建设七条关注以及好课"五标准"。

叶澜提出，"新基础教育"包括两个方面的内生力，一是"成人成事"的目标，二是"发展自觉"的培养。在"成人成事"目标方面，要把"成人""成事"结合起来思考，在"成事"的过程中实现"成人"，"成人"实现后又可促进"成事"，"新基础教育"要将二者有机结合起来，发挥二者的相互促进作用。在"发展自觉"的培养方面，叶澜提出，"以学促自明，以思促自得，以省促自立，以行促自成"。[①]

2. 对中国终身教育实践的认识

在终身教育实践层面，叶澜认为，缺乏对终身教育的全面认识，导致我国终身教育实践难以具体推进。在政策立法层面，目前，我国还没有国家层面的终身教育法。虽然已经有地方性的终身教育条例，国家政策文件也经常出现推进终身教育的话语，但这些话语都存在着对终身教育表述的模糊性问题。这些片面的终身教育政策话语表达并不能从中国教育实践出发，反映的不是中国教育实践问题，因而不能很好地指导中国终身教育实践的长远发展，也不利于中国公民和社会的现代转型。[②]

三、吴遵民对终身教育理论的探索

吴遵民是我国系统研究终身教育的研究者之一，他对终身教育理论的探索主要包括对终身教育基本理论的问题的探索、对终身学习理论的探索以及对学习社会理论的探索三个方面。

---

① 叶澜. "新基础教育"内生力的深度解读. 人民教育，2016（Z1）：33-42.
② 叶澜. 终身教育视界的深刻意蕴：全时空性的全人发展：保尔·朗格朗带给我们的启示和价值. 人民教育，2017（1）：12-18.

（一）对终身教育基本理论问题的探索

吴遵民关于终身教育基本理论问题的探索主要有代表作：《新版现代国际终身教育论》（中国人民大学出版社 2007 年版）、《现代国际终身教育论》（上海教育出版社 2021 年版）、《终身教育研究手册》（上海教育出版社 2019 年版）、《现代终身教育体系论》（上海人民出版社 2019 年版）、《终身教育的国际视野与中国经验：吴遵民终身教育文集》（上海教育出版社 2018 年版）、《终身教育发展的中国经验：改革开放 40 年终身教育的历史回顾与展望》（上海人民出版社 2018 年版）、《中国教育改革大系：终身教育卷》（湖北教育出版社 2016 年版）、《实践终身教育论：上海市推进终身教育的路径与机制研究》（上海教育出版社 2008 年版）、《现代中国终身教育论：中国终身教育思想及其政策的形成和展开》（上海教育出版社 2003 年版）、《当代社区教育新视野：社区教育理论与实践的国际比较》（上海教育出版社 2003 年版）等。

1. 对终身教育概念的认识

终身教育在日本和韩国分别被称为"终生教育""平生教育"。终身教育是指"人在一生中所接受教育的总和"，并且从纵向和横向分别体现为两类含义：一是"教育应贯穿人的一生"；二是由各类教育资源整合而成的开放的教育体系。[①]在横向层次上的开放教育体系主要包括家庭、学习、社会三个领域的教育。吴遵民指出，教育要素形式的不同决定了终身教育与一般教育的区别。[②]

在吴遵民看来，我国存在对终身教育的理解误区，分别为把终身教育等同于成人教育、把终身教育等同于职业技能教育、把终身教育等同于终身学校教育、把政府视为终身教育的唯一主体、国民教育体系与终身教育体系分属两个不同的体系、学习型组织是学习型社会的构成基础。[③④]

2. 对终身教育理论的认识

在《现代国际终身教育论》一书中，吴遵民对现代终身教育理论展开了系统梳理。

---

① 吴遵民. 终身教育的基本概念. 江苏开放大学学报，2016，27（1）：75-79.

② 吴遵民. 现代国际终身教育论：新版. 北京：中国人民大学出版社，2007：40.

③ 吴遵民. 走出对终身教育的理解误区. 教育发展研究，2008（Z1）：114-115.

④ 吴遵民. 走出理解误区：对当代终身教育理论内涵的深层思考. 杭州师范大学学报（社会科学版），2008，30（3）：107-111.

（1）现代终身教育理论的产生及社会背景

吴遵民认为，终身教育理论以 1965 年终身教育被正式提出为分界，包括古典和现代终身教育理论。古典终身教育理论主要是 1965 年之前产生的关于终身教育的思想，具有悠久的历史；现代终身教育理论产生于 1965 年及以后联合国教科文组织等国际组织大力推行的终身教育理念。此外，吴遵民还梳理了日本生涯教育学会学者以及朗格朗关于现代终身教育理论产生的社会背景的观点。[①]

（2）终身教育理论流派

吴遵民将现代终身教育理论流派划分为三类：理念型、反体制型、马克思主义与集体主义。第一个流派主要发展于 1965—1970 年，被认为是现代终身教育理论的"初创期"，这一流派以朗格朗、埃德加、戴维等为代表，具有抽象性、原理性、理想主义、空想性、小市民性特征。第二个流派发展于 1970 年到 1985 年这一期间，标志着现代终身教育理论从欧美主导向第三世界主导的转化，被认为是现代终身教育理论的"转换期"，这一流派以捷尔比、弗莱雷、伊里奇、霍拉等为代表，具有科学性、勤劳性特征。第三个流派发展于 1985 年以后，以马克思主义为理论基础，以苏联、南斯拉夫、朝鲜等的成人教育学派以及终身教育学派为代表，具有实践性转化、政策化、法治化等特征。[②]

（3）现代终身教育理论的发展、演变和深化

吴遵民认为，1965 年现代终身教育理论产生以后，其经历了一定的演变和深化，主要有回归教育思想、哈钦斯的学习社会思想、朗格朗的终身教育特性思想、《学会生存》的终身教育思想、戴维关于终身教育的 20 条原则、卡内基高等教育委员会的学习观、《关于发展成人教育的劝告书》（1976 年联合国教科文组织第 19 届总会决议）的终身教育思想、《教育：财富蕴藏其中》的终身教育思想、"终身学习社会的新视点：1997 年第五届国际成人教育大会"的终身教育思想等。除此之外，还产生了以民主与实践为特征的终身教育理论，主要有弗莱雷的民主主义教育思想以及捷尔比的终身教育思想。[③]

（4）终身教育理论的研究

吴遵民对当代国际终身教育理论的研究动向进行了梳理和分析，认为当代国际终身教育理论研究存在关于"学习社会"的理解误区：将终身教育视为保障人

① 吴遵民. 现代国际终身教育论：新版. 北京：中国人民大学出版社，2007：3-15.
② 吴遵民. 现代国际终身教育论：新版. 北京：中国人民大学出版社，2007：44-58.
③ 吴遵民. 现代国际终身教育论：新版. 北京：中国人民大学出版社，2007：59-129.

权、学习权等权利已成为国际共识；在终身教育中"确立学习者主体地位"已成为国际共识。①

关于当代终身教育理论的研究现状，吴遵民提出了当代国际终身教育理论研究的焦点主要包括：关于终身教育的权利——教育机会的保障和平等、关于终身教育部分领域的再构建和组织化、关于学校机能扩张的讨论、关于基础教育改革的探索、关于民间团体的作用和功能、对于国家权力作用的期待。②当代终身教育理论研究的主要课题之一是关于终身教育基本原理的课题，主要包括有关教育、学习过程计划的课题、关于教育与学习形态的课题、关于涉及教育与学习目的的课题；主要课题之二是面对现代社会的课题，主要包括与现代家庭有关的教育课题、与学校教育有关的课题、与"学习社会"理念有关的当代教育课题、关于成人教育的课题。③

关于终身教育理念本土化，吴遵民强调要加强对终身教育基本概念和内涵的认识。他提出，终身教育理念本土化的前提是还原原著，解读经典，把握终身教育的内涵精髓，在此基础上才能展开本土化，进而对我国终身教育实践展开本土思考。④

（5）中国终身教育的理论问题

吴遵民认为，当代中国终身教育面临的两大理论问题分别为"中国成人教育会终结吗""中国终身教育体系为何难以构建"。吴遵民提出，成人教育不会终结，但其目前正面临转型，以继续教育取代成人教育成为必然选择。吴遵民提出中国终身教育体系难以构建的原因有三方面：教育资源难以整合、校外教育的身份困境、理论与实践的脱节。当代中国终身教育面临的两大实践问题分别为"电大转型社区教育可不可能""建设国家学分银行何以重要"。吴遵民认为，电大转型社区教育是电大解决危机的出路，但也有一定的难度，可从办学理念的更新、双赢办学体制的构建、教育目的及培养目标的重新定位、办学模式的整体转型、复合型师资队伍的重建等策略着手。⑤吴遵民认为，中国终身教育理论研究面临国际化、本土化、立法化三方面的挑战。⑥

① 吴遵民. 现代国际终身教育论：新版. 北京：中国人民大学出版社，2007：130-137.
② 吴遵民. 现代国际终身教育论：新版. 北京：中国人民大学出版社，2007：138-153.
③ 吴遵民. 现代国际终身教育论：新版. 北京：中国人民大学出版社，2007：154-173.
④ 吴遵民. 中国终身教育体系整体构建的策略与思考. 江苏开放大学学报，2015，26（6）：5-9.
⑤ 吴遵民. 当前中国终身教育面临的重大理论与实践问题研究. 广东开放大学学报，2017，26（1）：11-20.
⑥ 吴遵民，李政涛，韩民. 何谓跨界，何以终身，未来走向何方：终身教育与跨界教育的深度对话. 终身教育研究，2024，35（1）：9-16.

（6）终身教育理论趋势

吴遵民认为，当前国际终身教育理论以自我导向学习观点、对终身教育解放功能的重视、确立学习者主体地位的意识等为趋势。[①]

3. 对终身教育立法的认识

（1）中国终身教育法治历程

在《中国终身教育法治 70 年》一文中，吴遵民将新中国成立 70 年的中国终身教育法治历程划分为法治理论与实践的探索期（1949—1966 年）、异动期（1967—1976 年）、创建期（1977—1999 年）、深化期（2000 年至今），中国终身教育法治在识字教育、农民教育、扫盲教育、职工教育、成人教育、终身教育体系、国家与地方终身教育立法等方面层层推进，体现了中国终身教育法治从零星研究到"从中央到地方积极推进终身教育法制建设"的演进历程，"凸显了中国终身教育从无到有、从封闭到开放、从引进模仿到独立自主发展的本土化特征"。[②]

（2）国家终身教育立法思想

吴遵民认为，国家终身教育立法思想主要体现在终身教育的价值取向、责任主体以及公民学习权保障这三个方面。首先，在个人层面，应使全体公民具有终身学习的意识和行为；在国家层面，要以建立学习型社会为价值取向。其次，要明确终身教育的责任主体，明确领导体制和机制、政府职责。最后，保障所有人受教育的权利，并通过终身教育维护人的生命尊严，完善人性。[③]

（3）终身教育立法框架及具体内容

吴遵民提出了终身教育立法的基本框架。

总则部分：第一条立法目的，"权利"思想及与已有上位法之间的关系是需要重点考虑的问题；第二条适用范围，到底是否应将学校教育包含在内；第三条立法任务，立这个法究竟是为了解决什么"问题"；第四条方针与原则，涉及举办终身教育的责任主体、秉承的基本原则及今后的发展方向；第五条至第七条分别涉及国家终身教育法的参与对象、政府职责和管理体制等问题。[④]

---

① 吴遵民. 当代成人教育与终身教育的发展现状与趋势. 继续教育研究，2005（5）：26-28.

② 吴遵民. 中国终身教育法治 70 年. 教育发展研究，2019，39（17）：39-45+57.

③ 黄欣，吴遵民. 中国终身教育法为何难以制定：论国家终身教育法的立法思想与框架. 职教论坛，2015（7）：71.

④ 黄欣，吴遵民. 中国终身教育法为何难以制定：论国家终身教育法的立法思想与框架. 职教论坛，2015（7）：71.

关于《上海市终身教育促进条例》，吴遵民提出了终身教育的内涵，认为终身教育既是"公民权利"，也是"资源整合"的存在，还是"创建学习型社会的基础"。这既是终身教育概念的基本要素，也是终身教育立法的基本内容和原则。据此，他对《上海市终身教育促进条例》展开了具体分析，认为该条例还存在一些问题，有待加以解决。①

关于是以"终身教育"还是"终身学习"为名来立法，吴遵民从概念辨析、国际经验梳理、各自立法的利弊分析等方面进行了系统研究，最后提出了终身学习立法的思考与建议。②

4. 对终身教育政策的认识

吴遵民认为，我国终身教育政策主要经历了初始（1979—1993 年）、推进（1994—1999 年）、拓展（2000 年至今）三个阶段，逐渐从理念导入过渡到政策的普及和立法化进程。他提出，理论研究的滞后、政策中的行政主导现象、国际经验与本土经验的融入偏差等问题是我国终身教育政策制定和实施的制约因素。他建议，应当理论研究先行，重视理论研究对政策制定的指导意义；完善政策决策机制，确保学者、民众、政府的多方参与；促进国际经验的本土化进程。③

5. 对终身教育发展的认识

（1）终身教育发展的历史、存在问题与经验

吴遵民作为副主编的《中国教育改革大系·终身教育卷》一书从终身教育视角，对改革的背景、进展、积极意义、局限等问题展开了系统梳理与分析。④

吴遵民基于改革开放 37 年的中国终身教育发展概况，指出了中国终身教育在终身教育体系与传统国民教育体系之间的关系、成人教育转型、终身教育立交桥、教育资源整合等方面面临的问题。⑤吴遵民认为，改革开放 40 年来，中国终身教育在政策、理论以及实践等方面取得巨大进步，积累了政府作为推进主

---

① 黄欣，吴遵民，池晨颖. 终身教育立法的制订与完善：关于《上海市终身教育促进条例》的思考. 教育发展研究，2011，31（7）：18-22.

② 吴遵民，邓璐. 终身教育立法中应关注的几个问题：由"终身教育"还是"终身学习"的立法争议谈起. 教育发展研究，2022，42（21）：29-34.

③ 吴遵民，国卉男，赵华. 我国终身教育政策的回顾与分析. 教育发展研究，2012，32（17）：53-58.

④ 韩民，吴遵民. 中国教育改革大系·终身教育卷. 武汉：湖北教育出版社，2016.

⑤ 吴遵民. 终身教育发展的中国经验：改革开放 37 年终身教育的历史回顾与展望. 江苏开放大学学报，2016，27（1）：10-18.

体、民众支持、基于时代发展的价值基础、理论研究的持续跟进等中国经验。^①

《终身教育发展的中国经验：改革开放 40 年终身教育的历史回顾与展望》一书包括"改革开放 40 年终身教育发展的历史进程""1978—1987 年：终身教育发展的酝酿期""1988—1997 年：终身教育发展的初创期""1998—2007 年：终身教育发展的摸索期""2008—2017 年：终身教育发展的深化期""终身教育发展的中国经验与展望"等部分，吴遵民梳理了历史进程中的政策、理论与实践，整体展示了我国终身教育 40 年来发展的基本状况，分析了改革开放 40 年来中国终身教育发展的历史演变和中国经验的形成。^②

此外，吴遵民还对中国终身教育本土化^③、中国现代终身教育历史溯源^④展开了系统研究。

（2）终身教育发展的目标与实践问题

吴遵民强调，我国目前终身教育发展的短期目标体现出功利性、人力资源需求取向，要树立终身教育发展的长期目标，以提升人的内在精神品质和建设学习型社会作为长期目标。关于终身教育发展的实践问题，吴遵民提出了"终身学习卡"在终身教育推广与实际操作方面的可行性和有效性。^⑤

6. 对终身教育推进的认识

吴遵民提出，中国终身教育推进过程需要关注终极目标问题、终身教育与终身学习的关系界定问题、学分银行的建设问题、服务全民终身学习的教育体系的整体建构问题、老年教育的研究。^⑥

（1）终身教育体系

吴遵民对国民教育体系和终身教育体系进行了明确的区分。他描述国民教育体系为：这是一个由主权国家通过立法手段确立的，旨在为本国公民提供全方位、多层次、多形态的教育服务的系统。相较之下，终身教育体系则建立在个人终身发展需要持续教育支持的理念之上。它强调在个体成长的各个阶段，整合各

① 吴遵民. 改革开放 40 年中国终身教育的历史回顾与展望. 复旦教育论坛, 2018, 16（6）：12-19.

② 吴遵民. 终身教育发展的中国经验：改革开放 40 年终身教育的历史回顾与展望. 上海：上海人民出版社, 2018.

③ 吴遵民, 李政涛. 中国践行终身教育的本土化之路. 终身教育研究, 2021, 32（1）：12-19.

④ 吴遵民. 中国现代终身教育溯源. 现代远距离教育, 2020（5）：3-9.

⑤ 吴遵民. 发展终身教育的目标与若干实践问题. 教育发展研究, 2009, 29（9）：38-39.

⑥ 吴遵民, 李政涛, 韩民. 何谓跨界，何以终身，未来走向何方：终身教育与跨界教育的深度对话. 终身教育研究, 2024, 35（1）：9-16.

类社会资源，加强社会、学校与家庭间的教育衔接与融合，以构建一个面向全体民众、贯穿人生全过程的连续且统一的教育框架。①吴遵民认为，终身教育理念导向下的现代国民教育体系包括学校教育和学校外教育两个部分。②

吴遵民还对终身教育体系的构建展开了系统思考。他认为，"十四五"时期服务全民终身学习的教育体系的构建应注重"服务"和"融合"。前者以后者为前提，处于应然状态，是目标。③

基于数字时代背景，他分析了数字化时代终身学习体系面临的现实挑战与机遇，提出了终身学习体系数字化转型的要素框架，并就技术赋权与技术赋能两条路径进行数字化时代终身学习体系的生态建构展开了具体分析。④

关于中国终身教育体系，吴遵民提出，要架构起学校教育与校外教育之间的"立交桥"，形成相互关联、互为融通的机制。同时，他强调，终身教育体系的构建不是一蹴而就的，需要逐步推进，包括三个步骤：一是理论共识，二是规范体制机制，三是连接与融合学校教育和校外教育。政府推动在构建终身教育体系中起着导向作用。我国终身教育体系难以构建的原因有四：一是基本概念界定的模糊，二是校外教育的困境，三是资源整合的困难，四是国家层面终身教育立法的缺失以及地方性终身教育立法的片面化。⑤为此，吴遵民提出了构建终身教育体系的思路：一是建立完备的行政组织体制，二是终身教育立法以及校外教育立法的早日实现，三是为终身学习提供各种条件，四是配套政策措施的保障。⑥⑦吴遵民强调了成人教育在构建终身教育体系中的作用，认为前者是后者的重要组成部分。⑧

关于中国终身教育体系化问题，吴遵民认为，未来我国终身教育将从成人教育领域以点带面展开，政策制定将贯彻集体和个人紧密结合起来的原则，"终身教育+继续教育"的认识观更多被社会认可，政府推进终身教育制度化、立法化

① 吴遵民. 终身教育的基本概念. 江苏开放大学学报，2016，27（1）：75-79.
② 吴遵民. 关于完善现代国民教育体系和构建终身教育体系的研究. 中国教育学刊，2004（11）：39-42.
③ 吴遵民. 服务全民终身学习教育体系构建的路径与机制. 中国电化教育，2020（5）：前插 1.
④ 吴遵民，蒋贵友. 数字化时代终身学习体系的现实挑战与生态构建. 远程教育杂志，2022，40（5）：3-11.
⑤ 吴遵民. 中国终身教育体系为何难以构建. 现代远程教育研究，2014（3）：27-31+38.
⑥ 吴遵民. 现代中国终身教育论中国终身教育思想及其政策的形成和展开. 上海：上海教育出版社，2003：260-261.
⑦ 吴遵民，黄欣，刘雪莲. 建立和完善终身教育体系的法律制度研究. 继续教育研究，2006（6）：19-23.
⑧ 吴遵民. 发挥成人教育作用构建终身教育体系. 北京宣武红旗业余大学学报，2018（3）：1-6+21.

力度将进一步加大。^①在探讨我国终身教育的未来发展时，吴遵民特别强调了法制化建设的重要性，以及推动体系化发展和创造适宜的政策实施条件的必要性。他还提出了构建专业人才培养机制的关键性议题，以支持终身教育的全面推进和深化。这些议题旨在为我国终身教育的可持续发展奠定坚实基础。^②

立基中国教育现代化，吴遵民认为，终身教育体系在实现中国教育现代化和建设高质量现代教育体系中占有举足轻重的作用。^③

（2）学分银行

吴遵民强调学分银行在推进我国终身教育体系建构与教育改革和发展中的重要意义。他认为，"学分银行"制度具有"认证"和实现终身教育理念的功能。^④他提出，建设学分银行需要满足教育部及相关部门的授权、以第三方身份独立运行以及具备运作资质和社会公信力等三个基本原则和条件。同时，学分银行与自学考试办公室等教育机构在推动教育发展和质量提升方面可以相互协作、共同发挥作用。^⑤基于此，吴遵民提出了建设学分银行的路径与机制。^⑥他还提出了由自考机构建设学分银行的思路，并就此展开了合理性分析。^⑦

（3）开放大学

吴遵民认为开放大学是终身教育体系整体建构的一部分，面临着两大挑战，其一是入学考试取消后教学质量的问题，其二是开放大学发挥好终身教育实施平台的问题。关于开放大学的成人高等学历教育和社会教育这两大功能的关系，他提出了自己的见解。他认为，应当协调这两个功能，二者没有轻重之分。他建议开放大学转变发展理念，在发展学历教育的同时，发展社会教育。开放大学应当有自己的定位和特色，在构建终身教育体系和建设学习型社会之际，开放大学可通过举办社会教育、社区教育等方式来凸显自身特色。^⑧

① 吴遵民. 现代中国终身教育论中国终身教育思想及其政策的形成和展开. 上海：上海教育出版社，2003：261-265.
② 吴遵民. 现代中国终身教育论中国终身教育思想及其政策的形成和展开. 上海：上海教育出版社，2003：265-269.
③ 吴遵民，法洪萍，周杨嘉源. 中国教育现代化与终身教育的使命与目标. 北京宣武红旗业余大学学报，2021，（3）：4-10.
④ 黄欣，吴遵民，蒋侯玲. 论现代"学分银行"制度的建设. 开放教育研究，2011，17（3）：42-46.
⑤ 孙冬喆，吴遵民，赵华. 论学分银行建设与自学考试制度转型. 开放教育研究，2012，18（6）：40-44.
⑥ 吴遵民. 论建设国家学分银行的路径与机制. 开放教育研究，2016，22（1）：43-49.
⑦ 吴遵民. 能否由自考机构建设学分银行. 中国教育报，2012-10-15（7）.
⑧ 吴遵民. 中国终身教育体系整体构建的策略与思考. 江苏开放大学学报，2015，26（6）：5-9.

（4）职业教育

关于职业院校教师队伍，吴遵民也展开了相关研究，认为教师队伍的改革是职业教育改革的重要一环，他对"双师型"教师队伍的建构展开了剖析，提出了从引进来、送出去到留得住等方面的建议。[①]

（5）老年教育

吴遵民对推进"积极老龄化"展开了系统思考，认为我国对老年教育的认识还存在偏差，老年教育研究应该从"积极老龄化""生产老龄化""成功老龄化"等视角理解老年教育，这是实现"优化"的必经之路[②]；并对积极老龄化视域下老年教育的挑战、机遇与进路展开了系统研究[③]。在老龄化背景下，应当发展适老性高等教育，他对国际适老性高等教育的发展特征展开了系统分析，预测我国在此方面的发展趋势以及分析可资借鉴的经验。[④]吴遵民研究了老年教育服务体系构建的价值导向与实践路径[⑤]，并基于四省市老年学习现状，探索了在老龄社会背景下老年教育体系构建的策略[⑥]。基于世界图景演变视角，他分析了老年教育的本质应当是回归人的生命为其本源的立场。[⑦]

（6）继续教育

吴遵民提出，新时代背景下，继续教育概念和内涵将逐步向纵深发展，将不再仅是学校教育的补充，还向学校后教育延伸和拓展，这将为终身教育体系的构建奠定重要基础。[⑧]

在探讨我国教师继续教育的发展历程时，吴遵民将其划分为三个主要阶段：从最初的学历补偿教育，逐渐过渡至学历补偿与素质提升并行，最终迈向全面提升教师能力素质的新阶段。他不仅深入剖析了当前教师继续教育的现状及其存在的问题，还有针对性地提出了一系列具体的策略和建议，以期为我国教师继续教

① 吴遵民，杨婷. 新时代职业院校如何建构"双师型"教师队伍. 职教论坛，2019（8）：89-96.

② 吴遵民，邓璐，黄家乐. 从"老化"到"优化"：新时代老年教育的新思考与新路径. 现代远距离教育，2019（4）：3-8.

③ 吴遵民. 积极老龄化视域下老年教育的挑战、机遇与进路. 北京宣武红旗业余大学学报，2022，（2）：3-8.

④ 吴遵民，赵华. 我国社区教育"三无"困境问题研究. 中国远程教育，2018（10）：63-69+80.

⑤ 吴遵民. 新时代老年教育服务体系构建的价值导向与实践路径. 中国远程教育，2023，43（2）：73-82.

⑥ 吴遵民，王丽佳，邓璐，等. 老龄社会背景下老年教育体系构建的策略研究：四省市老年学习现状的调研报告. 华东师范大学学报（教育科学版），2023，41（6）：78-91.

⑦ 吴遵民，姜宇辉，蒋贵友. 论老年教育的本质：基于世界图景演变视角的分析. 现代远程教育研究，2022，34（1）：11-20+39.

⑧ 吴遵民. 新时代背景下继续教育发展的新路径与新思考. 终身教育研究，2019，30（1）：3-10.

育的未来发展提供有价值的参考。[1]

（7）社区教育

吴遵民对我国当代社区教育的历史展开回顾，将其划分为三个阶段。他认为，我国社区教育具有过浓的行政色彩，还存在内涵、资源利用、立法、专业队伍建设、开展实效等方面的问题。[2]他指出，当前我国社区教育面临着国家立法定位不明确、财政机制不健全、专业化队伍建设缺失的困境，认为应当尽快突破瓶颈，解决"三无"发展难题。[3]吴遵民还就电大转型社区教育的可能性展开了系统分析。[4]他还倡导三教合力，创建儿童导向的社区教育。[5]

（8）幼儿教育

吴遵民系统研究了幼儿教育的本质，分析了当下幼儿教育存在的异化问题，提出明确幼儿教育本质，使幼儿教育回归儿童生命的观点。[6]他强调学前教育在整个终身教育体系中的重要作用以及学前教育立法的重要意义。[7]

（9）基础教育

吴遵民认为，应当基于终身教育理念去思考基础教育问题，明确基础教育在终身教育中的地位和作用，在终身教育背景下建构多元开放的基础教育体系，并在"三教合力"作用下发展基础教育。[8]

在终身教育思潮下，我国高等教育自考应回归教育属性，重视阶段性发展特征。终身教育为我国高等教育自考提供了新契机，我国高等教育自考要向生命教育模式转化，向农村发展转化，向教育资源整合转化。[9]

（10）社会教育

吴遵民在探讨社会教育本质的研究方法时，提出了独到的见解。他首先简化地定义了社会教育，即"除学校教育之外的教育活动的统称"。进而，他建议通过"深入审视社会教育的立法背景"来进一步理解其内涵。然而，他强调，以上方法"虽有其价值，但尚不足以全面揭示社会教育的本质"。他认

---

① 吴遵民，秦洁，张松龄. 我国教师继续教育的回顾与展望. 教师教育研究，2010，22（2）：1-8.

② 吴遵民. 我国当代社区教育的历史回顾与展望. 远程教育杂志，2011，29（3）：9-13.

③ 吴遵民，赵华. 我国社区教育"三无"困境问题研究. 中国远程教育，2018（10）：63-69+80.

④ 吴遵民，陈玉明. 电大转型社区教育何以可能. 开放教育研究，2015，21（3）：106-112.

⑤ 吴遵民，周杨嘉源，邓璐. 三教合力，构建儿童导向社区教育. 教育家，2021（37）：11-12.

⑥ 吴遵民. 论幼儿教育的本质. 新疆师范大学学报（哲学社会科学版），2019，40（2）：138-144.

⑦ 吴遵民，黄欣，屈璐. 我国学前教育立法的若干思考. 复旦教育论坛，2018，16（1）：35-41.

⑧ 吴遵民，法洪萍. 终身教育背景下基础教育的改革现状与发展路径. 人民教育，2021，（12）：40-43.

⑨ 吴遵民，张媛. 终身教育思潮下我国高等教育自考的定位与发展契机. 继续教育研究，2008（1）：50-53.

为，要揭示社会教育的本质，必须将其置于历史的长河中，从历史的角度进行深入剖析。①

（二）对终身学习理论的探索

吴遵民关于终身学习理论的探索主要有代表作：《现代终身学习论：通向"学习社会"的桥梁与基础》（上海教育出版社 2008 年版）等。该书主要从四部分展开，第一部分为"现代终身学习理论的产生与发展"，主要涉及"终身学习——21 世纪最前沿的教育理念""关于终身学习理念本质的研究与讨论""终身学习——通向'学习社会'的基础与路径""当代终身学习理论发展的国际动向与面临的实践课题"等具体内容。第二部分深入探讨了"终身教育向终身学习理念的演进——成人教育的新篇章"。该部分详细涵盖了几个关键议题："终身教育与终身学习理念的辨析与交融——终身学习论的起源与演进"，"终身发展的视角与成人教育学的新发展"，以及"自我教育与生活叙事在成人教育中的实际运用"等核心内容。这些讨论旨在揭示成人教育在新时代背景下，如何与终身学习理念相结合，实现其教育模式的创新与发展。第三部分聚焦"日本终身学习的动态与具体实践"，涵盖日本在立法层面的重要进展，如"《社会教育法》与《终身学习法》的颁布"，以及实际执行层面上的具体措施，比如"终身学习设施的构建与员工的培训实践""自治体层面的终身学习规划"。此外，还探讨了"市民运动与特定非营利活动的蓬勃开展"，以及"日本在终身学习领域所面临的挑战与未来展望"。第四部分则是对"终身学习实践的综合报告"，其中不仅包含"中国终身学习实践的现场报告"，还涵盖"日本本土终身学习实践的案例分析"，以及"韩国终身教育的发展现状与未来方向"。这些报告为我们提供了不同国家和地区在终身学习领域的实践经验和启示。

吴遵民分析了终身教育向终身学习转化的原因有教育理念的改变、教育中心和关注点的转移、教育功能的转换，他认为应当正确看待终身教育向终身学习的转化。②他提出，成人学习者核心素养的培育是成人教育的新使命、新任务、改革重点。③吴遵民还研究了成人教育正逐步深化其内涵，从单纯的教育阶段向终身教育转变，进而演化为一条追求持续学习、终身成长的实践道路，分析了条件

---

① 千野阳一，吴遵民，杜忠芳. 关于理解社会教育本质的研究方法. 华东师范大学学报（教育科学版），2007，25（1）：39-45.

② 吴遵民. 现代国际终身教育论：新版. 北京：中国人民大学出版社，2007：41-43.

③ 吴遵民. 21 世纪成人学习者核心素养及其培育. 北京宣武红旗业余大学学报，2019（1）：1-7+13.

和因素，并对未来发展予以了展望。^①关于高校教师的终身学习与专业发展，吴遵民强调高校教师应践行终身学习，促进专业发展。^②

（三）对学习社会理论的探索

吴遵民对"学习社会"的概念进行了界定，认为其是"一个社会形态，其特色在于拥有丰富的教育资源，致力于面向全体社会成员提供丰富多样的学习路径。这种社会形态的核心追求不仅在于知识的传播，更侧重于人性的培养和实现人生真谛的深层目标"。^③他区分了"学习社会"和"学习型组织"在理论与实践层面的异同，^④提出应当走出"学习化社会"的理解误区。^⑤他认为，我国学习型城市建设经历了"起步、推进、提升"这三个阶段，^⑥他对我国构建"学习型社会"理论研究问题展开了系统探索。^⑦关于学习型大国的建设，他基于教育强国背景，探索了教育数字化推进学习型大国建设的路径与机制。^⑧

基于新社会化时代，吴遵民提出了一种新的学习方式——"新社会化学习"，认为它是缓解信息化社会所带来问题的重要方式，同时，新社会化学习也给构建终身教育体系带来了机遇和挑战。^⑨

第三节　中国终身教育理论的未来发展趋势

中国终身教育理论在古代终身教育思想中得以萌芽，在近代得以理论积淀，在现代实现了理论的形成与发展，这一过程离不开中国学者对终身教育理论的探

---

① 吴遵民. 从成人教育迈向终身学习. 解放日报，2018-12-04（13）.

② 吴遵民，邓璐. 终身学习与高校教师的专业发展. 大学教育科学，2007，5（5）：69-73.

③ 吴遵民. 终身教育的基本概念. 江苏开放大学学报，2016，27（1）：75-79.

④ 吴遵民，美丽开·吾买尔，傅蕾. 论"学习社会"与"学习型组织"理论与实践之异同. 教育发展研究，2011，31（23）：23-29.

⑤ 吴遵民. 走出"学习化社会"的理解误区：兼论哈钦斯"学习社会"思想的本质与特征. 上海大学学报（社会科学版），2003，10（6）：75-79.

⑥ 国卉男，吴遵民，韩保磊. 中国学习型城市建设：从国际到本土的嬗越与重构. 开放教育研究，2015，21（6）：112-118.

⑦ 吴遵民，赖秀龙，周翠萍. 中国构建"学习型社会"的理论研究与探索. 杭州师范学院学报（社会科学版），2009，31（3）：103-109.

⑧ 吴遵民，熊振，杨瑜等. 教育强国的必由之路：数字教育促进学习型大国建设的路径与机制研究. 远程教育杂志，2024，42（1）：15-23.

⑨ 吴遵民，周杨嘉源，法洪萍. 学校不能成为新时代的孤岛：新社会化学习刍议. 教育家，2021（49）：9-11.

索。中国终身教育理论取得了显著的成就，不断得以探索和创新，为终身教育实践发展和中国终身教育本土化产生了理论先导作用。然而，随着社会的快速变革和数字化的崛起，中国终身教育理论面临着新的挑战和机遇。本节将探讨中国终身教育理论的未来发展趋势，以期为探寻中国终身教育理论发展的新方向提供有益的参考和指导。

一、终身教育研究应融入中国现行教育研究体系

新时代，为进一步推动终身教育理念的深化，加快终身教育理论的创新，促进终身教育实践的开展，推进服务全民终身学习的教育体系的构建，我们需要把"终身教育研究融入中国现行的教育研究体系"[①]之中。

（一）终身教育研究需要尽快融入中国现行教育研究体系

终身教育研究领域虽然在中国已逐渐形成，但终身教育研究尚未完全融入中国现行的教育研究体系中。这主要表现在以下三个方面。

1. 终身教育研究的价值引领不够

终身教育作为一种理念，应该引领中国各类教育的发展。这种地位和作用主要体现在终身教育研究应该发挥其对中国教育研究的价值引领作用。各类教育研究应该以终身教育为理念，进行本领域的研究。但目前中国的终身教育研究的价值引领还不够。这一问题出现的原因主要有两个方面：一是目前中国的终身教育研究还没有形成对终身教育概念本身所蕴含的回归教育本质的意图和力量的充分自觉与有效传播。当前的终身教育研究还是更多地关注表层的、可见的教育时空的终身性的实现，缺乏对终身教育概念所蕴含的生命性的关注、阐释和弘扬[②]；二是目前的中国终身教育研究尚未形成基于中国文化底蕴的终身教育研究范式。由于现代终身教育理念的外来性，我国终身教育研究更多地依赖和关注国际潮流热度，对于内生于中国传统文化和中国本土实践的终身教育理念、终身教育话语及终身教育经验缺乏高度关注与深度挖掘。

---

① 侯怀银. 终身教育研究应融入中国现行教育研究体系 . 两岸终身教育，2023，26（1）： 1-10.

② 叶澜. 终身教育视界的深刻意蕴：全时空性的全人发展：保尔·朗格朗带给我们的启示和价值. 人民教育，2017（1）：12-18.

2. 终身教育研究的顶层设计不够

目前，我国终身教育研究的顶层设计还不够，对终身教育研究缺乏应有的规划、计划和策划。这一问题出现的原因主要有两个方面：一是当前的终身教育研究尚未形成对自身在中国教育研究体系中的应然位置、角色和作用的自觉。我们还没有认识到教育研究体系的发展目标是形成以终身教育理念为引领的全面、完整、有机的教育研究体系，更没有认识到终身教育研究在这一目标实现中应发挥价值引领和顶层设计的作用；二是目前的终身教育研究尚未突破成人教育研究领域和学校教育研究领域。这导致终身教育研究无法站在一定的高度，以大教育学视野去构建终身教育体系的应然架构，更难以尽快适应构建服务全民终身学习的教育体系的时代要求。

3. 终身教育研究的沟通融合不够

中国现行教育研究体系不仅在各类教育研究领域之间缺少必要的沟通和交流，甚至还存在学前教育、基础教育、高等教育、职业技术教育、继续教育等各类研究领域之间的隔阂或壁垒。究其原因主要是各类教育研究领域还没有形成大教育学视野[①]，既没有跳出本领域来认识自己在中国教育研究体系中的位置和作用，又没有形成各类教育研究领域之间的有机联系，也就无法形成各类教育研究有机结合的教育研究体系。但更深层次原因在于没有充分发挥终身教育研究在各类教育研究中的沟通融合作用。各类教育研究应以终身教育为理念，将本领域的研究与其他类的教育研究有机联系起来。

党的二十大报告特别提出，要"统筹职业教育、高等教育和继续教育协同创新"。目前，中国终身教育研究的重点和难点是如何把终身教育研究与职业教育、高等教育和继续教育等领域的研究统筹并结合起来。

更为重要的是，我们应更进一步思考中国教育研究体系的重构和突破问题。我们要系统思考和解决终身教育研究在中国整个教育研究体系中的沟通及融合作用。目前，中国教育研究体系要实现重构和突破，必须以办好人民满意的教育为中心，以加快建设高质量教育体系为关键，以建设全民终身学习的学习型社会、学习型大国为目标，将终身教育研究与学前教育、基础教育、职业教育、高等教育、继续教育、学校教育、家庭教育和社会教育等领域的研究协同起来。

---

① 侯怀银，王晓丹. 教育学中国话语体系的大教育学建构. 教育研究，2022，43（1）：62-71.

（二）终身教育研究融入中国现行教育研究体系的策略

鉴于终身教育研究与中国现行教育研究体系的发展现状和问题，终身教育研究要真正融入中国现行的教育研究体系，还需要我们做好以下三方面工作。

1. 以建设终身教育学为目标推进终身教育研究

终身教育学的形成是终身教育研究不断成熟与深化的产物，但这并不意味着终身教育学只能被动地产生。构建终身教育学的学科意识并明确其发展目标，能够推进终身教育研究更加自觉、系统、深入地发展。具体而言，我们可以从以下四个方面着手进行。

（1）形成终身教育研究的独特领域

第一，应尽快改变终身教育研究过多局限于成人教育领域的现状。从终身教育理念的发展历程来看，它孕育于成人教育领域[①]，而且在终身教育研究开展的早期，也主要集中于成人教育领域。但终身教育本身所蕴含的"大教育"理念，已越来越使终身教育突破成人教育领域的局限，将各教育领域和相应的教育体系都纳入终身教育的范畴。终身教育理念已越来越深入地渗透到各教育领域、各教育阶段、各教育类型中，这已成为各类教育研究者，尤其是终身教育研究者关注的问题。在构建服务全民终身学习的教育体系的时代背景下，终身教育研究要实现自觉突破和自觉发展，就必须超越成人教育研究领域的范畴，回归终身教育的本质，将研究视野扩展到全部教育领域，使终身教育承担起培养全面发展的人的责任和使命。

第二，应尽快突破终身教育研究囿于学校教育领域的现状。事实上，将教育局限于学校教育的现象在现代终身教育理念产生之前就已经出现。教育从产生之日起就与人类的生活紧密结合，或者说就是在生活中进行的，教育最初就是生活的一部分，甚至可以说生活本身就是一种教育。学校则是教育制度化的产物。随着制度化教育的不断发展和成熟，学校教育逐渐发展成为教育的代名词。终身教育理念的提出，旨在纠正将教育等同于学校教育的错误观念。终身教育在诞生之初，确实带有与学校教育相对立的色彩，但其使命并非与学校教育相抗衡，而是通过对学校教育的批判和突破，回归教育的本质。终身教育最早在成人教育领域实施，也将基于原有学校教育体系实施成人教育、创建成人学校教育体系作为重要的路径。但是由于教育本身与生活天然的联系性和不可分割性，因此只注重学

① 桑宁霞. 从生成关系审视成人教育的历史贡献. 教育研究，2008，29（12）：88-90.

校形式的终身教育是无法涵盖全部生活领域的，也就无法满足人类发展的全部需求。所以，终身教育的发展，一方面要基于学校教育的力量和优势促进终身教育制度化和实体化发展；另一方面，也要突破只重视学校教育的思维格局，重视非正规、非正式教育和学习的力量，实施面向全人类、全部生活领域的教育。这是终身教育研究融入中国教育研究体系的基础和保障之一。

第三，应尽快突破终身教育研究仅仅在教育研究领域开展的现状。教育要打破成人教育领域、学校教育领域及人类社会子系统边界的局限。这不仅是教育的生活性的内在规定，而且是社会发展和人类发展的要求。同时，社会系统和人类活动本身也为教育突破自身局限提供了契机。构建服务全民终身学习的教育体系是时代赋予教育的使命，它蕴含着全民性、全程性、全域性的本质特征，要求教育主体多元、内容丰富、形式多样。这一体系的构建不能单靠教育系统，需要组织多元主体参与到教育体系的构建和教育问题的解决中，形成终身教育合力，用全人类和全社会的力量来面对和完成人类与社会发展对教育提出的任务。[①]在终身教育理论与实践不断发展的时代，终身教育研究不能仅仅局限于教育研究领域开展。我们既不能把终身教育研究范围局限于教育领域，又不能把终身教育研究主体局限于专门的教育研究人员，而应将影响终身教育发展和实施的社会不同领域的因素都纳入终身教育研究的范畴。我们应开展多学科和跨学科的终身教育研究，根据不同的教育问题组织来自相关领域的研究人员开展合作研究和综合研究，特别应促进终身教育理论与实践的双向构建，使教育实践者及各相关领域的实践者参与到终身教育研究中。

（2）形成终身教育研究的独特范畴

一个研究领域独立的关键在于确定自身独特的逻辑范畴和清晰的领域边界。这也是我国终身教育研究领域亟待解决的问题。为此，我们应基于跨学科思维、历史路径、国际视野和中国实践，形成终身教育研究的独特范畴体系。这是终身教育研究领域成功融入中国现行教育研究体系的前提。

第一，基于跨学科思维形成终身教育研究范畴。开展跨学科研究既是时代趋势，又是解决时代发展问题的要求，同时也是终身教育研究活动进一步走向实践深处、走向世界真理的表现。终身教育研究领域是一个复杂的问题研究领域，研究者应形成跨学科研究意识和跨学科研究思维，突破学科壁垒，拓宽研究视野，运用跨学科研究方式形成终身教育研究的独特范畴，从其他学科寻求解决终身教

---

① 叶澜. 终身教育视界：当代中国社会教育力的聚通与提升. 中国教育科学，2016（3）：41-67+40+199.

育实践问题、发现终身教育规律、形成终身教育理论的新灵感。

第二，基于历史路径形成终身教育研究范畴。现代终身教育理念和终身教育概念虽然形成于 20 世纪 60 年代但无论从终身教育概念的本质进行分析，还是从不同时代人类发展的需求进行分析，终身教育理念的萌芽、终身教育思想的孕育和终身教育实践的开展都绝不是 20 世纪 60 年代才开始的。[①]从对自古以来人类教育活动和教育思想的研究结果来看，无论是西方国家还是中国，可以追溯到文明发展的早期，终身教育实践也一直伴随着社会的发展。对于伴随现代终身教育概念从国外的引进而兴起的中国终身教育研究来说，我们亟待深入挖掘中国传统文化中蕴含的终身教育理念，发掘其丰富深厚的文化根基。同时，我们还需要深入梳理社会历史和文化传统中的终身教育理论与实践成分，以理清终身教育理论生成的逻辑脉络，并进一步拓展终身教育研究的范畴。

第三，基于国际视野形成终身教育研究范畴。跟进国际潮流，顺应国际终身教育理论和实践发展趋势，应成为中国终身教育研究的有益取向。我们应全面系统地对世界范围内的终身教育进行研究，以形成中国的终身教育研究范畴，实现中国终身教育研究范畴的创新发展。[②]

第四，基于中国实践形成终身教育研究范畴。中国目前已形成部分区域性终身教育实践经验，也日渐形成了终身教育的中国方案和经验。我们应全面、系统和深入地总结好中国的终身教育理论与实践智慧，并对其进行研究性归纳和总结，以提炼并扩展终身教育的研究范畴。已有研究者从不同地区的终身教育体系构建和终身教育体系不同要素的建设等方面，进行了中国本土的终身教育实践经验的总结。我们应基于对实践现状的把握、实践经验的总结和实践问题的发现，形成与中国本土实践相对应的终身教育研究范畴，促进中国终身教育实践变革和理论创新。

（3）形成终身教育研究的独特范式

第一，终身教育研究应以传统的教育研究范式为基础。终身教育的本质属性是教育，终身教育实施的基本活动是教育活动，终身教育研究领域是教育研究领域的一部分。因此，传统的教育研究范式为终身教育研究范式的形成奠定了基础，终身教育研究应充分汲取传统教育研究范式的长处，并在其基础上开展终身教育研究。

---

① 侯怀银，时益之. "终身教育"解析. 现代教育论丛，2019（5）：17-24.

② 侯怀银，王晓丹. 终身教育理论在中国的引进及其影响. 教育科学，2021，37（5）：2-11.

第二，终身教育研究应充分借鉴其他科学研究范式。由于教育研究所面对的问题的复杂性和综合性，教育研究范式本身就是吸取了其他众多学科的思维、理论和方法而形成的，尤其是哲学、心理学、历史学等学科，早已成为教育学的基础。在传统教育研究范式的基础上，终身教育仍需要跨学科思维，扩大可借鉴研究范式的学科范围，根据研究问题的变化和需要，以开放的心态和格局，灵活运用各学科研究方法，借鉴各学科研究范式，在教育学与多学科的综合交叉下，形成终身教育研究的独特范式。

第三，终身教育研究应适当运用定性与定量相结合的综合性科学研究范式。终身教育研究领域在中国仅存在 40 余年。在一个新研究领域出现的早期，由于基本理论问题还未解决，基本理论体系还未建立，开展的研究大多是对基本理论问题宏观、表层的初步研究和对实践经验的简单、零散总结。不够深入、不够具体、不够系统、不够复杂的研究，对研究范式和研究方法运用的综合性、多样性、彻底性的要求也不高。已有的终身教育研究大多是思辨研究和定性研究，在为数不多的定量研究中，又有大部分是对已有文献的计量研究，运用定量研究方法和混合研究方法开展的针对终身教育实践的具体研究较少。未来终身教育研究需要加强对各类研究方法的深入使用和混合使用，应基于信息技术、人工智能和大数据革新形势，积极探索运用定性与定量相结合的综合性科学研究范式。

（4）加强终身教育研究的平台建设

终身教育研究一直以来以领域的形式存在。终身教育学学科创建问题虽然早在 21 世纪初就有学者提出[1]，但由于终身教育研究不成熟，一直未受到研究者的持续关注。直到 2016 年才有研究者真正开始专门研究终身教育学学科创建问题[2]，但这一问题也没有引起学界的普遍响应，其研究成果更难以形成共识。终身教育学仍停留在起步阶段，这说明终身教育研究领域上升为一门学科还需要很多方面的继续发展与完善。

作为学科外在建制的重要方面，终身教育研究平台对学科发展有重要作用。我国终身教育研究早期主要依托中国成人教育协会等相关学会和广播电视大学等相关机构开展。在终身教育研究和实践不断发展的过程中，中国教育发展战略学会终身学习专业委员会、高校终身教育研究院等不断建设相关研究平台。但是终身教育研究的发展仍需要更广泛和更专业的研究平台给予支持。一方面，我们需

---

① 季森岭. 应该尽快构建终身教育学. 山西大学师范学院学报，2002（2）：69-70.

② 叶忠海. 构建终身教育学框架的若干基本问题. 江苏开放大学学报，2016（2）：4-7.

要依托更多元的终身教育机构开展终身教育研究，如依托普通学校、职业学校、社区学院、老年大学、文化场馆、开放大学等建设终身教育研究平台体系；另一方面，我们需要专门的期刊、专栏、会议为终身教育研究成果传播提供平台。期刊的水平和等级在一定程度上决定着终身教育研究成果的社会影响力。办好终身教育研究期刊和专栏，对终身教育研究十分必要。[①]

2. 从教育与终身教育概念关系入手促进终身教育理论的融入

（1）处理好教育与终身教育概念的关系

自终身教育概念诞生以来，一个关乎这一概念存在合理性的问题一直没有得到解决，这就是终身教育概念与教育概念的关系问题。终身教育概念最大的特征在于"终身"，不只是时间上的终身性，还有空间上的全域性、价值上的生命性和对象上的全民性。就教育概念而言，学界并未达成真正的共识，无论从广义上的"凡是能增进人的知识技能，影响人的思想观念的活动"的教育定义，还是从相对盛行的"培养人的社会活动"的教育定义来看，都未对教育发生的时间和空间作出规定，仅仅指明教育的对象是人，是不受任何修饰的人，教育的价值取向是发展人或培养人，使人向好发展。而对人而言，最好的归宿就是成为其自身，也就是符合作为生命的本质规定，这就说明终身性、全域性、全民性和生命性是教育概念本身的内涵。

终身教育概念的提出并非为了与教育概念对立，也并不与教育概念冲突。终身教育概念是相对于学校教育而言、相对于将教育规定在某一特定时段或空间的具体教育概念提出的。终身教育实际上是教育回归自身本质的一种策略。在教育发展过程中，发展比较优先和突出的教育阶段、教育类型或教育形式遮蔽了教育的整全性，从而导致教育概念被窄化。终身教育概念在一定意义上是教育概念回归整全的策略性概念。当终身教育完成其策略性使命时，终身教育就成为教育，教育就成为它自身。当前，终身教育研究无法顺利融入中国现行教育研究体系的根本原因就在于，终身教育还需要以自身作为策略来对抗学校教育概念对教育的异化，教育还没有回归自身本质。一旦认识到这一点，我们就会找到终身教育研究打开中国现行教育研究体系的大门的"钥匙"，并使终身教育研究融入其中。

（2）研究好终身教育体系构建的理论问题

终身教育研究通过完成对终身教育体系的理论构建，为中国现行教育研究体

---

① 侯怀银，王晓丹. 新时代呼唤终身教育学. 高等教育研究，2021，42（1）：60-67.

系提供顶层设计。目前，国内对终身教育体系及其构建尚缺乏系统一致的认识，需要研究的主要有以下问题：终身教育体系包含哪些要素？终身教育体系的特征有哪些？终身教育体系的性质是什么，属于制度系统还是实体系统？终身教育体系与终身学习体系、国民教育体系、服务全民终身学习的教育体系究竟是什么关系？终身教育体系的结构是什么样的？终身教育体系的功能有哪些？终身教育体系构建的主体有哪些？终身教育体系构建的价值取向是什么？终身教育体系的构建原则有哪些？终身教育体系的构建逻辑是什么？终身教育体系及其构建需要哪些保障？终身教育体系构建的现实基础是什么？终身教育体系构建的经验有哪些？终身教育体系构建的现实问题有哪些？终身教育体系构建的路径和策略有哪些？等等。我国终身教育研究者已经对上述部分问题进行了尝试性解答，但尚未形成广泛共识，也未形成系统性认识。

（3）以大教育视野引领现行教育研究变革

现行教育研究体系需要以自身的变革，为终身教育研究的融入提供基础和保障。现行教育研究的变革需要在大教育视野的引领下实现。

一方面，我们要以大教育视野，突破教育概念在本质实现程度上的局限，如学校教育概念对教育内涵的窄化甚至异化。大教育正是为解决教育的窄化和异化现象而形成的概念。大教育之"大"并不意味着其对教育的扩充和超越，而是对突破教育局限、还原教育本质的强调。我们需要进一步展开对大教育的研究，在加深对大教育的认识和理解的同时，强化大教育视野，促使教育研究者形成大教育观，进而促进大教育视野在教育研究各环节的渗透，最终逐渐实现教育研究体系在价值层面的变革。

另一方面，我们要以大教育视野，突破目前中国各类教育研究沟通融合不够的局限。大教育视野既需要跨学科思维，又需要复杂性思维。我们既要养成跨学科研究意识，在开展研究时，有意识地去借鉴其他学科或领域的理论、观点、范式、方法，注意保持本学科或领域的独立性，通过对跨学科思维的充分运用，增强不同教育研究领域或学科之间的有机联系，形成内在有机的教育研究体系，增强教育研究领域与其他领域或学科之间的互动合作，又要运用复杂性思维，去面对复杂的教育问题，在教育研究中通过研究问题的转换和研究思维的突破，寻求教育研究思路的灵活性和理论的创新性。

3. 以构建终身教育体系为目标实现各级各类教育实践的融通

终身教育与中国现行教育体系之间的融合是理论与实践的双向融合。要解决终身教育研究融入中国现行教育研究体系的问题，我们需要从实践层面，进一步推进统合各级各类教育的终身教育体系的构建。

随着终身教育研究和中国现行教育研究体系的相互适应与融合，我国终身教育实践取得了一定的进展和经验，但也存在终身教育立法问题、终身教育资源整合等问题。终身教育体系的构建既需要终身教育法律提供强有力的保障，又需要整合终身教育资源形成终身教育体系的基本框架。我们亟待解决目前中国终身教育实践存在的这两个问题：一是不同阶段的教育和不同类型的教育没有将终身教育理念贯彻到自身实践中，没有充分认识到自己在终身教育体系中的位置和重要作用；二是不同性质、类型、阶段、场域等的教育之间的衔接与融通机制不够健全和流畅。

为此，我们在开展终身教育体系的构建实践时，可以从以下五个方面着手。

一是推进终身教育立法工作，深入研究终身教育立法，明确"终身教育法"或"终身学习法"与现行《教育法》的关系，尽快出台国家层面的终身教育法律。同时，鼓励地方进行终身教育立法，为构建终身教育体系提供坚实的法律保障。

二是大力宣传终身教育理念，将其作为各级各类教育的指导性理念，加强对各类教育工作者的终身教育理念培训，使各级各类教育成为终身教育自觉践行终身教育理念，成为其实践的重要阵地。

三是大力发展学前教育、继续教育、老年教育、职业教育、特殊教育，进一步构建包括学前教育、基础教育、高等教育、职业教育、继续教育、老年教育、特殊教育等在内的，涵盖整个人生阶段的、内部发展基本平衡的终身教育体系。

四是大力发展农村教育、社区教育、家庭教育、社会教育，促进义务教育城乡一体化，促进学校教育、家庭教育、社会教育协同发展，统筹高等教育、继续教育、职业教育协同创新，推进职普融通、产教融合、科教融汇。

五是着眼于建设全民终身学习的学习型社会、学习型大国，搭建终身教育立交桥，加快国家资历框架和学分银行建设，建立终身学习成果积累、认定、转化机制，促进正规教育、非正规教育、非正式学习之间的沟通交流，加强各类教育形式和学习形式之间的相互融通。

新时代教育强国建设已越发凸显终身教育之重要性。终身教育作为教育研究中的重要领域，亟待融入中国现行的教育研究体系中，使终身教育研究真正成为中国教育研究体系的重要组成部分。

二、基于新时代背景的终身教育学学科建设

党的十九大报告指出，中国特色社会主义进入新时代。在新的历史定位背景下，中国特色社会主义教育事业取得了新的成就，制定了新的目标，同时也面临着新的挑战。人民对教育的需求愈加迫切，终身教育已成为国际教育的一个主题，终身教育理论与实践都取得了较大进展。基于"学"的层面探讨终身教育，成为新时代教育学学科建设的重要任务，也是中国终身教育理论发展的重要趋势。我们亟须探讨新时代背景下如何进行终身教育学学科建设。

（一）新时代呼唤终身教育学的学科建设

在新时代背景下，终身教育学的学科建设具有以下四方面的历史必然性。

1. 新时代终身教育学内涵更新的必然要求

《学会生存》曾引用弗特所著《教育学的盛衰》中的一句话，"大学应把一种培训人的科学称为'终身教育学'，如有些大学业已实行的那样"[①]。"终身教育学"在这里就已被提出，给我们思考终身教育学提供了一定依据。

终身教育自被提出至今，历经变化和发展。朗格朗在提出终身教育概念时，认为终身教育是"具体的思想、实验和成就"、"原则"或者"研究方法"。[②]这与时代背景有关，当时世界上还没有专门组织终身教育部门，因此终身教育并未被视为一个"实体"，而是一个词语或某种观念、原则。有研究者认为"终身教育"的演变过程是：日常语—概念与理论—国际教育的舆论焦点与建议—立法。[③]

在新时代背景下，我们需要从传统的教育观中走出来，以大教育观来思考教育问题，建立大教育学学科体系，"接着讲"过去已发生在中国大地和全球范围内的终身教育，"讲自己"的终身教育学，以建立不同于其他历史时期、不同于其他国家和地区的，体现中国特色的终身教育学。

2. 终身教育理论研究进一步深化的必然要求

我国终身教育理论研究取得了一定进展，但仍存在一些不足，有待进一步探

---

① 联合国教科文组织国际教育发展委员会. 学会生存：教育世界的今天和明天. 华东师范大学比较教育研究所，译. 北京：教育科学出版社，1996：151.

② 朗格朗. 终身教育引论. 周南照，陈树清，译. 北京：中国对外翻译出版公司，1985：15.

③ 陈桂生. "终身教育"辨析. 江苏教育研究，2008（1）：3-6.

讨、发展和突破。主要体现在以下四个方面：首先，应进一步明确研究起点。现有研究系统性不足，影响了研究质量。目前，国内终身教育研究过于追随国际潮流，忽视了自身的研究目的。其次，应进一步挖掘研究底蕴。终身教育在我国是"舶来品"，通过国家干预等措施从理念转化为实践。然而，对其文化底蕴的挖掘还不够，终身教育理论研究多以演绎和借鉴为主，原创性不足。再次，应进一步拓展研究领域。当前的终身教育研究主要集中在成人教育领域，尚未涉及基础教育、职业教育和高等教育等领域。最后，应进一步拓宽研究视野。目前的研究主要局限于教育学范围，亟须以大教育学为视角，融合多学科范式进行研究。

理论研究的进一步深化，要求终身教育学科建设取得新进展，提供系统的学科知识体系，为理论研究奠定坚实基础，实现理论研究与学科建设的双向推进。

3. 终身教育实践发展的必然要求

在实践发展方面，我国终身教育在政策、立法以及教育体系的改革与完善方面取得了一定进展。

在政策制定方面，自 1993 年颁布《中国教育改革和发展纲要》以来，终身教育在我国经历了从理念提出到初入政策、列入国家五年计划、步入国家战略规划等不同阶段。近年来，终身教育体系成为我国教育改革和发展的重要方向。2019 年，《中国教育现代化 2035》以及党的十九届四中全会对终身教育和终身学习作为体系进行了部署与要求，进一步提升了终身教育在国家政策中的地位。

在立法推进方面，自 1995 年终身教育被写入《教育法》起，终身教育作为基本国策得到确立。教育部先后在 2003、2008、2009 年的工作要点中提及"终身学习法"的起草内容。2016 年，新修订的《教育法》正式实施，增加了"学前教育""继续教育"等内容。同时，多地区相继颁布地方终身教育促进条例，推动了终身教育立法进程。

在体系改革与完善方面，我国终身教育理论本土化过程中，各类教育互相关联，包括正规与非正规教育、正式与非正式教育、学历与非学历教育的交叉融合，实现了教育资源的互通共享。目前，传统的国民教育体系正在向服务全民终身学习的教育体系转变，逐渐由封闭走向开放。

尽管终身教育实践在我国有所进展，但仍存在一些问题，如区域发展不均衡、体系建立困难、经验化发展倾向明显等。这些问题亟须终身教育学的理论指导。因此，新时代的终身教育学科建设应紧密结合中国教育实践需求，与现行的学分银行、资历框架等终身教育实践相衔接，接受实践的检验。目前，我国正在构建服务全民终身学习的教育体系，但对体系"是什么"及"如何构建"等问题学界尚无定论，这直接影响了终身教育实践的发展。因此，处理好终身教育学与终身教育实践的关系至关重要。

4. 我国教育学学科体系完善的必然要求

新时代对教育学学科体系的发展和完善提出了新的要求。作为新时代的教育主题，终身教育应从"学"的层面对教育学学科体系的完善作出回应。终身教育学的发展能够为教育学学科体系注入新的活力，提升其成熟度。

我国在 20 世纪 70 年代末开始引进终身教育理论，初期研究主要通过翻译和介绍国外理论进行。直到 21 世纪初，研究者才开始尝试终身教育学的学科探索。

早在 2002 年，季森岭在多篇论文中提出"构建终身教育学"的设想，呼吁尽快建立终身教育学，并研究了其学科性质、地位和社会支持等。[①]叶忠海在《终身教育学通论》（学林出版社 2020 年版）中，从五个方面探讨了终身教育学，并在多篇论文中研究了终身教育学的产生、构架和学科建设。他还认为终身教育学是中国特色哲学社会科学的一部分，应"多力合一"促进其学科建设，弘扬学术自信[②]。林良章在《终身教育学：理论与实践》（中国轻工业出版社 2019年版）中，从理论视角系统构建了终身教育学，同时也进行了实践探索。

总体而言，中国研究者对终身教育的研究在学科层面探讨较少，终身教育学科意识和学科建设需要加强。自引入我国以来，终身教育作为研究领域在教育学学科中有所发展。如今，终身教育研究应迈向新的阶段，将其上升至"学"的层面，突出终身教育学在教育学学科体系中的重要地位。

（二）终身教育学学科建设亟待解决的问题

聚焦新时代对中国特色社会主义教育事业发展提出的新要求，终身教育学学科建设亟待解决的问题包括以下六个方面。

---

① 季森岭. 应该尽快构建终身教育学. 山西大学师范学院学报, 2002 年（2）: 69-70; 季森岭.也谈"终身教育"的内涵. 太原师范专科学校学报, 2002（2）: 43-44; 季森岭. 终身教育学在教育科学体系中的地位和作用. 江苏大学学报（高教研究版）, 2002（3）: 48-50; 季森岭. 终身教育科学研究与终身教育学的构建. 山西教育学院学报, 2002（4）: 48-50; 季森岭，南海. 社会的支持与终身教育学的构建. 内蒙古电大学刊, 2002（6）: 4-5.

② 叶忠海. 以文化自信思想定力加快推进中国特色终身教育学科建设. 终身教育研究, 2017, 28（6）: 36-38.

1. 终身教育学的概念

自终身教育产生以来，国内外研究者分别从性质、个体培养和社会意义、时空等角度对终身教育概念进行了界定，从而不断扩充和发展了终身教育概念的内涵和外延。[①]但对作为学科的终身教育学却研究较少，关于终身教育学的概念界定，学界鲜有涉及。细致梳理后发现，为数不多的一些相关研究主要从以下三方面来说明终身教育学这一概念的。

一是"科学体系说"。这种观点把终身教育学作为一门科学体系，认为终身教育学是"研究教育终身现象，揭示教育终身运行规律的科学体系"。[②]

二是"新教育学说"。这种观点从改革传统教育学的角度提出终身教育学是"培训人的科学"。有研究者在分析传统教育学存在的困境后认为，终身教育为"新教育学"的出现提供了契机，终身教育背景下的新教育学关注"人"而非"物"，关注"自学"而非"教育"。[③]

三是"实践科学说"。有研究者以日本终身教育学为研究对象，认为日本终身教育学与"以学校中心""以孩子为中心""近代教育价值"相对，重视学习性行为，具备作为实践科学的基本特质。[④]

在新时代背景下，从理论上对终身教育学进行界定，既是终身教育学学科建设亟须解决的问题，又是终身教育学学科建设过程中面临的一个挑战，需要研究者深思。

2. 终身教育学的研究对象

一个学科形成的最主要标志是有特定的研究对象，建设终身教育学，也需要明确其研究对象。已有对终身教育学研究对象的研究主要包括以下五个方面。

第一，"终身教育现象、规律说"。这种观点认为终身教育学是研究终身教育现象及其规律的一门学科，并把终身学习和学习型组织作为终身教育学的具体研究对象。[⑤]

第二，"教育的'终身'现象说"。这种观点认为，教育的"终身"现象即人一生的"全程性教育现象"，终身教育学的研究对象应当扩大到人一生所接受

① 侯怀银，时益之. "终身教育"解析. 现代教育论丛，2019（5）：17-24.

② 叶忠海. 构建终身教育学框架的若干基本问题. 江苏开放大学学报，2016，27（2）：4-7.

③ 李长伟，辛治洋. 终身教育与新教育学的浮现. 西南师范大学学报（人文社会科学版），2004（6）：31-35.

④ 何明清. 日本终身教育学视野下的异文化接触. 成人教育，2011，31（2）：36-38.

⑤ 林良章. 终身教育学：理论与实践. 北京：中国轻工业出版社，2019：43-47.

所有教育的现象，即教育的"终身"现象。①

第三，"人与自学说"。这种观点基于对传统教育学研究对象的批判，认为终身教育背景下的新教育学应当是研究"人"与"自学"的学科，而非对"物"与"教育"进行研究。②

第四，"异文化接触行为说"。这种观点认为，异文化接触行为包括兴趣、娱乐、休闲等被传统教育视为"异质"的行为，应当是终身教育学的重要研究对象。③

第五，"'具体的人'说"。有研究者认为，教育学的核心问题是"人"的认识问题，终身教育背景下的教育学研究对象应当从"抽象的人"向"具体的人"转变，从而构建新时代教育学。④

以上关于终身教育学研究对象的认识为我们提供了一定的基础，但学界仍然各抒己见，尚未有一致的看法。为此，在新时代背景下，我们要对终身教育学的研究对象进行准确定位：一是明确终身教育学的研究范围，确定其研究边界，并对终身教育学与教育学以及成人教育学、职业技术教育学等教育学二级学科的研究对象进行区分；二是确定终身教育学研究对象的整体性和系统性；三是确定终身教育学研究对象的一般性，即研究对象应当体现终身教育现象的普遍性；四是在确定终身教育主体和外延基础上明确终身教育学的研究对象。

3. 终身教育学的研究范畴

一门独立学科确立的衡量标准之一，就是有该门学科自己的范畴和范畴及其体系。如何确定自身的逻辑范畴和领域边界，就成为当前终身教育学学科建设的关键所在。我们既要在整个学科体系中确立和认同终身教育学的地位及价值，又需要在大教育学的视野下，辨析、确认终身教育学的研究范畴。有了明确的研究范畴，终身教育学的研究才能聚焦。

具体而言：第一，基于多学科角度建构终身教育学的研究范畴。终身教育学与哲学、社会学、历史学、人类学、心理学等众多学科密切相关。我们要从多学科的视野来构建终身教育学的研究范畴，通过多学科人员参与的跨学科研究，从多角度明确终身教育学的研究范畴，建立合理的逻辑范畴体系。

第二，基于历史视野梳理终身教育学的研究范畴。终身教育的概念出现在
20 世纪 60 年代，但终身教育实践的历史却源远流长，追寻中外终身教育的起源
并对终身教育的发展历史进行系统梳理，无疑是构建终身教育学研究范畴的重要
方法。

第三，基于中国实践把握终身教育学的研究范畴。在新时代背景下，人们实
施和参与终身教育的目标已经发生了重大变化。结合新时代的特点，我们需要重
新界定终身教育的目标，明确终身教育在整个教育体系中的定位，这是把握终身
教育学研究范畴的重要前提。

第四，基于创新目的探讨终身教育学的研究范畴。依托终身教育理论研究发
展而来的终身教育学，应落脚于中国实践。我们应以创新的姿态，既不照搬国外
经验，又不盲目排外，确立中国终身教育学的研究范畴。

4. 终身教育学的研究方法

有研究者从哲学层、系统科学层、一般学科层、具体科学方法等方法论层面
来探讨终身教育学的研究方法，认为教育学的研究方法都适用于终身教育学，终
身教育学在借鉴他学科方法的同时，应当把握特色，用"方法群落"来研究终身
教育。[1]研究方法对终身教育理论研究、学科的理论高度以及学科身份等方面都
有重要的影响。

因此，在研究方法方面，终身教育学学科建设应把握好以下四个方面。

第一，应以教育学研究范式为基础。我们应当在把握教育学研究范式的基础
上，构建终身教育学研究方法的体系。

第二，应充分借鉴其他哲学社会科学研究范式。终身教育学研究应采用多学
科的研究方法，努力形成一个具有多学科背景的学术共同体，不断推进学术研究
的开放性与包容性。

第三，应适当运用相关自然科学研究范式。终身教育学应注重将定量研究应
用于终身教育实践领域。

第四，平衡多种研究方法，提升研究方法的使用规范程度。目前，终身教育
学中质性研究方法运用的规范程度较低，既未能深入地研究学科问题，又容易导
致研究的随意性和经验性，规范使用质性研究能够深入细致地分析与解释终身教
育实践中的复杂问题。

---

① 林良章. 终身教育学：理论与实践. 北京：中国轻工业出版社，2019：48-52.

5. 终身教育学的学科定位及性质

关于终身教育学的学科定位，从不同的角度出发会产生不同的认识，已有研究主要从如下四方面进行了探讨。

第一，"主体、主导说"。有研究者认为，终身教育是 21 世纪的教育主题，引领着教育实践与理论体系的重大变革，并在当下学习型社会中具有重要意义，因此，终身教育学在教育科学体系中应处于"主体"和"主导"地位。[①]

第二，"一级学科说"。有些研究者提出建立终身教育学一级学科的设想，在终身教育与国民教育的分类归属方面，认为终身教育体系包含国民教育体系。

第三，"独立学科说"。这种观点将终身教育学定位为一门独立的学科。在教育学与终身教育学的关系上，前者是后者研究的基础，后者是前者的创新和发展。在终身教育学与成人教育学、老年教育学等学科的关系上，前者包含后者，后者归属于前者，体现为整体与部分的关系。[②]

第四，"三种假设说"。有研究者提出三种假设：一是把终身教育学作为亚一级学科来考虑；二是把终身教育学作为二级学科；三是把终身教育学作为亚一级学科或二级学科。[③]

学科定位是学科建设的前提。我们应把终身教育学作为教育学学科下的二级学科来研究和建设。学科性质的思考是一门学科至关重要的问题，可以从不同的角度来认识终身教育学的学科性质。从终身教育学研究理论与方法、研究规范等方面加以考察，终身教育学主要属于教育学学科范畴。从终身教育学产生发展和研究角度来说，终身教育学是一门基础学科，承担理论建构工作。从学科专业角度来说，终身教育学是一门应用学科。终身教育要实现人的终身学习目标，实现社会学习化，就必须进行实践活动，把终身教育理念落实到实践中。从终身教育学的研究对象与目的来说，终身教育学是一门复合性学科，需要众多学科融合，致力于人的终身教育得到保障。我们在认识终身教育学学科性质时，既要强调它的基础理论学科性质，又要重视它作为应用性学科存在的意义，还要注重它作为一门独立学科的独特性所在。

6. 终身教育学的体系

在新时代背景下，终身教育学的体系建设应当从学科体系、学术体系、话语

① 季森岭. 终身教育学在教育科学体系中的地位和作用. 江苏大学学报（高教研究版），2002（9）：46-48.
② 叶忠海. 构建终身教育学框架的若干基本问题. 江苏开放大学学报，2016，27（2）：4-7.
③ 林良章. 终身教育学：理论与实践. 北京：中国轻工业出版社，2019：47.

体系三个部分展开。

（1）终身教育学的学科体系

已有研究者出版并发表了关于终身教育和终身教育学方面的著作与论文，其中关于终身教育学学科体系建设主要体现出如下两种思路。

其一，"理论模型建构思路"。有研究者认为，建构终身教育学的学科体系应先对理论模型的要点进行分析，主要包括终身教育、终身学习、学习型组织、文化、和谐社会、幸福人生、创新、素质、生命意义等要点。[①]

其二，"学科群框架建构思路"。有研究者根据我国社会变革和发展的需要，以及学科发展自身的内在逻辑，全面规划终身教育学学科体系的建设，将终身教育学框架划分为五部分：终身教育学导论、终身教育理念论、终身教育体系论、终身教育阶段论、终身教育展望论，并对每个部分进行了细致的内容划分。[②]

构建反映终身教育实践规律、具有完整理论体系的终身教育学，这不仅是终身教育学学科成长的客观需求，也是社会实践发展的现实诉求。为此，终身教育学的学科体系建设既应注重探寻终身教育学学科的逻辑起点，创新学科体系建设思路，也应遵循终身教育发展规律，注重整合已有研究。

（2）终身教育学的学术体系

终身教育学的学术体系是由特定方式联系形成的终身教育学学术研究活动整体。[③]就终身教育学学科建设而言，建立本学科的学术体系是建设终身教育学的重要理论基石。它是以终身教育为研究对象、以本体性和拓展性研究为主要目标的终身教育知识体系。终身教育学的学术体系具体包括学术训练、学术研究和学术评价。因此，研究者需要切实基于终身教育这一主题，以关系为视角，聚焦人的身心全面发展，围绕婴幼儿、少年、青年、中年、老年等人生不同阶段，探究各年龄段终身教育之于个体发展的内在机理，深入推进终身教育学学科知识谱系的完善。同时，我们亟须重视终身教育学的学术训练、学术研究和学术评价，增强学术自主性；基于人类命运共同体的福祉，对世界所关切的终身教育问题提供具有中国特色的知识创造，加快中国特色终身教育学学术体系的构建进程。

（3）终身教育学的话语体系

目前，终身教育学尚未形成学术共同体内部互通的、具有自身学科特性的话

① 林良章. 终身教育学：理论与实践. 北京：中国轻工业出版社，2019：57-61.

② 叶忠海. 构建终身教育学框架的若干基本问题. 江苏开放大学学报，2016，27（2）：4-7.

③ 谢立中. 探究"三大体系"概念的本质意涵. 中国社会科学报，2020-12-24（1）.

语体系，研究者之间"各说各话"，未形成对终身教育学学科核心概念的"质的规定性"及其逻辑关系的共识。为凝聚学术共同体的内部力量，我们亟须加强学科话语体系建设，通过学科基本理论的研究，构建学科共同体的"沟通平台"。终身教育学学术话语体系的构建尚需重视已有的终身教育传统，着力做好"接着讲"的工作，关注现实终身教育场域，实现传统与现实的有机结合，不断推进"有根"的终身教育学话语的创生，拓展对于当下终身教育问题思考的想象空间，思考终身教育的永恒性问题。

（三）新时代如何进行终身教育学学科建设

学科建设是一项系统工程，结合上述问题，新时代终身教育学的学科建设应从以下四个方面进行。

1. 明晰终身教育学学科建设的基本方向

在新时代背景下，终身教育学学科建设应当明晰以下四个基本方向。

一是沿着内在建制与外在建制协同并进的方向进行终身教育学学科建设。在这个层面上，终身教育学学科建设要走的是一种由外而内的建设路径，即通过学科的外在建制来推进学科的内在建制，从而进一步巩固外在建制。如果通过学科知识的发展、自然积累形成学科独特的研究范式和精神规范，进而再去推动学科的外在建制，可能需要一个较为漫长的过程。终身教育学应通过有组织的外在建制促进内在建制，以成熟的知识体系服务终身教育的实践。

二是沿着兼顾学科内在发展逻辑与社会发展逻辑的方向进行终身教育学学科建设。终身教育学学科建设不仅应遵循学科内在发展逻辑，还应符合社会的需求逻辑，坚持研究的客观性、开放性、融合性以及解释的深刻性。

三是沿着推进教育学学科建设的方向进行终身教育学学科建设。新时代赋予教育学新的内涵，对终身教育进行学科层面的研究，将有助于丰富教育学学科体系和内涵，促进教育学学科建设的进程。

四是沿着中国教育实践发展方向进行终身教育学学科建设。终身教育学的学科建设必须扎根中国教育实践，紧密结合当代中国教育发展趋势，解决学习型社会建设以及构建服务全民终身学习教育体系的迫切需求。

2. 明确终身教育学学科建设的主要任务

终身教育能否成为"学"，这既是终身教育学学科获得生存地位、发展空间与成长生命力的必要前提，又是终身教育学学科构建的前提和合理性问题。终身教育学要成为一门学科，亟待做好以下几方面工作。

第一，对终身教育学学科存在与发展机理进行梳理。论证终身教育学的学科建设，使终身教育学获得学术合法性与行政合法性，既是适应我国终身教育实践发展的历史结果，又是文化传统与学科管理体制等客观因素作用的现实需求。

第二，根据知识生产和实践需求，系统探究终身教育学何以能作为一门学科与一个独立的实践领域，寻求学理说明与实然依据，并在此基础上丰富完善终身教育学理论体系，增强其对终身教育实践的指导作用与解释力，以及对终身教育实践的适切性。

第三，探究并阐明将终身教育学定位为教育学下设二级学科的现实依据。终身教育学与传统的教育学在知识结构上存在较大差异，在研究对象、研究范畴、研究方法等方面也存在诸多不同。因此，在学科建设上应力争突破传统教育学的框架和范畴，形成体现自身研究特色的问题域。在学科建设过程中，应基于终身教育的复杂性与多样性，采取开放的态度和多话语体系构建终身教育学学科。

3. 处理好终身教育学学科建设的四对关系

第一，终身教育学研究与终身教育研究的关系。作为终身教育学的基本研究要素，对终身教育进行深入研究是十分必要的。在此基础上，终身教育学学科才能更好地探寻其研究对象的本质、特性以及规律，进而促进学科更好、更快地发展。终身教育知识是终身教育研究的成果，终身教育学则是终身教育知识的学科化，终身教育学研究者应开展终身教育研究中的终身教育学研究，同时以探究终身教育的本质和规律为目标，注重对终身教育研究的继续深化。由终身教育到终身教育学，虽然只加了一个"学"字，但却有了实质意义的变化，即终身教育自此进入"学"的建设阶段。

第二，终身教育学与终身教育实践的关系。从终身教育学发展历程可以发现，终身教育学发展的"源"在终身教育实践，而且终身教育实践是检验终身教育理论正确与否的标准。终身教育实践是终身教育学科建设的动力和依据，需要扎根实践、深入调研，在理论与实践的紧密结合和深度互动中，推动终身教育学的学科建设。简言之，终身教育学学科的建设应从总结丰富的终身教育实践成果和经验出发，探索终身教育功能发挥的途径。

第三，终身教育学与相关学科的关系。任何学科的发展都经历了一个从无到有、从有到优的过程。学科发展史可为我们研究终身教育学科的建立时机、推进机制等提供积极、有益的经验，这些经验将转化为学科建设的养分。具体而言：

一是确立终身教育学在整个教育学学科体系中的地位。终身教育学的学科建设应遵循人文社会科学的学科发展规律，处理好终身教育学学科与其一级学科、终身教育学与教育学内其他二级学科的关系。搭建终身教育学的学科理论框架，必须将学科之间的关系厘清，明确其学科地位。同时，要利用其他学科的知识资源，从中获取新的概念、原理、视角和方法，拓展终身教育学的发展空间，使其成为体系完整且独立的学科。二是突破教育学的学科界限。从与其他学科交流互动的视角看，终身教育学不再局限于教育学和社会学领域，而要加强与其他学科的交流互动。终身教育学是一门贯彻人生命始终的学科，涉及和涵盖的范围极为广泛。学科建设要以问题为核心，着眼于中国和世界面临的重大问题及亟须解决的问题，不囿于学科研究，而是以项目为平台，加强与其他学科的合作；同时，应积极吸纳哲学、历史学、心理学、经济学、政治学、管理学、法学、人类学等相关学科的研究成果，建立良好的学术生态，构建终身教育学学科发展共同体。

第四，终身教育学研究的中西关系。终身教育学学科建设应当妥善处理中外关系，特别是中西关系。为规范学科建制、创新学科理论，形成学科文化，吸收借鉴国外终身教育领域研究成果是合理可行的，也是必要的。积极开展国际学术交流，参加终身教育学、终身教育的国际性会议，以开放的态度加强与国外同行界交流对话，关注国外终身教育学的发展，及时了解终身教育学的前沿动态，努力创造有利于终身教育学学科建设的良好氛围，加大对国外终身教育学著作和相关研究成果的翻译与引进力度等，对我国终身教育学的研究都是极为重要的补充和借鉴。

终身教育学的学科建设还必须立足国情，与中国自身的文化、制度相融合，充分吸收中国优秀传统文化和优良教育传统的精髓，汲取中国的终身教育实践经验，推进终身教育学的学科建设、学派建设。

4. 加强终身教育学学科建设的外部保障

费孝通认为，学科外在建制的标准主要有五个：学会、专业研究机构、大学的学系、图书资料中心、学科的专门出版机构。[①]目前，关于终身教育的学会和专门研究机构相对较少。人才培养体系尚不完善，一些以终身教育为研究方向的硕士研究生和博士研究生主要在成人教育学、职业技术教育学或其他相关领域中进行培养。此外，研究队伍的建设也亟须加强。在图书资料和专刊出版方面，缺

---

① 费孝通. 略谈中国的社会学. 高等教育研究, 1993（4）: 3-9.

乏针对终身教育的学术刊物，而刊发终身教育类文章的期刊级别普遍不高，这使得该领域的社会认同度有待进一步提升。

（1）研究平台保障

作为相关领域研究人员开展学术交流的专门组织，学会组织召开专业学术会议既是学科成熟的标志之一，也是学科发展的重要平台。为了持续开展终身教育学学科建设，需要建设相应的研究平台为其提供重要保障。高水平终身教育研究平台的建设，可依托学校、文化场馆、家庭成长联盟等资源，打破单一的属地研究局限，构建跨地区、跨省域的终身教育研究网络。

专门的杂志期刊是终身教育学研究者发声的重要阵地，其水平和等级直接关乎终身教育研究成果的影响力。因此，创办专门的期刊，对终身教育学的发展至关重要。同时，要扩大终身教育学问题域，积极整合并展示优秀的终身教育学研究成果。通过创办终身教育学专业期刊或开设专栏，形成具有特色的终身教育学的理论体系。

自终身教育被引入中国以来，我国终身教育研究工作首先依托中国终身教育协会、中国继续工程教育协会、高等院校终身教育机构、广播电视大学、开放大学、职工大学、企业大学等平台展开。随着终身教育理论研究工作的不断深入，各类终身教育发展与研究平台相继建立，为终身教育学学科建设工作提供了有力的支撑。

在新时代背景下，终身教育学学科建设需要依托专业的研究机构和相关学科，以"终身教育问题"为基点，构建专业化、系统化的终身教育学研究平台，以推动该学科的繁荣发展。

（2）研究队伍保障

专业化研究人才的培养，是终身教育学学科得以发展壮大的关键性因素。

一是设置终身教育学院（学系）。建设终身教育学学科，需要依托制度化场所为其提供人才培养、科学研究和社会服务的刚性支持，而大学是终身教育学实现制度化建设的最为重要的载体之一。在高等学校设置终身教育院系，尽快进行专业人才的培养，有利于为终身教育的发展和实施提供人才支撑。

二是增设终身教育学学位点。学位点的建设不仅关乎高水平学科带头人的成长，更直接影响到学科团队的整体实力。因此，终身教育学学位点的建设应围绕学科建设目标和方向，通过引育并举等多种措施培养终身教育学的领军人物和优秀青年人才，建设一支高素质、结构稳定、充满活力的学术研究队伍，共同推动终身教育研究学术共同体的形成。

三是增设终身教育学专业和课程。通过依托终身教育学专业的系列课程，将学科建设和课程建设相结合，构建集"教-研-用"于一体的学科构架。同时，应给予必要的政策与资源支持，不断完善终身教育学的学科组织制度与机制建设，确保学科组织的有序、健康发展。

（3）法律、政策与制度保障

相应的法律、法规、规章既是一门学科概念和范畴的集中体现，又是学科建设的重要保障。目前，我国"终身教育法"仍处于启动研究状态。为保障终身教育的健康有序开展，有必要尽快制定专门的"终身教育法"，通过法律手段明确终身教育的基本概念，规范和促进终身教育的持续推进。同时，政府和高校也应加强对终身教育学学科建设的配套支持，深化合作机制，共同推动终身教育学学科的繁荣发展。相关部门应进一步加大终身教育学学科建设的扶持力度，出台更具针对性的政策、法令等，从物力、人力等各方面提供全方位支持。政府还应组建专门的终身教育管理机构，加强终身教育实验基地建设和管理，对终身教育相关事业进行全面指导。

总之，终身教育学既是一门独立的学科，也是一个重要的研究领域。新时代的教育学人，应承担起自身的学术使命，全方位、深层次、多角度地推进终身教育学学科建设，使终身教育学的研究成果越来越成为教育研究和教育学研究的重要组成部分。[①]

---

① 侯怀银，王晓丹. 新时代呼唤终身教育学. 高等教育研究，2021，42（1）：60-67.

第六章　中国的终身教育政策

中国的终身教育政策是国家为促进全民终身学习、提高国民整体素质而制定的一系列战略措施。20 世纪 90 年代以来，随着经济全球化和知识经济的快速发展，中国政府认识到终身教育的重要性，并逐步将其纳入国家发展的战略规划中。中国出台和实施了一系列政策，致力于建立和完善终身教育体系，为公民提供更多元化的学习机会和渠道。这一章将详细探讨中国终身教育政策的演变历程、主要内容、具体实施及未来走向。

第一节　中国终身教育政策的演变历程

自终身教育理念引进我国以来，我国开始了终身教育政策的探索与制定，我国终身教育政策的制定经历了一定的演变历程。关于中国终身教育政策的演变历程，相关研究主要有两种阶段划分方法。一是三阶段法。有研究者将这一历程划分为 1979—1993 年的政策化初始阶段、1994—1999 年的立法化推进阶段、2000 年至今的立法化拓展阶段①；另有研究者对我国改革开放以来的政策文本展开分析，将我国终身教育政策推进阶段划分为 20 世纪 70 年代末至 80 年代末的初始阶段、80 年代末至 90 年代末的探索阶段、90 年代末至今的深化阶段②。二是四阶段法。有研究者将中国终身教育政策法规发展历程划分为 1978—1991 年的探索阶段、1992—2001 年的确立阶段、2002—2011 年的深化阶段、2012 年至

---

① 吴遵民，国卉男，赵华. 我国终身教育政策的回顾与分析. 教育发展研究，2012，32（17）：53-58.
② 谢静. 改革开放以来我国终身教育政策文本分析. 终身教育研究，2019，30（3）：22-26.

今的完善阶段①；有研究者将我国终身教育政策演变历程划分为 1979—1992 年的雏形阶段、1993—1999 年的转折阶段、2000—2009 年的立法拓展阶段、2010 年至今的构建体系四个阶段②；有研究者将我国终身教育政策演进历程分为 1949—1977 年的探索阶段、1978—1994 年的起步阶段、1995—2009 年的稳步推进阶段、2010 年至今的战略提升阶段③。我们将终身教育政策在中国的制定划分为以下四个阶段。

一、起步阶段（1980—1994 年）

1980 年 8 月颁布的《关于进一步加强中小学教师培训工作的意见》首次提出"终身教育"，强调中小学教师培训进修院校的终身教育责任。④该文件对"终身教育"的提出，标志着中国终身教育政策探索的起步。此后，中国高等教育总结性文件再次提出"终身教育"，强调科技发展对终身教育的需求。

1993 年颁布的《中国教育改革和发展纲要》在关于成人教育的界定中提到"终身教育"。这份文件不仅肯定了成人教育的重要地位，还显示出国家对终身教育理念的重视，并指出终身教育是传统学校教育发展和改革的新方向。

这一阶段的最大特点就是在我国教育政策文件中引入了"终身教育"这一概念，并且这一概念开始在教育部文件中得到关注。这个全新的理念逐渐融入我国教育政策中，成为一股重要的力量。在起步阶段，终身教育主要与成人培训相关联。然而，这一时期的终身教育政策还存在一些局限性。例如，对终身教育概念的理解尚不明确，其影响范围也相对有限。

二、推进阶段（1995—2009 年）

在 1995 年颁布的《教育法》中，"终身教育"一词被频繁提及，其中不仅强调了"构建并强化终身教育体系"的重要性，还提出了"为公民提供终身教育的有利条件"等观点。这一法律文本的显著变化在于，"终身教育"

---

① 桑宁霞，郑苗苗. 中国终身教育政策法规发展研究（1978-至今）. 中国成人教育，2019，（10）：7-13.
② 孙立新，李硕. 我国终身教育政策演变：社会背景、文本内容及价值取向. 河北师范大学学报（教育科学版），2018，20（5）：54-61.
③ 张晓. 我国终身教育政策的演进历程与特征研究. 成人教育，2022，42（8）：1-5.
④ 桑宁霞，郑苗苗. 中国终身教育政策法规发展研究（1978—至今）. 中国成人教育，2019，（10）：7-13.

在法律文件中的首次引入，无疑为其在我国教育的核心法律法规中奠定了坚实的地位。

1996 年发布的《全国教育事业"九五"计划和 2010 年发展规划》明确提出，"建立与社会主义市场经济体制相适应的新型教育体制"，这一体系是"体现终身教育特点的现代社会教育体系"，充分融合终身教育的理念，以形成与现代社会发展相契合的教育结构。同年颁布的《中华人民共和国老年人权益保障法》强调了老年人拥有继续教育的权利。

1999 年印发的《面向 21 世纪教育振兴行动计划》深入探讨了终身教育的核心理念，提出"建立起教育新体制的基本框架"，"实施'现代远程教育工程'，形成开放式教育网络，构建终身学习体系"，"开展社区教育的实验工作，逐步建立和完善终身教育体系"。从该计划可以看出，它将终身教育视为推动教育与社会协同发展的关键要素，其主要目标包括完善职业教育培训和继续教育制度，确保到 2010 年能够基本建立起终身教育体系等。

2000 年印发的《关于在部分地区开展社区教育实验工作的通知》重点强调，"探索社区教育构建终身教育体系、建设学习化社会的办法和途径"，"各级各类办学实体要相互衔接和融通，逐步构建起横向联合、纵向沟通的社区教育办学体系"。由此可见，社区教育是构建终身教育体系进程中的关键性角色，它在促进个体终身学习和社会整体学习氛围营造中的作用进一步凸显。

2001 年召开的第九届全国人民代表大会四次会议通过了《中共中央关于制定国民经济和社会发展第十个五年计划的建议》，该纲要明确提出了一个重要目标，即"发展成人教育和多种形式的继续教育，逐步形成终身教育体系"，以确保教育资源的持续供给和广大民众终身学习的需求得到满足。同年发布的《2002—2005 年全国人才队伍建设规划纲要》强调，开展创建"学习型组织""学习型社区""学习型城市"活动，促进学习型社会的形成。同年印发的《全国教育事业第十个五年计划》提出"调研、起草《终身教育法》"。

2002 年，党的十六大报告提出"形成全民学习、终身学习的学习型社会"的重要目标，这是"学习型社会"首次出现在党的重要文件之中。这标志着终身教育内涵的扩展，终身教育已上升到党和国家的建设日程。同年，"研究起草《终身教育法》"成为教育部工作要点。

2003 年颁布的《中共中央关于完善社会主义市场经济体制若干问题的决定》提出"深化教育体制改革。构建现代国民教育体系和终身教育体系，建设学习型社会，全面推进素质教育，增强国民的就业能力、创新能力、创业能力，努力把人口压力转变为人力资源优势"。该文件把现代国民教育体系和终身教育体系并列提出来。同年颁布的《中共中央 国务院关于进一步加强人才工作的决定》提出"加快构建终身教育体系，促进学习型社会的形成"，"构建中国特色的终身教育体系"。

2004 年颁布的《中共中央关于加强党的执政能力建设的决定》提出，要"营造全民学习、终身学习的浓厚氛围，推动建立学习型社会"。同年，教育部工作要点为开展起草《终身学习法》等的可行性研究。同年印发的《2003—2007年教育振兴行动计划》继续将构建和完善终身教育体系、实现终身教育立法作为教育振兴的重要行动计划内容，强调"中国特色社会主义现代化教育体系是现代国民教育体系和终身教育体系有机组成的整体"，"到 2020 年……形成体系完整、布局合理、发展均衡的现代国民教育体系和终身教育体系"。

2005 年，《福建省终身教育促进条例》颁布施行。

2006 年颁布的《中共中央关于构建社会主义和谐社会若干重大问题的决定》再次提出，"建设现代国民教育体系和终身教育体系"。

2007 年，党的十七大报告高度关注终身教育，提出"终身教育体系基本形成"，"建设全民学习、终身学习的学习型社会"等要求。同年印发的《国务院批转教育部国家教育事业发展"十一五"规划纲要的通知》提出，"《终身学习法》的起草工作要适时启动"。

2008 年，教育部工作要点为"加快起草、修订《终身学习法》"。

2009 年，教育部工作要点为"加快修订《职业教育法》进程；加快起草《终身学习法》"。

综观这一阶段，中国终身教育政策的制定具有以下特点。

第一，终身教育的法律地位得以确立。自终身教育被写入《教育法》起，终身教育的法律地位在我国得以确立，起草、修订终身教育法进而成为教育部的工作要点。2005 年《福建省终身教育促进条例》出台之后，各地相继颁布地方性终身教育促进条例，促进了终身教育的立法进程。

第二，终身教育体系的提出。1995 年《教育法》提出"终身教育体系"之后，这一阶段的政策文件中关于"终身教育体系"的表述较多，有"体现终身教育特点的现代社会教育体系""构建现代国民教育体系和终身教育体系""终身学习体系""成人教育体系"等。可见，国家政策开始关注终身教育体系的构建。

第三，终身学习的出现。这一阶段，"终身学习"概念首次出现在国家政策文件之中[①]，关于"终身学习""学习型社会"的表述逐渐增多，这表明教育的最终目标是为个体学习者提供服务。国家政策文件中从"终身教育"到"终身学习"的概念转变，代表了教育理念的革新。这种转变体现出国家开始关注个体学习者，并将他们作为终身学习的重点对象。学习者主动性的学习也得到了重视，他们被视为学习的主体，拥有主动参与和追求知识的权利。

三、深化阶段（2010—2018 年）

2010 年，《国家中长期教育改革和发展规划纲要（2010—2020 年）》提出，"构建灵活开放的终身教育体系"，并就此提出了具体的要求。该纲要还提出"搭建终身学习'立交桥'"，"健全宽进严出的学习制度，办好开放大学，改革和完善高等教育自学考试制度。建立继续教育学分积累与转换制度，实现不同类型学习成果的互认和衔接"。这标志着终身教育被提到国家教育改革和发展战略的高度。

2011 年，上海市发布《上海市终身教育促进条例》。同年，《中华人民共和国国民经济和社会发展第十二个五年规划纲要》提出，"建设全民学习、终身学习的学习型社会"。

2012 年，党的十八大报告提出，"完善终身教育体系，建设学习型社会"。同年，太原市发布《太原市终身教育促进条例》。同年，《关于加快发展继续教育的若干意见》强调推进终身学习立法进程，明确政府、企事业单位和个人在终身教育方面的权利、义务和责任。同年，《国家教育事业发展第十二个五年规划》提出"在全社会树立终身学习的理念，在终身学习框架内推动各级各类学校教育教学改革"，"研究起草推进终身学习的法律法规"。

2014 年，《教育部等七部门关于推进学习型城市建设的意见》提出，"把全民终身学习作为城市发展的重要基础"，"努力构建灵活、开放的终身教育体系，积极推进城市各类学习资源的建设与共享"。同年，河北省发布《河北省终身教育促进条例》，宁波市发布《宁波市终身教育促进条例》。

2016 年，《教育部等九部门关于进一步推进社区教育发展的意见》提出，推进社区教育发展要"以促进全民终身学习、形成学习型社会为目标"，"以建

---

① 莫克翟，马林. 我国教育政策使用"终身学习"概念的演变过程及其影响. 成人教育，2015，35（8）：6-8.

立健全社区教育制度为着力点，统筹发展城乡社区教育"。

2017 年，党的十九大报告提出，要"办好继续教育，加快建设学习型社会，大力提高国民素质"。同年，《国家教育事业发展"十三五"规划》提出，"加快构建终身教育制度"。

在这一阶段，我国终身教育政策的制定体现出以下特点：第一，终身教育政策法规逐步提升至国家战略层面，迈向更高的台阶；第二，终身教育政策在地方层面得到法律保障，朝着法治化的方向迈进；第三，建设"终身教育体系，构建学习型社会"已成为政策法规的目标，也符合时代的潮流；第四，终身教育政策法规的覆盖范围日益拓宽，不断扩展到各个领域；第五，终身教育体系正逐步深化和拓展，其影响力不断提升，其效果不断优化；第六，社区教育、老年教育在政策文件中高频出现，体现出社区教育、老年教育在终身教育中的重要地位受到国家重视。这些特征共同构成了这一阶段的核心特点，为实现全民终身学习提供了坚实的法律保障。

四、提升阶段（2019 年至今）

2019 年，党的十九届四中全会提出"构建服务全民终身学习的教育体系"。同年，《中国教育现代化 2035》提出"建成服务全民终身学习的现代教育体系"。

2022 年，党的二十大报告指出"建设全民终身学习的学习型社会、学习型大国"。

2023 年，《武汉市终身教育促进条例（草案）》全文公布，公开征求意见。同年，苏州市发布《苏州市终身学习促进条例》，这是我国首部关于终身学习的地方性法规。

这一阶段，中国终身教育政策的制定体现出以下特征：第一，国家在战略层面不断提升和完善终身教育的规定；第二，地方各地出台的终身教育条例不断增加，首部终身学习促进条例的出台，标志着终身教育立法化水平提升；第三，与终身教育具体实施相关的政策逐步深入并得到提升；第四，终身教育法规中的各项规定经过更加深入和完善的探索，操作性逐渐增强；第五，终身学习体系逐渐取代终身教育体系。这些特征共同表明，终身教育政策法规正在不断完善之中，为全面推进终身学习提供了更为坚实的法律基础。

第二节　中国终身教育政策的主要内容

我国在终身教育领域有着长远的愿景和较为全面的政策体系，旨在推动全民教育、促进社会公平，培养具有国际竞争力的人才队伍。终身教育政策是我国教育发展的重要组成部分，涵盖了教育全过程、全方位的要求，对个体发展和社会进步都具有深远影响。随着中国经济社会的快速发展和教育观念的更新，终身教育政策也在不断完善和调整，以适应时代需求和人民群众的教育需求。在此背景下，深入了解我国主要的终身教育政策显得尤为重要。

一、终身教育体系政策

终身教育体系政策是我国主要的终身教育政策之一。1995 年颁布的《教育法》第十一条提出，"国家适应社会主义市场经济发展和社会进步的需要，推进教育改革，促进各级各类教育协调发展，建立和完善终身教育体系"。《教育法》以法律形式确立了"建立和完善终身教育体系"的教育改革方向。自此，政策文件中相继出现终身教育体系的相关表述。

一是"体现终身教育特点的现代社会教育体系"。1996 年，《全国教育事业"九五"计划和 2010 年发展规划》将"进一步发展各种类型的职前、职后培训和继续教育，基本形成学历教育和非学历教育并重，不同层次教育相衔接，职业教育和普通教育相沟通的职业教育制度和体现终身教育特点的现代社会教育体系"作为 2010 年教育事业发展主要目标。值得注意的是，该规划对终身教育体系的表述为"体现终身教育特点的现代社会教育体系"。

二是"终身教育体系"。1999 年，《面向 21 世纪教育振兴行动计划》提出"逐步建立和完善终身教育体系"，将终身教育看作教育和社会发展的共同要求，提出"继续教育制度"，在 2010 年基本建立起终身教育体系。2000 年，《关于在部分地区开展社区教育实验工作的通知》提出，"积极探索建立符合我国国情的终身教育体系和学习化社会的途径"，"探索通过社区教育构建终身教育体系、建设学习化社会的办法和途径"。2001 年，第九届全国人民代表大会第四次会议通过了《中华人民共和国国民经济和社会发展第十个五年计划纲要》，提出"发展成人教育和多种形式的继续教育，逐步形成终身教育体系"。同年，《2002—2005 年全国人才队伍建设规划纲要》提出，"构建终身教育体系。在加快普通教育发展的同时，大力发展成人教育、社区教育，推进教育培训的社会化。开辟教育培训新途径，加快发展远程教育，建立覆盖全国的教育培训信息网，形成终身化、网络化、开放化、自主化的终身教育体系"。2003 年，《中共中央关于完善社会主义市场经济体制若干问题的决定》提出"构建现代国民教育体系和终身教育体系，建设学习型社会"。同年，《中共中央 国务院关于进一步加强人才工作的决定》提出"加快构建终身教育体系，促进学习型社会的形成"，"构建中国特色的终身教育体系"。2004 年，《2003—2007 年教育振兴行动计划》提出"继续将构建和完善终身教育体系，实现终身教育立法作为教育振兴的重要行动计划之一"，"中国特色社会主义现代化教育体系是现代国民教育体系和终身教育体系有机组成的整体。到 2020 年，要全面普及九年义务教育，基本普及高中阶段教育，积极发展各类高等教育，大力发展职业教育和成人教育，形成体系完整、布局合理、发展均衡的现代国民教育体系和终身教育体系"。2006 年，《中共中央关于构建社会主义和谐社会若干重大问题的决定》提出"建设现代国民教育体系和终身教育体系"。2007 年，党的十七大报告提出"现代国民教育体系更加完善，终身教育体系基本形成"，"建设全民学习、终身学习的学习型社会"。同年，《国务院批转教育部国家教育事业发展"十一五"规划纲要的通知》提出，"构建现代国民教育体系和终身教育体系"，"完善终身教育体系"，"进一步理顺各级各类教育的关系，形成普通教育与职业教育、职前教育与继续教育相互衔接，学历教育与非学历教育、有组织学习与自学相互补充的良好格局，建立各级各类教育相互衔接、相互沟通的教育体系，为国民构筑更加畅通的成才之路"。2010 年，《国家中长期教育改革和发展规划纲要（2010—2020 年）》将"构建体系完备的终身教育"作为战略目标之一，在继续教育发展任务部分提出"构建灵活开放的终身教育体系"。2012 年，党的十八大报告提出"完善终身教育体系，建设学习型社会"。

三是"终身学习体系"。1999 年，《面向 21 世纪教育振兴行动计划》提出"实施'现代远程教育工程'，形成开放式教育网络，构建终身学习体系"。1999 年，《中共中央、国务院关于深化教育改革，全面推进素质教育的决定》就终身教育的实施和终身教育的体制完善展开了系统阐述，提出要"完善终身学习体系"，并强调通过发展远程教育来为社会成员提供终身学习的机会。2004年，《2003—2007 年教育振兴行动计划》提出"完善教师终身学习体系，加快提高教师和管理队伍素质"。2017 年，《国家教育事业发展"十三五"规划》提出，"形成更加适应全民学习、终身学习的现代教育体系"。

四是"干部培训体系"。《2003—2007 年教育振兴行动计划》提出"将干部培训与终身教育结合起来,构建开放灵活的干部培训体系"。

五是"基本适应建设现代产业体系和加强社会建设需要的中国特色社会主义现代教育体系"。2012 年印发的《国家教育事业发展第十二个五年规划》提出,教育体系和制度建设目标是"初步建成体现终身教育理念,以政府办学为主体,公办教育和民办教育共同发展,基本适应建设现代产业体系和加强社会建设需要的中国特色社会主义现代教育体系"。

六是"服务全民终身学习的教育体系"。2019 年,党的十九届四中全会提出"构建服务全民终身学习的教育体系","加快发展面向每个人、适合每个人、更加开放灵活的教育体系,建设学习型社会"。

七是"服务全民终身学习的现代教育体系"。2019 年,《中国教育现代化 2035》提出"建成服务全民终身学习的现代教育体系"。

二、终身教育立法政策

终身教育在中国的探索包括终身教育立法工作。终身教育最初体现在我国的法律之中是 1995 年的《教育法》,该法提出,"国家适应社会主义市场经济发展和社会进步的需要,推进教育改革,促进各级各类教育协调发展,建立和完善终身教育体系","国家鼓励发展多种形式的成人教育,使公民接受适当形式的政治、经济、文化、科学、技术、业务教育和终身教育","国家鼓励学校及其他教育机构、社会组织采取措施,为公民接受终身教育创造条件"。自此,终身教育立法问题在我国取得了一定进展,但仍出现了国家层面"终身教育法""难产"[1]的困境,这与我国相关研究的滞后性有一定关系。关于中国终身教育的立法研究始于 21 世纪初[2],立法进程与相关研究都相对较晚。在新时代背景下,构建服务全民终身学习的教育体系等终身教育实践急需终身教育立法提供"依法治教"的法律保障。

2004 年,《2003—2007 年教育振兴行动计划》提出"加强和改善教育立法工作,完善中国特色教育法律法规体系",适时起草《终身学习法》。

2004 年,教育部工作要点为开展起草《终身学习法》等的可行性研究。

---

[1] 靳澜涛. 我国终身教育立法缘何"难产":瓶颈与出路. 中国远程教育,2021(9):1-7+28+76.

[2] 国卉男. 中国终身教育政策研究. 华东师范大学博士学位论文,2013.

2005 年，《福建省终身教育促进条例》颁布施行。

2007 年，《国务院批转教育部国家教育事业发展"十一五"规划纲要的通知》提出，《终身学习法》的起草工作要适时启动。

2008 年，《教育部 2008 年工作要点》提出该年的工作要点为加快起草、修订《终身学习法》工作进程。

2009 年，教育部工作要点为，加快起草《终身学习法》，深入落实教育立法规划。

2011 年，上海市发布《上海市终身教育促进条例》。

2012 年，太原市发布《太原市终身教育促进条例》。

2012 年，《关于加快发展继续教育的若干意见》提出，推进终身学习法的研究制定工作。

2012 年，《国家教育事业发展第十二个五年规划》提出"研究起草推进终身学习的法律法规"。

2014 年，河北省发布《河北省终身教育促进条例》。

2014 年，宁波市发布《宁波市终身教育促进条例》。

2023 年，《武汉市终身教育促进条例（草案）》全文公布，公开征求意见。同年，苏州市发布《苏州市终身学习促进条例》，这是我国首部关于终身学习的地方性法规。

三、终身学习与学习型社会政策

2001 年，《2002—2005 年全国人才队伍建设规划纲要》提出，"开展创建'学习型组织'、'学习型社区'、'学习型城市'活动，促进学习型社会的形成"，"建立健全教育培训的激励约束机制，推行公开选拔、竞争上岗和职务聘任制度，增强人才的职业竞争意识和风险意识，激发终身学习需求"。

2002 年，党的十六大报告指出"形成全民学习、终身学习的学习型社会"的重要目标，这是"学习型社会"首次出现在党的重要文件之中。该报告标志着终身教育内涵的扩展，终身教育上升到党和国家的建设日程上来。

2003 年，《中共中央关于完善社会主义市场经济体制若干问题的决定》提出"构建现代国民教育体系和终身教育体系，建设学习型社会"。

2004 年，《2003—2007 年教育振兴行动计划》提出"构建中国特色社会主义现代化教育体系，为建立全民学习、终身学习的学习型社会奠定基础"，"鼓

励人们通过多种形式和渠道参与终身学习"，"积极发展多样化的高中后和大学后
继续教育，统筹各级各类资源，充分发挥普通高等学校、成人高等学校、广播电视
大学和自学考试的作用，积极推进社区教育，形成终身学习的公共资源平台"，
"促进教师专业发展和终身学习的现代教师教育体系"，"逐步完善有利于终身学
习的教育培训制度，为全民学习、终身学习开辟多种途径，增强国民的就业能力、
创新能力、创业能力"。同年，《中共中央关于加强党的执政能力建设的决定》提
出要"营造全民学习、终身学习的浓厚氛围，推动建立学习型社会"。

2006 年，《中共中央关于构建社会主义和谐社会若干重大问题的决定》提
出"积极发展继续教育，努力建设学习型社会"。

2007 年，《国务院批转教育部国家教育事业发展"十一五"规划纲要的通
知》提出，"积极推进学习型社会建设"，"完善教育资源服务与应用系统，促进全
社会学习资源的整合与共享，建设开放、灵活、方便的全民学习、终身学习平台。构
建学习型机关、学习型企业、学习型社区和学习型乡镇，努力形成全民学习、终身学
习的理念和良好社会风尚。充分发挥各级各类学校在终身学习中的作用"。

2010 年，《国家中长期教育改革和发展规划纲要（2010—2020 年）》在
"继续教育"发展任务部分提出"搭建终身学习'立交桥'"。

2011 年，《中华人民共和国国民经济和社会发展第十二个五年规划纲要》
提出，"建设全民学习、终身学习的学习型社会"。

2012 年，《国家教育事业发展第十二个五年规划》提出，"树立终身学习
观念"，"加快建设服务全民学习、终身学习的教育公共服务平台"。

2014 年，《教育部等七部门关于推进学习型城市建设的意见》提出，"建
设学习型城市是实现学习型社会的重要基石"，"把全民终身学习作为城市发展
的重要基础，以改革创新为动力，以信息技术为支撑，努力构建灵活、开放的
终身教育体系"，"促进全民学习、终身学习，促进城市的包容、繁荣与可持
续发展"。

2017 年，《国家教育事业发展"十三五"规划》提出，"促进全民享有终
身学习机会，成为世界教育发展新目标"，将"全民终身学习机会进一步扩大"
作为发展目标。

2019 年，《中国教育现代化 2035》将"更加注重终身学习"作为发展理念
之一。

2022 年，党的二十大报告提出"建设全民终身学习的学习型社会、学习型
大国"。

四、成人教育政策

1995 年，《教育法》提出，"国家实行职业教育制度和成人教育制度。各级人民政府、有关行政部门以及企业事业组织应当采取措施，发展并保障公民接受职业学校教育或者各种形式的职业培训。国家鼓励发展多种形式的成人教育，使公民接受适当形式的政治、经济、文化、科学、技术、业务教育和终身教育"。

1996 年，《全国教育事业"九五"计划和 2010 年发展规划》提出"多层次、多形式的成人教育体系基本形成"，"成人教育要以岗位培训和继续教育为重点"。

1999 年，《面向 21 世纪教育振兴行动计划》提出"积极发展职业教育和成人教育，培养大批高素质劳动者和初中级人才，尤其要加大教育为农业和农村工作服务的力度"，"成人教育要以岗位培训和继续教育为重点"。

2001 年，全国人民代表大会九届四次会议通过了"十五"计划纲要，提出"发展成人教育和多种形式的继续教育，逐步形成终身教育体系"。

2001 年，《2002—2005 年全国人才队伍建设规划纲要》提出，"在加快普通教育发展的同时，大力发展成人教育、社区教育，推进教育培训的社会化"。

2004 年，《2003—2007 年教育振兴行动计划》提出"深化农村教育改革，发展农村职业教育和成人教育，推进'三教统筹'和'农科教结合'""大力发展多样化的成人教育和继续教育"。

2007 年，《国务院批转教育部国家教育事业发展"十一五"规划纲要的通知》提出，"改革成人教育办学模式，大力发展多样化的继续教育和社区教育。加大投入，健全工作机制，巩固和扩大扫盲教育的成果"。

五、职业教育政策

1995 年，《教育法》提出，"国家实行职业教育制度和成人教育制度。各级人民政府、有关行政部门以及企业事业组织应当采取措施，发展并保障公民接受职业学校教育或者各种形式的职业培训。国家鼓励发展多种形式的成人教育，使公民接受适当形式的政治、经济、文化、科学、技术、业务教育和终身教育"。

1996 年，《全国教育事业"九五"计划和 2010 年发展规划》提出"积极发展职业教育，稳定中等专业学校办学层次"，要加快《职业教育法》的出台、论证、调研起草工作，"中等职业教育要逐步建立以教育质量、办学效益为重点的教育评估制度"，"进一步发展各种类型的职前、职后培训和继续教育，基本形成学历教育和非学历教育并重，不同层次教育相衔接，职业教育和普通教育相沟通的职业教育制度和体现终身教育特点的现代社会教育体系"。

1999 年，《面向 21 世纪教育振兴行动计划》提出"依据《教育法》和《职业教育法》，要努力建立符合国情的职前与职后教育培训相互贯通的体系，使初等、中等和高等职业教育与培训相互衔接，并与普通教育、成人教育相互沟通、协调发展"。

2001 年，第九届全国人民代表大会第四次会议通过了《中华人民共和国国民经济和社会发展第十个五年计划纲要》，提出"大力发展职业教育和职业培训，建立职业教育与普通教育相互沟通的教育体系"。

2003 年，《中共中央关于完善社会主义市场经济体制若干问题的决定》提出"完善就业服务体系，加强职业教育和技能培训，帮助特殊困难群体就业"。

2004 年，《2003—2007 年教育振兴行动计划》提出"深化农村教育改革，发展农村职业教育和成人教育，推进'三教统筹'和'农科教结合'"，"实施'职业教育与培训创新工程'"。

2006 年，《中共中央关于构建社会主义和谐社会若干重大问题的决定》提出"健全面向全体劳动者的职业技能培训制度，加强创业培训和再就业培训"，"加快发展城乡职业教育和培训网络，努力使劳动者人人有知识、个个有技能"，"确定职业规范和从业标准，加强专业培训，提高社会工作人员职业素质和专业水平"。

2007 年，党的十七大报告提出"大力发展职业教育"，"健全面向全体劳动者的职业教育培训制度"。

2007 年，《国务院批转教育部国家教育事业发展"十一五"规划纲要的通知》提出，"加快发展职业教育，提高劳动者素质"。

2010 年，《国家中长期教育改革和发展规划纲要（2010—2020 年）》在"构建体系完备的终身教育"战略目标部分，提出"学历教育和非学历教育协调发展，职业教育和普通教育相互沟通，职前教育和职后教育有效衔接"。

2011 年，《国民经济和社会发展第十二个五年规划》提出"大力发展职业教育，加快发展面向农村的职业教育"，"实行工学结合、校企合作、顶岗实习的职业教育培养模式"，"推进农村中等职业教育免费进程"。

2012 年，党的十八大报告提出"加快发展现代职业教育"。

2012 年，《国家教育事业发展第十二个五年规划》提出"建立现代职业教育体系"，"促进职业院校的专业设置与产业布局对接、课程内容与职业标准对接、教学过程与生产过程对接、学历证书与资格证书对接、职业教育与终身学习对接"。

2017 年，《国家教育事业发展"十三五"规划》将"现代职业教育体系更加完善"作为主要目标。

六、继续教育政策

1996 年，《全国教育事业"九五"计划和 2010 年发展规划》提出"成人教育要以岗位培训和继续教育为重点"，"进一步发展各种类型的职前、职后培训和继续教育"。

1999 年，《面向 21 世纪教育振兴行动计划》提出行动计划的主要目标之一是"完善职业教育培训和继续教育制度"，并且提出"根据不同学科、专业和行业发展趋势，加强专业技术人员继续教育工作，健全教育、考核、使用相结合的制度"，"建立和完善继续教育制度，适应终身学习和知识更新的需要"。在教师队伍建设方面，提出"实施'跨世纪园丁工程'，大力提高教师队伍素质"，加强教师队伍继续教育工作。

2001 年，全国人民代表大会九届四次会议通过了"十五"计划纲要，提出"发展成人教育和多种形式的继续教育，逐步形成终身教育体系"。2001 年，《2002—2005 年全国人才队伍建设规划纲要》提出，"加大继续教育力度，形成国家、单位、个人三方负担的继续教育投入机制"。

2004 年，《2003—2007 年教育振兴行动计划》提出"大力发展多样化的成人教育和继续教育"。

2006 年，《中共中央关于构建社会主义和谐社会若干重大问题的决定》提出"积极发展继续教育，努力建设学习型社会"。

2007 年，党的十七大报告提出"发展远程教育和继续教育，建设全民学习、终身学习的学习型社会"。

2007 年，《国务院批转教育部国家教育事业发展"十一五"规划纲要的通知》提出，"改革成人教育办学模式，大力发展多样化的继续教育和社区教育。加大投入，健全工作机制，巩固和扩大扫盲教育的成果"。

2010 年，《国家中长期教育改革和发展规划纲要（2010—2020 年）》专列"继续教育"一章，提出继续教育的发展任务，将继续教育作为"面向学校教育之后所有社会成员的教育活动，特别是成人教育活动，是终身学习体系的重要组成部分"。

2011 年，《国民经济和社会发展第十二个五年规划》提出"加快发展继续教育"。

2012 年，党的十八大报告提出"积极发展继续教育"。

2012 年，《关于加快发展继续教育的若干意见》提出，"继续教育是面向学校教育之后所有社会成员的教育活动，特别是成人教育活动，是终身教育体系的重要组成部分，是提高国民科技文化素质和就业、创业、创新能力的重要途径"，加快继续教育"是构建终身教育体系和建设学习型社会的迫切需要"，在指导思想部分提出"着力完善体制机制，加强制度和法规建设，强化规范管理，构建灵活开放的终身教育体系，推动全民学习、终身学习的学习型社会建设，为建设更高水平的小康社会服务"，并提出以"坚持终身教育，构建体系"为基本原则。

2012 年，《国家教育事业发展第十二个五年规划》提出"推进继续教育体系建设"，"在全社会树立终身学习的理念，在终身学习框架内推动各级各类学校教育教学改革，加强对学习者学习兴趣和自主学习能力的培养"。如何用终身学习理念构建继续教育体系如图 6-1 所示。

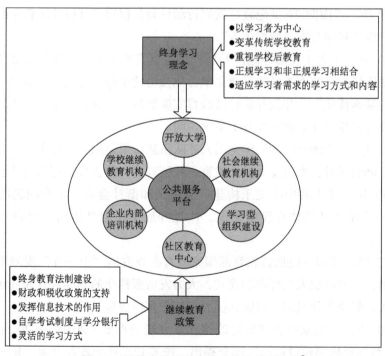

图 6-1 用终身学习理念构建继续教育体系[①]

① 教育部关于印发《国家教育事业发展第十二个五年规划》的通知.（201206-14）[2024-04-19]. https://www.gov.cn/gongbao/content/2012/content_2238967.htm.

2017 年，党的十九大报告提出"办好继续教育，加快建设学习型社会，大力提高国民素质"。

2017 年，《国家教育事业发展"十三五"规划》提出，"大力发展继续教育"，"加快构建终身教育制度"。

2022 年，党的二十大报告提出"统筹职业教育、高等教育、继续教育协同创新，推进职普融通、产教融合、科教融汇，优化职业教育类型定位"。

七、社区教育政策

1996 年，《全国教育事业"九五"计划和 2010 年发展规划》提出"根据当地经济社会发展的需要和各类教育的不同特点，积极进行社区教育试点，进一步推动城市教育综合改革，积极探索现代企业教育制度和城市教育管理的新体制"。

1999 年，《面向 21 世纪教育振兴行动计划》提出"开展社区教育的实验工作，逐步建立和完善终身教育体系"。

2000 年，《关于在部分地区开展社区教育实验工作的通知》提出"社区教育是实现终身教育的重要形式和建立学习化社会的基础，它具备'全员、全面、全程'的基本特征"，并就开展社区教育实验的目的、具体要求、工作目标、确定开展教育实验工作的地区展开了系统说明。

2001 年，《2002—2005 年全国人才队伍建设规划纲要》提出，"在加快普通教育发展的同时，大力发展成人教育、社区教育，推进教育培训的社会化"。

2006 年，《中共中央关于构建社会主义和谐社会若干重大问题的决定》提出"加强城乡社区体育设施建设，广泛开展全民健身活动，提高竞技体育水平"。

2007 年，《国务院批转教育部国家教育事业发展"十一五"规划纲要的通知》提出，"改革成人教育办学模式，大力发展多样化的继续教育和社区教育。加大投入，健全工作机制，巩固和扩大扫盲教育的成果"。

2010 年，《国家中长期教育改革和发展规划纲要（2010—2020 年）》在"终身教育体制机制建设试点"部分提出"统筹开发社会教育资源，积极发展社区教育"。

2016 年，《教育部等九部门关于进一步推进社区教育发展的意见》提出，推进社区教育发展要以"促进全民终身学习、形成学习型社会为目标"。

八、学分认证政策

2004 年，《2003—2007 年教育振兴行动计划》提出"建立对各种非全日制教育培训学分的认证及积累制度"。

2007 年，《国务院批转教育部国家教育事业发展"十一五"规划纲要的通知》提出，"建立非义务教育阶段弹性学习制度，完善学分制"，"加快建立弹性学习制度，逐步实施学分制和选修制"。

2010 年，《国家中长期教育改革和发展规划纲要（2010—2020 年）》在"继续教育"发展任务部分提出"建立继续教育学分积累与转换制度，实现不同类型学习成果的互认和衔接"，在"终身教育体制机制建设试点"部分提出"建立学习成果认证体系，建立'学分银行'制度"。

2012 年，《国家教育事业发展第十二个五年规划》提出"建立开放沟通的职业教育学历、学位和职业资格证书制度，以工学结合、学分认证为基础，创新学习方式，积极推进学历证书和职业资格证书'双证融通'"，"建立学分银行，完善学分互认、累积制度，探索同一层次普通学校和职业学校之间的课程互设、学分互认、学生互转的机制，推动应用型本科课程进入职业院校"，"建立继续学习成果认证、学分积累和转换制度，促进不同类型教育之间的衔接和沟通，搭建通过各种学习途径成才的'立交桥'"，"进一步完善学分制"，"建立学习成果认证和'学分银行'制度"。

第三节　中国终身教育政策的具体实施

随着我国终身教育政策的不断推进，我们迫切需要深入了解这些政策在实际执行中的成效与挑战。从体制机制的建立到各级各类教育资源的逐步拓展，再到参与主体的多元化，这些方面都关系到中国终身教育政策的具体实施。本节将着重探讨中国终身教育政策的实施情况，从宏观到微观，从整体到细节，旨在呈现中国终身教育政策的现实运行情况。

一、体制机制的逐步建立

体制机制的建立在我国终身教育政策实施中扮演着至关重要的角色。它不仅是政策的执行载体，更是政策落地的保障和推动力量。通过建立有效的管理体制和机制，可以实现各级政府部门、教育机构、社会组织以及企业等多方合作，形成协同推进、资源共享、责任明确的工作格局，从而更好地推动终身教育政策的全面落实。体制机制的建立还有助于优化资源配置、提高政策执行效率，促进终身教育体系的健康发展。因此，体制机制的建立不仅是政策执行的基础，也是政策顺利实施的重要保障。体制机制的逐步建立是中国终身教育政策实施的重要组成部分。在这方面，我们看到了一系列举措的逐步推进。

在国家层面，教育部设立了职能部门，负责终身教育政策的开展和落实。一是职业教育与成人教育司，负责职业教育、成人教育相关工作，指导各级各类高等继续教育和远程教育工作，内设高等继续教育处、城乡社会教育处等处室，并设有"全民终身学习活动周"专栏，确保终身教育政策得以开展、落实①。二是继续教育办公室②，负责协调社区教育、职工教育、社会培训等非学历继续教育，促进终身教育体系建设，指导各类学历继续教育工作③。

在地方层面上，部分地区建立了推动终身教育政策落实的政府组织或社会团体组织，专门负责地方终身教育政策实施工作。例如，福建省全民终身教育促进会于1998年建立"中国终身教育网"，福建省于2002年创建两岸终身教育相关研讨会，于2003年创办《终身教育》杂志，于2003年和2004年分别在福建师范大学和福建农林大学设立"成人及终身教育硕士点"，于2005年推动颁布《福建省终身教育促进条例》，于2006年依法成立"福建省终身教育促进委员会"政府组织，于2008年在福建省民政厅注册"福建省全民终身教育促进会"。该团体在推动终身教育政策落实中形成了以下特色：一是中国终身教育网的建立；二是《终身教育》杂志的创办；三是终身教育论坛的举办；四是海峡两岸终身学习大讲堂的举办。④2011年，湖南省成立湖南省终身教育促进会。该促进会由湖南广播电视大学、省委党校、湖南日报报业集团、省社科院、省教科

① 教育部职业教育与成人教育司. [2024-04-23]. http://www.moe.gov.cn/s78/A07/.

② 国卉男，史枫. 改革开放以来我国终身教育政策：价值选择与成效分析. 中国职业技术教育，2020（30）：55-62.

③ 教育部继续教育办公室. [2024-04-23]. https://baike.baidu.com/item/%E6%95%99%E8%82%B2%E9%83%A8%E7%BB%A7%E7%BB%AD%E6%95%99%E8%82%B2%E5%8A%9E%E5%85%AC%E5%AE%A4/7228093?fr=ge_ala.

④ 福建省全民终身教育促进会. [2024-04-23]. https://baike.baidu.com/item/%E7%A6%8F%E5%BB%BA%E7%9C%81%E5%85%A8%E6%B0%91%E7%BB%88%E8%BA%AB%E6%95%99%E8%82%B2%E4%BF%83%E8%BF%9B%E4%BC%9A/10431245?fr=ge_ala.

院等 5 家单位共同发起，由省教育厅主管，围绕终身教育展开具体政策实施工作。①2018 年，苏州市成立了苏州市终身教育促进委员会暨苏州市社区大学校务委员会，该委员会涉及市委宣传部、市文明办、市委老干部局、市发展改革委、市经信委、市教育局、市民政局、市财政局、市人社局、市农委、市旅游局、市文广新局、市卫生计生委、市体育局、市园林和绿化局、市工商局、市政府法制办、苏州开放大学等多个部门，全面系统负责终身教育政策的实施工作。②

从内部构成看，这些终身教育促进委员会基本为"跨部门"构成，涵盖教育、民政、文体、财政、园林、法制等多个部门，扩大了终身教育政策实施的保障范围，为终身教育政策的实施与落实提供了全面系统的支持。

从所处范围看，部分地区形成了终身教育促进委员会的省（市）、市（区）、县（街道）三级管理体制，使终身教育政策实施层层推进，落实到具体工作中去。

部分地区还通过立法的形式，对终身教育政策实施展开了具体说明。

2005 年，福建省颁布《福建省终身教育促进条例》，开创了大陆地方终身教育立法的先例。③在该条例颁布之后，福建省建立了政策支持体系，出台了《关于实施〈福建省终身教育促进条例〉的试行意见》，并在 2008—2010 年的《福建省终身教育工作要点》中，提供了贯彻落实《条例》的指导意见和政策支持。

2011 年颁布的《上海市终身教育促进条例》对于促进上海市终身教育的相关部门、团体及个人职责予以落实，包括市学习型社会建设与终身教育促进委员会，区、县终身教育协调机构，市和区、县、乡镇人民政府，街道办事处，市、区、县教育行政部门，发展改革、人力资源和社会保障、公务员管理、农业、财政、税务、工商、人口和计划生育、统计、民政、文广影视、公安等有关行政部门，工会、共产主义青年团、妇女联合会以及残疾人联合会、科技协会等其他组织，社会团体，各类学习型组织，市民等。④

---

① 省终身教育促进会成立. [2024-04-23]. http://www.hunan.gov.cn/hnszf/hnyw/zwdt/201212/t20121210_4730808.html.

② 市政府办公室关于成立苏州市终身教育促进委员会暨苏州市社区大学校务委员会的通知. [2024-04-23] https://www.suzhou.gov.cn/szsrmzf/zfbgswj/201811/5f49bb2d21ec462291ee10bbb06d58a6.shtml.

③ 福建省终身教育促进条例. [2024-04-24]. https://flk.npc.gov.cn/detail2.html?NDAyOGFiY2M2MTI3Nzc5MzAxNjEyODAxYjIwMjQzMzc.

④ 上海市终身教育促进条例. [2024-04-23]. https://flk.npc.gov.cn/detail2.html?NDAyOGFiY2M2MTI3Nzc5MzAxNjEyN2VkOTk3NTNjNTU.

　　2012 年，太原市发布的《太原市终身教育促进条例》对太原市促进终身教育的总则、组织实施、保障措施、监督管理、法律责任、附则等部分展开了具体规定。该条例指出，"终身教育工作坚持政府主导、社会参与、统筹协调、资源共享的原则"，"市、县（市、区）人民政府应当设立终身教育与学习型社会建设促进委员会，负责统筹、协调、指导和推动终身教育与学习型社会建设工作"，对终身教育的组织实施从政府部门、教育部门以及其他部门、团体、企业、个人等方面予以说明，还对保障措施、监督管理、法律责任进行了规定。①

　　2014 年 5 月，河北省发布的《河北省终身教育促进条例》指出，"终身教育工作应当坚持政府主导、社会参与、统筹协调、资源共享的原则"，并从组织实施、保障措施、监督管理、法律责任等方面对终身教育政策实施进行了明确规定。②

　　2014 年 10 月，宁波市发布的《宁波市终身教育促进条例》指出，"市和县（市）区设立终身教育与学习型社会促进委员会，实行联席会议制度，负责统筹、协调、指导和推动本行政区域内终身教育工作"，逐步建立和完善终身教育学分积累制度、学分转换制度、终身教育教师信息资料库制度，建立跨地区、跨行业的终身教育资源整合机制、终身教育监督管理制度和评估制度、终身教育统计制度等。③

　　2023 年，《武汉市终身教育促进条例（草案）》全文公布，公开征求意见，该草案对于武汉市促进终身教育的具体工作予以说明，提出"终身教育应当坚持政府主导与社会参与相结合、公益服务与市场机制相结合、全民学习与社区建设相结合的原则"，明确了终身教育的组织实施、管理体制、教育资源整合和共享利用、服务保障措施、机构的监管办法、法律责任等。④同年，苏州市发布《苏州市终身学习促进条例》，这是我国首部关于终身学习的地方性法规，该条例针对老年教育、社区教育等热点、难点问题作出一系列规定，同时鼓励建立带

　　① 太原市终身教育促进条例. [2024-04-23]. https://flk.npc.gov.cn/detail2.html?NDAyOGFiY2M2MTI3Nzc5MzAxNjEyODEzNmE4NDUzZjk.

　　② 河北省终身教育促进条例. [2024-04-23]. https://flk.npc.gov.cn/detail2.html?ZmY4MDgwODE2ZjIxYTE2MTAxNmYyNmJmYTNmYTBiiYTA.

　　③ 宁波市十四届人大常委会第十九次会议. 宁波市终身教育促进条例. [2024-04-23]. https://flk.npc.gov.cn/detail2.html?NDAyOGFiY2M2MTI3Nzc5MzAxNjEyODBiNWMwNDRjNDQ.

　　④ 关于《武汉市终身教育促进条例（草案）》公开征求意见的公告. [2024-04-23] https://www.caea.org.cn/newsinfo/5695919.html.

薪学习制度，支持在职人员终身学习。[①]

二、各级各类教育资源的逐步拓展

我国终身教育政策的实施不仅侧重于教育机构内部的改革，更注重各级各类教育资源的逐步拓展和优化。政策强调了激活和融通各类社会资源，为广泛开展学习活动和提供教育服务提供了有力支持。这体现在以下几个方面：

第一，政策提出了各级各类教育形式的横向沟通与纵向衔接的政策目标。这意味着不同教育层次之间、不同教育形式之间的衔接与互通，以实现教育资源的优化配置和共享。

第二，政策强调了正规学校教育的延伸与普及，特别是成人教育向继续教育的拓展。体现在建立更多继续教育机构以及发展职业教育、社区教育、老年教育等方面。

第三，政策鼓励和推动各种形式教育的繁荣，特别是非正规教育及非正式学习形式的繁荣。这包括了社会教育、职业培训、技能提升等多种形式的教育服务。同时，政策注重现代信息技术等新科学手段在教育领域的应用，促进了在线教育、远程教育等新模式的发展。

第四，政策注重弹性学习制度的建立、学习机会的进一步开放，推动终身学习"立交桥"的构建。同时，为了更好地衡量学习成果，政策引入了学分银行等成果认定机制，促进了学习成果的积累与认可。

第五，政策鼓励建立各类社会性学习平台，包括图书馆、博物馆、文化活动中心等公共文化设施，为学习者提供丰富的学习资源和场所。同时，社会教育职能得到充分发挥，提供授课讲座、科学普及、文化体验等公益性的终身学习服务，为学习者提供多样化的学习机会。政策推动建立了国家开放大学"终身教育平台"网站建设，终身教育平台通过 5G、人工智能、大数据等信息化技术手段持续赋能平台建设，在优化页面结构、智能精准推送、学习服务支持方面进行"国开终身教育 APP"移动端上线、助力中老年人终身学习的"关怀模式"等功能优化，不断完善平台机制，提升用户体验，满足全龄全域用户的学习需求。终身教育平台自 2022 年 5 月成立起，共服务来自 200 余个国家和地区的终身学习者近 6000 万人次，注册用户 680 万人，以数字化服务学习型社会建

---

① 苏州市终身学习促进条例. [2024-04-23]https://www.suzhou.gov.cn/szsrmzf/gbdfxfg/202303/d0523991fe664f71bab6259ffdba5c30.shtml.

设取得显著成绩。①

第六，政策推动各级教育机构之间、教育与其他部门之间加强沟通联系，实现资源的跨界融合共享，发挥优势互补，促进共同发展。这一举措旨在最大限度地利用各方资源，为学习者提供更加全面和优质的学习体验，进一步激发学习者进行终身学习的内在活力。

第七，政策还着重推动数字化资源平台的普及，倡导利用现代信息技术，搭建线上学习资源开发共享等机制，为学习者提供个性化、针对性的学习支持服务。通过这些措施，政策有效推动了大区域内各类资源服务的互联互通与服务效能，为终身学习活动提供了更加便捷和高效的支持。

三、参与主体的多元化

在终身教育政策具体实施中，参与主体的多元化是一个至关重要的方面。这一方面既包括民间学者团体在理论研究和政策制定中的参与，也包括政策对全民参与终身教育的倡导。

一方面，民间学者团体的学术参与对于终身教育的发展至关重要。学者们以独特的视角和丰富的研究经验，为终身教育的理论研究和政策制定提供了宝贵的支持。例如，一些大学和研究机构建立了终身教育研究中心或研究所，积极参与终身教育政策的制定工作，助力终身教育政策的实施。他们不仅关注国际最新终身教育理念，还密切关注国内外终身教育的现状，提出了许多实用的建议和对策。这种学者团体的参与有助于确保终身教育政策更加贴近实际、更加符合民众需求。

另一方面，政策对全民参与的倡导是推动终身教育政策实施的关键。终身教育的核心在于满足广大民众的学习需求和权利，因此需要倡导并支持全民终身教育的理念。政府在这方面扮演着重要角色，需要加强对终身教育理念的宣传和引导，使更多民众了解并参与终身教育活动。同时，社会也应该提供各种非营利的教育与学习机会，鼓励民间力量参与终身教育活动的开展。例如，各级地方政府开展了多种形式的终身教育活动，如"终身学习活动周""终身教育日"等，以吸引更多民众参与，促进终身教育政策的开展和落实。

---

① 喜报！《人民日报》刊登：中国终身教育平台服务近 6000 万人次！. [2024-04-24] https://le.ouchn.cn/noticeDetail?Id=e6864901-43fc-429d-8823-b830f056e343&TenantId=gkzx.

第四节　中国终身教育政策的未来走向

中国终身教育政策的未来走向值得我们关注和思考。在这个过程中，我们需要关注四个关键方面：进一步完善保障机制、进一步聚焦政策主题、进一步推动政策落实、进一步促进民众参与。这些方面的改进将为我国终身教育政策的发展和实施提供重要的指导和动力。

一、进一步完善保障机制

在面对终身教育政策实施中的各种挑战和问题时，进一步完善保障机制显得至关重要。当前的局面表明，地方与国家层面在终身教育保障机制上存在不平衡，同时经济条件、理念导入和利益分配等方面也对政策实施产生了影响。因此，我们迫切需要加强对终身教育保障机制的完善，以应对当前的挑战，推动终身教育政策的进一步实施工作。

首先，地方政策推进中的立法保障、行政指导和民众参与得到了较多的强调和落实，但与之相比，国家层面对于终身教育的保障机制仍处于空白缺失状态。这种不平衡导致了终身教育政策的实施难以形成统一的力量和效果。

其次，经济条件的限制是终身教育发展的一个重要问题。现实条件的限制使得各地区的教育发展不均衡，而终身教育的推广需要充足的经济支持。如果正规教育的发展不够充分，那么终身教育的实施就会受到严重制约。

再次，终身教育理念的导入和理解在我国还不够成熟，存在着多种理念混杂和偏差。这使得国家层面的立法保障机制难以确立，因为需要统一的理论基础和指导思想来支撑这一机制的建立和实施。

最后，要打破现有教育体制机制的割裂局面，需要面对更为复杂和艰难的利益再分配问题。由于现有体系的复杂性和利益关系的错综复杂，贸然调整教育体系可能会引发难以预料的连锁反应，从而使得国家层面的终身教育政策难以顺利实施。

针对这些问题，可以考虑采取一种弹性的方式，即先在地方进行试点，通过实践取得经验和认识后再逐步推广至全国范围。此外，完善的终身教育保障机制对于政策的实施至关重要，包括通过立法确立终身教育的基本地位、利用政府行政指导力量获得公权力支持、鼓励民间力量参与等方面的努力都是不可或缺的。

然而，要突破目前的困境，需要克服地区发展不均衡、理念导入不完善等诸多因素的制约，这将是未来发展中需要着重解决的重要课题之一。[①]

二、进一步聚焦政策主题

当前我国的终身教育政策虽然广泛涵盖了成人教育、老年教育、农村教育、职业教育、社区教育等多个领域，却并未有以"终身教育"为主题的专项政策，这成为政策实施中的一个突出问题。以教育部 2012 年发布的《关于加快发展继续教育的若干意见》为例，虽然其与终身教育主题最为接近，内容也较为具体，但其定义的"继续教育"范畴并不能完整覆盖终身教育的全面内涵。此外，在国家层面上，终身教育的立法进程尚处于空白状态。早在 2002 年，《全国教育事业第十个五年计划》中就提出了"调研、起草《终身教育法》"的设想，但至今尚未见国家层面的终身教育法律取得实质性进展。虽然《教育部等七部门关于推进学习型城市建设的意见》和《关于加快发展继续教育的若干意见》都对推进终身学习立法进程提出了明确要求，但实现终身教育立法的目标依然面临诸多挑战。[②]

这种以"终身教育"为主题的专项政策的缺失，导致终身教育政策实施的有效性受到了一定程度的限制。由于教育领域内政策聚焦的是社区教育、老年教育、成人教育、农村教育、职业教育等特定领域，没有一个全面涵盖终身教育全过程的专项政策，教育发展的全面性和连续性可能受到影响。特别是在终身教育的理念传播与实践推进过程中，缺乏一个明确的政策指引，可能导致各地在政策实施中出现偏差与不一致，进而影响终身教育的整体效果和效率。

关于这一问题，需要从多个方面进行思考与改进。首先，应进一步明确终身教育政策主题，制定专项政策，以确保终身教育政策的明确性及政策的全面推进。这不仅需要在概念上对终身教育进行全面界定和理解，还需要将其纳入教育法律体系中，以便形成更为完善的保障机制。其次，应进一步加强各级政府部门的协同合作，形成政策的整体联动和统一推进，避免出现政策执行的碎片化和割裂性。再次，应注重终身教育理念的普及与宣传，增强社会各界对终身教育的认知与支持，以推动政策落实的深入开展。最后，应加强构建监督与评估机制，及时发现和解决政策实施中的问题与不足，以保证政策的有效性和可持续性。通过

---

① 国卉男. 中国终身教育政策研究. 华东师范大学博士学位论文, 2013.
② 谢静. 改革开放以来我国终身教育政策文本分析. 终身教育研究, 2019, 30（3）: 22-26.

这些努力，才能更好地解决终身教育政策实施中的问题，推动终身教育事业向着更加健康、全面的方向发展。

三、进一步推动政策落实

目前，尽管涉及的法律、规划、地方性条例等文件都着重强调了终身教育的重要性和发展方向，但对具体的责任主体、实施方式、发展程度等方面依然存在模糊性和不足之处。这种模糊性主要体现在缺乏对各级政府、培训机构、社区、学校、企业等参与主体在终身教育中应承担何种责任，如何具体落实责任等方面的明确指引和规范。因此，在实际的政策执行过程中，容易出现责任推诿、各自为政、条块分割等现象，导致终身教育政策的整体建设相对薄弱。

一方面，政府在终身教育政策执行中扮演着多重角色，包括服务者、协调者等，但权责划分不清晰导致政策执行中出现"重叠"和"冲突"现象。例如，社区教育中各种考核评估、管理和服务交叉频繁，造成实际工作的偏差和混乱。政府行政的"刻板性"也使得政策执行趋向"单一化"和"简单化"，无法充分考虑终身教育的多样性和自主性，导致实践工作受到一定的制约。

另一方面，终身教育政策在实施过程中面临资源优化和机构管理的挑战。尽管一些政策文件对资源优化和整合进行了关注，但对教育实体建设中的机构设置和管理体制却鲜有论述。例如，《关于在部分地区开展社区教育实验工作的通知》虽指出，社区教育是旨在提高社区全体成员整体素质和服务区域经济建设的教育活动，但对实际的机构运作和管理方式却未详细说明。这导致在实践中，教育实体的建设、管理缺乏明确的指引和规范，影响了政策的贯彻落实效果。

因此，要进一步推动终身教育政策的落实，需要着力解决以下几个方面的问题。

第一，明确责任主体和责任落实方式。政府、教育部门、其他部门、培训机构、社区、学校、企业等各参与主体在终身教育政策实施中应承担明确的责任，建立起责任落实的具体机制和标准，避免责任推诿和条块分割现象。

第二，加强政策执行的协同合作和监督评估机制。各级政府部门应建立起有效的沟通协作机制，形成合力，推进终身教育政策的有效实施，并建立起科学的评估机制对政策执行效果进行监督和评估，及时发现问题并加以解决。

第三，优化资源配置和机构管理。在终身教育实体建设中，要充分考虑机构设置和管理体制的合理性和高效性，明确各机构的职责和运作方式，以实现资源的优化配置和整合。

第四，加强对政策执行的宣传和引导。通过加大对终身教育政策的宣传力度，提高社会各界对政策的理解和支持度，进而推动政策在实践中的有效执行。

综上所述，要进一步推动终身教育政策的落实，就需要全面加强各参与主体之间的协同合作，优化资源配置和机构管理，建立起科学的监督评估机制，确保政策能够落地生根，为全民提供更加优质和多元化的终身教育服务。

四、进一步促进民众参与

我国在终身教育政策的制定和发展中，主要呈现出政府主导、自上而下的特点，民众作为终身教育的实际参与主体还需要得到进一步充分的关注和重视。目前，国际社会对终身教育的共识已经逐渐强调民众的参与和主体性。这是基于宪法中"主权归民"的原则，认为普通民众作为终身教育的参与者应当在政策制定和实施中发挥更大的作用。

政府在推动终身教育政策方面发挥着重要作用，在现实中，民间力量同样具有不可忽视的作用。相对于国家权力，民间力量更具灵活性和创新性，可以更好地反映社会多元化和个性化的需求，从而使终身教育政策的实施更具有针对性和有效性。

在制定终身教育政策时，政府应更加重视民众的参与，不仅要重视广大普通民众的意见和建议，还应充分听取对终身教育有深入研究和认识的专家学者的意见及建议。通过这种广泛的民众参与，可以更好地了解社会的真实需求和期望，从而更有针对性地制定政策，提高政策的可行性和实施效果。

特别需要强调的是，政府在制定终身教育政策时应更加关注和支持弱势群体的教育需求。比如高龄者、身心障碍者、失业者、退休下岗者、进城农民工等群体，他们往往面临更多的教育机会和资源的不足问题。政府应通过制定政策给予其更多的关爱和支持，以确保其能够平等获得终身教育的机会，促进社会的公平和包容。

其一，政府可以通过建立更加开放、透明的政策制定机制，让民众更加方便地参与到终身教育政策的制定过程中。可以通过定期举行公开听证会、座谈会，邀请各界人士提出意见和建议，形成多方参与、共同决策的机制。

其二，政府可以加大对民间组织和社区机构的支持力度，鼓励其积极参与终身教育的组织和实施工作。比如通过设立专项资金、提供政策倾斜等方式，支持和鼓励社区教育机构、非营利机构等为社区居民提供更多元化、个性化的终身教育服务。

其三，政府可以借助现代科技手段，建立更加便捷、高效的民众参与平台。通过互联网、移动应用等方式，提供在线投票、意见征集、政策反馈等功能，让更多的民众能够随时随地参与到终身教育政策的讨论和决策中。

其四，政府可以加强对终身教育参与者的培训和教育，提高他们的参与意识和能力。通过开展培训班、研讨会等活动，提升民众对终身教育政策的了解和认同，激发他们积极参与的热情和动力。

总体来说，进一步促进民众参与终身教育需要政府和社会各界共同努力。只有通过广泛的民众参与和积极的政策支持，才能够更好地推动终身教育政策的实施，推动终身教育实践落到实处。

第七章　中国的终身教育实践

实践是终身教育在中国探索的最终归宿。只有将理论、法律、政策层面的终身教育真正落实到实践中，才能更好地发挥终身教育对个人和社会发展的巨大作用。本章将详细分析中国终身教育的实践历程，探讨其体系构建、实践经验，分析其未来发展走向。

第一节　中国终身教育的实践历程

中国的终身教育实践经历了一段曲折而又充满活力的历程。20 世纪 60 年代，美国、日本、韩国、德国等国家纷纷提出终身教育理念并实施改革之时，中国却身处社会动荡的局势中。"文化大革命"期间，教育遭受了严重的破坏与否定，使得中国的教育事业陷入困境，学历教育和非学历教育都受到严重影响，无法与国际上的终身教育理念对接。"文化大革命"结束，中国的教育事业逐渐恢复，"解放思想、实事求是"和"改革开放"的政策逐渐打破思想及体制上的禁锢，为终身教育在中国的发展创造了新的条件和机遇。

虽然现代意义上的终身教育理念起源于 20 世纪 60 年代，但中国早已有着朴素而古老的终身教育观念。"学不可以已"（《荀子·劝学》）的论说，以及孔子关于人生阶段的论述都反映了中国传统对终身教育的重视。在解放思想的号角下，我国政府大力推动终身教育实践的发展。这一过程不仅是对传统智慧的继承与发扬，也是对现代终身教育理念的融合与创新，为中国终身教育实践的蓬勃发展奠定了基础。

一、第一阶段（20 世纪 70 年代末期至 80 年代末期）

从 1965 年朗格朗的《终身教育引论》详细阐述"终身教育"，到 1968 年赫钦斯出版《学习社会》，以及 1972 年联合国教科文组织发布的《富尔报告书》，这些文献都强调了终身教育的重要性和必要性。中国也在此时开始引入终身教育理念并进行传播，中国学者不仅翻译了国际上的经典著作，还创办了专门研究终身教育的期刊。这一时期，中国处在追求经济发展的紧要时期，与国际上的终身教育理念相结合，为中国本土化的终身教育发展奠定了基础。20 世纪 80 年代中期，第三次科技革命中以智能和信息技术为核心的浪潮，推动了生产力的飞跃发展。在此背景下，中国以经济发展为中心，通过教育来提升工人的技能水平，以适应新时代的生产要求。党的十四大报告强调了知识对工人阶级的重要性，以及发展终身教育的必要性，这直接为中国终身教育实践的发展指明了方向。

在这一阶段，中国终身教育领域呈现出多样化和持续发展的特点。这一阶段的特点主要体现在以下几个方面。

1. 职工教育的突破与发展

改革开放后，中国终身教育实践首先在职工教育领域取得了突破。这体现在国家政策的颁布和实施上，例如 1978 年中国工会第九次全国代表大会通过的《中国工会章程》和 1981 年中共中央、国务院颁布的《关于加强职工教育工作的决定》。这些文件明确了职工应努力学习现代化科学技术和管理知识，提高工作能力，并大力推动职工教育的发展。职工教育作为终身教育的重要组成部分，为职工提供了终身学习的机会，有力地推动了中国工人阶级的文化素质和技术水平的提升。

2. 扫盲教育的发展

扫盲教育在中国终身教育实践发展中具有重要意义。改革开放初期，中国经历了扫盲教育的高潮，不断推动着文盲和半文盲人口的减少。政府发布了一系列文件和条例，如 1978 年国务院发出的《关于扫除文盲的指示》和 1988 年国务院发布的《扫除文盲工作条例》，这些文件为扫盲工作的开展提供了政策支持和指导。扫盲教育的发展不仅涉及识字扫盲，还包括文化扫盲、科技扫盲和功能性扫盲，适应了社会经济发展的需要。

3. 岗位培训的新重点

随着经济结构和就业形势的变化，岗位培训成为终身教育工作的新重点。1986 年，《关于改革和发展成人教育的决定》提出，要将工作重点由思想政治教育和文化技术补课转向开展岗位培训。这一举措旨在提高劳动生产率和工作效率，满足经济发展对人才的需求。

4. 高等教育自学考试制度的建立和发展

高等教育自学考试制度是改革开放以来教育制度的创新之一。这一制度采用个人自学、社会助学和国家考试相结合的方式，不设性别、年龄、民族、职业和学历限制。自学考试制度的建立，旨在培养更多的专门人才，以满足社会和个人对高等教育的需求。自学考试制度的实施促进了终身教育实践的发展，也为中国教育制度的创新提供了范例。

在这一阶段，受到经济倾向社会背景的影响，我国终身教育实践呈现出强烈的"经济目的"倾向。此时的终身教育发展主要体现在高度重视扫盲教育、职工教育和岗位培训，以及开创了高等教育自学考试制度，为我国的经济、文化和社会建设培养了专门人才。

然而，这一阶段也暴露出了一系列问题。

第一，在终身教育的理论研究方面存在不足和不深入的问题。学者更多地关注国际终身教育的发展和经验，而对终身教育的基本概念、结构、内容以及在我国国民教育体系中的地位和作用等方面的研究较少。

第二，在管理体制上，依然存在过于集中的管理模式，过度依赖政策推动终身教育的发展，而忽视了教育发展的内部规律和多样化需求的灵活调整。

第三，在办学思想上，更多地注重系统的文化专业教育，而较少涉及岗位职务相关内容的教育，教学方式也较为单一。

第四，在机构设置上，终身教育的基础设施薄弱且不均衡，存在布局不合理、重复设置和脱离实际的问题。

第五，在教育质量上，成人教育更多地关注数量规模的扩张，而质量和效益方面并未得到充分重视。

这些问题揭示了我国终身教育实践发展中的不足和面临的挑战，需要转变和改革。在注重终身教育与经济建设紧密结合的同时，还应全面提高劳动者素质，注重人的全面发展，满足多样化的需求，建立符合国情的终身教育体系。

二、第二阶段（20世纪90年代）

1978 年改革开放以来，西方思潮纷至沓来，终身教育理念也在联合国教科文组织、亚太经合组织、欧盟等组织的推动下进入中国。中国学者积极参与终身教育理念的引入。最初，终身教育侧重于扫盲、双补教育和培训。直至 1992 年邓小平南方谈话，进一步强调解放思想。党的十四大提出我国社会主义改革开放和现代化建设进入新阶段，1995 年国家推出"科教兴国战略"。在经济发展的同时，我国更加关注教育与经济的互动关系，也注重个人的全面发展。

随着改革深化和对外开放不断加强，社会主义市场经济建设逐步深入，科技快速发展，但我国人民的科学文化素质与现代化建设需求存在明显脱节的问题。城乡居民、从业者对提升素质和接受培训的需求增加。随着生活水平的提高，人们对更高层次教育的需求也日益迫切。为保持经济社会高速健康发展，解决素质与现代化建设之间的矛盾，满足人民日益增长的文化需求，发展终身教育成为必然选择。

知识经济时代以知识为经济增长核心，知识产业成为主导，科教兴国成为重要战略。科技进步推动社会不断变革，知识急速扩张，人们需要不断提升知识与技能，以适应社会发展。科技便利提供更多闲暇，激发人们对精神文化的更高需求。教育被摆上优先发展的战略地位，与经济发展和现代化建设同步推进，使教育成为实现经济结构转型和生产率提升的关键。

国际经济政治竞争在知识经济时代变得尤为激烈，其实质就是人才竞争。我国迫切需要大量具备竞争能力的复合型和创新型人才。因此，这一阶段我国终身教育的发展重点与任务主要体现在以下五个方面。

1. 重在提高质量的成人高等教育改革

由于进行了长期扫盲教育、青年"双补教育"和干部培训，我国已经在成人教育和职业教育方面取得了显著进展，弥补了"文化大革命"对青年教育的影响。随着知识经济时代的到来和我国社会主义经济体制改革的深化，人民群众对教育的需求也逐渐从基本知识、基本技能和科学文化知识的掌握转向更高层次的需求。国家也根据社会改革总体形势，对成人高等教育领域提出了新的要求。1992 年，成人高等教育改革和发展重点发生变化，进一步重视更高水平的岗位培训和大学后继续教育，进一步推动了成人高等教育的深度和广度方向的发展。在自学考试方面，参与自学考试的群体也逐渐发生变化，不再局限于接受过中等教育的人群，本科生、硕士生甚至博士生开始学习"第二专业"。此外，函授教育、夜大学以及各类培训机构也都得到了大规模发展。

该时期的成人高等教育改革措施有全国统一招生考试、设立成人专科教育改革试点、实行教学质量抽考制度、加强对毕业证书的管理等。1998—2000 年全国高等教育学生人数统计情况如表 7-1 所示，可以看出成人高等教育的人数增长较快，且在全国高等教育中占有相当的比例。[①]

表 7-1　1998—2000 年全国高等教育学生人数统计表

年份	在校生总规模（万人）	研究生（人）		普通本专科（人）		成人本专科（人）	
		博士	硕士	本科	专科	本科	专科
1998	642.99	14962	57300	653135	439492	113197	888179
1999	742.27	15519	71847	936690	611864	207508	998476
2000	939.86	25142	102923	1160191	1045881	312580	1248900

2. 岗位培训大力发展

在我国经济、政治、教育体制改革的关键时期，产业和职业岗位结构正在大规模调整。科技的发展、新技术的引入以及企业内部改革不断加强，使得待岗、下岗和转岗现象日益严重，成为社会的重要问题。因此，国家企事业单位必须优先处理好再就业工作。同时，人力资源开发理论在中国受到了重视和发展，它强调人的知识、能力等资源对经济发展的贡献至关重要。国家机关和企事业单位对岗位培训的重视也不断增加。国家层面不仅加大对岗位培训的宣传力度，还组织编写了岗位培训教材，设置了岗位培训考核机构，制定了岗位培训分类和规范，实施了岗位资格证书考试机制，逐步建立了岗位培训制度。此外，各省、市和大中型企业也相继制定了岗位规范，建立了岗位培训制度，尤其是通过行业系统制定的岗位规范得到了行业内部的支持和认可。在这种推动下，岗位培训已经形成以"市场需求为导向"和"学员自我发展为导向"的培训体系。岗位培训根据国家、社会以及个人的实际需要，灵活地开展培训项目，充实培训内容，使个人的发展现状与教育需求相互结合。同时，完善了培训体系，个人或单位可以根据自身需求自由选择"培训套餐"，实现个性化培训，满足教育需求并推动自我发展。

---

① 王晓丹，侯怀银. 新中国成立七十年来中国成人教育改革的回顾与展望. 中国成人教育，2020，（3）：8-15.

3. 社区教育大力发展

中国社区教育正式起步于 20 世纪 80 年代末，最初以青少年为主要受众，得到了学校、家庭和社会的共同关注。以上海真如中学社区教育委员会的成立为标志，社区教育进入全员、全程、全方位发展的新阶段。现今，社区教育对象已扩展到社区所有成员，内容包括青少年、老年、外来人口和城市适应性教育等各类教育，体现了多种教育形式的融合特点。社区教育主要关注社区协调发展和居民终身教育需求，贴近居民生活和真实需求，同时关注社区人员的精神需求，以社会热点为主题，运用新技术开展各项社区活动。通过学校、家庭和社区的协作，实现了教育的社会化，丰富了社区居民的文化生活，提供了高质量的社区服务，创造了良好的生活环境。随着社区教育的发展，各地政府陆续发布相关文件，一些城市如北京、上海等成立了社区学校，现有机构也向社区教育转变，例如上海市静安区将成人中专转变为区域性卫生系统的终身教育基地，地方高校也开始成立社区学院或开放大学，同时社区也借助学校开展老年教育等活动。社区教育实体不断发展壮大，形成了社区学院、学校和办学点的三级办学体系，成为终身教育的重要途径，展现出了强大的活力。

4. 公共教育服务机构的发展

在知识经济时代，个人不仅能在学校中获取知识，更能在工作和社会实践中学习新知识。因此，"一次教育"的观念已经过时，人们需要终身学习。图书馆、博物馆、科技馆等公共文化机构向社会全体开放，成为人们进行终身学习和教育的理想场所。这些机构有丰富的信息资源，且开放性强，让人们可以根据自身的需求自主地选择学习途径，从而实现自我教育。尤其是图书馆，特别注重科学文化知识的普及、国民信息素养的培养以及人才素质的提升，对社会起着重要作用。其中，高校图书馆也有终身教育的功能，可将其融入社区教育，增进高校与社区的联系与资源共享。但要使高校图书馆真正面向市民，还需要更多努力。

5. 农村成人教育得到发展

过去一段时期，终身教育聚焦成人、职工和扫盲教育，尤其重视企事业单位职工、干部和年轻人群体，这些群体主要分布在城镇地区。相比之下，农村成人教育长期停留在扫盲识字的层面。鉴于中国是农业大国，拥有数以亿计的农村劳动者，如何有效挖掘这一巨大的人力资源已成为社会面临的一项严峻挑战。1993年，《中国教育改革和发展纲要》针对发展农村成人教育提出了更为明确的要求，主要包括办好乡镇成人文化技术学校、推进农村扫盲教育、加强乡镇企业职工的培训以及乡村干部的教育等多个方面，并据此制定了相应的发展目标。在此背景下，自 1993 年起，我国开始大力推进农村成人教育的发展，主要工作涵盖建设乡村农业技术学校、示范乡村农校、中级人才培养和初级人才培训、推广实用技术培训及加强思想文化建设等多个领域。同时，扫盲工作也得到了进一步加强，重点提高学龄儿童的入学率、减少新文盲的产生，并持续推进继续教育工作。根据 2000 年第五次全国人口普查的数据，我国文盲率大幅下降，农村成人教育取得了显著成就。

这一阶段正值我国推进中国特色社会主义市场经济的关键时期，终身教育迎来了前所未有的发展机遇。教育目标由过去的追求"生存"逐渐转向促进"人的全面发展"，人们对更高层次教育的需求日益增长，这也推动了高层次、高水平的岗位培训成为成人教育发展的新契机，进而促进了成人高等教育的发展，满足了广大人民群众对高等教育的需求。同时，人们对精神生活的关注也推动了其对生活教育和社会文化教育的需求，进而推动了社会公共文化服务机构的发展。

终身教育在取得成就的同时，也暴露出一些问题。

一是终身教育发展目标的功利性问题。科技、经济、社会的变革催生了终身教育的需求，而追求功利性目标，即快速提高知识和技能水平，与更加关注人的情感、责任和综合发展的目标之间，在发展过程中产生了一定的矛盾。

二是成人教育市场化的弊端。在市场经济影响下，成人教育市场化趋势明显，但这也引发了"恶性竞争"，如降低价格、降低教学标准等行为，这些都对教育质量和教育公平产生了不良影响。

三是成人教育、职业教育等办学体制的问题。政府包办、高度集权的管理模式已经难以适应多样化、多层次的教育需求，因此改革体制以促进教育的多元化和市场化显得尤为迫切。

四是终身教育实践迫切需要终身教育法制建设的保障。这一阶段的法律体系对终身教育的规范性和保障性存在不足，为此，需要制定专门的终身教育法律法规，以确保终身教育服务市场有序发展。

三、第三阶段（21 世纪初期至今）

终身教育在历经从"生存"到"发展"的转变后，又迈入了保障"学习权"和"受教育权"的新发展阶段，逐渐走向制度化和法律化。这意味着终身教育已经超越简单的"手段"和"目的"范畴,成为一种"责任"和"义务"。

作为影响世界各国(地区)教育改革和发展的重要思潮之一,终身教育在发达国家和地区得到了广泛发展。这些国家和地区通过制定专门的终身教育法律,确保了终身教育的有序推进。例如,美国在 1976 年修订《高等教育法》时增订了终身学习法,日本于 1990 年颁布《终身学习振兴法》,韩国等国家也相继制定了相关的终身教育法律。这些立法举措为我国终身教育实践提供了宝贵的经验和较为明确的发展方向。

随着互联网、数字化、智能化时代的到来,现代技术已成为重要的教育平台。终身教育可以借助先进的教育技术,提供开放的教育资源,实现学习的非同步进行,为构建学习型社会提供了有效途径。学习型社会强调学习机会的全面开放,使个体能够终身学习。这一理念也要求整个社会和组织提供丰富的学习机会和场所,共同构建学习型社会的"细胞体"。在这一时期,我国也加强了终身教育法律体系的建设,以更好地适应网络时代和学习型社会的发展需求。

在这一阶段,我国终身教育实践的发展主要体现在以下方面。

1. 探索搭建终身教育"立交桥"

终身教育的"立交桥"机制旨在实现学习型社会这一超越性的社会形态,确保每个个体都享有学习的权利和机会。在这样的社会形态中,个人、社区乃至整个社会都成为终身学习的主体。为实现这一目标,需要打破各种教育类型之间的壁垒,促进教育有效衔接。《国家中长期教育改革和发展规划纲要(2010—2020年)》颁布以来,我国围绕搭建终身学习"立交桥"的目标进行了实践探索,主要体现在以下三个方面:一是调整教育培养目标,借鉴 2006 年欧盟提出的 8 项基本关键能力,从知识型导向转向能力型导向;二是对终身教育体制进行内部的调整与改革,逐渐放松对教育的宏观行政调控,强调市场调控,鼓励社会力量参与教育办学;三是探索学分积累、认证和转移制度,借鉴银行存取款的概念,以学分为"货币",通过机构的授权实现学分的互认和转移,从而搭建起终身教育的"立交桥"。

2. 开放大学大力发展

《国家中长期教育改革和发展规划纲要(2010—2020 年)》对构建终身教育体系提出了新的要求,强调从教育理念、教育对象、教学人员、学生入学、教学模式、学习方法、学习资源、课程选择和学习环境的开放,以办好开放大学。2011 年,国家启动开放大学试点,给远程教育、成人教育、社区教育等方面带来了深刻变革。2012 年，上海开放大学成立，成为我国第一个以"开放大学"命名的学校。2016 年，《教育部关于办好开放大学的意见》明确了开放大学的发展目标，即"到 2020 年，中国特色开放大学体系初步建成，现代信息技术应用更加成熟，优质教育资源更加丰富，学习条件更加先进，学习制度更加灵活，办学体系不断完善，基本满足多样化学习需求，为学习型社会提供重要支撑，为人力资源开发提供重要保障"。在国家政策的推动下，开放大学取得了显著成就，在全国范围内建立了国家开放大学分部，形成了以"六网融通"为主要特征的人才培养模式，构建了学习网络，为学生建立了网络学习空间，开展了网络核心课程，推进了考试改革，探索了"网络教学管理"新模式，并加强了教师师资队伍建设。开放大学以其开放性扎根基层，服务社会，利用数字化和网络化建立了网络资料库和教学平台，为全体社会成员提供了多样化的教育服务，为公民的"学习权"和"受教育权"的实现提供了有力保障，成为实现终身教育的有效途径。

然而，终身教育在我国的发展也存在一些不容忽视的问题。首先，发展不均衡现象明显，不仅体现在城乡差异上，还反映在教育资源多寡、政策支持力度、发展速度等方面。尽管各地都积极推动终身教育的发展，但经济、政治、科技和人才等因素的制约依然存在，制约了终身教育体系的全面建立。城市地区在建设学习型城市和终身教育体系方面取得了显著进展，而农村和贫困地区的发展重点仍集中在成人扫盲和农业技术培训上，导致城乡教育发展不平衡。其次，尽管多年来已有建立终身教育体系的呼声和政策，但官方和全国性的终身教育体系仍未建立起来，国家性终身教育专门法的颁布可能性不大。因此，当前的关键任务在于建立可操作、实践性强且可推广的终身教育体系，而非停留在理论构建层面。

在终身教育的发展过程中，我国还呈现出明显的经验借鉴倾向，多将其他领域的经验模式套用到终身教育中。例如，以市场化和产业化理念发展成人教育，导致大量培训机构涌入教育领域，培养了众多重复性人才。这种粗放型的发展方式忽略了教育质量与学生利益，导致教育发展缺乏准确的定位。终身教育的创新发展迫切需要在办学体制、人才培训、管理体制、教育教学和评估考核等方面进行创新，实现内发性的发展和持续创新。

在社会变革和多元价值观的背景下，终身教育需要明确自身的生长坐标、价值体系和发展方向。应针对不同时期的需求，确定发展的重点任务，克服发展困难，不断进行创新和突破，以适应社会的发展需求和个体的学习需求。[①]

第二节　中国终身教育体系的构建

中国终身教育体系的构建是一项复杂而系统的工程，涉及多个层面的理论探讨与实践操作。终身教育不仅是传统教育的简单延续与扩展，更是社会进步和个人全面发展的重要保障。本节将深入探讨中国终身教育体系构建的基本理论与实践问题，分析其概念、构成要素、相关研究进展及构建历程。这一系列内容将有助于我们全面理解中国终身教育体系构建的精髓，并为未来的发展方向和政策制定提供重要的参考依据。

一、终身教育体系的概念

体系是指由相互联系和相互作用的若干部分组成的有机整体。其关键特征在于整体性、结构性和功能性。整体性意味着体系的各个部分紧密联系，形成一个不可分割的整体；结构性指的是体系内部各部分之间存在一定的组织和结构；功能性则强调体系整体所具有的特定功能，是各部分相互作用的结果。

体系与相近概念如系统、结构、网络等有密切关系。系统常常与体系互换使用，但系统更强调动态过程和功能实现的过程，而体系更侧重于静态的结构和要素之间的关系。结构指的是体系内部各要素的排列方式和组织形式，是体系的一个重要特征，但结构本身不一定具有体系的功能性。网络则强调体系中各要素之间的联结和互动，特别是在信息交流和资源共享方面的作用，但网络不一定具备体系的整体功能和目标。

关于终身教育体系的概念，学界有诸多定义。综合已有定义，我们认为，终身教育体系是一种基于终身教育思想的新理念、取向和模式，旨在解决现行教育中的问题，并在传统教育制度基础上实现超越和发展。它覆盖人生各个阶段，强调社会、学校和家庭之间的教育融合与衔接，推动社会转型。该体系通过整合社会各种教育资源和联结各类教育活动，重建内在一致性、关联性和持续性的教育结构，使学校和各类教育机构及学习者的潜能得以充分开发。

终身教育体系不仅包括成人教育、社区教育、老年教育等重要组成部分，还

---

① 邓海丽. 改革开放以来终身教育中国本土化研究. 华东师范大学硕士学位论文，2016.

强调各级各类教育的开放性和灵活性，以及相互之间的纵向衔接和横向贯通。它支持社会各类机构的共同参与，为全体社会成员提供公平、有质量保障且负担得起的终身学习机会，促进个体与社会的协调发展，最终构建一个促进全民终身学习和学习型社会的现代教育体系。这一体系不仅是我国当前不可或缺的现代教育体系，还需要通过社会制度、机构、组织和技术等多方面的支持与变革，来保障其有效实施和持续发展。

二、终身教育体系的构成要素

终身教育体系的构建涉及多个关键要素，确保在不同生命阶段、不同形式和不同资源条件下的教育需求都能得到满足。这一体系的核心在于实现教育阶段的连续性、教育形式的多样性、教育资源的开放性以及学习途径的灵活性。这些要素共同构成了一个全面且灵活的教育框架，该教育框架致力于为每个社会成员提供公平、优质和持续的学习机会。

在教育阶段的连续性方面，终身教育体系涵盖了从幼儿教育、基础教育、高等教育、职业教育到成人教育和老年教育等各个阶段，确保个体在不同生命阶段都能获得相应的教育支持。

在教育形式的多样性方面，终身教育体系包括正式教育、非正式教育和非正规教育。正式教育指的是学校教育和经过系统安排的教育计划；非正式教育是指家庭教育、社会教育等在非特定场所进行的教育活动；非正规教育则包括社区教育、职业培训、继续教育等不受时间、地点限制的教育形式。

在教育资源的开放性方面，终身教育体系强调教育资源的广泛可及性和共享性。通过现代信息技术和网络平台，可以随时随地为所有人提供教育资源，促进教育机会的均等化。

在学习途径的灵活性方面，终身教育体系提倡灵活的学习方式，包括线上学习、远程教育、自主学习等，以适应个体不同的学习需求和生活节奏。

构建完善的终身教育体系具有重要的社会意义和个人价值。它不仅能够促进社会公平与正义、实现教育机会均等，还能提升国民素质和综合国力，为经济社会发展提供持续动力。同时，终身教育体系能够满足个体的多样化学习需求，促进其全面发展和自我实现。终身教育体系既是现代社会发展的必然选择，也是实现社会可持续发展和个人终身发展的重要保障。通过系统化的规划和实施，终身教育体系可以为所有人提供终身学习的机会，推动社会进步和人类文明的提升。

三、终身教育体系的相关研究进展

已有的终身教育体系研究，主要从要素、功能、特征等方面对体系自身和体系构建进行综合反思：一是终身教育体系的要素研究。研究者从终身教育的形式、方式、内容三方面，纵向和横向两个维度，目标系统、保障系统、领导系统、运作系统四大系统对终身教育体系的构成要素进行分析。二是终身教育体系的功能研究。有研究者认为，终身教育体系具有教育功能、经济功能、人口功能、社会功能。此外，也有研究者对终身教育体系在政治、文化、科技、生态等方面的功能进行了研究。三是终身教育体系的特征研究。有研究者提出，终身教育体系具有统合性、开放性、非功利性特征。也有研究者认为终身教育体系具有多样性、整合性、开放性、个体性等特征。此外，还有研究者从动因、内容、问题与展望等方面对终身教育体系研究进行了综述，指出这方面的研究呈现出在内容上由单一走向多元、由理论走向实践、由宏观转向微观的趋势；呈现出关注具象化的实践研究、终身教育法律制度研究、开放大学在终身教育体系构建中的作用研究等趋势。[①]

2019 年至今，围绕构建服务全民终身学习教育体系的研究成果日益增多，研究者主要对本质、内涵、构建价值、构建逻辑、路径选择与体制机制等方面进行了思考或研究。

第一，关于体系的本质思考。研究者通过多维度的综合研判，解析出"自我导向学习"这一基本线索与基本要素，在一定程度上揭示了其内在逻辑，提出了相关建议[②]。

第二，关于体系的内涵研究。有研究者从四种导向出发，对"服务全民终身学习的教育体系"的内涵做了分层分级阐释[③]。

第三，关于体系的构建价值研究。有研究者认为，构建服务全民终身学习的教育体系是实现教育强国战略的国运之需，实现教育终极使命的治理之要，融通中央长治与个人久安的信念之实[④]。

第四，关于体系的构建逻辑研究。有研究者分析了构建服务全民终身学习的

---

① 侯怀银. 论构建服务全民终身学习教育体系的研究. 教育科学, 2022, 38（5）23-30.

② 路宝利, 张之晔, 吴遵民. 构建服务全民终身学习教育体系的本质思考：基于"自我导向学习"的视角. 中国远程教育, 2021,（8）: 1-11.

③ 陈廷柱, 庞颖. 分层分级构建服务全民终身学习的教育体系. 终身教育研究, 2021, 32（6）: 3-9.

④ 史秋衡, 谢玲. 构建服务全民终身学习的教育体系的价值解读. 北京大学教育评论, 2021, 19（3）: 178-187.

教育体系的政策逻辑和实践逻辑。

第五，关于体系的路径选择与体制机制研究。有研究者基于分层分级理念探讨服务全民终身学习教育体系的建设，指出应基于政府责任与立法设计的角度，从中央到地方分级设计管理结构。也有研究者从"后学校化"视角探讨构建服务全民终身学习的教育体系的路径与机制。

此外，有研究者十分注重各级各类教育，尤其是高等教育在体系构建中发挥的作用。还有研究者认为，基于构建服务全民终身学习的教育体系视角，家庭教育的内涵需要重新审视与重构，这既是"构建服务全民终身学习的教育体系"的要求，也有助于进一步发展家庭教育理论，以回应和解释家庭教育实践中的复杂现象。①

四、中国终身教育体系的构建历程

自改革开放以来，我国终身教育体系的构建历程大致分为以下三个阶段。

（一）萌芽阶段（1978—1992 年）

这一阶段是终身教育体系及其体制机制形成的萌芽期。改革开放初期，教育界着力恢复和重建因"文化大革命"受损的成人教育体系。"1978 年 2 月 6 日，邓小平同志亲自批示创办广播电视大学。发展广播电视教育，是邓小平同志'两条腿走路'发展教育思想的成功实践"②，强调全日制学校教育和业余教育并行的重要性。这一时期，职工教育、农村成人教育和成人高等教育逐步恢复。

在职工教育方面，1978 年，教育部开展职工教育情况调查，召开全国职工教育座谈会，推动企事业单位职工教育。1981 年，《关于加强职工教育工作的决定》颁布，标志着职工教育进入制度化阶段，形成了职工中等专业学校和职工大学为主干的教育体系。在农村成人教育方面，农村经济体制改革带动农村成人教育的发展。1988 年，《扫除文盲工作条例》颁布，推动农村扫盲工作法治化，20 世纪 80 年代末文盲率显著下降。在成人高等教育方面，恢复高考后，国家积极恢复函授教育和夜大学，20 世纪 80 年代，成人高等教育体系初步形成，包括职工大学、农民高等学校和管理干部学院等。

---

① 侯怀银. 论构建服务全民终身学习教育体系的研究. 教育科学，2022，38（5）23-30.
② 充分发挥现代远程教育在建设人力资源强国中的重要作用. http://www.moe.gov.cn/jyb_xwfb/gzdt_gzdt/moe_1485/tnull_31228.html.（2008-01-31）[2024-06-20].

（二）初期建设阶段（1993—2009 年）

1993 年，《中国教育改革和发展纲要》发布，明确提出构建终身教育体系和建设学习型社会的目标。随着社会主义市场经济体制逐步确立，终身教育思想逐渐普及，成人教育体系开始向终身教育体系转型。

1999 年，《面向 21 世纪教育振兴行动计划》以 2010 年为时间节点，提出基本建立起终身学习体系的目标。2002 年，党的十六大报告第一次明确提出建设学习型社会的战略目标。2007 年，党的十七大进一步强调完善现代国民教育体系和基本形成终身教育体系。20 世纪 90 年代以来，我国颁布了一系列教育法律法规，如《教师法》（1993 年）、《职业教育法》（1996 年）和《高等教育法》（1998 年），为终身教育体系建设提供了法律保障。在继续教育和社区教育方面，2000 年后，继续教育和社区教育迅速发展。教育部发布《成人高等教育学历证书电子注册管理暂行办法》等文件，规范继续教育。

在这一阶段，随着终身教育理念的传播与社区教育意义的凸显，社区教育的辐射范围越来越广，由发展较快的大城市走向中小城镇与农村，同时这一阶段的社区教育也不再是学校教育的补充，而成为终身教育体系中的重要组成部分。这一阶段的社区教育政策非常注重社区教育的实践探索，旨在提升社区成员素质与推动社会发展。以 20 世纪 90 年代初民政部下发的《关于听取对"社区建设"思路的意见的通知》为标志，社区教育的试点工作正式展开，该文件确立了天津市河北区和杭州市下城区为全国社区建设试点单位。开展社区教育试点工作是我国对社区教育探索的特有形式，在相关政策的指导下社区教育实验区呈现出由城市向区域、由区域向县（乡）逐层扩展的趋势。[1]随着社区教育试点工作的逐步展开，形成了社区教育中心、社区学院等多层次的社区教育体系。

现代远程教育依托互联网和移动通信技术，是构建终身教育体系的重要实践。1996 年，清华大学校长王大中教授提出在清华开展现代远程教育的设想，受到高度重视。1999 年，《面向 21 世纪教育振兴行动计划》，提出实施"现代远程教育工程"，构建开放式教育网络和终身学习体系。随后该工程通过设置试点得以启动。自 1999 年起，试点通过面向全国统一招生、免试入学和统一学籍管理，举办本、专科学历教育。本科开放教育由中央电大和普通高校联合举办，专科由电大系统独立举办。通过这些举措，现代远程教育逐步完善了终身教育体

---

① 侯怀银，尚瑞茜. 改革开放四十年来社区教育政策的回顾与展望. 终身教育研究，2018，29（3）：3-10.

系，为更多人提供了继续学习和提升的机会，促进了教育公平和社会发展。

为了满足高等教育需求、推动经济增长，1999 年，国务院决定大幅度扩大高校招生规模。随着普通高校和现代远程教育的招生扩张，成人高等教育生源竞争加剧，出现了招生和办学秩序混乱的现象。为规范办学秩序，2007 年 4 月，教育部下发了《教育部关于进一步加强部属高等学校成人高等教育和继续教育管理的通知》，要求部属各高校"进一步明确成人高等教育和继续教育的发展定位"，"从 2007 年秋季开始停止招收成人脱产班和高等教育自学考试社会助学脱产班"，"现代远程教育试点高校要充分利用现代信息技术，逐步将函授教育过渡到现代远程教育"。此外，该文件强调要"整合资源，进一步理顺成人高等教育和继续教育的管理体制，实行统一归口管理，依法治教、规范办学"，严格执行教育部已经出台的学历文凭政策，加强学生学籍管理，严格证书审核和发放制度，严格校外合作办学审批、检查和监管制度，加强对函授教育教学站点的监管，提升教育质量。从 2008 年起，普通高校停止招收成人脱产班，合理确定成人高等学校脱产班的规模。这些措施旨在提高成人高等教育和继续教育的质量，促进教育公平和终身教育体系的构建。

为适应经济体制改革，深化教育体制改革，国家教委在 20 世纪 80 年代末和 90 年代初启动了农村、城市和企业教育综合改革实验。这些改革旨在探索新的成人教育管理体制和运行机制。农村教育综合改革的目标是促进基础教育、职业教育与成人教育的统筹，使农业、科技与教育相结合。城市教育综合改革旨在促进教育与经济、科技的结合。1997 年，国家教委提出城市教育改革的目标，要求建立与社会主义市场经济体制相适应的教育体制，促进教育与经济、科技的协调发展，推动基础教育、职业教育和成人教育的结合。企业教育包括岗位培训、职前培训及成人学历教育。实验允许突破现行规定，探索企业教育管理创新。

（三）全面推进阶段（2010 年至今）

2010 年，《国家中长期教育改革和发展规划纲要（2010—2020 年）》颁布，标志着我国进入构建终身教育体系全面推进的阶段。

构建终身教育体系需要各级各类教育的协调发展与沟通衔接，并调动社会力量和教育资源。2011 年，在全国继续教育工作会议上，国务委员刘延东强调"加快发展继续教育，促进各级各类教育纵向衔接、横向沟通，构建灵活开放的终身教育体系，推进学习型社会建设"，需"动员各方参与""扩大优质资源开放共享"，"为继续教育持续健康发展提供有力保障"，并"完善体制机制，强化规范管理"。①为加强教育体制改革的组织领导，国务院成立了国家教育体制改革领导小组，该小组负责审议教育改革方针、政策措施，统筹协调教育改革发展中的重大问题。2010 年 11 月，国家教育咨询委员会成立，其主要职能是对重大教育政策、改革事项进行论证评议，提供咨询意见；开展调查研究，提出政策建议；评估教育体制改革试点和重大项目实施情况。该委员会分 10 个组，涵盖素质教育、职业教育、终身教育等十大改革任务。2012 年，教育部成立综合改革司，负责统筹推进教育规划纲要的落实，并监督检查教育体制改革试点进展情况。同年，将原高等教育司的远程教育与继续教育职责划归职业教育与成人教育司，以统筹管理各类继续教育，并成立继续教育办公室，宏观指导各类非学历继续教育。随着简政放权的推进，教育行政部门多次清理和减少行政审批事项，将一些适宜地方决策的事项下放地方管理或取消。2014 年 1 月，国务院常务会议决定，取消和下放利用网络实施远程高等学历教育的教育网校审批，为远程教育的发展奠定了基础。

自《国家中长期教育改革和发展规划纲要（2010—2020 年）》实施以来，地方终身教育立法取得重大进展。自 2005 年《福建省终身教育促进条例》颁布以来，我国多地陆续出台相关条例，为明确终身教育政策、跨部门管理体制、政府责任、经费保障、激励制度等提供了法律依据，对完善终身教育体系具有重要意义。

这一阶段，开放大学建设试点初见成效。2010 年底，国务院启动教育体制改革试点，涵盖开放大学建设、学习成果认证和"学分银行"制度等。2012 年，教育部批复成立国家开放大学及多所省市开放大学，探索远程开放教育模式。开放大学在质量保障、学习成果认证、社区教育服务、与普通高校合作等方面进行了积极探索，并积累了很多有益的经验。

这一阶段，构建终身学习"立交桥"取得进展。一是考试招生制度改革推进。2014 年印发的《国务院关于深化考试招生制度改革的实施意见》，提出到2020 年基本建立中国特色现代教育考试招生制度，促进普通教育、职业教育、继续教育之间衔接沟通，拓宽社会成员终身学习通道，探索建立多种形式学习成果的认定转换制度。二是学习成果认证取得初步成果。国家开放大学构建了学习成果认证体系，设立了学习成果认证分中心，开发了学分银行信息平台，实现了

---

① 刘延东强调：要完善体制机制 加快发展继续教育.（2011-12-24）[2024-09-28]. https://www.gov.cn/ldhd/2011-12/24/content_2028429.htm.

多种学习成果转换。三是高校继续教育学分互换制度取得进展。多所高校探索网络教育课程标准、学分认定和转换规则，促进了继续教育学分互认。

这一阶段，高校继续教育改革稳步推进。2011 年，教育部启动"高等学校继续教育示范基地建设"项目，探索管理体制、合作模式、人才培养模式和技术手段创新。经过几年的努力，项目高校在体制机制创新、精品项目建设、资源整合、校企合作等方面取得显著成效。

这一阶段，现代远程教育与数字化学习服务体系初步形成。2011 年以来，现代远程教育试点高校设置了众多校外学习中心，形成了信息化学习支持服务体系。普通高校继续教育资源逐渐数字化、开放化，推出了大量免费在线课程，推动了社会开放教育的发展。

这一阶段，我国在学习型城市建设方面取得显著进展。一些城市积极探索建立健全终身教育推进体制，构建终身教育和学习网络与服务体系，整合开放终身教育资源，加强条件保障，促进了经济发展与和谐社会建设，完善了终身教育体系，推动了各类教育之间的沟通衔接，积累了可供借鉴的经验。

中国终身教育体系的构建经历了从萌芽、初期建设到全面推进三个阶段。在经济体制改革和社会发展的推动下，终身教育体系逐步完善，法律法规不断健全，信息化手段助力教育资源普及，为构建学习型社会奠定了坚实基础。[①]

第三节　中国的终身教育实践经验

随着经济社会的快速发展和信息技术的不断进步，终身教育已成为促进个人全面发展和社会持续进步的重要手段。我国的终身教育实践取得显著进展，形成了独具特色的模式与经验。

一、北京市"常青藤"社区终身学习系统

（一）"常青藤"社区终身学习系统内部模型

"常青藤"社区终身学习系统是一个具有开放特征的体系，由一个核心、三个环节和三个群体组成。这三个群体包括学习群、支持群和价值群。学习群对应创新环节，支持群对应创客环节，价值群对应创意环节。创意、创新和创客这三

---

① 朱永新. 中国教育改革大系·终身教育卷. 武汉：湖北教育出版社，2016：10-38.

大要素共同促成了创业活动的产生。

在这个系统中，学习群、支持群和价值群通过相互作用，逐步构建起区域终身学习智慧系统。学习群主要致力于探索新知识和新技能的学习与创新；支持群则提供资源、技术和指导，帮助学习者将创意转化为实际项目；价值群挖掘和提升创意的价值，使其具备市场潜力和社会影响力。

如图 7-1 所示，这三个环节和群体的紧密配合与协同作用，使得创意、创新和创客的结合更加紧密、高效，从而推动了创业活动的不断涌现和发展。通过这种方式，"常青藤"社区终身学习系统不仅促进了个人的学习和成长，还推动了区域经济和社会的可持续发展。最终，在这三个环节和群体的共同作用下，一个智能化、可持续发展的区域终身学习智慧系统形成，并为社区成员提供了持续不断的学习和发展机会。

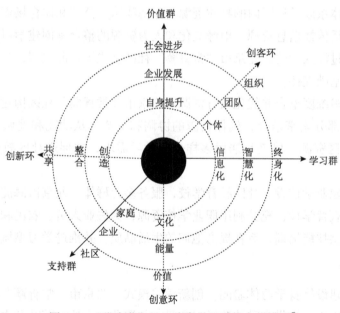

图 7-1　"常青藤"社区终身学习系统内部模型[①]

（二）"常青藤"社区终身学习系统架构分析

"常青藤"社区终身学习系统旨在满足中关村区域内社会进步和社区发展的

---

① 卞爱美. 智慧型都市社区终身教育学习系统的特点：创意、创新、创客、创业：以"常青藤"社区终身学习系统为例. 继续教育，2016，30（1）：46-48.

需求。通过构建价值群、支持群和学习群，系统实现了文化、能量和价值的涌现，进而形成了创意环。依托信息化和智慧化手段，系统不仅促进了终身学习系统的价值形成，还通过建立学习群推动了资源的创造、整合和共享，从而形成了创新环。支持群通过学习群和价值群的互动，推动了个体和组织的创业活动，最终形成了创客环。在此过程中，学习群致力于知识和技能的获取与提升，支持群提供必要的资源和指导，而价值群则负责挖掘和提升创意的价值。这三大群体在系统中相互配合，共同促成了创意、创新和创客三者的有机结合。

（三）构建区域终身学习系统的路径探索

1. 创意

第一，全面挖掘并整合社区教育资源。北京市"常青藤"社区充分利用学校师资、课程体系以及社区内的物质资源，如博物馆、公园和体育场等，并通过媒体和网络广泛传播信息资源。地缘文化和人力资源的整合是创建学习型社区的重要力量。通过深入调研，北京市"常青藤"社区制成了资源地图，为资源的有效组合提供了基础支持。

第二，多维度整合并优化教育资源。北京市"常青藤"社区构建平台，将社会结构的各部分紧密结合，确保资源的协调和平衡。从功能和地域两个维度出发，整合社区资源，以满足居民多样化的学习需求，并促进社区教育的可持续发展。

第三，职业学校设立社区教育学校，服务多元群体。北京市海淀区职业高中成立了社区教育学校，充分利用职业学校资源，为失业人员、农民和外来务工人员等群体提供技能培训，旨在提高他们的生活品质，并推进学习型城区的建设。

2. 创新

第一，建设终身学习体验园，创新学习模式。北京市"常青藤"社区建设了体验式学习中心，提供多种体验学习项目，如厨艺、书法、茶艺和古琴等，让居民在感受传统文化魅力的同时，形成新颖的社区教育形式。

第二，实施项目实验，推动社区教育发展。北京市"常青藤"社区实施了包括课程超市、校企合作、乡村发展和书法培训等项目，旨在整合社会资源，为社区提供丰富多样的教育服务，进一步推动社区教育的发展。

第三，加强数字化建设，满足多样化学习需求。北京市"常青藤"社区建设了"海淀终身学习网"和"学习型海淀网络学习平台"，通过整合教育资源，为不同学习人群提供全天候的学习服务。

3. 创客

第一，培养分享思想，推动终身学习。北京市"常青藤"社区着力培养分享思想，通过构建学习型组织，推动终身学习理念的普及，同时，建立全民终身学习公共服务平台，以支持和满足多样化的学习需求。

第二，创造创客空间，促进创意实现。中关村学院成立了专业工作室和学习平台，为创客提供交流合作的平台，以促进创意的孵化和实现。

4. 区域终身学习系统之创业

第一，营造自主创业环境，优化创业服务。北京市"常青藤"社区构建了学习系统，为自主创业提供全方位的支持和帮助，通过优化创业环境，提供招聘、测评和培训等服务，助力创业者实现梦想。

第二，建立创业教育培训体系，提升创业能力。北京市"常青藤"社区加强了创业课程建设，创建了互动开放的创业教育模式。通过职业院校和专门培训班，为农民和学生提供创业技能培训，形成了完善的创业教育体系。[①]

二、上海市终身教育实践经验

上海在终身教育的理论研究和实践发展方面处于相对领先地位。目前，上海初步建立了覆盖各类人群的终身教育体系。2021 年 10 月 27 日，在韩国延寿举行的联合国教科文组织第五届国际学习型城市大会上，上海成为 10 个获得联合国教科文组织 2021 年学习型城市奖的城市之一，也是这届唯一获此殊荣的中国城市。[②]

1. 三级社区教育网络

上海已构建起三级社区教育网络，该网络以社区学院为引领，以街道乡镇社区学校为支柱，以社区内中小学校和居民小区办学点为基础。社区教育经费通过政府拨款、社会筹集、单位出资、个人缴纳等多种方式筹集，形成了政府投入主导、多渠道并行的经费保障机制。这一网络提供了多样化的社区教育服务，满足

---

① 卞爱美. 智慧型都市社区终身教育学习系统的特点：创意、创新、创客、创业：以"常青藤"社区终身学习系统为例. 继续教育，2016，30（1）：46-48.

② 上海教育电视台《一校之长》. 助力人人终身学习，这座城市很伟大！深度解密上海荣获"世界学习型城市"背后的故事. [2024-06-18]. https://sghexport.shobserver.com/html/baijiahao/2021/12/05/602411.html.

了居民的多元学习需求。

2. 民办非学历教育

民办非学历教育包括各类民办教育培训和私立学校的非学历教育项目，是终身教育的重要组成部分。上海通过明确准入标准、完善审批管理和日常监管机制，有效地规范了民办非学历教育的市场秩序。

3. 农村成人教育

农村成人教育是上海终身教育体系的重要内容之一。上海积极推进乡镇成人学校建设，开展农民技能培训和农村劳动力转移培训。同时，上海还启动了"千村万户"农村信息化培训普及工程和"燎原计划"项目，有力地促进了农村教育的发展。

4. 职业与成人继续教育

上海在信息技术、现代制造业、现代管理和现代农业等领域，实施了中高级专业技术人员知识更新工程。通过上海干部在线学习平台，建设了党员干部现代远程教育基层终端站点。此外，外来务工人员的文化、法律知识和职业技能培训也得到了进一步完善，为终身教育体系的完善提供了有力支撑。

5. 老年教育

老年教育是终身教育的重要组成部分。上海老年教育稳步推进，全市范围内建立了老年大学、老年学校、老年教学点等老年教育机构。同时，上海还设有集体收视点，老年远程教育的参与人数众多，老年远程教育取得了显著成效。

6. 终身学习网络平台

网络学习平台是终身教育资源共享的重要环节。上海终身教育网于 2008 年开通，随后上海终身学习网于 2009 年开通，整合了丰富的在线课件资源供市民免费学习。2010 年，上海市终身学习网百万市民学习资源系统正式启动，吸引了大量学习者积极参与。

7. 上海开放大学

2010 年，上海开放大学成立，成为全国首家开放大学。该校既能举办成人高等学历教育，又能开展职业培训和文化休闲教育，有力地推进了终身教育资源整合，成为构建学习型社会的重要载体。

8. 上海终身教育学分银行

上海终身教育学分银行面向全市学习者提供学分认定、累积和转换服务，旨在搭建终身学习"立交桥"。该学分银行涵盖学历教育、职业培训和文化休闲教育，部分职业培训证书可转换为学历教育学分，为终身教育体系的构建提供了有力支持。

9. 学习型组织建设与市民学习品牌项目

2007 年，上海成立"学习办"，并制定了相应的评估指标，积极推动学习型组织建设。同时，市民学习品牌项目如上海书展、上海科技节、东方讲坛等，吸引了大量市民参与，营造了良好的学习氛围，使终身学习理念深入人心。①

三、福建省终身教育实践经验

福建省在终身教育实践方面，采取了"立法先行、组织引领"的策略。2005 年 8 月，《福建省终身教育促进条例》颁布，成为我国首个地方终身教育法规。2008 年，福建全民终身教育促进会应运而生，它借助中国终身教育网、《终身教育》杂志、终身教育论坛等平台，积极推动终身教育的调查、学术研究、思想宣传和政策咨询，与政府机构携手并进，共同促进福建终身教育的蓬勃发展。

（一）"9·28终身教育活动日"

《福建省终身教育促进条例》将每年的孔子诞辰日（9 月 28 日）确定为全省的终身教育活动日。自 2005 年起，这一活动在福州、厦门、泉州、漳州等地轮流举办，每次活动都围绕特定主题，开展丰富多彩的活动，旨在宣传终身教育理念，推动其深入发展。随着活动的逐年举办，其规模逐渐扩大，参与群体也日益广泛，对福建省终身教育的普及和发展起到了积极的推动作用。

（二）丰富的在线学习平台

福建省在线学习平台的建设走在了全国的前列。早在 1998 年，福建省便创建了中国终身教育网。近年来，在各级政府支持下，福建省更是创建了大量的终身教育网络资源和网上学习平台，如福建干部学习在线、福建终身学习在线、福建老年学习网、福建省专业技术人员继续教育培训平台、泉州终身学习在线等。

---

① 潘懋元，李国强. 现代终身教育理论与中国教育发展. 北京：高等教育出版社，2017：174-182.

这些平台不仅报道各种终身教育活动，介绍国内外先进经验，宣传终身教育理念，还提供了便捷多样的学习资源，大大促进了福建终身教育的发展。

（三）老年教育

福建省的老年教育始于 1985 年福建老年大学的创建，经过近 40 年的发展，福建省已形成省、市、县、乡、村五级老年教育办学网络。各市县纷纷创办老年大学，老年教育不断向基层延伸。2004 年，福建省委、省政府办公厅发布《关于进一步加强老年教育工作的意见》，将老年教育提到了与基础教育、高等教育和职业教育同等重要的位置。2014 年，福建省进一步提出了老年教育发展的新举措，如将部分农村中小学闲置校舍改建成老年学校，鼓励富余教师支教到老年大学（学校）任教，将老年学校纳入居家养老服务体系，完善福建老年学习网，开展"夕阳红"网上学习工程等，以鼓励老年人积极参与网上学习。

（四）闽台终身教育交流合作

福建省充分利用地缘优势，积极借鉴台湾终身教育的经验，与台湾开展广泛的终身教育交流与合作。自 2002 年起，福建省每年举办与台湾的职业教育与终身教育研讨会，为闽台专家学者搭建了一个重要的交流合作平台，邀请他们围绕特定主题进行深入探讨和交流。

通过以上一系列措施，福建省在终身教育实践方面取得了显著成绩，推动了终身教育事业的不断发展。[①]

四、太原市创建学习型城市

当前，全国各地在终身教育理念下，正掀起一股创建学习型城市的热潮。太原，这座历史文化名城，凭借其特定的政治、经济、文化环境以及丰富的人口和自然环境，为创建学习型城市奠定了坚实的基础。

（一）太原市终身教育实践特色

近年来，太原市致力于建立"人人皆学、时时可学、处处能学、按需选学、终身在学"的学习型社会，在创建学习型城市过程中取得了显著成就，积累了丰

---

① 潘懋元，李国强. 现代终身教育理论与中国教育发展. 北京：高等教育出版社，2017：182-189.

富的经验，并形成了独特的实践模式。

第一，政府创建力度大。太原市委、市政府高度重视学习型城市的创建工作，通过建立健全组织领导机构，统一部署，精心策划，从总体规划到分步实施，每一步都进行了深入的动员、出台了相关文件、制定了具体措施。政府的工作方向明确，力度大，落实到位。

第二，学习型组织创建形式多样。太原市积极推动县（市、区）、街道（乡镇）、社区（村）、单位、家庭等五类学习型组织的创建工作，涌现出一批具有不同特色的学习型组织。

第三，运行机制切入点精准。太原市在创建学习型城市的过程中，注重从运作机制入手。首先，建立了终身学习制度，通过"全民终身学习活动周"等活动推动学习型城市创建；其次，健全了终身学习服务机制，推动民办培训学校进社区；最后，建立了农村成人教育机制，通过"科教兴乡兴县"工程促进农村成人教育的发展。

第四，社区教育队伍建设有力。太原市教育局制定了社区教育辅导员工作职责和考核细则，建立了完善的规章制度，提升了辅导员的专业素养，为全面开展社区教育提供了有力的人才保障。

（二）太原市终身教育实践进展

第一，终身教育体系初步形成。太原市不断完善国民教育体系，学前教育得到普及，义务教育均衡发展，职普中等教育协调发展，高等教育水平不断提升。同时，社区教育进一步发展，形成了市、县（市、区）、街道（乡镇）、社区（村落）四级社区教育管理机构和培训网络，每年有 120 万市民参与了学习活动，职工教育、农村成人教育也取得显著发展。

第二，学习型组织创建扎实推进。太原市启动了学习型县（市、区）、街道（乡镇）、社区（村落）、单位、家庭五个方面的创建活动，并深入开展了创建学习型企业、争做知识型职工的活动。

第三，终身学习服务平台初步建成。太原市通过整合区域教育资源，构建了覆盖城乡、面向市民的学习服务平台。公共图书馆、博物馆、群艺馆、街道（乡镇）活动中心和社区（村）活动中心数量逐年增加。2021 年，山西终身学习在线平台开通了"互联网+"服务全民终身学习的功能，整合了开放大学、社区学院、老年大学等各类学习资源，推进了老年教育、社区教育、职业教育一体化发展，为全民学习提供了教育支持，营造了良好的终身学习氛围。①

第四，"科教兴乡兴县"工程全面实施。太原市自 2004 年起启动了"科教兴乡兴县"工程，通过一系列措施促进了农村成人教育健康发展。经过评估，太原市有多个县（市、区）达到了省"科教兴县"的标准，多个乡镇达到省"科教兴乡"的标准。此外，太原市还建立了农村综合改革试点村，形成了"村校一体、农科教结合"的全国示范模式。②

第五，全民终身学习活动周持续举办。太原市已连续举办了 19 届全民终身学习活动周，在提升居民素质、服务区域经济和社会发展以及增强城市发展软实力方面取得了显著成效。未来，太原市将抓住建设首批全国学习型城市网络城市的机遇，将全民终身学习融入城市建设，致力于构建具有太原特色的高质量终身教育体系。③

第四节　中国终身教育实践的未来发展

随着社会的不断发展和进步，终身教育作为一种全新的教育理念，逐渐在全球范围内得到广泛认可和推行。在中国，终身教育实践也正迎来重要的发展契机。未来，中国终身教育实践将在基础教育、社区教育、社会教育、老年教育方面有重要突破。

一、从终身教育视野审视基础教育的地位和作用

中国的"基础教育"一般包括三个方面的内涵：一是目标的基础性。基础教育是向社会成员提供最低限度的知识技能和社会准则的教育，旨在满足其最基本的学习需要，为其终身发展和终身学习奠基。二是对象的全民性。基础教育对象既包括幼儿和青少年，又包括基础学习需求未得到满足的成年人。三是结构的多样性。基础教育在纵向上包括学前教育、义务教育和高中教育等多个学段，在横向上包括学校教育、家庭教育和社会教育等多种渠道，在类型上还包括普通教育、职业教育和特殊教育等多种形式。

---

① 山西终身学习在线平台开通"互联网+"服务全民终身学习. https://www.chinanews.com.cn/sh/2021/12-15/9630472.shtml.（2021-12-15）[2024-06-18].

② 马兆兴. 创建学习型城市太原在行动. 太原：三晋出版社，2009：19-21.

③ 让学习成为一种生活方式 我市全民终身学习活动周启动. http://www.tynews.com.cn/system/2024/06/15/030764458.shtml.（2024-06-15）[2024-06-18].

　　基础教育的内涵决定了我们应从终身教育的视野去审视基础教育的地位和作用。终身教育是一种理念。立足于终身教育理念，基础教育阶段所形成的知识技能、态度习惯、兴趣能力等素养，是后续所有层次和类别教育的基础，既是个体接受高等教育的前提，又是个体接受职业教育的基础，还是个体接受继续教育、终身持续学习的力量储备。没有基础教育基本素养的储备，不仅不会有高等教育阶段的深入学习，或职业教育的实践创新，而且个体不会在继续教育阶段产生持续学习的动机和能力，终身学习的理想也不可能实现。从横向系统来看，基础教育以学校教育为支柱，个体在基础教育中接受的学校教育，也必然成为后续接受家庭教育、社会教育的重要基础。

　　终身教育也是一种体系。立足终身教育体系，基础教育占据基础地位。通过基础教育，个体获得基础知识和基本技能，养成良好学习习惯和学习态度，形成学习的兴趣和能力，为贯穿一生的终身学习奠定基础。基础教育既是终身教育建设体系的开端，又是终身教育体系中其他层次和类型教育实施的基础。没有良好的全民普及的基础教育，终身教育体系的全民性无法得到保证；没有一定质量的基础教育，就不会有优质的高等教育、职业教育和继续教育，全民终身学习也将成为空谈。

　　立足终身教育视野，我们要发挥好基础教育的作用。进行基础教育的高质量建设，既要全面普及基础教育，又要实现育人质量优化，特别要保证基础教育阶段培养目标的实现，从而为社会发展和学生终身发展奠基。我们要处理好基础教育与各级各类教育的关系，加强基础教育与各级各类教育的互补、沟通和衔接，形成基础教育与各级各类教育的开放融通关系。推进高质量教育体系的建设，特别要解决好基础教育阶段学校面向所有人员开放、基础教育与高等教育衔接、普通教育与职业教育渗透融通等问题。

　　就目前中国基础教育而言，我们应继续把学校教育作为基础教育的支柱，立足终身教育视野，建立家校社协同育人机制，改进学校教育育人模式，进一步丰富学校育人内涵，深化学校课程和教学改革，主动对家庭和社区开放资源，如场地设施、图书和多媒体资源、课程资源等，为建设学习型社会作出独特贡献。①

二、终身教育视野下的社区教育发展

　　《中国教育现代化 2035》明确提出通过扩大社区教育资源供给，加快发展城

---

① 侯怀银. 从终身教育视野审视基础教育的地位和作用. 教育科学研究，2023（7）：1.

乡社区老年教育，构建服务全民的终身学习体系，建成服务全民终身学习的现代教育体系，突出了终身教育与社区教育间的逻辑关系。终身教育贯穿人的一生，旨在促进人的多方面终身发展和人格完善。社区教育是"在社区这一特定的区域内，通过开发、利用各种社区的资源，有组织、有计划开展地对社区全体成员的身心发展施加积极影响，旨在提高全体社区成员的素质和生活质量，促进社区成员的终身发展，并促进社区自身可持续发展的一种社区性的教育综合活动"①。终身教育着眼于提供高质量的教育服务，终身学习则强调学习者有意义地学习。终身教育与终身学习是对立统一、相辅相成的。具体而言，终身教育为终身学习的实现提供充足的设施、师资、课程等外部条件，逐步推动终身学习这项个体性活动从"强制性"到"自主性"的转变，二者不可割裂对立、非此即彼。社区教育则是具体开展终身教育、实现终身学习的途径之一，在推动服务全民终身学习的教育体系构建进程中扮演着举足轻重的角色。党的二十大报告提出"加快建设高质量教育体系"和"建成世界上规模最大的教育体系"的新要求，社区教育如何在其中发力值得研究者深思。

（一）终身教育视野下社区教育发展的价值意蕴

终身教育贯穿生命发展的始终，囊括教育各发展阶段和各个关头②。终身教育强调教育的终身性、全民性、全程性、全面性、补偿性、开放性和发展性，是现代教育发展的主流趋势。在终身教育理念的倡导之下，人类社会生活的时空为教育所覆盖③，教育与社会的联系更加密切，个体的生存和发展也越来越依赖于教育。不仅如此，在终身教育的浪潮中，社会发展对教育质量的要求越来越高，具体表现在要求国家为每个国民提供适合其发展的高质量教育，推动教育社会化和社会教育化，使教育无处不在、无时不有、无人不享。社区教育作为促进终身教育理念实现的重要教育形式，逐渐成为人们接受终身教育的基本手段和有效载体，为社区居民提供了终身学习的平台和机遇，每一个社区居民都可按照自己的兴趣、意愿、时间、习惯等选择最适合自身发展需要的学习方式，真正实现"教育终其一生"，享受社区教育带来的红利。

---

① 侯怀银. "社区教育"解析. 山西大学学报（哲学社会科学版），2017，40（1）：133-139.
② 朗格朗. 终身教育引论. 周南照，陈树清，译. 北京：中国对外翻译出版公司，1985：15-17.
③ 徐莉，肖斌. 新时代终身教育的理性遵循与价值诉求. 中国电化教育，2022（6）：37-46.

1. 有利于构建服务全民终身学习的教育体系

构建终身教育体系旨在横向上推动各类正规、非正规、正式、非正式教育的整合，纵向上实现全人生教育，满足不同民众在不同发展阶段的教育需求。社区教育作为构建终身教育体系中的一环，在其中扮演着举足轻重的角色。长期以来，一些人常常深陷学校教育的"怪圈"，认为个体所受学校教育的结束等同于个体受教育生涯的终结。在终身教育视野下，人类的观念和视野从传统的学校教育桎梏中解放出来，看到传统的学校"银行储存式"教育已无法适应经济发展、社会进步和个体完善的要求，人类的生活方式和思想观念正在发生前所未有的变化，对自我实现的价值追求和休闲娱乐的需求与日俱增，逐渐认识到社区教育的潜在价值。社区教育不是学校教育的附庸，而是崭新的教育综合活动方式，在一定程度上是对学校教育的拓展和延伸。社区教育的出现突破了学校教育的围墙，纠正了人们将"学校教育生涯"等同于"全部教育生涯"、将"社区教育视作学校教育的补充"的思想误区，拓展了教育的时间范围和空间场域，实现了时时、处处、事事和人人的教育。

2. 促进"终身学习型社区"的建设

20 世纪 80 年代以来，随着我国社会发展水平的提升和城市化速度的加快，社区成为居民生活的主要区域共同体组织，社区教育在多元人口结构和多样化教育需求之下产生。社区教育面向全体社区居民，依托社区丰富的教育资源和条件开展教育工作，旨在促进社区成员终身发展和社区可持续发展。在终身教育理念引领之下，社区教育着眼于教育与生活的融合、教育与生命的互动、教育与社会的相互作用，体现了教育发展与个人发展、社区建设的动态平衡。首先，社区教育为待业人员、下岗职工、流动人口等提供了重新参与学习的机会，创造了再教育、再就业的条件，缩小了社区居民间的贫富差距，促进了社区的和谐与稳定。其次，社区教育为社区居民创建了开展社会交往与良性互动的开放式平台，尤其对空巢老人、残疾儿童等特殊人群给予了充分的人文关怀，促进了社区的公平与正义。再次，社区教育在科学知识与技术的传播、社区居民素质的提升、社区物质环境的改善和社区精神文化的建设等方面也发挥着重要作用。最后，社区教育在与学校教育、家庭教育的互动中，逐渐走向教育的终身化和一体化，推动"终身学习型社区"的建设。

3. 推动终身学习文化的形成

终身学习文化的形成离不开社区教育的发展，终身学习文化的繁荣也将促进社区教育的发展。杜威在其著作《民主主义与教育》中指出，"社会环境无意识地、不设任何目的地发挥着教育和塑造的影响"[1]。社区教育立足社区，面向社区中的全体成员，旨在促进社区每个成员的发展和社区的良性运行，为终身学习文化的形成提供契机，具体表现为终身学习观念的形成。在社区发展过程中，社区居民既是社区发展的手段，又是社区发展的目的，居民是否具有终身学习的意识关乎社区教育的实效，进而影响着整个学习型社会的建设步伐。社区教育作为提升终身学习能力和综合素质的一条重要途径，存在于社区的物理环境之中，既包含社区、企业、学校、图书馆、博物馆等公共场馆内的教育，又囊括家庭、团体等亲密性组织的教育。社区教育以全方位、多领域、全人生的教育形式深深影响着个体，对激发社区成员的学习热情、提升社区成员的学习能力、满足社区成员的学习需求、增强社区成员对终身学习和终身教育的认同、培养社区成员服务社区的责任感和使命感等都具有积极意义。

4. 推进个体生命整全性的实现

法国著名的终身教育思想家朗格朗指出，"当我们说到终身教育的时候，我们脑子里始终考虑的就是教育过程的统一性和整体性"[2]。其实，终身教育不仅指向教育过程的统一性和整体性，更彰显个体生命的整体性与全面性，终身教育对人的意义，从长远来看是为了更美好的生活，而"实现更美好的生活这个问题的唯一答案在于实施一种与生活的进步和成就紧密相联系的教育"[3]。社区教育无疑是与每个人生活的进步和成就联系最为密切的教育，更是彰显个体生命整全性的独特存在。何谓生命的整全性？《学会生存》中指出，生命的整全性在于使人日臻完善，使人格丰富多彩，使人作为不同的角色承担不同的责任。[4]由此可见，个体生命的整全性突出的是富有社会性和实践性的理想人格，社区是微型社会，我们出生于社区、成长于社区、奉献于社区，每个人与社区的联系最为密切，作为"在社区中、为了社区、关于社区"[5]的社区教育承担着引导社区成员

---

① 杜威. 民主主义与教育. 王承绪，译. 北京：人民教育出版社，1990：23.

② 朗格朗. 终身教育引论. 周南照，陈树清，译. 北京：中国对外翻译出版公司，1985：15.

③ 朗格朗. 终身教育引论. 周南照，陈树清，译. 北京：中国对外翻译出版公司，1985：17.

④ 联合国教科文组织国际教育委员会. 学会生存：教育世界的今天和明天. 华东师范大学比较教育研究所，译. 北京：教育科学出版社，1996：2.

⑤ 侯怀银. "社区教育"解析. 山西大学学报（哲学社会科学版），2017，40（1）：133-139.

唤醒生命自觉、追求完整健全人格、提升生命自信的责任，使我们能与世界及彼此联系起来，让我们超越自己现有的居住空间，接触到新的可能。①

（二）终身教育视野下社区教育发展的现实困境

我国社区教育历经"社区支援学校""学校回馈社区""校社双向互动"三个发展阶段，初步形成了党政统筹领导、教育部门主管、有关部门配合、社会力量支持、社区自主活动、群众广泛参与的管理和运行机制。随着我国城乡一体化进程的加快和超老龄化社会的来临，住房、就业、养老、教育、医疗等社会矛盾问题更为突出，如何创设满足不同群体终身发展需求的教育环境，实现幼有所育、学有所教、老有所养、弱有所扶，推动社会的和谐发展成为突出任务。

1. 对"终身教育"和"终身学习"的理解掠影浮光

第 21 次全国国民阅读调查数据显示，2023 年我国成年国民人均纸质图书阅读量为 4.75 本，人均电子书阅读量为 3.40 本。②第 20 次全国国民阅读调查中，这两项数据分别为 4.78 本和 3.33 本。且该调查发现，我国成年国民数字化阅读倾向进一步增强，手机移动阅读成为主要形式，手机阅读等"轻阅读"占用阅读时间越来越长，"深阅读"有待加强。③作为实施终身教育、推进终身学习的重要载体，社区教育需要对此类现实问题作出必要回应，直面更深层次的理念认同危机。《反思教育：向"全球共同利益"的理念转变？》中提到，这是一个动荡的时代，社会无处不在经历着深刻变革，这种形势呼吁新的教育形式，培养当今及今后社会和经济所需的能力，呼唤着终身教育和终身学习理念指导下的教育变革。《中国教育现代化 2035》也勾勒出树立终身学习理念、营造终身学习制度环境、构建服务全民终身学习的教育体系的人与自然和谐共生的全民教育未来图景。但回归教育实践，当前社区教育面临一大突出问题，即普通民众甚至是社区教育工作者对于"终身教育""终身学习""社区教育"等概念的理解仍是掠影浮光。尤其在多数农村地区，村级图书馆基本处于荒废状态，反映出普通民众尚未深刻理解这些概念对自身发展的重大意义。面对社区教育发展的现实瓶颈，

---

① UNESCO，教育科学出版社. 一起重新构想我们的未来：为教育打造新的社会契约. 北京：教育科学出版社，2022：10.

② 第 21 次全国国民阅读调查结果发布. http://www.gov.cn/liebiao/202404/content_6947066.htm.（2024-04-23）[2024-08-18].

③ 过去一年，你读了几本书？——第 20 次全国国民阅读调查结果发布. https://www.gov.cn/yaowen/2023-04/23/content_5752853.htm.（2023-04-23）[2024-08-18].

我们不得不重新思考理念在社区教育发展过程中的重要意义。真正有深度有成效的变革，一定是从价值理念和价值体系的改变开始的，如何深化全民对终身教育和终身学习的理解是值得我们思考的问题。

2. 社区教育定位模糊，与相关教育含混交叉

"社区教育"在中国是一个"进口"的概念，这一概念最早可追溯至 20 世纪 20 至 30 年代费孝通先生对"community"一词的翻译，即"社区"。近年来，学界对于社区教育的概念从不同角度进行阐释，形成了"教育活动和过程说""区域性教育说""教育体系说""教育体制说""教育模式说""组织管理范畴说""社区发展范畴说"等多种观点[①]。值得注意的是，已有社区教育的相关研究均存在一个突出问题，即在对社区教育进行界定时对其外延避而不谈，这既带来社区教育定位的模糊，又带来社区教育与继续教育、职业教育、老年教育、家庭教育等相关教育概念的含糊与交叉。社区教育的定位既反映了社区教育的本质属性，又决定了社区教育的核心内容及其发展方向。多年来，我国社区教育在发展中呈现出"以青少年校外教育和德育为主导""以居民文化生活和成人职业培训为主导""以形成全民学习、构建学习型社会为主导"的定位变迁[②]。也有研究者指出，社区教育的定位应主要体现在"三民"上，即民众教育、民生教育和民权教育，以非功利性教育为主导和目的，同时兼顾一些功利性的教育内容。[③]上述观点主要是从社区教育的内容层面和目的层面对社区教育进行定位，具有一定的借鉴价值。但在实践层面上，我们还需要思考在终身教育视野下，如何统领好社区教育与其他类型的教育，回答依据地理空间、教育对象的年龄等标准，将社区教育纳入现有国民教育体系分类的提议有无现实性和可操作性的问题，回答社区教育在终身教育体系中如何定位的问题，回答如何处理好社区教育与其他教育类型的关系问题。这些问题的明晰不仅关系到社区教育理论研究的方向，还关乎社区教育实践工作的开展成效。

3. "自上而下"与"自下而上"的对接并轨亟待实现

20 世纪 80 年代中期以来，社区教育在我国逐渐形成了"自上而下"的政府主导型和"自下而上"的社会主动型两种基本发展路向。相对丹麦等国家"自下

---

① 侯怀银. "社区教育"解析. 山西大学学报（哲学社会科学版），2017，40（1）：133-139.

② 庄西真，等. 社区治理与社区教育. 苏州：苏州大学出版社，2016：91.

③ 沈光辉，周瑛. 社区工作实务. 北京：中国社会出版社，2018：167.

而上"的社会主动型社区教育模式，我国社区教育的发展以"自上而下"的政府主导型模式为主。在"自上而下"的政府主导型模式下，社区教育工作通常目标清晰、明确，便于集中、协调和利用多方资源，实施效果较为明显，但也面临社区机构整合与互动困难的瓶颈，围绕社区教育的发展，不同部门从不同角度切入，如社区建设、学习型城市构建、文明城市创建、劳动技能培训、干部培训、法治教育和家庭教育等，在各自为政基础上的"自上而下"的政府主导型模式最终将任务重担落于区县和街道[①]。这种高度单一化的社区教育管理体制，在政策执行中容易造成行政权力的垄断和教育资源的分配不均，无法最大限度地满足不同地区社区教育的发展需求，也无益于激发社区民众对社区教育的热情。在"自下而上"的社会主动型模式下，社区教育的活动主体明确，社区成员自愿、自觉、自主的动机意识较强，能够表达自身发展特点并呼应发展需求。但从社会宏观角度来看，此种模式高度依赖社区的自发行为，所带来的不确定性易使社区教育发展迷失方向甚至降低实施效率。可以看到，社区教育"自上而下"与"自下而上"的发展路径具有优劣对称互现的特点[②]。我们应寻求社区教育"自上而下"与"自下而上"的对接与并轨，使社区居民真正成长为社区教育的主体，以教育为途径将居民的生活密切结合起来，使其能够选择适合自己的学习、教育、训练、培养方式，把终身受教育的权利转变为自觉承担的责任。这既是我国社区教育发展过程中面临的重大考验，又是持续推进终身教育的难得机遇。

4. 社区教育课程与师资的特色性、专业性与稳定性欠缺

课程和师资是社区教育中的核心问题，是衡量社区教育停留于外延发展还是内涵发展的分界线[③]，关乎社区居民的受教育内容、质量与效果。社区教育作为以非正规、非正式教育为主的教育类型，与正规的学校教育有显著不同，以普通学校的课程、师资为标准去推动社区教育课程和师资建设往往难以为继。一方面，我国社区教育课程包括正规课程和非正规课程，且非正规课程在社区教育课程中占据主导地位，是社区居民参与学习活动的首要选择。因此，立足社区、以民为本，开设满足社区居民多样化需求的特色课程、乡土课程，是促进社区居民终身发展、推动社区不断进步的主要方式。但我国地广人多，各区域间政治、经济、文化、社会发展的不平衡造成了各地居民学习需求的巨大差异，建设满足不

---

① 厉以贤. 终身学习视野中的社区教育. 中国远程教育, 2007 (5)：5-12.

② 孙玫璐. 论社区教育发展的两种路向. 湖北大学成人教育学院学报, 2011 (5)：15-17.

③ 陈乃林. 社区教育特色课程建设的初步实践与思考. 成才与就业, 2009 (19)：30-32.

同年龄、不同职业、不同需求的特色系列化社区教育课程成为当前我国社区教育课程建设的一大难题。另一方面，自 20 世纪 80 年代中期始，中央和地方持续致力于社区教育教师的职业化、专业化建设，但我国社区教育教师队伍建设中专职人员数量不足、来源单一、高层次人才匮乏、专业基础薄弱、培训体系缺乏、职业认同感低、职业压力大、职业倦怠等问题长期存在[①]。组建一支结构合理、服务优质、纪律严明、充满活力的社区教育教师队伍，既是社区居民的真实诉求，又是社区教育高质量发展的必然要求，更是提升社区终身教育服务能力的基础条件。

5. 城乡社区教育发展陷入"求同去异"思维困境

我国城乡发展的不平衡既是一个历史问题，又是一个现实问题，城乡经济基础的显著差异造成城乡社区教育发展的水平参差不齐，进而影响终身教育的发展进程。已有研究显示，在我国社区教育发展中，西部滞后于东部，农村滞后于城市[②]，农村社区教育缺乏坚实的"社区公共财政"基础[③]。这一论断隐藏的前提是研究者认为农村社区教育理应与城市社区教育同步发展。《学会生存》指出："给每一个人平等的机会，并不是指名义上的平等，即对每一个人一视同仁……机会平等是要肯定每一个人都能受到适当的教育，而且这种教育的进度和方法是适合个人的特点的。"[④]这启示我们，在资源有限的条件下，"求同去异"的城乡社区教育均衡化发展是否可能。在面对城乡社区教育发展问题上，我们习惯性地陷入静态化、割裂化、浪漫化和计划化的思维陷阱。所谓静态化思维，是将社区教育发展看作毕其功于一役的工程，没有认识到社区教育是一个动态的、生成的、发展的过程；所谓割裂化思维，是将社区教育发展与社区整体发展人为割裂开来，忽视了城乡社区教育发展的起点不同；所谓浪漫化思维，是将社区教育美化为田园牧歌式的馈赠，遮蔽了城乡社区居民不同的真实需求；所谓计划化思维，是将城乡社区教育一体化看待，试图以同等经济投入方式获得理想的社区教育成效。事实上，城乡社区教育的发展并非"求同去异"的过程，"我们应充分利用信息权、网络连通权和文化权，来促进终身的、覆盖生活方方面面的受教育

① 薄存富，李飞虎. 社区教育概论. 成都：西南交通大学出版社，2018：50-52.
② 刘尧. 我国社区教育发展现状、问题及对策. 华中师范大学学报（人文社会科学版），2010（4）：143-148.
③ 王志明. 当前我国农村和谐社区教育发展：问题与出路. 成人教育，2011，31（5）：26-28
④ 联合国教科文组织国际教育委员会. 学会生存：教育世界的今天和明天. 华东师范大学比较教育研究所，译. 北京：教育科学出版社，1996：105.

权"，实现"在人生中的任何时候，人们都应该能获得有意义、高质量的教育机会"。①社区教育应重点服务那些最被边缘化、生活在最脆弱环境中的人群，帮助学习者掌握他们所需要的知识、观念、态度和技能，从而使他们能够抓住机遇，面对当下和未来的颠覆性变化。

6. 社区教育实验区和示范区多而不均，经验难推广

教育部公布的全国社区教育实验区和示范区名单显示，截至 2016 年教育部共遴选设立了 281 个全国社区教育实验区和 127 个全国社区教育示范区，其中包含 13 个县级和 1 个镇级的实验区和示范区。"各省设立了逾 500 个省级社区教育实验区和示范区，上海、江苏、杭州、宁波、广州、太原等省、市还形成了由实验项目—实验街（镇）—实验区（县）的社区教育实验体系"②，这使得社区教育逐渐从分散实验走向系统集成，作为基本公共服务的属性得到进一步凸显。但从全国社区教育实验区和示范区的地域分布来看，目前仍然集中于东部地区，仅长江三角洲地区就已设立 30 个全国社区教育示范区，而中西部地区合计为 33 个全国社区教育示范区。区域发展水平的差异在一定程度上影响着社区教育发展水平的差异。以社区教育的数字化为例，中国数字化学习社区教育表现为东部带动西部发展、经济发达地区向经济不发达地区推进、实验区向示范区迈进、最终实现推进全国数字化学习社区教育的整体发展态势。整体而言，全国社区教育实验区和示范区呈现出分布广泛但区域不均衡的特点，以东部沿海的发达省市为主，县级及以下行政区域则非常薄弱，不利于社区教育发展经验的全国性推广，间接影响着终身教育体系的构建进程。

7. 社区教育的监督与评估机制尚不完善

《反思教育：向"全球共同利益"的理念转变？》中指出，我们需要采取整体的教育和学习方法。③以整体思维审视我国社区教育的发展，需要超越社区教育与学校教育和家庭教育的割裂现实，从构建终身教育体系的高度出发，在体制和机制层面给予充分保障。近年来，我国制定和实施的社区教育政策和文件，基

---

① UNESCO. 一起重新构想我们的未来：为教育打造新的社会契约. 北京：教育科学出版社，2022：152-153.

② 叶忠海. 社区教育实验工作 20 年：成就、特色和展望. 河北师范大学学报（教育科学版），2020（4）：38-41.

③ 联合国教科文组织. 反思教育：向"全球共同利益"的理念转变？. 联合国教科文组织中文科，译. 北京：教育科学出版社，2017：38.

于学校教育、家庭教育和社会教育的协同育人，已越来越重视构建学校、家庭和社会协作的社区教育网络化发展新模式。2016 年印发的《教育部等九部门关于进一步推进社区教育发展的意见》提出，加强社区教育的实验区和示范区建设，建立健全社区教育制度，推动课程规范化、特色化发展。该文件的出台推进社区教育向制度化、规范化方向发展。社区教育的发展要求科学、合理的监督、评估机制来规范。2010 年出台的《社区教育示范区评估标准（试行）》，设定了领导与管理、条件与保障、教育培训与学习活动、社区教育成效、特色与创新 5 个一级指标、15 个二级指标和 37 个三级指标（包含 9 个核心指标），为各省市开展社区教育评估提供了大方向。安徽、山东、河北、北京等地陆续开展社区教育评估指标体系建构的尝试，但全国范围内广泛、合理的社区教育监督和评估机制尚未成型。这是社区教育发展面临的紧要问题，关系到终身教育理想能否落实。

8. 社区教育领域理论研究与社区教育实践脱节

社区教育实践作为一种社会文化现象和活动，在中国古代就已出现，如"乡校""乡约""社学"等都具有社区教化意义。到 20 世纪二三十年代，平民教育、乡村教育运动催生了村学、乡学，实现了学校教育与社会教育在一定程度上的融合。到 20 世纪 80 年代，以德育社会化和社会集资办学为重点，上海、天津、辽宁等地陆续开展社区教育。[①]相较于社区教育实践，社区教育理论研究起步晚，我国社区教育理论研究整体来看，历经"实践助推—政策引领—发展上升—繁荣高涨—深化提升"五个阶段，呈现出研究主题紧扣时代热点、研究内容凸显人文关怀、研究范围不断拓展、实验项目研究彰显特色的特征[②]，同时具有"学院派"与"实务派"协作不够紧密的特点[③]。尤其对社区教育的研究对象、研究方法、核心概念、功能与价值、课程与师资等基本问题的认识，学界尚未达成一致，加之研究中存在"闭门造车"、脱离实践、方法单一、研究领域边缘化等现实问题，使得当前的社区教育的理论难以发挥引领社区教育实践的理想效用。

（三）终身教育视野下社区教育发展的突破路径

步入新时代，我国社会主要矛盾已经转化为人民日益增长的美好生活需要和

---

① 中国社会科学院社会学研究所. 中国社会学年鉴（1992—1995）. 北京：中国大百科全书出版社，1996：229-234.

② 丁红玲，都雅男. 我国社区教育理论研究 40 年：回顾、评价与展望. 中国成人教育，2018（10）：112-117.

③ 方莹芬，叶长胜. 社区教育研究 70 年：历史进程、主题透视及图景展望. 职教论坛，2021（2）：104-114.

不平衡不充分的发展之间的矛盾。社区教育承载着人民对美好生活的向往，办好社区教育成为新时代的必然要求。面对社区教育发展中存在的诸多挑战，我们尝试在终身教育视野下，探索促进社区教育高质量发展的有效路径。

1. 洞彻终身教育和终身学习理念，推动社区教育的高质量发展

终身教育将个体一生所受的教育视为一个有机的整体，这既是对学校教育和社会教育关系的重新认识，又是对社区教育价值的再次追寻。在终身教育视野下探讨社区教育发展的路径，我们首先应当洞彻终身教育和终身学习理念。这一理念的认识主体涉及政府、学校、社区、企事业单位、社会团体和普通民众。

首先，政府应在社区教育中发挥统筹规划、引导支持的重要作用，通过出台社区教育推进政策和条例、划拨社区教育发展资金、号召其他部门通力合作等方式为推动社区教育的实践而努力。近年来，成都、西安等地相继推出了地方性社区教育促进条例。以此为鉴，我国其他省市也应尽快跟进，从法律法规和政策等层面推进当地社区教育的发展。

其次，学校要始终明确"学校是社区的学校"这一定位，通过开展社会服务，即以校企合作、校区合作、校校合作等方式开放资源，为处于学校教育系统之外的普通民众提供学习的机会。如常州市组建的社区教育高校联盟、上海市杨浦区所实行的"三区融合、联动发展"策略等成功案例，都为我国其他省份的学校推动社区教育提供了参照。

再次，社区应明确终身教育最初是成人教育实践的产物，即对成人谋求职业的补充性教育活动，其活动场域正是社区。当前实践中的社区教育依然包含对成人的职业培训，在一定意义上正是对终身教育理念的践行。在英国，当地的"社区工作人员协会"秉持终身教育理念，联合高校的社区教育部、推广部合作承办多类型社区学校，为当地民众提供了丰富、开放的课程服务，逐渐形成了成熟的运行机制，这为国内提供了可资借鉴的范本。

最后，企事业单位、社会团体和普通民众也应主动参与到社区教育中来。2016 年，《教育部等九部门关于进一步推进社区教育发展的意见》强调培育多元主体，引导社会力量积极参与社区教育。企事业单位、社会团体和普通民众正是该意见中强调的"多元主体"和"社会力量"。

2. 廓清社区教育的基本概念，厘清社区教育的定位

概念作为一种思想，是客观事物的反映，概念是否明确直接影响我们认识客

观事物是否正确。[1]明确社区教育的概念及其与相关概念的联系和区别，既是认识和理解社区教育实践的需要，又是构建社区教育理论体系的需要，也是解决研究中存在的概念混乱、概念模糊、概念误用、虚假概念等问题的需要。[2]有研究者认为，已有研究中对社区教育的定义主要从教育研究角度、下定义角度和社区建设角度展开。从教育研究角度来看，这些研究大都回避了社区教育在已有教育类型中的定位问题；从下定义角度来看，现有定义大多采用"属+种差"的方法，描述不够详细准确；从社区建设的角度来看，已有研究多侧重于"教育适应论"，较少侧重于研究"教育如何向社区提要求"。[3]社区教育在终身教育体系中的定位尚不清晰。为此，廓清概念是厘清定位的前提，对于社区教育这一外延广的概念，我们可"以内涵定义为主，外延定义为辅"[4]，尝试从对社区教育概念的日常用法分析、定义分析、词源分析、隐喻分析、跨文化分析、条件分析、语义分析和语用分析等方面进行深入解读，在此基础上从教育目的、教育对象、教育空间、教育内容、实施主体、实施机构、实施时间、实施途径等多种角度，比较社区教育与成人教育、继续教育、老年教育、家庭教育、社会教育等相关教育概念，准确认识社区教育地位之特殊、功能之重要，由此厘清社区教育在终身教育体系中的定位。

3. 深化社区教育改革，实现"自上而下"和"自下而上"对接并轨

21 世纪以来，国家层面发布和推行了一系列关于中国教育现代化、社区教育发展、学习型城市建设等政策文本[5]，如党的二十大报告中对"中国式现代化"作出了重要论述，为我们深入理解"中国式教育现代化"奠定了基础，对指导我国社区教育的发展具有重要作用。科学规范的"顶层设计"有效地保障了社区教育的经费投入和政策支持。与"顶层设计"相对应的"底层设计"也在推动社区教育的发展中发挥了重要作用。如成都市龙泉驿区确立"尚学龙泉"品牌社区教育目标，实现了社区教育中心从学校事业单位向区教育局直属事业管理单位的机构定位转变，借鉴和推广了瑞典的"学习圈"模式，制定了《成都市龙泉驿区社区教育工作站标准化建设指标体系》，形成了"自下而上"的社区教育管理

① 金岳霖，汪奠基，沈有鼎，等. 形式逻辑简明读本. 3 版. 北京：中国青年出版社，1978：7-9.
② 石中英. 教育学研究中的概念分析. 北京师范大学学报（社会科学版），2009（3）：29-38.
③ 杨东. 社区教育定义的分析与再构. 职教论坛，2013（33）：53-58.
④ 金岳霖，汪奠基，沈有鼎，等. 形式逻辑简明读本. 3 版. 北京：中国青年出版社，1978：17.
⑤ 王连喜，熊建辉. 我国社区教育政策的回顾与展望. 职教论坛，2020，36（7）：107-114.

机制^①。"自上而下"和"自下而上"相结合的社区教育管理机制，能够充分考虑社区教育发展中国家、社区、学校、企业、居民等的多重诉求，体现以人为本、终身教育、终身学习的基本理念，增强各项社区教育政策在贯彻和落实过程中的可接受性、可操作性和实效性，是推动终身教育体系构建的必由之路，也是我们今后开展社区教育应坚持的管理方式。

4. 加强"学研员""导学员""终身教育师"队伍建设

教师队伍既包括社区教育中现有人力资源中的教师资源，又包括即将组建的"学研员""导学员""终身教育师"资源，这些教师资源中既有专职人员，又有兼职人员。总体来看，教师主要分布于各级各类学校。因此，我们从提升各级各类学校教师对社区教育的志愿服务意识和能力、开展终身教育师资格考核认定两个方面寻求社区教育教师队伍建设的路径。

一方面，各级各类学校教师应具备志愿服务社区教育的意识和能力。在多数情况下，学校教师受社区聘请才到社区开展讲学活动，学校和社区的合作关系建立在短期利益基础之上，这不利于双方的长期有效合作。各级各类学校应当鼓励教师开展社区教育领域的科学研究，积极投身社区教育的实践工作，并将教师的社区教育科研和实践核算至岗位绩效之中，以保障合作关系的长期性与稳定性。此外，我们要清晰地认识到学校教师开展社区教育不能仅凭一腔热情，更为关键的是具备开展社区教育的能力。学校和社区可以通过专业化的教育教学培训、观摩学习和实践锻炼等方式逐渐提升学校教师开展社区教育的能力。

另一方面，我们还要建设一批"学研员""导学员""终身教育师"的专业队伍，解决这些教师的编制、待遇、职称评定等问题，借鉴日本的经验，保证社区教育工作者在工资、福利等与其他教育领域的教职工处于同等地位^②。具体而言，在新型教师队伍中，"学研员"是负责社区教育课程和教学研究的专业人员，保证课程和教学的科学性、实用性、持续性；"导学员"是社区居民学习活动中的全程辅助者，保证学习的效果与质量；"终身教育师"是负责课堂教学的专业人员，通过终身教育师资格考核与认定即可上岗。在终身教育师资格考核与认定上，韩国的经验值得我们借鉴。1999 年，韩国正式颁布并实施《终身教育法》，对韩国终身教育项目的开发、执行、分析和评价标准等作出明确规定，标

---

① 谯宏，邵晓枫. 社区治理视角下社区教育发展的自下而上转向：以成都市龙泉驿区为例. 中国成人教育，2021（15）：61-65.

② 国卉男，赵华，李珺. 比较视野下社区教育的均衡化发展. 中国远程教育，2019（3）：50-57.

志着韩国终身教育师制度的建立。[①]我们要依据中韩对终身教育概念界定的差异来设立我国的终身教育师职责与规范，如制定具体的级别认定，即初级终身教育师、中级终身教育师和高级终身教育师[②]，培养一批担得起终身教育责任的专业化教师队伍。

5. 以历史性、系统性、主体性、差异性思维促进城乡社区教育发展

面对静态化思维、割裂化思维、浪漫化思维和计划化思维下城乡社区教育发展的"求同去异"问题，我们应树立历史性思维、系统化思维、主体性思维和差异性思维。所谓历史性思维，是要看到社区教育是历史的、动态的、发展的过程，有社区教育的初级阶段、中级阶段和高级阶段，不同阶段会呈现出不同的问题。所谓系统化思维，是要把社区教育的发展放在终身教育体系构建和社会治理体系完善的系统性工程之中，处理好社区教育这一要素与其他要素间的关系。所谓主体性思维，是指决策者和研究者应充分尊重社区当事人的情感、意愿、需求，了解所在地区的城市和乡村究竟需要什么样的社区教育；同时，社区居民也应当将终身教育和终身学习视为自己的权利、义务和责任，自觉主动地参与社区教育。所谓差异性思维，是指社区教育的发展有城市和乡村水平的差异，不同的地域应有不同的发展要求，一刀切式的统一标准无益于社区教育的循序渐进。这四种思维启示我们逃离以往在城乡社区教育问题上"求同去异"的思维陷阱，正视社区教育发展过程中的普遍问题与特殊问题，以推动我国城乡社区教育的高质量发展，使其服务全民终身学习教育体系的构建。

6. 推进社区教育实验区和示范区的均衡化和协同化建设

社区教育示范区在本质上象征着社区教育的先进性、典型性与示范性，既作为一种荣誉称号存在，又突出它对全国其他地区社区教育工作的影响效果和辐射作用。[③]全国范围内的社区教育示范区和实验区覆盖面有限，甚至有些区域的示范点缺乏进一步的优化和提升，其价值性、示范性已大打折扣。加之，现有的示范点集中于发达地区，难以在广大欠发达城市、农村地区发挥示范效力，如此将导致我国社区教育发展最终呈现"优的更优，差的更差"的局面。

今后，我们应当逐步探索普惠均衡的社区教育发展路径。第一，适度扩大社

① 侯怀银，尚瑞茜. 改革开放四十年来社区教育政策的回顾与展望. 终身教育研究，2018，29（3）：3-10.
② 李鹤飞. 中韩文化概述. 北京：中国商务出版社，2019：118-122.
③ 贺祖斌. 2015 中国远程高等教育专题研究报告：社区教育发展. 南宁：广西人民出版社，2016：314.

区教育实验区和示范区的辐射范围，除现有的市（区）社区教育实验区和示范区外，还应在县、镇、村设立社区教育的实验区，重视中部地区和西部地区的社区教育，扶持欠发达地区的社区教育。第二，对现有的示范区进行常态化评估，逐步提升社区教育的人群覆盖率、机会多样性和资源普惠性，引导示范区不断向更高水平发展，发挥真正的"示范"作用。第三，开展不同区域社区教育实验区与示范区的协同，调动不同区域实验和示范的积极性，促进各地间的交流与合作，实现各地实验区和示范区的优势互补，探索便于推广的实验成果，从而持续推动全国社区教育实验区和示范区的均衡化和协调化建设。

7. 进一步完善社区教育的监督与评估机制

社区教育的监督、考核与评估机制是社会性教育管理的价值判断行为。[①]为保证社区教育的正确发展方向，我们必须建立科学的社区教育监督与评估机制，发挥机制对社区教育发展的导向、激励、诊断、调节作用。

一方面，建立开放式的社区教育监督机制，既包括社区教育的监督主体开放，如以人大、政协为代表的法律监督、以社区居民为代表的民主监督、以街道及上级部门为代表的工作监督，又包括社区教育的监督内容开放，如对社区教育的管理工作、教学工作、财政经费支出等的监督。各地可以根据所在地区实际情况制定相关的地方性法规和管理条例，确立居民共同遵守的规范，强化依法管理的观念，维护广大居民的利益。

另一方面，建立全方位的社区教育评估机制，不仅要对社区教育的课程、教学、办学效益等方面进行评估，也要对社区政府工作人员的领导能力、重视程度、分管社区教育各部门的合作效果、社区教育相关政策和法规的效用等进行评估，还要对社区教育的创新性和特色性、社区整体的育人环境、社区居民的认同感和归属感及满意度等进行评估，实现定量分析和定性分析相结合、形式考核和内容考核相结合、外在评估和内在评估相结合，充分发挥督导和评价的导向功能、激励功能、问题诊断功能和目标调节功能[②]。

8. 以社区教育学学科建设为抓手深化社区教育理论研究

改革开放以来，无论是社区治理者，还是社区教育研究者，皆意识到社区教

① 薄存富，李飞虎. 社区教育概论. 成都：西南交通大学出版社，2018：75.
② 丁红玲. 职业教育的和谐发展观. 太原：山西人民出版社，2006：244-245.

育对于社会进步、终身教育的重要性。社区教育欲得到进一步的发展，必然使社区教育理论研究适度前行①，使社区教育理论成为衡量社区教育整体发展水平的必不可少的"教育尺度"②。社区教育学的学科建设是深化社区教育理论研究的重要途径。20 世纪 70 年代以后，日本开始在大学中开设社会教育相关专业。20 世纪 90 年代后，丹麦先后有 32 个学院专门开设了社会教育专业。③在我国，社区教育学已达到学科成立的基本条件，但未至学科成熟的标准，社区教育的基本概念、研究对象、研究范畴、学科体系、话语体系等亟待深入研究，社区教育与继续教育、职业教育、老年教育和家庭教育等还存在概念交叉的问题，社区教育学学科建设仍在进行之中④。提倡社区教育学学科建设，是将其定位为"教育学"一级学科下的二级学科，以问题为导向开展社区教育学重大项目的组织与实施⑤，致力于培养一批从事社区教育理论研究的专业队伍，提升研究者的理论自觉和责任担当，也为全国范围内的社区教育课程建设、师资队伍建设等具体实践提供理论支持，以此推动社区教育实践的发展和终身教育体系成型。⑥

三、终身教育视野下社会教育的发展

家庭教育、学校教育和社会教育形成的教育合力是社会主义现代化强国的基础性支撑。构建服务全民终身学习的教育体系离不开强大的社会教育系统，社会教育的地位和作用日益凸显，我们需要进一步加强对社会教育的重视，增强服务全民终身学习的能力。

社会教育所面向的不仅仅是学校中的学生，而是全体社会民众。各种形式的社会教育，尤其是成人教育和继续教育，有利于满足"人人、时时、处处、事事"的教育需要，从而有力促进我国人口整体素质的提升。学习型社会作为一种以"学习"构筑未来社会形态的理念，与社会教育的理念高度契合。学习型大国建设的提出则是适应当代世界发展的新趋势、新特点的产物，是构建全民终身学

① 侯怀银. 社会教育学学科建设初探. 宁波大学学报（教育科学版），2020，42（5）：10-22.
② 叶澜. 社会教育力：概念、现状与未来指向. 课程·教材·教法，2016（10）：3-10.
③ 程妍涛. 丹麦的社会教育：服务于0—100岁的专业课程体系. 外国教育研究，2010，37（10）：45-49.
④ 侯怀银. 社会教育学学科建设初探. 宁波大学学报（教育科学版），2020，42（5）：10-22.
⑤ 周海涛，徐珊. 近年来学科建设研究的重点领域及其展望. 现代教育管理，2020（1）：15-20.
⑥ 侯怀银，宋美霞. 终身教育视野下的社区教育发展：价值意蕴、现实困境与突破路径. 现代教育管理，2022，（12）：16-26.

习的教育体系和建设学习型社会的深化和推进。因此，社会教育在其中同样应有所为、可有所为，且大有所为。

从教育供给角度理解服务全民终身学习教育体系的构建，即要提供每一个人一生中所需要接受的全部教育。相较于学校教育、家庭教育，社会教育有着更为丰富的内容、形式和载体。目前，我们对于社会教育的认识还不够，应从三个方面提升其地位。第一，长期以来，人们误把"学校教育生涯"看作"全部教育生涯"。在终身教育视野下，我们亟须提升社会教育在现行教育体系中的地位，将人类教育观念从传统学校教育的桎梏中解放出来。第二，社会教育的开展有赖于具体政策的支持和推进，我们亟须提升社会教育在目前教育政策体系中的地位。第三，传统观念将社会教育视为学校教育的补充，使之处于边缘位置。这既影响了社会教育理论的研究，又影响了教育理论的研究。因此，我们还需要提升社会教育研究在整个教育理论发展中的地位。

未来，我们要重视社会教育学的三大体系建设。一是坚持统筹兼顾，建设社会教育学的学科体系；二是推动研究专业化，建设社会教育学学术体系；三是在继承与借鉴的基础上创新，建设社会教育学话语体系。[1]

四、终身教育视野下大学承担老年教育的责任

在新的教育视野下，教育在质量、结构和公平上都有了新的发展。2021年，教育部部长陈宝生在全国教育工作会议上指出，"加快发展服务于全民终身学习的教育体系，注重更灵活的方法、更丰富的资源和更便捷的学习，更好地满足人们多样化的学习需求，特别关注老年人的教育"[2]。

《国家中长期教育改革和发展规划纲要（2010—2020 年）》等相关政策的出台，亦为终身教育视野下大学发展老年教育指明了方向。目前，我国的老年教育事业发展仍存在专项立法缺位、供需有缺口、落实效力不足等问题，制约着其高质量发展。有鉴于此，本部分试图对大学这一主体承担老年教育责任的必要性、分类、影响因素进行全面分析，进而探究其实现路径，以期为新时代大学承担老年教育责任提供一些有益借鉴。

---

① 侯怀银. 终身教育视野下社会教育的发展. 在线学习，2023，（12）：46.
② 陈宝生. 乘势而上 狠抓落实 加快建设高质量教育体系——在 2021 年全国教育工作会议上的讲话.
http://www.moe.gov.cn/jyb_xwfb/moe_176/202102/t20210203_512420.html.（2021-01-07）[2024-04-11].

（一）终身教育视野下大学承担老年教育责任的必要性

1. 大学开展老年教育是积极应对社会老龄化的重要举措

2023 年 2 月，国家统计局发布的人口数据显示，截至 2022 年末，65 岁及以上老人超过 2 亿，60 岁及以上老人超过 2.8 亿，占总人口的 19.8%。[①]根据相关的预测，2025 年我国的老龄人口数将会达到 3 亿，到 2050 年前后，我国的老龄人口将会达到 4.83 亿[②]，人口老龄化将会是贯穿我国 21 世纪的一个基本国情。

伴随着人口老龄化社会的到来，我国政府陆续出台相关政策，鼓励大学积极开展老年教育，养教结合已然成为一种重要的理念和实践行动。我国两次修订/修正了《中华人民共和国老年人权益保障法》，明确了老年人有继续受教育的权利，国家发展老年教育，把老年教育纳入终身教育体系，鼓励社会办好各类老年学校，并提出促进老年群体健康发展等一系列措施。2016 年印发的《教育部等九部门关于进一步推进社区教育发展的意见》，强调整合社区教育资源，提出大力发展老年教育，将老年教育作为社区教育的重点任务，结合多层次养老服务体系建设，建设一批在本区域发挥示范作用的乡镇（街道）老年人学习场所和老年大学。2021 年 11 月印发的《中共中央 国务院关于加强新时代老龄工作的意见》提出，加大对我国老年人的教育投入，支持高校、职业院校开设与老年人有关的专业与课程，强化对我国老年教育的学科建设与人才培养。2022 年 2 月，国务院印发《"十四五"国家老龄事业发展和养老服务体系规划》，明确提出创新发展老年教育，鼓励养教结合创新实践。至此，老年教育由边缘化走向中心。

终身教育时代大学承担老年教育的责任，既是"积极老龄化"思想的重要内容，也是有效应对社会老龄化问题的重要举措。一方面，通过为老年人提供学习和参与活动的机会，让老年人享有健康的生命质量和生活品质，同时引导社会树立老年人是社会重要的精神财富和人力资本的新风尚；另一方面，推进老年人个体的再社会化，使老年人在体验角色期待、角色责任与义务中适应环境和自身的变化，让其在社会参与和交往中有意义并快乐地实现人生的"第三年龄"高峰。

2. 大学开展老年教育是职能充分发挥的良好机遇

现代大学具有三项职能，即教学、科研、社会服务。第三年龄大学（U3A）

---

① 中华人民共和国 2022 年国民经济和社会发展统计公报. http://www.stats.gov.cn/sj/zxfb/202302/t20230228_1919011.html.（2023-02-28）[2023-04-11].

② 杨德广. 老年教育学的源流与学科建设理念. 宁波大学学报（教育科学版），2022，44（2）：1-5.

在国际上通常被称作"为老年人提供教育的机构"，其主要任务是满足退休的人的需求和期待，提高老年人的生活质量，促进社会活动。[①]在我国，各级各类老年大学主要由政府牵头创办，有关部门和学校、企业积极响应，来作为开展老年教育的主要形式和老年人接受教育的主要机构，为老年人提供学习便利，充分发挥教育的社会效益。

大学是社会及文化资源的聚集地，如灯塔一般引领着知识的航向。它们拥有广阔的学习空间和先进的设施，汇聚了优秀的教师团队，并营造出浓厚的学术氛围，因此也成为老年人重要的学习目的地。2019 年印发的《国务院办公厅关于推进养老服务发展的意见》提出，要大力发展老年教育，积极探索部门、行业企业、高校所举办老年大学服务社会的途径和方法。它为中国老年大学的发展，特别是大学的老年教育提供了新的机遇。同时，部分全国人大代表建议尽快设立老年教育司，组织拟订老年教育政策、标准和规范，协调落实老年教育措施，建立和完善老年教育服务体系，以助力高校更好地参与老年教育具体工作，并依托高校资源加快老年教育的发展。现阶段，我国政府主导与地方高校合署创办的老年大学已有百余所，办学规模逐步扩大，办学水平不断提升，老年教育师资队伍逐渐壮大，并初步形成了老年教育模式，将大学教育、网络教育和社区教育相结合。

3. 大学开展老年教育是构建服务全民终身学习教育体系的重要内容

终身学习的理念突破了传统学校教育在目标群体、时间和空间上的束缚，为教育在促进老年人全面发展方面创造作出贡献的机会，提高老年人的整体素质。[②]从我国当前的教育体系来看，老年教育体现了教育的终身性，它与基础教育、高等教育、职业教育等同样不可或缺，是终身教育体系的最后阶段和重要组成部分[③]，更是终身教育视域下学习型社会建设的核心部分。《中华人民共和国老年人权益保障法》第七十一条规定"老年人有继续受教育的权利"。政策鼓励社会为老年人建立不同类型的学校，将老年教育纳入终身教育体系的纵向一环来加强领导，加大投入，统一规划。党的第十九届中央委员会第四次全体会议提出，"构建服务全民终身学习的教育体系"，从中可以看出，其强调这一终身学习体系的实际价值在于为全民提供持续学习和发展的机会与支持。可以说，老年

---

① 赵丽梅，洪明. 英国第三年龄大学及其借鉴. 成人教育，2007，27（8）：95-96.

② 李静. 浅析终身教育思潮对成人高等教育的影响. 中国科教创新导刊，2010（29）：21.

③ 叶忠海，马丽华. 中国老年教育 40 年：成就、特点和规律性. 当代继续教育，2018，36（6）：4-8.

教育不仅仅是教育问题，更是民生保障问题。

在终身教育视野下，大学作为开展老年教育的办学主体，既是大学承担终身教育责任的体现，也是国民教育体系发展的重要阶段，更是衡量全面建设社会主义现代化国家的重要指标。①相比于其他办学主体，大学更易在促进终身教育体系的构建中发挥节点作用，架构各种学习网络平台来满足不同老年群体的教育与学习需求，实现全纳的社会理想。因此，正视老年教育工作的实质性作用，明确其在构建终身教育体系中的重要地位，是我国大学老年教育工作得以顺利开展的前提条件。②

（二）终身教育视野下大学应承担的老年教育责任

大学承担老年教育责任应进一步系统化、规范化，具体可划分为以下四方面。

1. 共享大学教育资源

联合国教科文组织将终身教育思想定义为"lifelong integrated education"，integrated 强调"统合"之意，凸显终身教育的本质在于为人一生不同阶段的发展提供教育和帮助。因此，整合大学及以上的不同资源，并将其与人们的终身学习需求，包括老年人的教育联系起来，不仅是构建服务全民终身学习教育体系的必然要求，也是大学延伸自身社会服务职能的客观需求。③

《老年教育发展规划（2016—2020 年）》强调了增加老年教育资源有效供给的重要性，旨在推动不同地区各级各类学校为老年人开放学校配套基础设施，共享图书馆、体育馆、博物馆等校园教学活动资源，积极接收有学习需求的老年人入校学习，吸纳老年人进入高校参加继续教育或相关培训，为他们便利化学习提供支持。大学作为各级各类学校中的一环，既是老年教育资源的组成部分，又是开展老年教育的知识、文化中心，必须开门办学，充分发挥了教育的社会效益，承担起老年教育的责任。大学除共享本校教育资源外，一方面，可以参与资源合建共享工程，与省市和县乡各级机构建立联系，通过共享课程开发、师资和设施等产生联动效应，实现老年人教育的共同创建和资源共享；另一方面，通过社校联动，构建社区老年教育服务阵地，整合社区内的教育资源来释放大学潜在教育

① 竟明亮. 当前影响老年大学发展的主要问题及解决策略. 当代继续教育，2016，34（1）：9-14.
② 刘丽，周雅露. 新时代开放大学社区老年教育课程教学模式探析. 江西广播电视大学学报，2019，21（2）：18-21.
③ 吴遵民，等. 现代终身教育体系论：中国终身教育发展的路径与机制. 上海：上海人民出版社，2019：252.

资源能量。鼓励学校老师和学生等积极参与社区老年教育志愿服务，方便老年人在家门口就近学习。

2. 设置老年教育专业

20 世纪 70 年代，美国的普通高校和社区学院已开设老年教育学相关研讨班、培训讲座和电视讲座，同时设立了覆盖本科、硕士、博士的老年教育相关专业。从国内高校老年教育相关专业建设情况来看，截至 2021 年，全国招收老年教育相关专业的硕士、博士生高校有 74 所，专科有 68 所，而招收与老年相关专业的本科仅有 22 所，其中社会学学科下的老年学专业 2 所（湖南女子学院、天津理工大学），管理学学科下的养老服务管理专业 20 所。①为促进老年教育的终身可持续发展，亟须通过在大学中设置老年教育相关专业来弥补当前国内大学老年教育专业建设的发展空白。

第一，引进先进理念，明确本土老年教育专业人才培养目标。通过学习发达国家在老年人教育项目上的成功经验，我们采用先进的教育理念和模式，积极探索适合本土的老年教育项目发展路径。

第二，培养师资力量，确保老年教育品质。针对当前老年教育专业师资培养存在的过度理论化问题，大学可以采用"培养+共享"的模式，即选派本校优秀师资外出学习交流，了解实际教学情况，同时鼓励教师结合老年教育实践开展理论研究，以培养既具备高技能又拥有强素质的老年教育教学、科研和管理人才。

第三，建立老年教育实习基地网络，提升实务能力。鉴于老年教育专业的务实性特点，大学应充分了解老年教育人才的需求规格，积极建立实质化的实习基地网络，开展校企、校地、校区之间的深度合作，为老年教育专业的学生提供更多实习和实践机会，以提高学生的职业认知水平，有效拓展其实务能力，最终形成老年教育专业学生人才培养、实习实践、就业发展的良性循环。

3. 开发老年教育课程

为使大学老年教育逐渐走向规范化、系统化，并满足老年人日益增长的学习需求，大学根据老年教育目标专门开设多种多样的课程变得愈发合理。老年教育作为老年人的生命线，其课程设置在一定程度上反映了老年教育的整体质量。由

---

① 侯怀银，朱琳. 终身教育视野下大学老年教育的责任. 宁波大学学报（教育科学版），2023，45（3）：1-9.

于不同的大学对老年教育所承担的责任和取向有所不同，因此必须根据各自的实际情况制定不同的课程方案，以提高老年教育的整体水平。

大学在开发老年教育课程时，应秉持大教育观进行课程建设，主要包括以下三个方面。

一是针对老年人的教育课程，应以老年人的实际需求为导向，结合实践活动，形成"实践导向"与"需求导向"相结合的课程设置。例如，结合老年人康养和文化教育的需求，可以开设"老年营养与膳食""老年症状管理""老年家政服务实操""老年家庭资源管理""大数据与智慧养老""老年代际教育"等实践类课程。

二是针对老年教育工作者的教育课程，主要涉及学校、社区、家庭以及远程老年教育的工作者在学科建设、课程开发等方面的工作，如老年师资的培训体系、教材体系、工作体系建设等①，可以开设"老年教育学习资源开发""老年教育活动策划与组织""老年人际沟通与技巧""老年教育中的技术应用""老年个案及社区工作"等管理培训类课程。

三是面向全民的老年教育课程，旨在引导全民正确认识老年人，了解老年人的生活，培养合理的"老化"态度、储备必备的"老化"知识。这也是新时代老年教育学学科建设的应有之义。例如，可以面向全民设置"老化教育""人口老龄化国情教育""家庭老年教育"等课程。

4. 合作举办老年大学

长期以来，我国老年教育主要依赖政府主导的行政实施机制和一元化的社会公共治理模式，老年教育基本结构薄弱是制约我国老年教育发展的突出因素。②尽管部分大学兼办老年大学，但往往将其归属于大学的退休服务部门，并未将其视为体制结构意义上的"教育"。这种对老年大学教育归属的模糊认知和职能管理部门划分不统一，导致我们无法按照明确的标准来规范老年学校或大学的教育运作。

为推动大学更好地开展老年教育，相关部门应深刻认识到老年教育属于"教育"的范畴。一方面，大学需要转变传统的办学定位，树立社会服务的理念，强化为老年人提供教育的责任和承诺。大学应积极推动建立贴近百姓生活、充满温情且没有围墙的老年大学，如在普通高校设立老年大学或老年学院，或允许老年

---

① 侯怀银，张慧萍. 新时代老年教育学学科建设的若干关键问题. 现代远程教育研究，2022，34（2）：47-56.
② 丁红玲，宋谱. 困厄与超越：我国老年教育发展的思考. 职教论坛，2018（10）：78-82.

人以非在校生身份参加大学课程和公开课等，以充分发挥大学优质资源为老年教育的服务功能，从而打破老年大学单一发展的困境。[①]另一方面，政府应出台相关政策，鼓励大学提供公共服务。例如，可以定期向老年养护机构派遣课程、师资和志愿者，形成常态化的服务机制。此外，还可以适当引入市场机制，由政府出资购买服务，并通过招标的方式将项目外包给具有相应资质的大学或合适的民间组织来承接，以进一步优化老年教育的格局。

（三）终身教育视野下大学承担老年教育责任的影响因素

根据中国老年大学协会数据统计，目前中国不到 200 所大学和学院组织了老年大学和老年教育课程，其中主要提供者也多为地方开放大学，普通大学尤其是全日制本科大学在开展老年教育方面仍然存在明显短板。经综合分析，影响大学承担老年教育责任的主要因素主要有以下三个方面。

1. 大学开办老年教育疲软

一方面，大学在独立投资办学以开展老年教育方面力量不足。老年教育作为一项公益性事业，需要社会的广泛参与和多元主体的共同办学。在我国，老年教育主要依赖政府公共投资来提供，尽管也有大学和企业投资办学，但这些投资的规模相对较小。目前，我国约有近百所高校开设了老年大学，但其中相当一部分并非独立办学，而是作为政府办学的下属分校存在。大部分高校并未独立开设老年大学，这导致大学在老年教育领域的参与率较低。

另一方面，对于大学开展老年教育，尚未形成统一且客观的认识。大学开展老年教育受到当地经济水平、文化习俗、学校发展理念、管理体制、资金投入、学员兴趣爱好、社会反响等多方面因素的影响，是一项复杂的系统工程。然而，由于大学老年教育起步较晚，部分大学仍处于试验性管理阶段，尚未建立稳定、系统的治理体系，这对老年教育的发展速度产生了一定的影响。此外，鉴于大部分老年人在教育投入上较为慎重，大学中老年教育的利润回报率相对较低，因此大部分学校只能尽力维持经营收支平衡，缺乏持续投入来打造高端老年教育品牌，使得扩大办学规模、提升办学层次面临较大困难。[②]

---

① 丁红玲，宋谱. 困厄与超越：我国老年教育发展的思考. 职教论坛，2018（10）：78-82.
② 徐作锋，周涛. 终身教育视角下地方高校开展老年教育的实践与思考：以江苏师范大学为例. 继续教育研究，2021（9）：59-62.

2. 大学老年学历教育有所欠缺

受限于过去的经济状况和社会环境，大多数 60 岁以上的老年人在年轻时未能接受正规的高等教育，因此，在退休之后，部分老年群体渴望通过老年期的学习实现年轻时的大学梦，获得更专业的进阶式学习，以实现人生的完满。[①]据不完全统计，截至 2019 年底，我国约有 7.6 万所老年大学，拥有超过 1000 万名的老年学员。[②]然而，在这些老年大学之中，开展老年学历教育的寥寥无几。即使有提供学历教育的老年大学，也以开放教育模式和荣誉学历教育模式为主，层级相对较低，且专业多为音乐、体育、摄影、绘画等副科形式，标准专业类别相对匮乏，课程体系不够完善，社会认可度不高，难以满足老年人继续接受学历教育的需求。

在我国，大学开展老年学历教育存在三大难题。一是招生对象问题。按照教育部的相关规定，学生需要具有"高级中等教育"学历方可继续接受大专或本科学历教育，这一要求在一定程度上将部分老年人挡在了老年学历继续教育的门外。[③]二是课程开发问题。基于培养高级专门人才的需求，多数学历教育的专业和课程并不适合老年人的学习特点与发展需求。以计算机、大学英语以及其他一些必修的基础课程为例，老年人对此类课程的需求和参与意愿较低，成为其参与学历继续教育的障碍。三是学制问题。按照我国全日制教育的学制设计，完成学历教育的周期较长，对于老年人来说，既困难又不现实。因此，大学老年学历教育的开展困难重重。

3. 大学老年教育优质资源短缺

根据《全球成人教育和培训报告Ⅳ》，将近 20%的会员国在其呈递的报告中为成人教育和培训分配了约 0.5%的教育总预算，而对老年教育的投资份额则更低。[④]从终身教育的角度来看，大学在分配给老年教育的资源方面仍面临不平衡、不充分的难题和挑战。

其一，大学老年教育基础设施资源匮乏。2023 年 2 月，国家统计局发布的人口数据统显示，60 岁及以上的老年人口占总人口的 19.8%，这一年龄段的老

---

① 周康，刘建清. 终身教育视域下老年教育的困境与突破. 天津电大学报，2019，23（2）：43-46.

② 刁海峰. 中国老年教育发展报告：2019—2020. 北京：中国商务出版社，2021：45.

③ 孙平，董编. 日本高校举办老年教育的经验及启示. 天津电大学报，2021，25（1）：20-24+39.

④ UNESCO Institute for lifelong Learning. Fourth global report on adult learning and education. https://unesdoc.unesco.org/ark:/48223/pf0000372274.（2019-12-05）[2022-09-14].

年人对教育的潜在需求巨大。然而，老年大学、老年社区学校和老年教育中心等基础设施资源仍然不足，服务网络不够完善，覆盖面有限且集中渗透力不足。我国各层次学校对老年人开放资源的程度较低，缺乏为老年人提供养教服务的责任感和能力，导致老年教育资源的供给与社会需要之间存在较大差距。特别是在农村地区，资源供需矛盾更为突出，除少数社区教育示范区和试点地区的多功能文化场所及农村教室外，大多数农村地区缺乏为老年人提供教育的资源，几乎没有文化机构。大学提供老年教育是一种"以人为本"的民生服务工程，如果缺乏"硬指标"的支持，将不利于大学在推进养教结合的老年教育时满足不同层次老年群体对教育在"量"上和"质"上的多样化学习需求。

其二，大学老年远程教育资源共享整合度不高。我国大学老年远程教育发展中存在一系列问题，如课程资源开发人员匮乏、资源稀缺、分布存储分散、管理不统一以及安全性和高效性有待提升等。这些问题致使大学开展老年教育尚未与社会教育力量形成有效融合，未能充分发挥其应有的作用。

其三，大学现有老年教育人力资源短缺。目前我国大学中服务于老年教育的工作者数量总体不足，质量参差不齐。从队伍构成来看，工会党团员、部分退休人员和大学生志愿群体是大学开展老年教育的主要力量，但缺乏全职教员，组织松散，临时性强。从教育内容来看，受限于终身教育理念的普及程度，完备的大学服务老年教育体系尚未形成。当前老年教育内容集中于生活服务类，而老年人职业技能和再就业培训、生命和死亡教育等方面的研究相对薄弱。总体来看，这些问题严重影响了大学工作者队伍在老年教育公益性事业中的功能和作用。

（四）终身教育视野下大学承担老年教育责任的实现路径

1. 推进制度规范的基础环节，开放包容中融入终身教育体系

教育的第一属性是国家公益性事业，《国家中长期教育改革和发展规划纲要（2010—2020年）》中明确提出教育要坚持公益性和普惠性的方向，这是人们对教育的利益属性和价值特征的基本判断，老年教育也不例外。大学开展老年教育的目的是使老年人更快乐、更有尊严地度过未来人生阶段，从某种意义上说，也是老年人自觉、独立和自由地学习，以改善和提高其生活质量的教育活动。[①]

第一，向全社会老年群体开放终身教育资源。终身教育强调全民学习的重要性，教育需要面向基层、面向人人，突破时间和空间限制，全方位提升教育质

---

① 乔维德. 社区老年教育发展的瓶颈与对策. 天津电大学报，2015，19（1）：52-55.

量，使其更具有包容性并能满足所有人特别是弱势群体的学习需求。①一方面，这要求大学加强承诺关怀，建立发展大学老年教育的政策框架，促进公共教育服务，优先考虑弱势老年群体和有需要的人②；另一方面，大学应积极与政府主管部门和社会上的不同行为者建立有效融合共享机制，协同参与老年人教育协会等实践组织活动，主动与政府和行业建立联系，使学生、课程和教师共同分享和相互支持，寻求共同进步，实现开放教育模式。

第二，规范大学老年教育的制度标准。一方面，政府相关部门应建立大学老年教育的标准框架，并加大对大学老年教育的支持力度，统一老年教育经费的比例，同时制定线上线下资源开发标准，强化专兼职教师的保障措施、监测和评估指标，建立老年人的反馈机制；另一方面，在推进标准化发展的过程中，借鉴其他教育机构在终身学习标准化发展体系中的积极经验，以终身学习的一般模式为横向协调，以老年大学的教育实践为纵向协调，结合老年人的特点和需求，从标准化走向可持续发展。③

第三，秉持人文主义教育观。在新时代数字化大力推进的背景下，帮助老年人消解"数字鸿沟"是缩小大学教育与老年人终身学习之间差距的重要举措。在处理大学老年教育中人文精神与技术的关系时，不仅要在校园在线学习中加强对老年人的人文服务，开发适合老年人需求的在线学习平台，使在线学习成为线下学习的有效延伸；还应贯彻以人为本的基本理念，在提高老年人信息素养的过程中，把老年人终身学习的整体发展作为标杆，发挥老年人的核心作用，监测老年人的持续优质学习经历。

2. 抓住教育发展的根本要素，优化大学老年教育资源结构

优化大学老年教育资源结构，加强师资队伍建设，开发养教结合的教学课程，建立完善老年教育网络学习平台等，是大学老年教育工作得以顺利开展的重要保障。

第一，实行两条线管理，培养专兼结合的老年教育教师队伍。一方面，在院校中设置相关专业，以集聚和培养一批能力较强、专业过硬的老年教育专职师资团队；重视老年教育师资队伍的在职教育和培训，建立常态化的教育和培训机制；规范对老年教育工作者队伍管理，提高管理水平；增加师资队伍建设的定向

① 韩民. 教育现代化与终身学习体系建设. 教育与教学研究，2020，34（8）：100-109.
② 程仙平. 终身学习权视域下老年教育政策展望. 职教论坛，2018（11）：97-102.
③ 高迪. 终身教育背景下社区老年教育高质量发展的难点与突破. 江苏高职教育，2022，22（2）：28-35.

资助，完善经费保障机制。另一方面，鼓励大学教师和学生志愿者到老年大学或社区老年教育机构兼职授课，其工作量可计入工作和志愿服务时间。此外，大学可从本校内招募退休老人组成老年教育志愿者队伍，鼓励其走出家庭，积极参与到社会活动中，以老年教育义工的角色发挥专业能力和余热，实现个人价值最大化。

第二，养教结合，按需精准开发老年教育课程。从老年人的实际出发，有针对性地开发养教结合老年教育课程。一方面，将"养"的因素纳入课程中，横向上针对老年学生的不同需求，开设一系列人文熏陶课程，如书法绘画、钢琴舞蹈、摄影、英语表达等，并增设保健和康养课程，以提升其生活质量；纵向上面向不同年龄层次和类型的老年人提供不同的教育服务，针对低龄老年人提供学术型、生存技能型、生活艺能型等系列课程，开展常规式教学，针对高龄老年人，为其提供养生保健、文化娱乐类课程；针对失智老年人，为其开展园艺治疗以及趣味游戏等有益于老年人身心健康的活动。另一方面，实现线上输送课程、线下组织活动互动，通过多主题、多形态、多层次的教育内容，提高老年人的生活质量，确保大学老年教育工作的实用性和实效性。[1]

第三，建立和完善老年教育资源学习平台。构建国家、地区、大学共同参与的互联网资源建设协作机制与共建共享体系，是大学开展老年教育工作的重要内容。其一，注意市场细分，尊重不同地区大学老年教育的需求差异，加强对老年人个性化数字学习工具的开发，丰富老年人终身学习的新理念，为他们提供全方位、超市化、多样化、个性化的学习服务支持[2]；其二，提高老年学员对资源学习平台的使用熟悉程度。通过首页设置视频操作流程，利用微信平台等渠道发布操作小视频，尽可能保障每一位老年学员都能熟练掌握使用平台学习的技巧；其三，各地大学在老年教育工作开展期间，应发挥人工智能、大数据、云计算、移动计算等新技术对老年学分认证转换的推动作用，将老年群体的学习经验和实践学分动态赋能，并依托平台实现课程学分的互认。

3. 发挥大学的职能优势，将老年学历教育视为己任

为了满足部分老年人对学历教育的高要求，落实终身学习的理念，将学历教育纳入老年教育是未来的发展趋势。目前，开放大学主要实施的是老年非学历教

---

① 孟沙沙. 积极老龄化视角下老年开放大学老年教育 e 学习策略创新研究. 吉林广播电视大学学报，2018（12）：52-53.

② 徐四海. 互联网+江苏老年学历教育创新研究. 终身教育研究，2017，28（6）：62-67.

育，而老年学历教育相对较少。①因此，大学应大力拓展老年学历教育，打造全新的老年学历教育平台。

第一，大学老年学历教育应在满足老年学习者个性化学习需求的基础上，改革教育思想和观念，创新人才培养模式。可以实行准入制和弹性学习制，并探索在职业体系内建立学历教育与非学历教育可互换的课程结构。在老年学历教育中，可以引入文凭和学分机制，每个学习者在修完学位所需的学分后，需要撰写毕业论文，作为毕业和获得学历证书的前提条件。这样不仅能实现老有所乐、老有所学，还能为老年人提供更高层次的学习机会。除了为老年人开设本科课程外，还可以进一步考虑开设研究生课程，放宽研究生职业培训的入学年龄限制，并为老年人制订教育和培训计划及实习计划。

第二，加强与现有老年大学的互动与合作，构建多主体相互促进的新型老年人才培养模式。老年大学是老年人接受学历教育的重要场所，大学则能提供高层次的短期训练。两者之间可以通过内部学习成果认证与转换平台进行有效联动，双方互认和累计，从而方便老年人兑换相应的学历证书。

第三，开放式办学，强化普通高等教育社会服务功能。高校应充分利用自身优势资源，面向社会开展社会化培训服务，以弥补其非学历教育的不足。同时，要向社区开放场地和教学设施资源，并发挥其"思想库""人才库"和"科技库"的作用，为社区提供咨询服务、师资人才和大学生志愿者。此外，还可以与企业合作，搭建科研成果转化应用平台，服务于经济社会的发展。同时，要加强高校系统内部资源的开放与互通，实现高校之间优质课程资源合作共建共享。

4. 加强成果创新的核心本领，产出高质量老年教育研究成果

大学既是社会服务的阵地，又是科研的摇篮。我们必须深化对大学老年教育理论研究工作，这对于揭示老年教育的客观发展规律，从而指导和促进老年教育的健康可持续发展而言，是必不可少的重要任务。

一方面，我们要巩固已有成果，持续加强老年教育科研工作。首先，强化理论和政策的研究。以老年教育专职师资队伍为核心，做强做大大学老年教育研究院，对老年教育的基础研究和应用研究进行深入讨论，形成辐射效应，加大对老年教育重要理论和实践问题的探讨力度；其次，优化老年教育教材、课程、教学、评价研究环节，以点带面，为确保为促进和改善老年教育提供强

---

① 丁红玲，潘妤婕. 我国养教结合老年教育实践进展及推进路径. 中国成人教育，2021（3）：51-55.

有力的学术支持。

　　另一方面，我们要创新老年教育实践成果，加强平台建设。其一，加强大学老年教育学学科建设，特别是要增强以全日制本科大学为主体的老年教育专业和学科的发展；其二，加强大学老年教育学术期刊建设，以终身教育和成人教育相关期刊为主力，同时借助大学学报的力量，共同推进老年教育专门期刊的建设，搭建优秀成果共享和推广的平台，真正形成其核心话语阵地。此外，还可以通过课题立项，开展老年人口趋势预测和教育需求研究，加强基层和郊区农村社区老年教育、师资队伍建设、新型学习组织建设、品牌培育等方面的研究与探索，使老年教育更具预见性、科学性、创造性，推动促进老年教育有序、高质量发展。

　　从终身教育的视角出发，落实大学的老年教育责任是一项长期工程，需要政府、社会、学校和广大老年人的共同参与和共同努力。在大学老年教育实践工作中，通过开放包容地融入终身教育体系、优化大学老年教育资源结构、产出高质量老年教育研究成果、推进老年学历教育等，可以有效地推进我国的老年教育工作，使大学在承担老年教育工作的责任过程中取得更好的效果。①

---

① 侯怀银，朱琳. 终身教育视野下大学老年教育的责任. 宁波大学学报（教育科学版），2023，45（3）：1-9.

结　语

　　终身教育研究在我国虽然已取得一些进展，但还存在一定的不足，需要聚焦服务全民终身学习，在终身教育在中国的探索方面进一步探讨、发展或突破，主要有以下七个方面。

　　1. 进一步基于新时代背景研究终身教育的理解问题

　　1965 年朗格朗对终身教育进行首次阐释以来，世界范围内的不同研究者对终身教育进行了不同的阐释和理解。我国于 1977 年引入终身教育理论，经历了对终身教育理解的概念混淆、偏差、忽视等过程。如今，我国研究者对终身教育的理解愈加全面、清晰、深刻。在建设中国特色社会主义教育强国的宏伟蓝图下，以及全力推进中国教育现代化的关键时期，我们应在深入理解并巩固既有终身教育理念的基础上，紧密结合新时代的特征与要求，对终身教育进行全面而深刻的再认识。为此，我们亟须构建一个关于终身教育理解的内容框架，以及一套指导我们如何践行终身教育理念的方法论体系，作为我们行动的基本遵循和指南。因此，我们有必要在新时代背景下，进一步深入研究终身教育的理解问题，全面考量其概念、本质、边界逻辑、研究等方面的新时代特征，从而为探索终身教育在中国的实践路径奠定坚实的认识论基础。

　　2. 进一步研究国际终身教育理论的形成和发展问题

　　在研究终身教育在中国的探索问题时，我们应当对国际终身教育理论的形成和发展问题有一个基本的把握。目前，我国对这方面的研究已取得了一定进展，但缺乏全面和系统的梳理，这势必影响终身教育在中国的探索。国际终身教育理论的形成和发展问题是终身教育在中国探索的源头与基础，对其深入研究是我们理解和推动中国终身教育实践的前提，也是评估我们探索成效的重要参照。具体说来，厘清国际终身教育理论的形成和发展问题，有助于我们以国际视野把握终身教育理论在中国的引进、传播、发展的水平，总结经验，反思不足。这不仅为我们指明了提升终身教育在中国探索水平的方向，还促使我们更加重视从源头上解决问题，即进一步研究国际终身教育理论的形成和发展问题，细致梳理其在国外的演进路径、主要流派以及未来趋势等。

3. 进一步研究终身教育理论在国际范围内的实践问题

国际终身教育孕育于概念阶段，后经历不断发展，逐渐从理念转变为理论，进而指导实践。它是国际终身教育的孕育、产生、发展等不断走向成熟的过程，未来国际终身教育将继续发展，并伴随人与社会的发展问题而不断更新、完善。这一过程体现了国际终身教育理论与实践相结合的发展逻辑，理论源于实践，并指导实践，接受实践的检验，正是国际终身教育理论与实践的有机结合，才使国际终身教育理论与实践能够指导、影响、推进当代人类教育的走向；这一过程还体现了国际终身教育发展的多方面内涵，国际终身教育既是理念和理论，也是体系和实践，还是法律和政策，它的发展过程就是其内涵不断丰富、其外延不断扩大的过程，体现出国际终身教育的人文关怀取向。因此，研究终身教育在中国的探索问题，有必要对终身教育理论在国际范围内的实践问题展开进一步研究，以理清国际终身教育由理论向实践转化的机理，从而对终身教育在中国的实践探索问题有所启发。

4. 进一步研究终身教育在中国的引进问题

如前所述，终身教育在我国的探索始于对国际终身教育的引进工作。研究终身教育在中国的探索，对终身教育在中国的引进问题展开研究是关键一步。终身教育在中国的引进包括终身教育理论的引进和终身教育经验的引进。目前，关于这方面的研究很比较匮乏，已有关于终身教育理论在中国引进的相关研究，但缺乏终身教育经验在中国引进的系统梳理。这势必影响我们对终身教育在中国引进问题的全面把握，也不利于我们系统了解终身教育在中国探索的最初工作。为了更好地从源头把握终身教育在中国的探索问题，系统研究终身教育在中国的引进问题，我们有必要对终身教育理论与经验在中国的引进展开研究，梳理引进的历程，总结引进的进展，反思引进的启示。

5. 进一步系统研究中国的终身教育理论问题

理论具有鲜明的民族性和地域性，只有结合国情改造后的终身教育理论才能为我国所用，才能对实践发展产生理论指导作用。伴随终身教育在我国的引进工作，我国终身教育取得了一定的发展，体现在理论层面，形成了具有中国化、时代化、本土化特色的中国终身教育理论。研究终身教育在中国的探索问题，其中重要的一个方面就是研究中国的终身教育理论问题。在这一方面，我国目前虽然已有部分研究，但缺乏系统梳理，不利于我们整体而全面地把握我国终身教育理论，同时也缺乏基于新时代背景和服务全民终身学习主题的进一步研究。有鉴于此，我们有必要进一步系统研究中国的终身教育理论问题，厘清终身教育理论在中国的形成和发展问题，梳理中国学者对终身教育理论的探索问题，分析中国终身教育理论的未来发展趋势。

6. 进一步研究中国的终身教育政策问题

颁布终身教育政策是终身教育在我国的重要探索，为我国终身教育的发展提供了制度保障。在新时代背景下，终身教育被赋予新的历史使命与要求，迫切需要更为健全的政策提供强有力的支撑。改革开放以来，我国开始了终身教育政策的制定工作，取得了一定成效，但在顶层设计、体制机制、政策执行等方面仍有待进一步突破①。这对相关研究的推进提出了新的要求。因此，我们有必要对我国的终身教育政策问题展开进一步研究，对中国终身教育政策的制定、主要政策的具体实施以及未来走向进行系统梳理与分析。

7. 进一步研究中国的终身教育实践问题

实践是终身教育在中国探索的最终归宿，不论是终身教育的引进，还是终身教育理论、政策的探索，其最终目的都是为了指导实践，推动终身教育实践的进一步发展，从而使理论、政策层面的终身教育能够真正落实到实践，促进发挥终身教育实践之于人与社会发展的巨大作用。目前，我国终身教育实践取得了较大进展，但仍与终身教育理论、政策有一定的差距，我国终身教育实践在具体实施过程中仍存在诸多困境。这一现状迫切需要我们对此展开理论研究，进一步分析终身教育在中国的实践历程、中国终身教育体系的构建、中国的终身教育实践经验、中国终身教育实践的未来发展等问题。

---

① 国卉男，史枫. 改革开放以来我国终身教育政策：价值选择与成效分析. 中国职业技术教育，2020（30）：55-62.